온프레미스 환경에서
도커와 쿠버네티스 기초 학습

최신 버전 쿠버네티스 1.30 활용

천상훈 저

머리말

안녕하세요!

본 교재는 온프레미스 환경에 최신 버전의 도커와 쿠버네티스를 구축하여 개발과 배포를 학습할 수 있도록 준비하였습니다. 도커는 컨테이너 기반의 가상화 기술로서, 개발과 배포 간의 일관성 있는 환경을 가능하게 합니다. 쿠버네티스는 컨테이너들을 효율적으로 관리하고 배포할 수 있는 도구입니다. 클라우드 네이티브 환경에서 확장 가능한 애플리케이션 배포를 가능하게 하여, 사용자가 규모에 맞는 유연한 인프라를 구축할 수 있게 합니다.

윈도우 10 호스트 시스템의 온프레미스 환경은 도커 및 쿠버네티스의 시스템 요구사항을 고려하여 메모리 16GB, CPU 8코어, 디스크 200GB 이상 등을 사용하여 구축합니다. VirtualBox 7.0의 가상환경에서 Ubuntu 22.04.4 LTS 기반 가상머신에 도커 및 쿠버네티스를 설치합니다. 가상머신의 원격관리를 위해 호스트에 Xshell 7.0을 사용합니다.

도커 엔진은 도커 웹사이트의 도커 데스크톱 설치 방법에 따라 설치합니다. 쿠버네티스 클러스터는 마스터 1개, 워커 노드 2개로 구성합니다. 마스터는 도커 시스템을 복제하여 생성합니다. 생성된 마스터로 노드 2개를 복제합니다.

쿠버네티스 설치는 모든 노드에서 도커를 삭제 후 시작합니다. 노드 스왑 해제, 오버레이 및 브릿지 커널 모듈 등록, IPv4 패킷 전달 활성화, iptables 브릿지 트래픽 검사 활성화, 방화벽 해제, containerd 설치, runc 설치, CNI 설치, containerd 설정, 쿠버네티스 설치(kubelet, kubeadm, kubectl), 쿠버네티스 클러스터 초기화, Calico 설치, 쿠버네티스 클러스터 구성 등 인내하여 완료합니다.

도커는 이미지 빌드 중심으로 다룹니다. 쿠버네티스는 최신 버전 1.30을 사용하여 배포 중심으로 다룹니다. 쿠버네티스의 컨테이너 런타임 환경으로 도커 대신 containerd를 사용합니다.

이 책은 도커와 쿠버네티스의 개념부터 시작하여, 온프레스 실습 환경을 구축해보고, 다양한 실습을 통해 이 기술들의 기본을 다룹니다. 여러분이 이 책을 통해 배운 내용을 토대로, 클라우드 네이티브 환경에서 도커와 쿠버네티스를 사용하여 소프트웨어를 개발하고 운영할 수 있기를 기대합니다.

감사합니다.

저자 올림

CONTENTS

06 도커 기본 명령어

07 도커 컨테이너 리소스 관리

08 도커 컨테이너 볼륨

09 도커 네트워크

10 도커 컴포즈

11 쿠버네티스 개념

12 쿠버네티스 환경 구축

13 쿠버네티스 설치

14 kubectl 명령어 사용법

15 네임스페이스와 템플릿

개념

01

1.1 도커란?

(1)도커 기능

- 운영체제 독립 애플리케이션(앱) 개발
  - 도커 설치 시 앱 실행 가능
  - Windows, Linux 등 운영체제에 무관
- 앱 패키지화(이미지화)
  - 앱 및 실행 환경을 이미지에 패키지화
  - 앱: 앱 소스
  - 실행 환경: 운영체제, 웹 서버, 런타임 환경, 라이브러리 및 종속성 등
- 앱 가상화(파일화)
  - 앱 이미지의 내용을 파일에 작성
- 리눅스 컨테이너 기술 기반
  - 리눅스 커널 기반 가상화 기술: 컨테이너 격리(독립)

(2)도커 구성

- 도커 엔진
  - 도커 실행 환경: 컨테이너(앱) 실행
  - 클라이언트(CLI)-서버(Demon) 구조로 동작
- 도커 이미지
  - 컨테이너 원판
  - 도커 파일(Dockerfile)을 통해 생성
  - 이미지: 베이스 이미지와 다층 레이어로 구성
  - 베이스 이미지: 운영체제
  - 레이어: 웹 서버, 런타임 환경, 필수 라이브러리 및 종속성, 앱 소스 등
- 도커 컨테이너
  - 이미지 인스턴스(실행판)
  - 호스트 시스템과 환경 격리: 컨테이너별 자체적으로 파일시스템, 프로세스, 네트워크, 자원(CPU, 메모리, 디스크 등) 운영리눅스 컨테이너 기술 기반

- 도커 레지스트리
  - 도커 이미지 저장 및 관리
  - 공식 도커 허브, 사설 레지스트리
- 도커 컴포즈
  - 여러 컨테이너들(서비스들)로 구성된 앱 정의 및 실행
  - 한 번에 여러 컨테이너 실행 및 관리
  - YAML 파일 사용

1.2 도커 엔진

(1)도커 데몬

- 기능
  - 컨테이너, 이미지, 네트워크, 볼륨, 이벤트, 로그, 자원 등 관리
  - 컨테이너 기반 앱 관리에 필요한 모든 작업 수행
- 위치

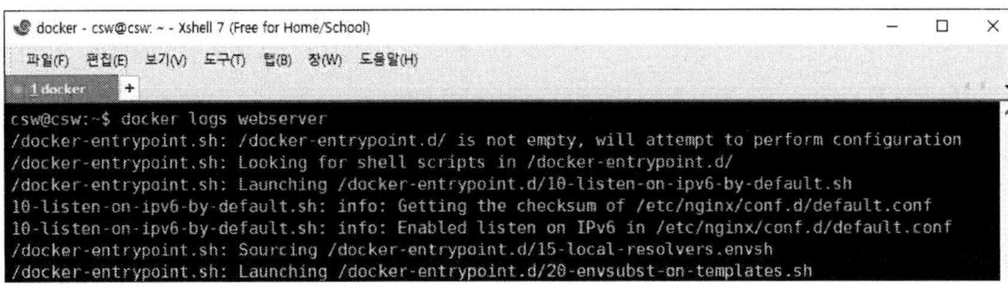
docker - csw@csw: ~ - Xshell 7 (Free for Home/School)
파일(F) 편집(E) 보기(V) 도구(T) 탭(B) 창(W) 도움말(H)
1 docker
csw@csw:~$ docker logs webserver
/docker-entrypoint.sh: /docker-entrypoint.d/ is not empty, will attempt to perform configuration
/docker-entrypoint.sh: Looking for shell scripts in /docker-entrypoint.d/
/docker-entrypoint.sh: Launching /docker-entrypoint.d/10-listen-on-ipv6-by-default.sh
10-listen-on-ipv6-by-default.sh: info: Getting the checksum of /etc/nginx/conf.d/default.conf
10-listen-on-ipv6-by-default.sh: info: Enabled listen on IPv6 in /etc/nginx/conf.d/default.conf
/docker-entrypoint.sh: Sourcing /docker-entrypoint.d/15-local-resolvers.envsh
/docker-entrypoint.sh: Launching /docker-entrypoint.d/20-envsubst-on-templates.sh

  - which dockerd: 도커 데몬 실행 명령어(dockerd) 경로
  - /usr/bin/: dockerd 명령어 위치
- dockerd 명령어

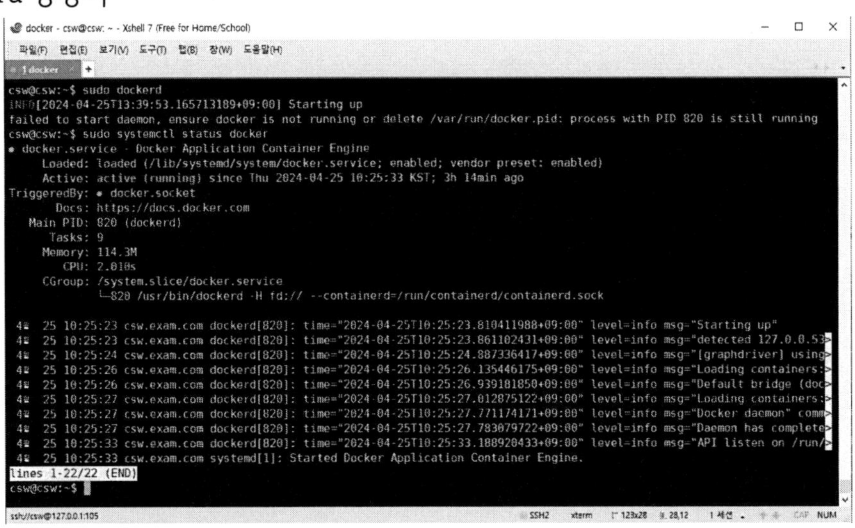
docker - csw@csw: ~ - Xshell 7 (Free for Home/School)
파일(F) 편집(E) 보기(V) 도구(T) 탭(B) 창(W) 도움말(H)
1 docker
csw@csw:~$ sudo dockerd
INFO[2024-04-25T13:39:53.165713189+09:00] Starting up
failed to start daemon, ensure docker is not running or delete /var/run/docker.pid: process with PID 820 is still running
csw@csw:~$ sudo systemctl status docker
● docker.service - Docker Application Container Engine
Loaded: loaded (/lib/systemd/system/docker.service; enabled; vendor preset: enabled)
Active: active (running) since Thu 2024-04-25 10:25:33 KST; 3h 14min ago
TriggeredBy: ● docker.socket
Docs: https://docs.docker.com
Main PID: 820 (dockerd)
Tasks: 9
Memory: 114.3M
CPU: 2.010s
CGroup: /system.slice/docker.service
└─820 /usr/bin/dockerd -H fd:// --containerd=/run/containerd/containerd.sock
lines 1-22/22 (END)
csw@csw:~$

  - dockerd: 도커 데몬 실행 명령어
  - 현재 실행중이기 때문에 실행되지 않음

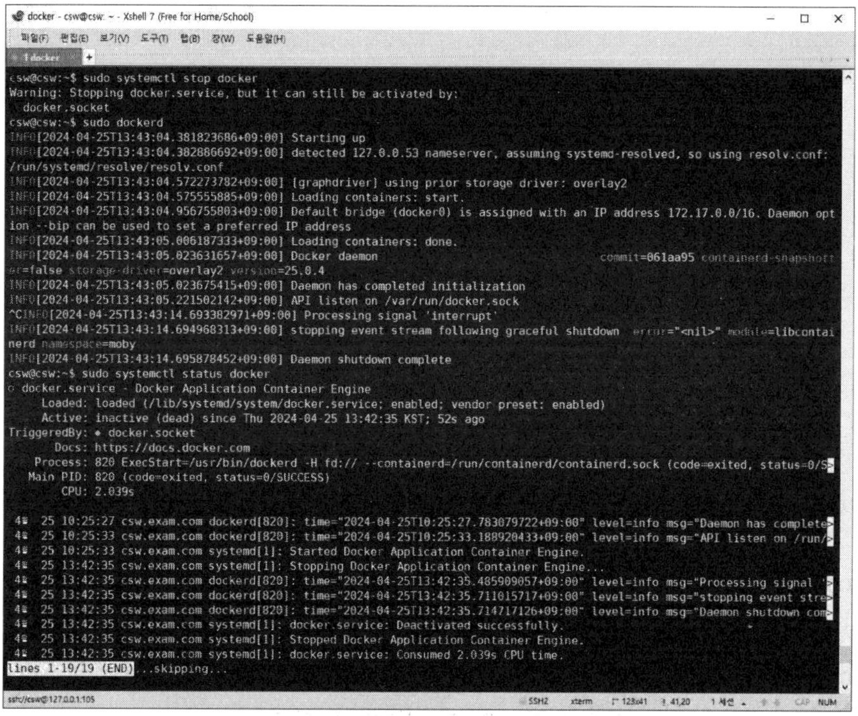

docker - csw@csw: ~ - Xshell 7 (Free for Home/School)
csw@csw:~$ sudo systemctl stop docker
Warning: Stopping docker.service, but it can still be activated by:
docker.socket
csw@csw:~$ sudo dockerd
INFO[2024-04-25T13:43:04.381823686+09:00] Starting up
INFO[2024-04-25T13:43:04.382886692+09:00] detected 127.0.0.53 nameserver, assuming systemd-resolved, so using resolv.conf: /run/systemd/resolve/resolv.conf
INFO[2024-04-25T13:43:04.572273782+09:00] [graphdriver] using prior storage driver: overlay2
INFO[2024-04-25T13:43:04.575555885+09:00] Loading containers: start.
INFO[2024-04-25T13:43:04.956755803+09:00] Default bridge (docker0) is assigned with an IP address 172.17.0.0/16. Daemon option --bip can be used to set a preferred IP address
INFO[2024-04-25T13:43:05.006187333+09:00] Loading containers: done.
INFO[2024-04-25T13:43:05.023631657+09:00] Docker daemon commit=061aa95 containerd-snapshotter=false storage-driver=overlay2 version=25.0.4
INFO[2024-04-25T13:43:05.023675415+09:00] Daemon has completed initialization
INFO[2024-04-25T13:43:05.221502142+09:00] API listen on /var/run/docker.sock
^CINFO[2024-04-25T13:43:14.693382971+09:00] Processing signal 'interrupt'
INFO[2024-04-25T13:43:14.694968313+09:00] stopping event stream following graceful shutdown error="<nil>" module=libcontainerd namespace=moby
INFO[2024-04-25T13:43:14.695878452+09:00] Daemon shutdown complete
csw@csw:~$ sudo systemctl status docker
○ docker.service - Docker Application Container Engine
Loaded: loaded (/lib/systemd/system/docker.service; enabled; vendor preset: enabled)
Active: inactive (dead) since Thu 2024-04-25 13:42:35 KST; 52s ago
TriggeredBy: ● docker.socket
Docs: https://docs.docker.com
Process: 820 ExecStart=/usr/bin/dockerd -H fd:// --containerd=/run/containerd/containerd.sock (code=exited, status=0/S
Main PID: 820 (code=exited, status=0/SUCCESS)
CPU: 2.039s
lines 1-19/19 (END)...skipping...

- sudo systemctl stop docker: 도커 데몬 중지
- sudo dockerd: 도커 데몬 시작
- Ctrl + c: 도커 데몬 종료
- sudo systemctl status docker: 도커 데몬 상태 확인

(2)도커 클라이언트

- 기능
  - 컨테이너 런타임 환경 자체 완비
  - 컨테이너 실행 중 발생 상황에 대응
  - 사용자에게 CLI 인터페이스 제공
  - 도커 엔진과 상호 작용

· 위치

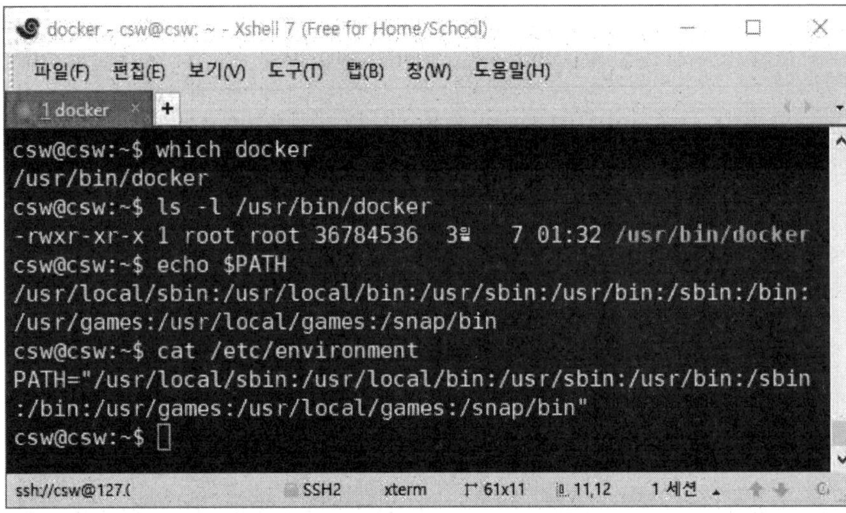
docker - csw@csw: ~ - Xshell 7 (Free for Home/School)
파일(F) 편집(E) 보기(V) 도구(T) 탭(B) 창(W) 도움말(H)
1 docker
csw@csw:~$ which docker
/usr/bin/docker
csw@csw:~$ ls -l /usr/bin/docker
-rwxr-xr-x 1 root root 36784536 3월 7 01:32 /usr/bin/docker
csw@csw:~$ echo $PATH
/usr/local/sbin:/usr/local/bin:/usr/sbin:/usr/bin:/sbin:/bin:
/usr/games:/usr/local/games:/snap/bin
csw@csw:~$ cat /etc/environment
PATH="/usr/local/sbin:/usr/local/bin:/usr/sbin:/usr/bin:/sbin
:/bin:/usr/games:/usr/local/games:/snap/bin"
csw@csw:~$
ssh://csw@127.(SSH2 xterm 61x11 11,12 1 세션

- which docker: 도커 클라이언트 실행 명령어(docker) 경로 표시
- /usr/bin/: docker 명령어 위치
- echo $PATH: 현재 사용자의 PATH 환경 변수 값 표시
- cat /ect/environment: 시스템 전역 PATH 환경변수 값 표시

· docker 명령어

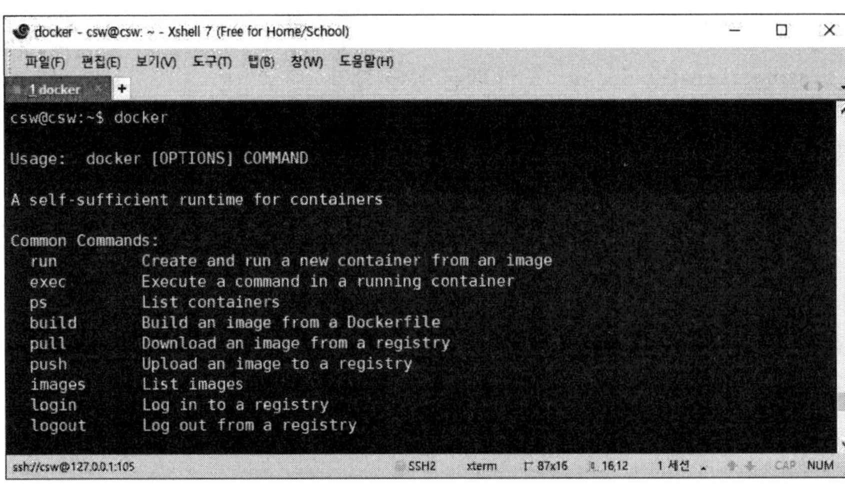
docker - csw@csw: ~ - Xshell 7 (Free for Home/School)
파일(F) 편집(E) 보기(V) 도구(T) 탭(B) 창(W) 도움말(H)
1 docker
csw@csw:~$ docker
Usage: docker [OPTIONS] COMMAND
A self-sufficient runtime for containers
Common Commands:
run Create and run a new container from an image
exec Execute a command in a running container
ps List containers
build Build an image from a Dockerfile
pull Download an image from a registry
push Upload an image to a registry
images List images
login Log in to a registry
logout Log out from a registry
ssh://csw@127.0.0.1:105 SSH2 xterm 87x16 16,12 1 세션 CAP NUM

- docker: 도커 클라이언트 호출 명령어
- docker [options] command: 도커 데몬에게 옵션을 고려해서 command 수행 요청
- 도커 데몬에 컨테이너 생성/실행, 이미지 빌드/다운로드/업로드 등 작업 요청

(3)도커 네트워크

- 가상 브릿지 docker0(호스트)

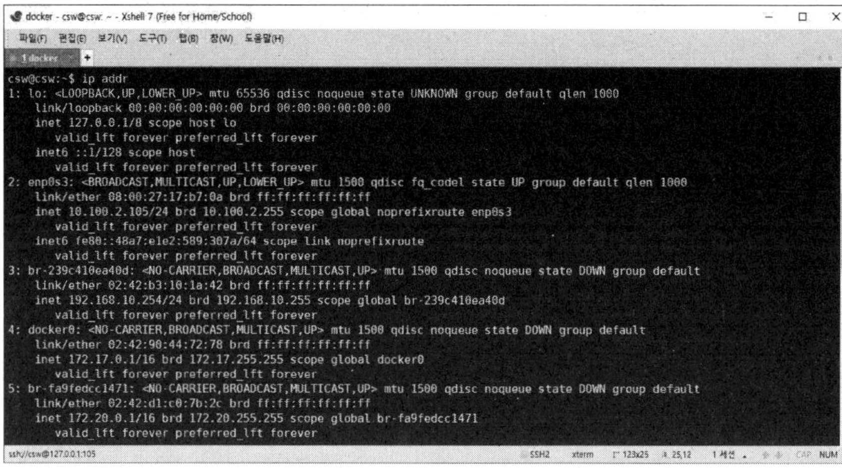
docker - csw@csw: ~ - Xshell 7 (Free for Home/School)
파일(F) 편집(E) 보기(V) 도구(T) 탭(B) 창(W) 도움말(H)
csw@csw:~$ ip addr
1: lo: <LOOPBACK,UP,LOWER_UP> mtu 65536 qdisc noqueue state UNKNOWN group default qlen 1000
link/loopback 00:00:00:00:00:00 brd 00:00:00:00:00:00
inet 127.0.0.1/8 scope host lo
valid_lft forever preferred_lft forever
inet6 ::1/128 scope host
valid_lft forever preferred_lft forever
2: enp0s3: <BROADCAST,MULTICAST,UP,LOWER_UP> mtu 1500 qdisc fq_codel state UP group default qlen 1000
link/ether 08:00:27:17:b7:0a brd ff:ff:ff:ff:ff:ff
inet 10.100.2.105/24 brd 10.100.2.255 scope global noprefixroute enp0s3
valid_lft forever preferred_lft forever
inet6 fe80::48a7:e1e2:589:307a/64 scope link noprefixroute
valid_lft forever preferred_lft forever
3: br-239c410ea40d: <NO-CARRIER,BROADCAST,MULTICAST,UP> mtu 1500 qdisc noqueue state DOWN group default
link/ether 02:42:b3:10:1a:42 brd ff:ff:ff:ff:ff:ff
inet 192.168.10.254/24 brd 192.168.10.255 scope global br-239c410ea40d
valid_lft forever preferred_lft forever
4: docker0: <NO-CARRIER,BROADCAST,MULTICAST,UP> mtu 1500 qdisc noqueue state DOWN group default
link/ether 02:42:90:44:72:78 brd ff:ff:ff:ff:ff:ff
inet 172.17.0.1/16 brd 172.17.255.255 scope global docker0
valid_lft forever preferred_lft forever
5: br-fa9fedcc1471: <NO-CARRIER,BROADCAST,MULTICAST,UP> mtu 1500 qdisc noqueue state DOWN group default
link/ether 02:42:d1:c0:7b:2c brd ff:ff:ff:ff:ff:ff
inet 172.20.0.1/16 brd 172.20.255.255 scope global br-fa9fedcc1471
valid_lft forever preferred_lft forever

  - 도커 기본 네트워크 드라이버: 도커 데몬 시작 시 호스트 시스템에 생성
  - 실제 네트워크의 게이트웨이(외부통신) 및 스위치(내부통신) 역할
  - 가상 네트워크 생성 및 가상 네트워크 인터페이스(컨테이너) 연결
  - 컨테이너 간 내부통신 및 호스트 시스템 외부 네트워크(인터넷) 통신 지원
- 가상 브릿지 네트워크 인트페이스(컨테이너)
  - 가상 브릿지가 각 컨테이너에 할당하는 가상 네트워크 장치
  - 실제 네트워크에서 인터페이스 카드(NIC) 역할
- 가상 브릿지 네트워크

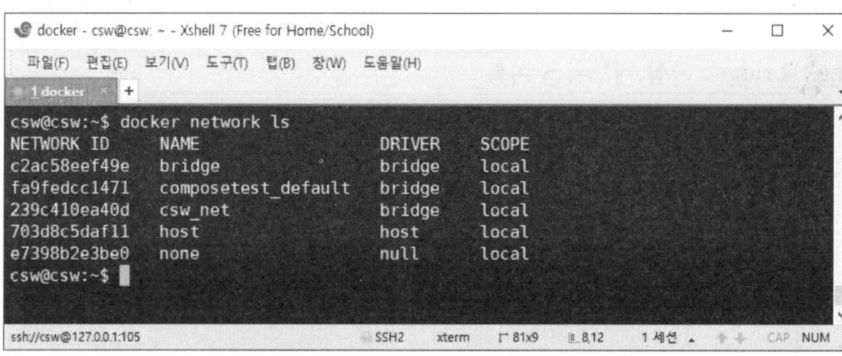
docker - csw@csw: ~ - Xshell 7 (Free for Home/School)
파일(F) 편집(E) 보기(V) 도구(T) 탭(B) 창(W) 도움말(H)
csw@csw:~$ docker network ls
NETWORK ID NAME DRIVER SCOPE
c2ac58eef49e bridge bridge local
fa9fedcc1471 composetest_default bridge local
239c410ea40d csw_net bridge local
703d8c5daf11 host host local
e7398b2e3be0 none null local
csw@csw:~$
ssh://csw@127.0.0.1:105 SSH2 xterm 81x9 8,12 1 세션 CAP NUM

  - 가상 브릿지와 컨테이너들 집합: 사용자 정의 브릿지 추가 가능
  - 브릿지 방식 네트워크: bridge(기본), csw_net(사용자 추가)

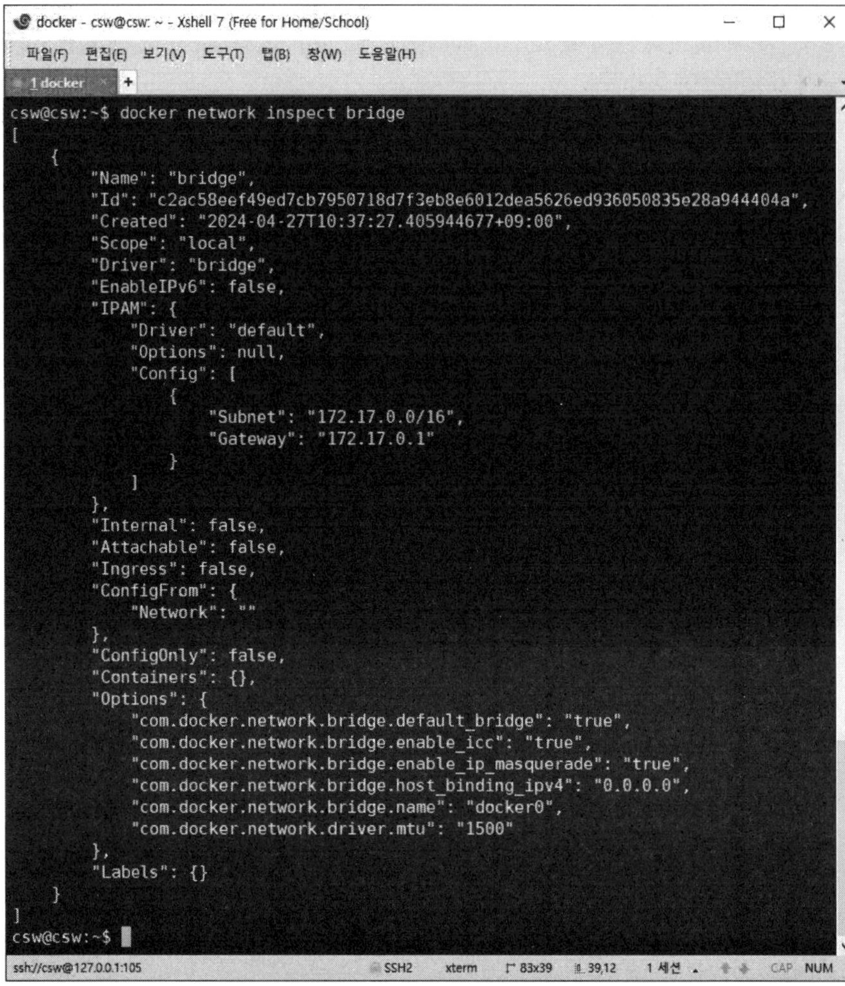
docker - csw@csw: ~ - Xshell 7 (Free for Home/School)
파일(F) 편집(E) 보기(V) 도구(T) 탭(B) 창(W) 도움말(H)
1 docker
csw@csw:~$ docker network inspect bridge
[
{
"Name": "bridge",
"Id": "c2ac58eef49ed7cb7950718d7f3eb8e6012dea5626ed936050835e28a944404a",
"Created": "2024-04-27T10:37:27.405944677+09:00",
"Scope": "local",
"Driver": "bridge",
"EnableIPv6": false,
"IPAM": {
"Driver": "default",
"Options": null,
"Config": [
{
"Subnet": "172.17.0.0/16",
"Gateway": "172.17.0.1"
}
]
},
"Internal": false,
"Attachable": false,
"Ingress": false,
"ConfigFrom": {
"Network": ""
},
"ConfigOnly": false,
"Containers": {},
"Options": {
"com.docker.network.bridge.default_bridge": "true",
"com.docker.network.bridge.enable_icc": "true",
"com.docker.network.bridge.enable_ip_masquerade": "true",
"com.docker.network.bridge.host_binding_ipv4": "0.0.0.0",
"com.docker.network.bridge.name": "docker0",
"com.docker.network.driver.mtu": "1500"
},
"Labels": {}
}
]
csw@csw:~$
ssh://csw@127.0.0.1:105 SSH2 xterm 83x39 39,12 1 세션 CAP NUM

- "Name": "bridge": 가상 네트워크 이름
- "Driver": "bridge": 가상 네트워크 드라이버 방식
- "Subnet": "172.17.0.0/16": 가상 네트워크 주소
- "Gateway": "172.17.0.1": 가상 네트워크 게이트웨이(docker0) 주소
- ~~~ enable_ip_masquerade": "true": NAT 허용(호스트 외부 통신 가능)
- ~~~ bridge.name": "docker0": 도커 네트워크의 가상 브릿지 이름

1.3 도커 이미지

(1)기능

- 컨테이너 템플릿
- 파일 시스템과 실행 환경으로 구성
  - 파일 시스템: 파일, 디렉토리
  - 실행 환경: 실행 파일, 런타임 환경, 네트워크 설정 등
- 계층 구조
  - 베이스 이미지(하위): 우분투 베이스 이미지
  - 레이어(상위): 웹 서버, DB 서버, 프로그래밍 언어 및 해당 언어 런타임 환경 추가

(2)구성

- 베이스 이미지
  - 기본적인 파일 시스템과 실행 환경 제공
  - 기본적인 운영체제: 우분투
  - 기본적인 런타임 환경: 특정 프로그래밍 언어 런타임 환경, 웹 서버, DB 서버 등
  - 기본적인 도구 및 유틸리티: 파일 시스템 관리 도구 등
  - 도커 허브에서 공식적 이미지 제공
- 레이어
  - 파일 시스템의 새로운 변경 사항만 추가
  - 이전 레이어 변경 사항 상속

1.4 도커 컨테이너

(1)기능

- 애플리케이션 실행
  - 도커 이미지 기반 컨테이너 인스턴스 생성
  - 애플리케이션을 독립적으로 실행
- 애플리케이션 격리
  - 호스트 시스템으로부터 격리된 환경에서 실행
  - 각 컨테이너는 자체 파일 시스템, 네트워크, 프로세스 공간에서 독립적 실행
- 다양한 환경에서 애플리케이션 실행 및 관리
  - 호스트 운영체제에 종속되지 않음
  - 도커 설치 우분투에서 빌드한 이미지는 도커 설치 Windows에서도 실행 가능

(2)구성

- 파일 시스템
  - 도커 이미지의 파일 시스템을 기반으로 함
  - 애플리케이션 실행에 필요한 파일들 포함
- 프로세스
  - 실행된 애플리케이션
- 네트워크
  - 호스트에 독립된 네트워크 인터페이스 보유
  - 컨테이너 간 및 외부 서비스와 통신
- 환경변수
  - 실행 환경 구성 및 앱 설정 제공
- 컨테이너 설정
  - 도커 이미지에서 컨테이너 생성을 위해 정의된 설정
  - 컨테이너 실행 방식, 리소스 제한, 네트워크 구성 등 결정

1.5 도커 레지스트리(Registry)

- 도커 이미지 저장 및 관리 저장소
  - 이미지 저장, 공유, 배포
  - Docker Hub 공식 레지스트리
  - 개인이나 조직 자체 사설 레지스트리

1.6 도커 컴포즈(Compose)

- 다중 컨테이너 기반 앱 관리
  - 여러 컨테이너 기반의 하나의 종합적인 앱 서비스 개발 가능
  - 웹 앱: 웹 서버, 데이터베이스, 백엔드 서비스 등 다중 컨테이너 결합

02 도커 환경구축

2.1 Virtualbox 환경구축

(1)VirtualBox 설치하기

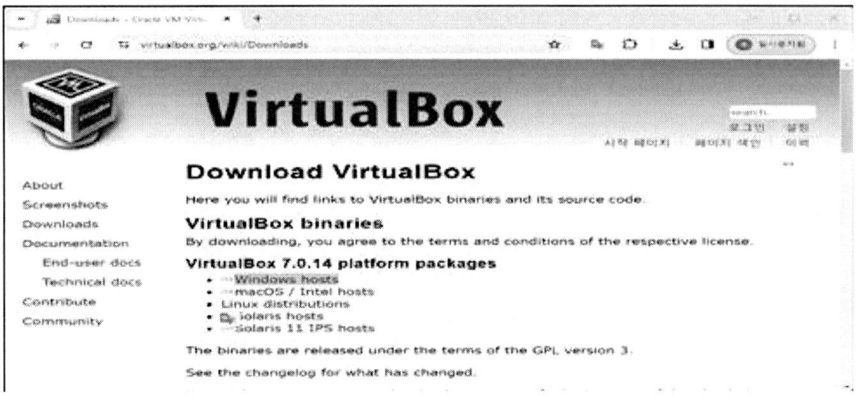
VirtualBox
Download VirtualBox
About
Screenshots
Downloads
Documentation
End-user docs
Technical docs
Contribute
Community
Here you will find links to VirtualBox binaries and its source code.
VirtualBox binaries
By downloading, you agree to the terms and conditions of the respective license.
VirtualBox 7.0.14 platform packages
Windows hosts
macOS / Intel hosts
Linux distributions
Solaris hosts
Solaris 11 IPS hosts
The binaries are released under the terms of the GPL version 3.
See the changelog for what has changed.

- VirtualBox 다운로드
  - 주소: https://www.virtualbox.org/wiki/Downloads
  - 운영체제: Window
  - 현재 버전: 7.0
  - 파일명: VirtualBox-7.0.14-161095-Win.exe

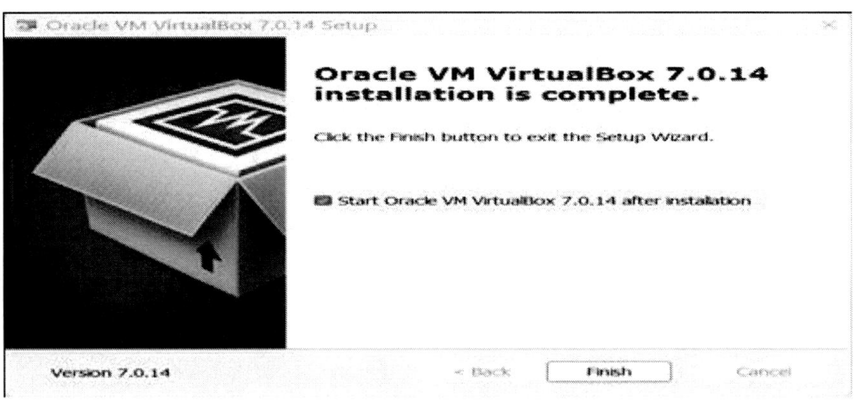
Oracle VM VirtualBox 7.0.14 Setup
Oracle VM VirtualBox 7.0.14 installation is complete.
Click the Finish button to exit the Setup Wizard.
Start Oracle VM VirtualBox 7.0.14 after installation
Version 7.0.14
< Back
Finish
Cancel

- VirtualBox 설치
  - 모두 기본 선택
  - 실행

(2)VirtualBox 네트워크 추가하기

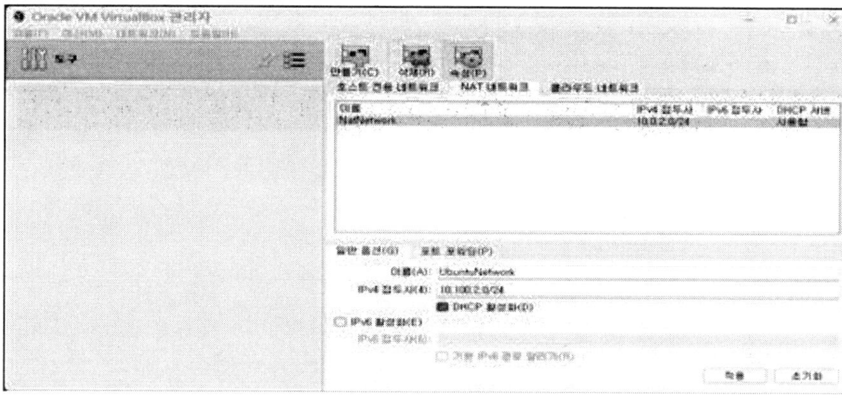

- NAT 네트워크 추가
  - NAT 네트워크 설정: [도구]-[네트워크]-[NAT 네트워크]-[만들기]
  - 이름: UbuntuNetwork
  - IPv4: 10.100.2.0/24, DHCP 활성화

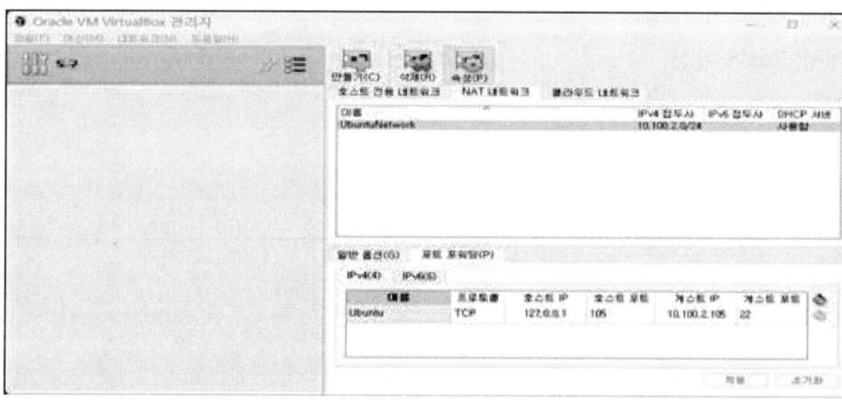

- Port Forwarding 추가 
  - 이름: Ubuntu
  - 프로토콜: TCP
  - 호스트 IP: 127.0.0.1, 호스트 포트: 105
  - 게스트 IP: 10.100.2.105, 게스트 포트: 22
  - [적용]

(3)VirtualBox 가상 머신 만들기

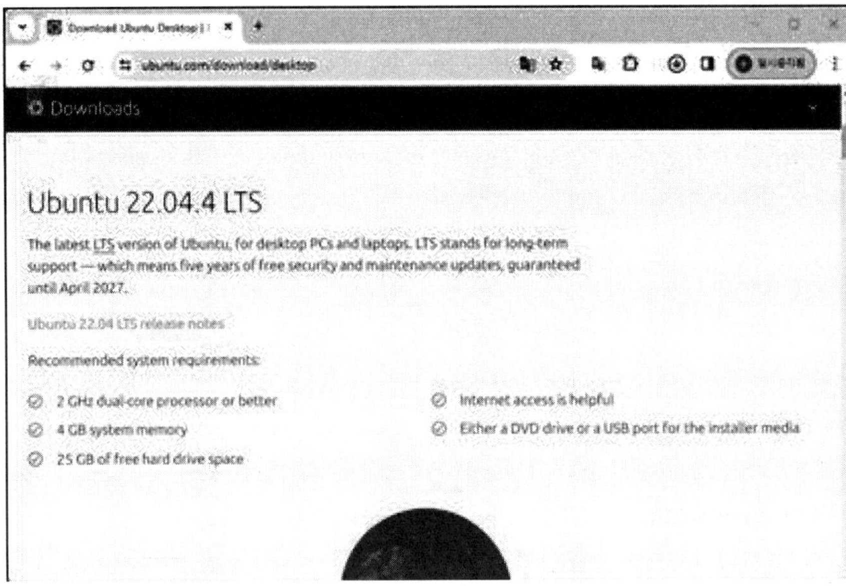

ubuntu.com/download/desktop
Downloads
Ubuntu 22.04.4 LTS
The latest LTS version of Ubuntu, for desktop PCs and laptops. LTS stands for long-term support — which means five years of free security and maintenance updates, guaranteed until April 2027.
Ubuntu 22.04 LTS release notes
Recommended system requirements:
2 GHz dual-core processor or better
4 GB system memory
25 GB of free hard drive space
Internet access is helpful
Either a DVD drive or a USB port for the installer media

- Ubuntu 시스템 요구사항
  - 프로세서: 2코어 이상
  - 메모리: 4 GB
  - 하드 디스크: 25GB
  - 인터넷, DVD 드라이브

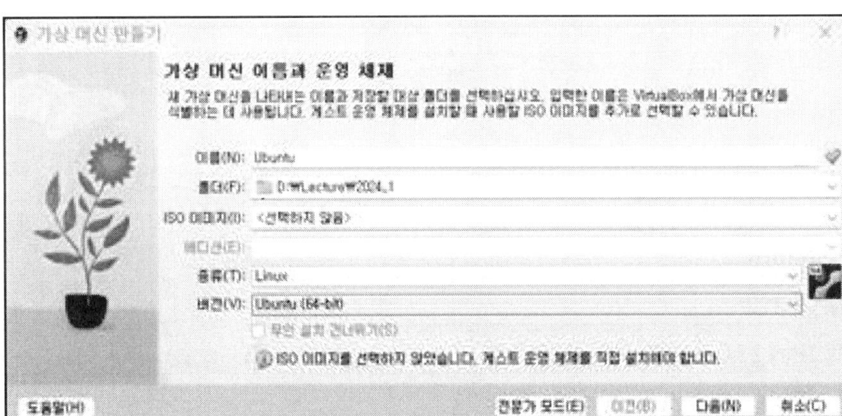

가상 머신 만들기
가상 머신 이름과 운영 체제
이름(N): Ubuntu
종류(T): Linux
버전(V): Ubuntu (64-bit)
도움말(H)
전문가 모드(E)
이전(B)
다음(N)
취소(C)

[머신]-[만들기]

- 가상 머신 이름과 운영 체제
  - 이름: Ubuntu
  - 폴더: [∨]-[기타]-[폴더 지정]
  - 종류: Linux
  - 버전: Ubuntu (64-bit)

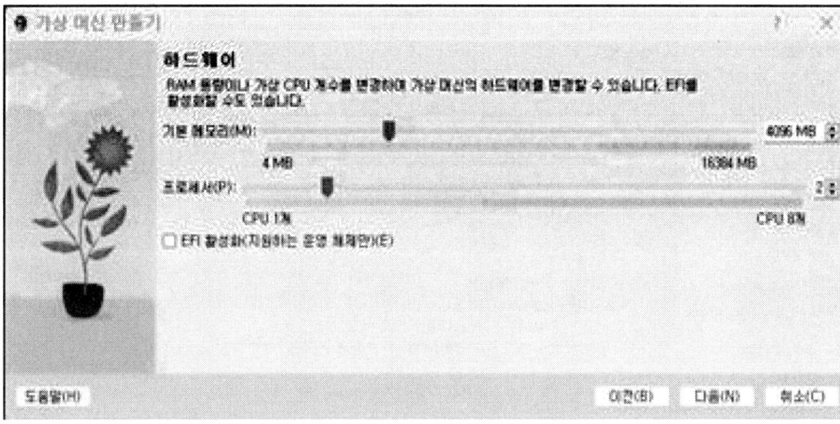

· 하드웨어
  - 기본 메모리: 4096Mb
  - 프로세서: 2

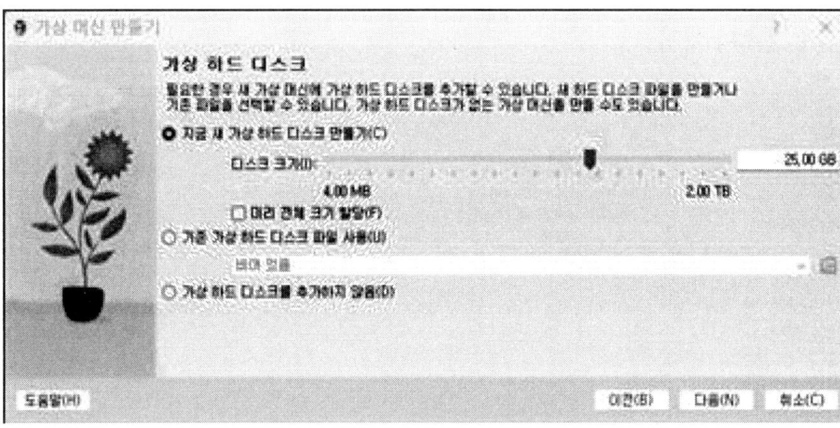

· 가상 하드 디스크
  - 디스크 크기: 25GB

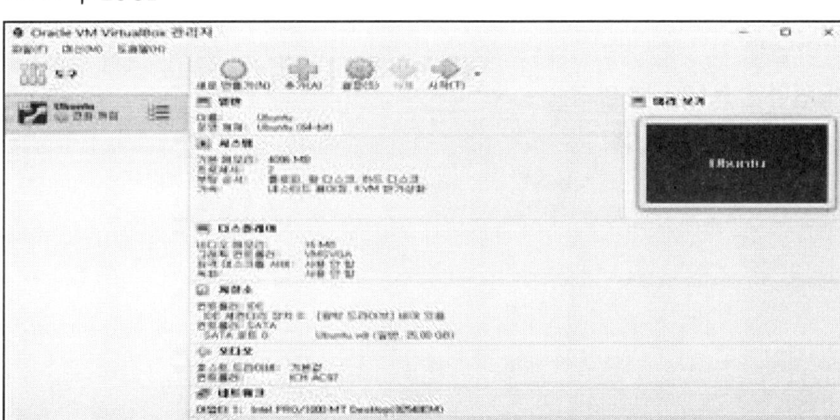

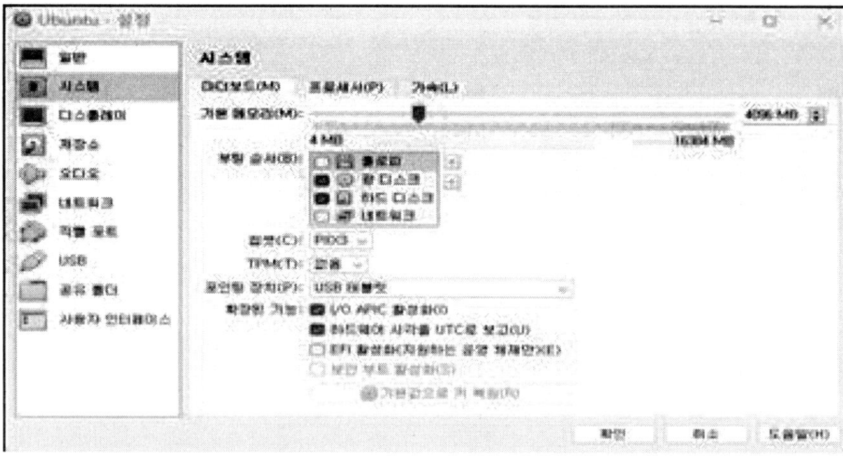

[Ubuntu]-[설정]

- 시스템
  - 부팅순서: 플로피 해제

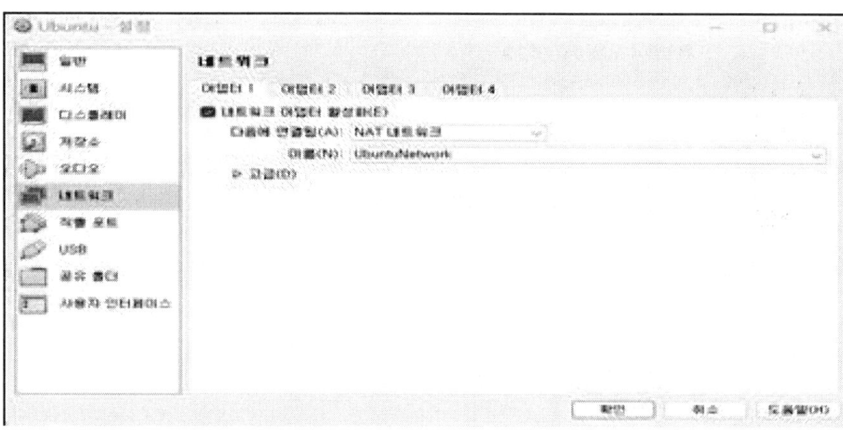

- 네트워크 어댑터 1
  - 다음에 연결됨: NAT 네트워크
  - 이름: UbuntuNetwork, [확인]

2.2 우분투(Ubuntu) 환경구축

(1)우분투 다운로드하기

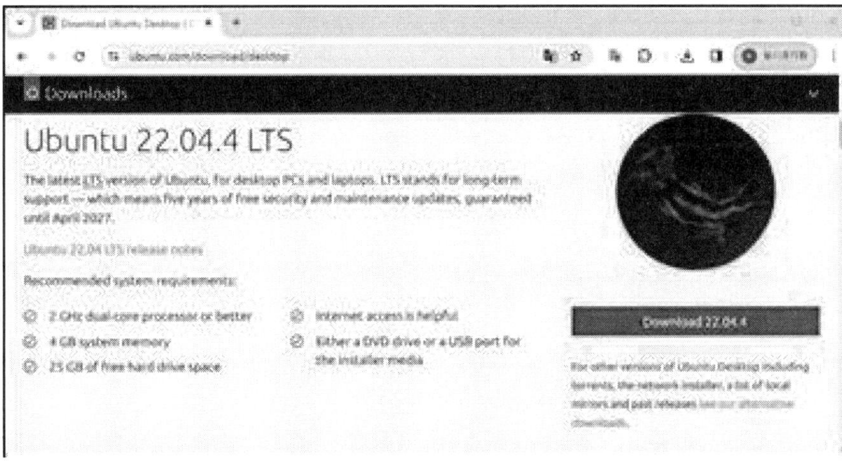

- 시스템 요구사항 확인
  - 프로세서: 2코어 이상
  - 메모리: 4 GB
  - 하드 디스크: 25GB
  - 인터넷, DVD 드라이브
- 우분투 다운로드
  - 현재 버전: Ubuntu 22.04.4 LTS
  - 주소: https://ubuntu.com/download/desktop
  - [Download 22.04.4]

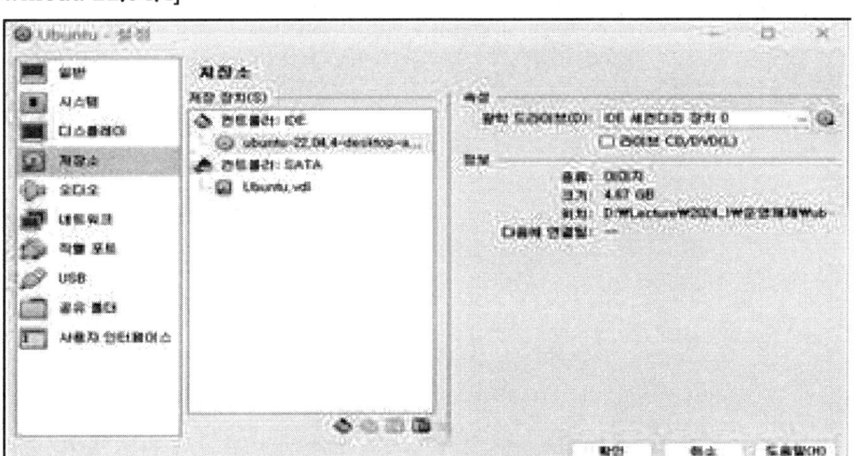

[Ubuntu-설정]

- 저장소
  - 저장 장치 [컨트롤러: IDE]: [비어 있음]
  - 속성 [광학 드라이브]: 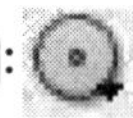 - [디스크 파일 선택] - 다운로드한 Ubuntu 선택

(2)우분투 설치하기

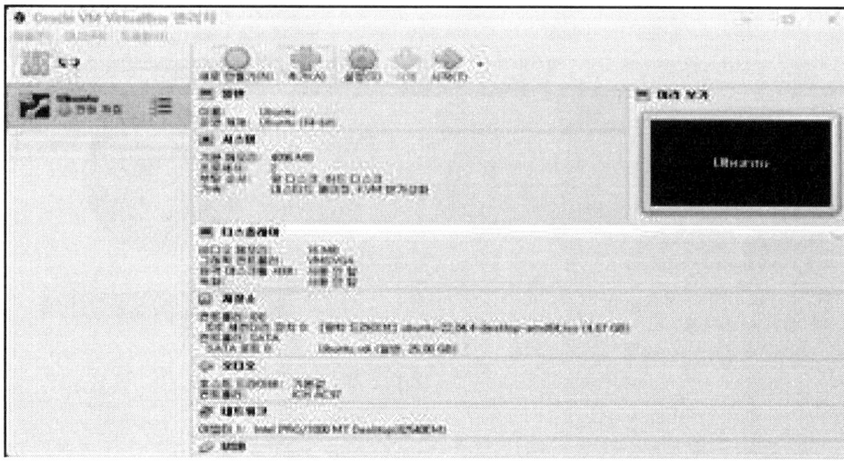

[시작]

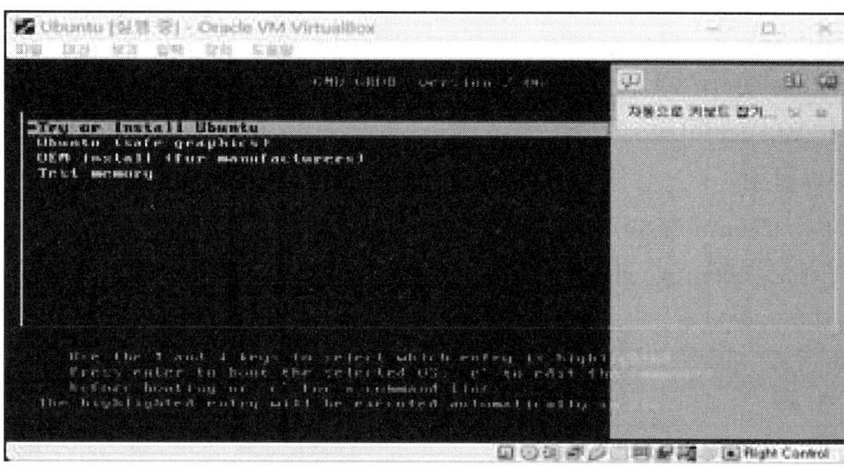

- 시작 유형
  - 기본 선택 [*Try or Install Ubuntu]
  - [Enter]

- 설치 과정에 사용할 언어 선택
  - 한국어
  - [Ubuntu 설치]

- 키보드 레이아웃
  - Korean - Korean(101/104-key compatible)
  - [계속하기]

- 업데이트 및 기타 소프트웨어
  - 앱 설치: 일반 설치
  - 기타 설정: Ubuntu 설치 중 업데이트 다운로드
    * 네트워크 속도에 따라서 업데이트 다운로드 장시간 소요 가능
  - [계속하기]

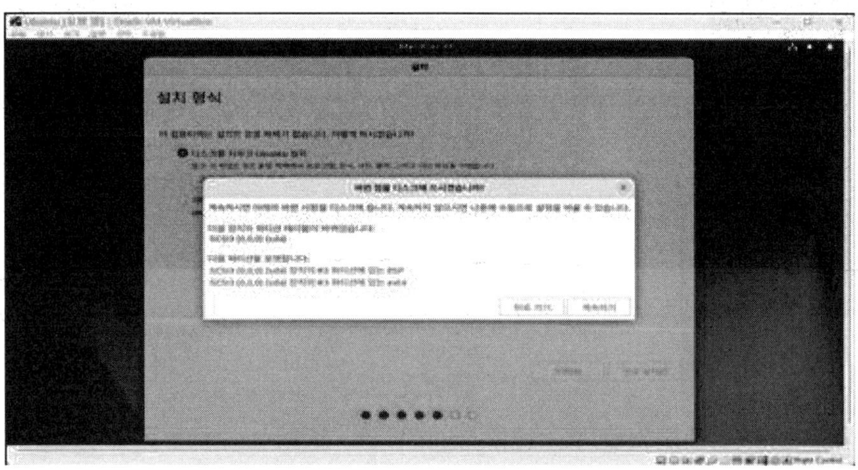

- 설치 형식
  - 디스크를 지우고 Ubuntu 설치
  - [지금 설치]
  - 변경 사항을 디스크에 기록: [계속하기]

- 거주지
  - Seoul
  - [계속하기]

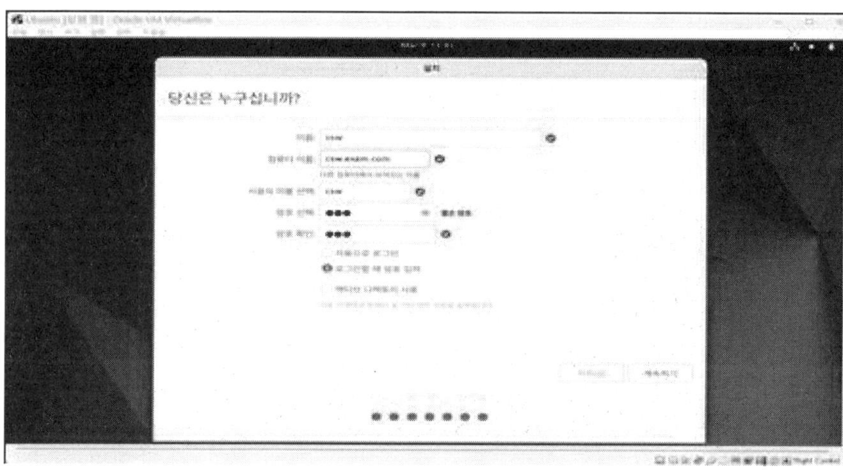

- 사용자 등록
  - 이름: csw
  - 컴퓨터 이름: csw.exam.com, 설치 후 호스트네임에 반영해야 함
  - 사용자 이름: csw
  - 암호: csw, 암호 확인: csw
    * 컴퓨터 이름 입력후 '이미 네트워크에 존재' 등 경고 무시(덮어씀)
  - 로그인할 때 암호 입력
  - [계속하기]

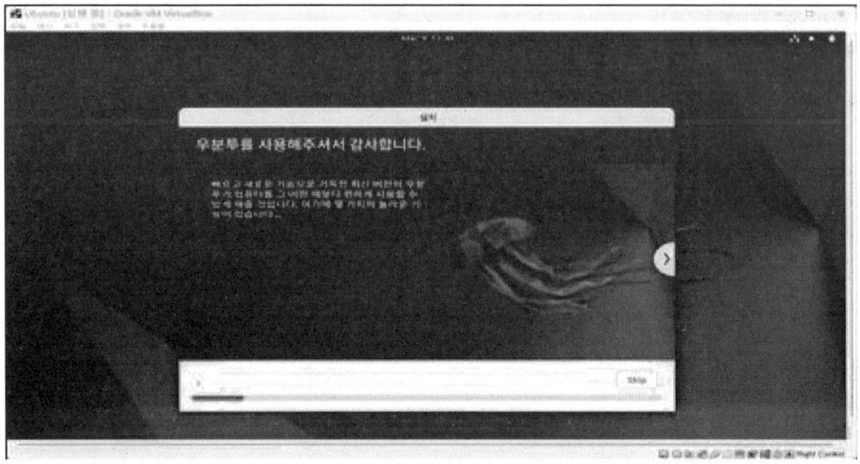
우분투를 사용해주셔서 감사합니다.
Skip

· 설치 진행
  - 경과 시간: 10분 내외
    * 시스템 성능 및 네트워크 속도에 따라 가변적임

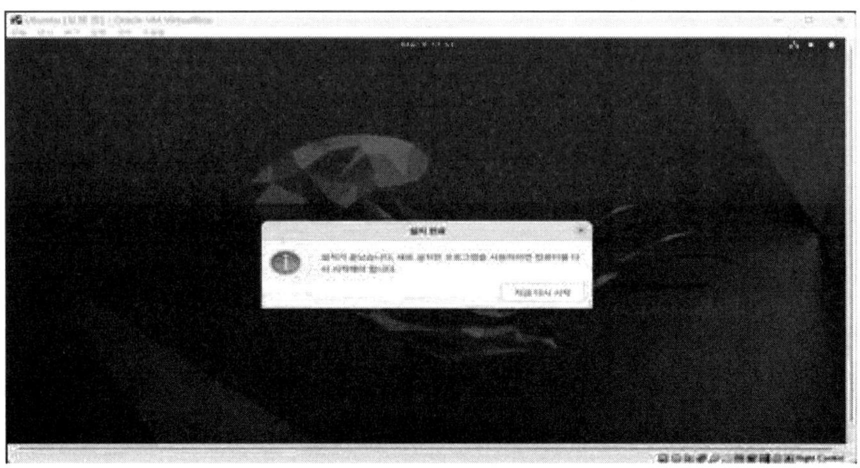

· 설치 완료
  - [지금 다시 시작]

[시작]

- csw 사용자 로그인

- [지금 다시 시작]

(3)우분투 설치 사후설정하기

· 기본 설정

- [건너뛰기]
- [온라인 계정 연결] 등 기본 설정 선택

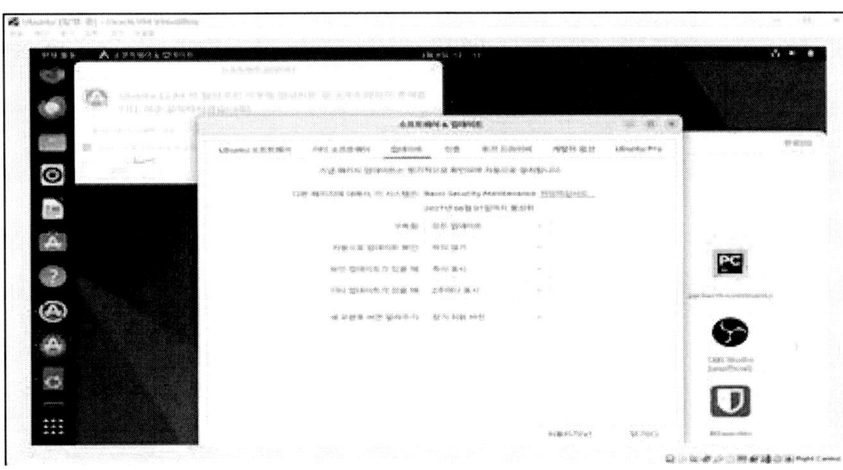

- 소프트웨어 업데이트 창 나타난 경우: [설정]
- 자동으로 업데이트 확인: 하지 않기
- 보안 업데이트가 있을 때: 즉시 표시
- 기타 업데이트 있을 때: 2주마다 표시
- [닫기]
- 소프트웨어 업데이트 창 닫기

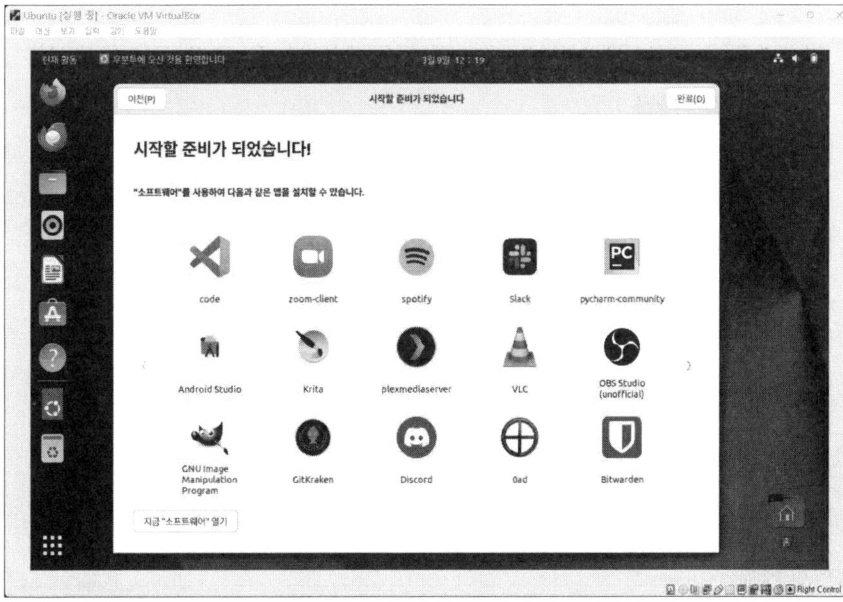

- Ubunto Pro 등 [다음] 기본 설정 선택
- [완료]

- **네트워크 설정**
  - **: [유선 연결됨] - [유선 네트워크 설정]**

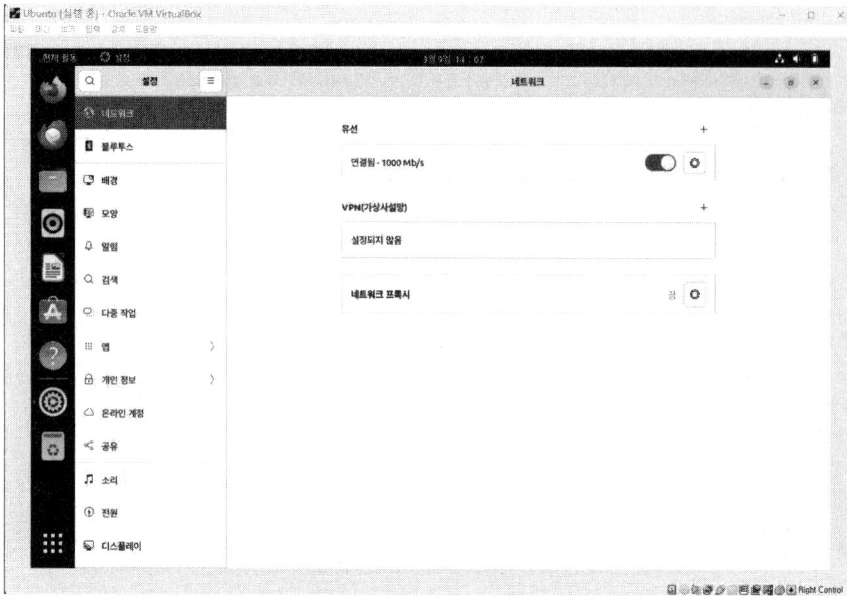

- 네트워크: [유선] - [연결됨 - 100Mb/s] - 설정 버튼(⚙)

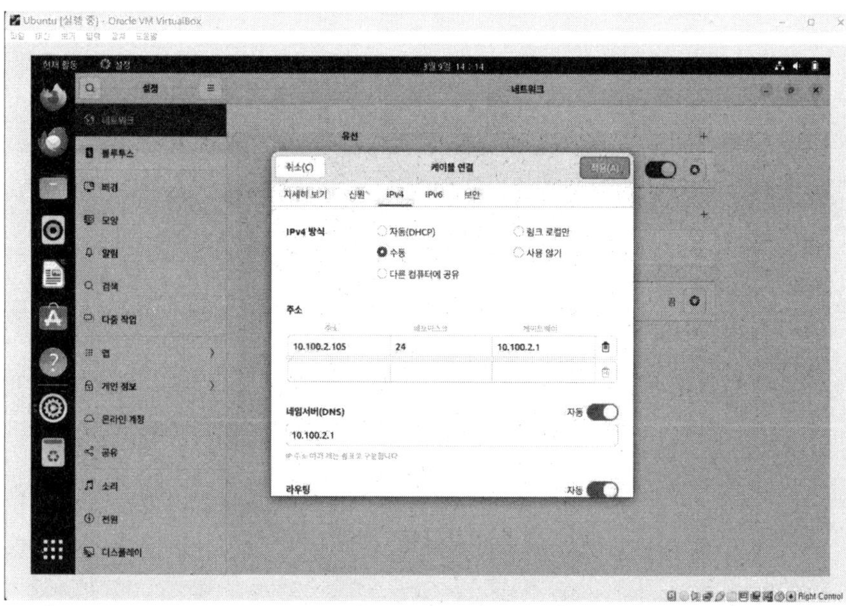

- VirtualBox NAT 네트워크 참조: UbuntuNetwork IP 주소 설정
- IPv4 방식: 수동
- 주소: 10.100.2.105, 네트마스크: 24, 게이트웨이: 10.100.2.1
- 네임서버: 10.100.2.1
- [적용]

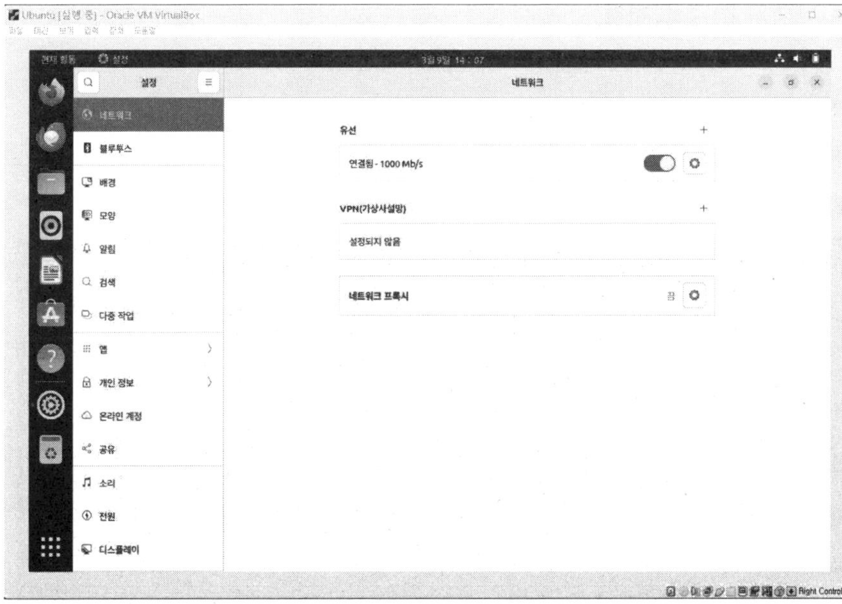
Ubuntu [실행 중] - Oracle VM VirtualBox
설정
네트워크
블루투스
배경
모양
알림
검색
다중 작업
앱
개인 정보
온라인 계정
공유
소리
전원
디스플레이
네트워크
유선
연결됨 - 1000 Mb/s
VPN(가상사설망)
설정되지 않음
네트워크 프록시
끔
Right Control

- 네트워크 설정 적용: [유선] - [연결됨 - 100Mb/s] - [ ] - [ ]

· 호스트 정보 설정

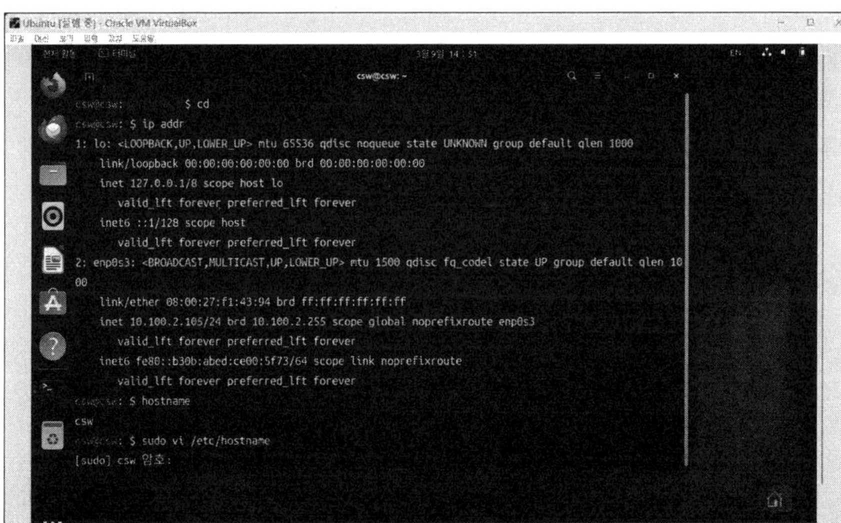
Ubuntu [실행 중] - Oracle VM VirtualBox
csw@csw: ~
$ cd
$ ip addr
1: lo: <LOOPBACK,UP,LOWER_UP> mtu 65536 qdisc noqueue state UNKNOWN group default qlen 1000
link/loopback 00:00:00:00:00:00 brd 00:00:00:00:00:00
inet 127.0.0.1/8 scope host lo
valid_lft forever preferred_lft forever
inet6 ::1/128 scope host
valid_lft forever preferred_lft forever
2: enp0s3: <BROADCAST,MULTICAST,UP,LOWER_UP> mtu 1500 qdisc fq_codel state UP group default qlen 1000
link/ether 08:00:27:f1:43:94 brd ff:ff:ff:ff:ff:ff
inet 10.100.2.105/24 brd 10.100.2.255 scope global noprefixroute enp0s3
valid_lft forever preferred_lft forever
inet6 fe80::b30b:abed:ce00:5f73/64 scope link noprefixroute
valid_lft forever preferred_lft forever
$ hostname
csw
$ sudo vi /etc/hostname
[sudo] csw 암호:
Right Control

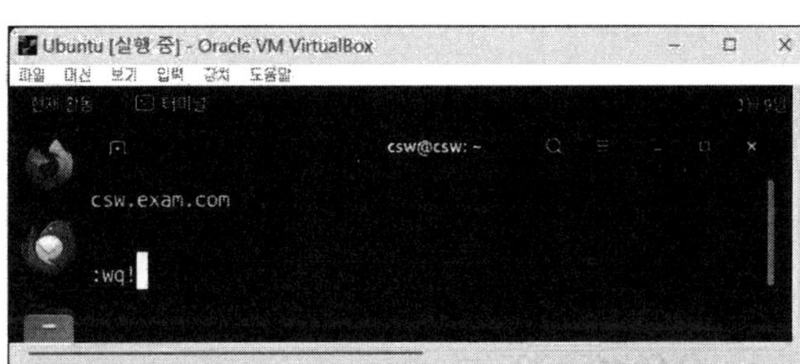
Ubuntu [실행 중] - Oracle VM VirtualBox
파일 머신 보기 입력 장치 도움말
csw@csw: ~
csw.exam.com
:wq!
Right Control

- 호스트 네임과 IP 주소 매핑
- sudo vi /etc/hosts: 10.100.2.105 csw.exam.com csw
- 인터넷 연결 시험: ping -c 3 8.8.8.8

· root 설정

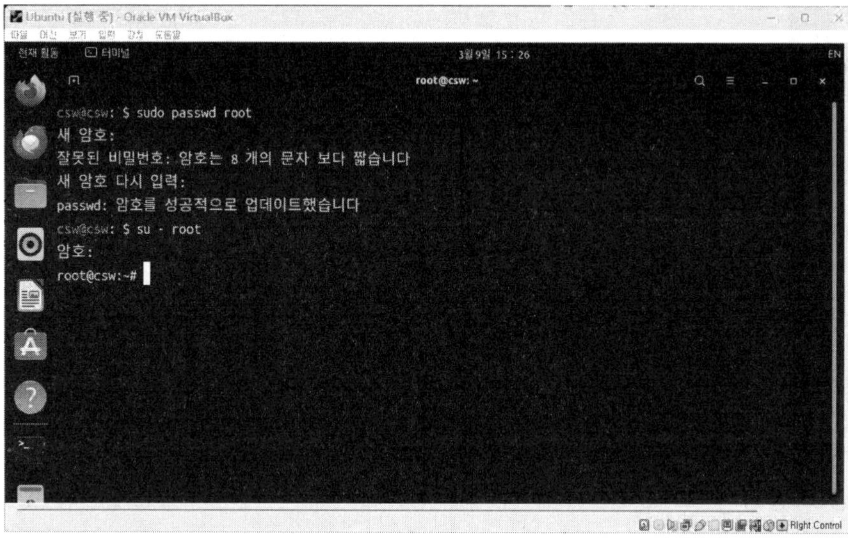
Ubuntu [실행 중] - Oracle VM VirtualBox
root@csw: ~
csw@csw: $ sudo passwd root
새 암호:
잘못된 비밀번호: 암호는 8 개의 문자 보다 짧습니다
새 암호 다시 입력:
passwd: 암호를 성공적으로 업데이트했습니다
csw@csw: $ su - root
암호:
root@csw:~#
Right Control

- root 암호 설정: sudo passwd root
- 새 암호: csw1234
- 새 암호 다시 입력: csw1234
- root 사용자로 전환: su - root
- 암호: csw1234
- 프롬프트 변경: csw@csw -> root@csw

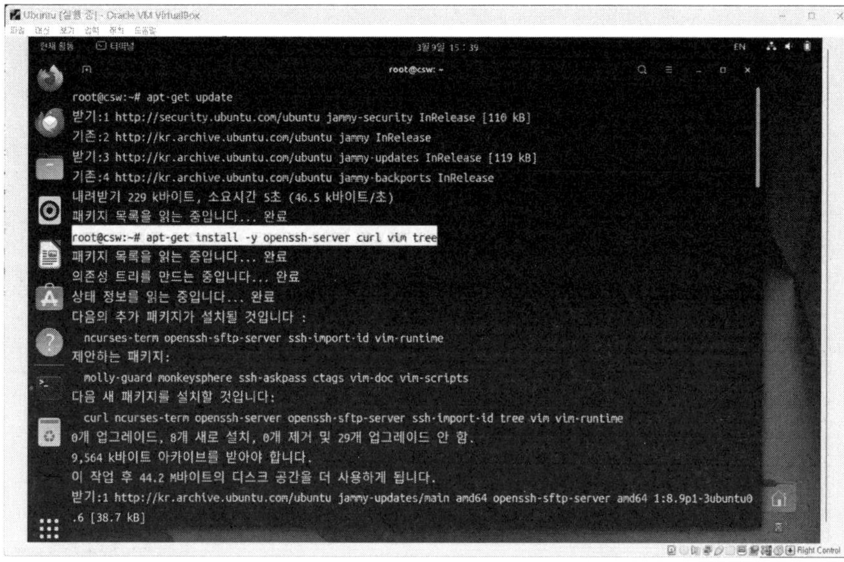

- SSH 서버 설치
- 로컬 패키지 저장소 목록 업데이트: apt-get update
- ssh 서버 패키지 설치: apt-get install -y openssh-server curl vim tree

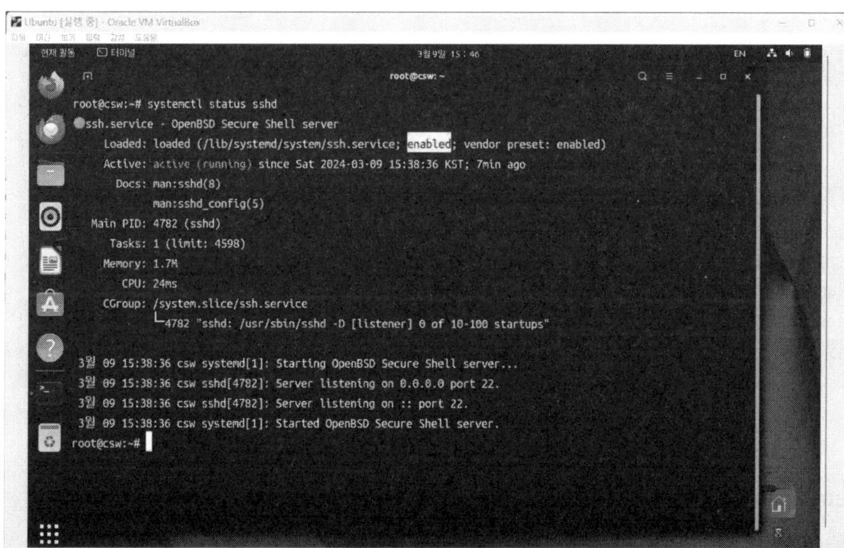

- SSH 서버 상태 확인: systemctl status sshd
- enabled: 시스템 재시작 시 sshd 서버 자동 시작
- active (running): sshd 서버 현재 상태 정상 작동 중

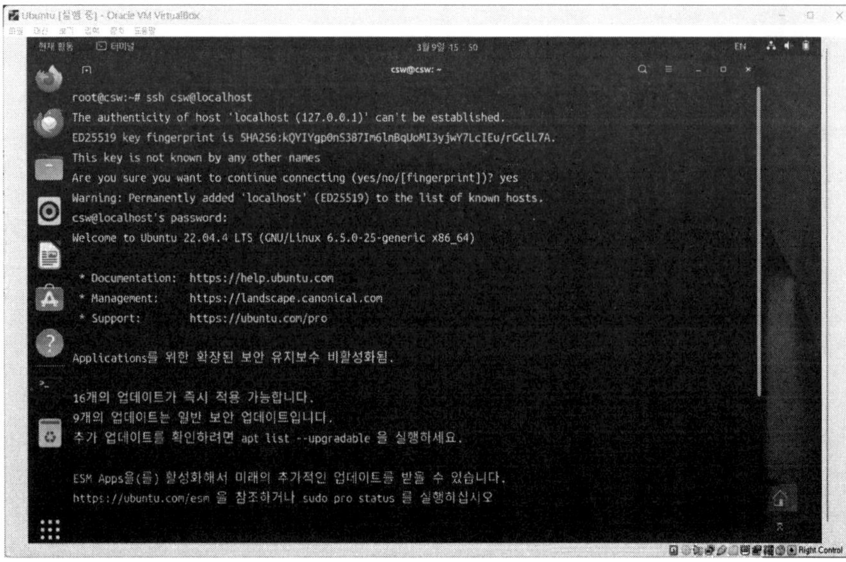

- 로컬 호스트의 csw 사용자와 ssh 서버 연결 설정: ssh csw@localhost
- yes
- csw

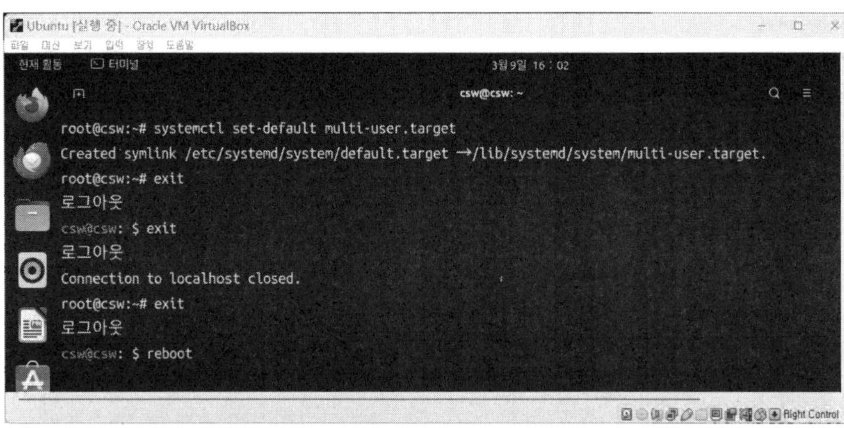

- 기본 부팅 모드를 텍스트 모드로 변경
- systemctl set-default multi-user.target
- 재부팅: reboot

Ubuntu [실행 중] - Oracle VM VirtualBox
파일 머신 보기 입력 장치 도움말
Ubuntu 22.04.4 LTS csw.exam.com tty1
csw login:
Right Control

2.3 Xshell 환경구축

(1)Xshell 설치하기

- Xshell 다운로드

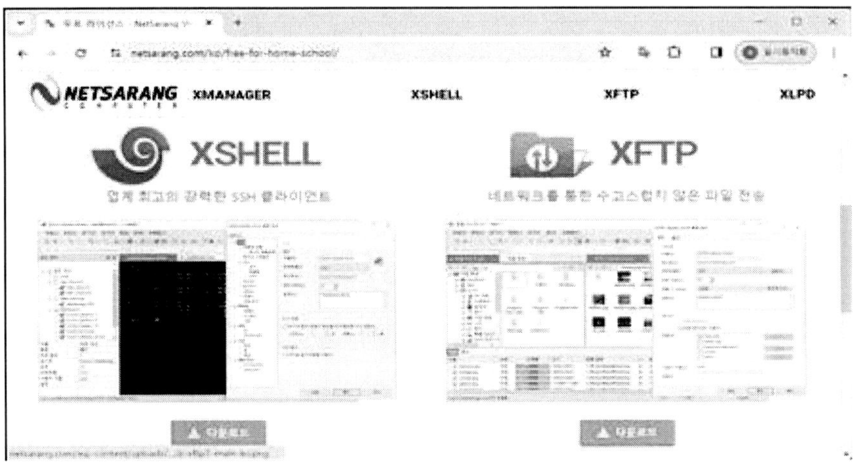

  - [주소: https://www.netsarang.com/ko/free-for-home-school/
  - 버전: 현재 7.0
  - 파일: Xshell-7.0.0151p.exe

- Xshell 설치

Xshell 7 Personal
Xshell 7 Personal InstallShield Wizard입니다.
InstallShield(R) 마법사가 컴퓨터에 'Xshell 7 Personal'을(를) 설치합니다. 계속하려면 [다음] 단추를 누르십시오.
< 뒤로(B)
다음(N) >
취소

  - 기본 선택

- 무료 라이선스 등록

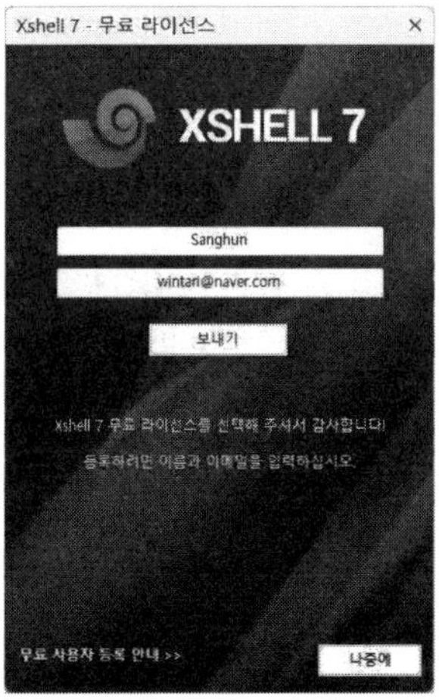

  - 이름과 이메일 등록
  - [보내기]

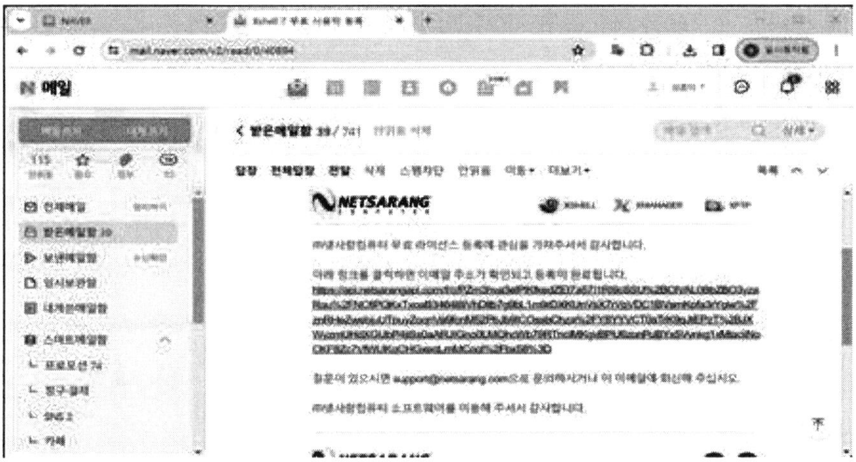

  - 링크 클릭

(2)새 세션 생성하기

· 호스트 네트워크 정보입력

- [세션]-[새로 만들기]-[연결]-[일반]
- 연결에 참여할 호스트의 프로토콜, IP 주소, 포트 번호 등 정보 입력
- 세션 이름: ubuntu, 프로토콜: ssh, 호스트: 127.0.0.1, 포트 번호: 105

· 사용자 인증 정보입력

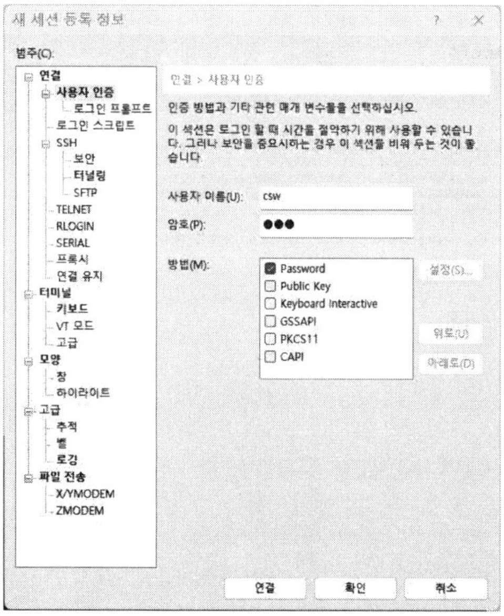

- ubuntu 세션에 참여하는 사용자의 이름, 암호, 인증방법 등 인증 정보 입력
- 사용자 이름: csw, 암호: csw, 방법: Password
- [확인]

(3)가상머신 Ubuntu 연결하기

- 세션 연결

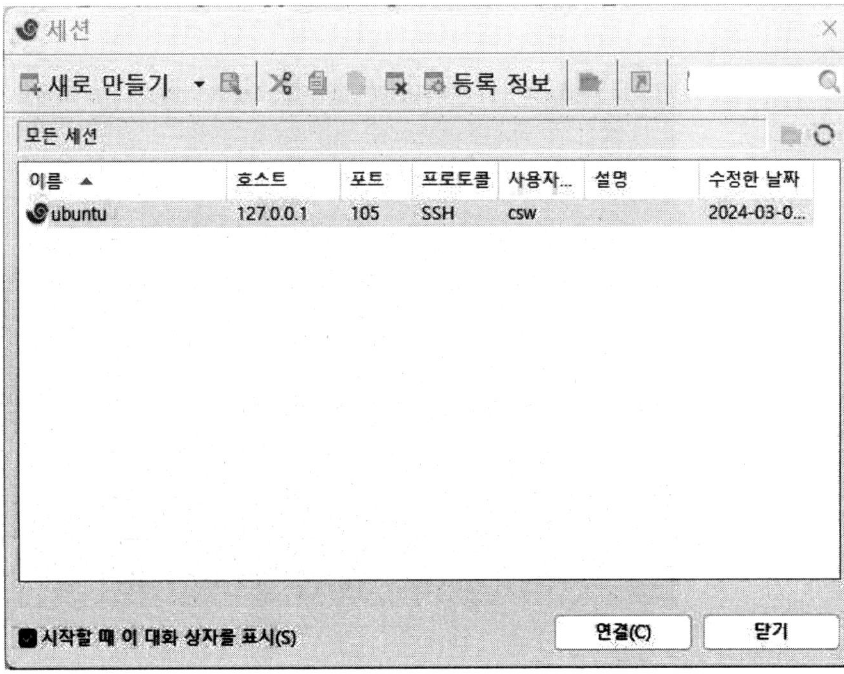
세션
새로 만들기
등록 정보
모든 세션
이름
호스트
포트
프로토콜
사용자...
설명
수정한 날짜
ubuntu
127.0.0.1
105
SSH
csw
2024-03-0...
시작할 때 이 대화 상자를 표시(S)
연결(C)
닫기

  - ubuntu 세션을 통해 Xshell과 Ubuntu 연결
  - [ubuntu 세션]-[연결]

- SSH 호스트 키 확인

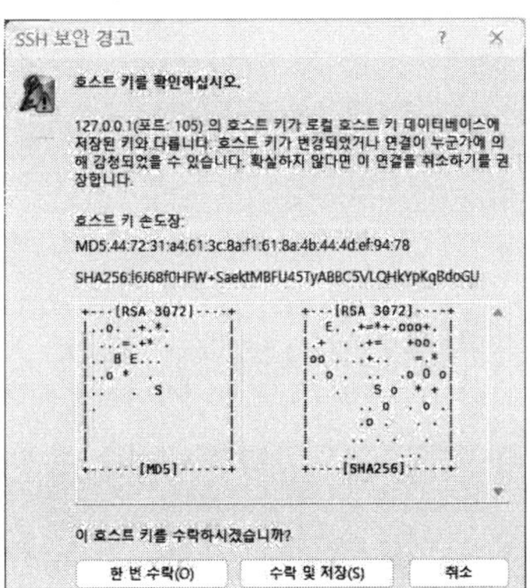
SSH 보안 경고
호스트 키를 확인하십시오.
127.0.0.1(포트: 105) 의 호스트 키가 로컬 호스트 키 데이터베이스에 저장된 키와 다릅니다. 호스트 키가 변경되었거나 연결이 누군가에 의해 감청되었을 수 있습니다. 확실하지 않다면 이 연결을 취소하기를 권장합니다.
호스트 키 손도장:
MD5:44:72:31:a4:61:3c:8a:f1:61:8a:4b:44:4d:ef:94:78
SHA256:I6J68f0HFW+SaektMBFU45TyABBC5VLQHkYpKqBdoGU
이 호스트 키를 수락하시겠습니까?
한 번 수락(O)
수락 및 저장(S)
취소

  - 호스트 키 저장: [수락 및 저장]

- Ubuntu 접속

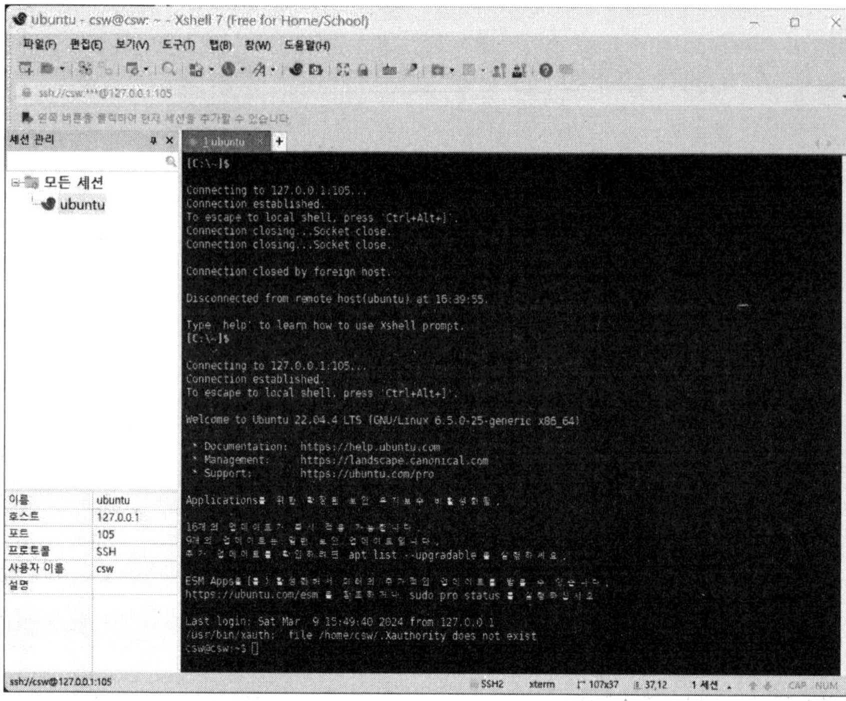

  - 우분투에 csw 사용로 접속
  - 접속이 안되는 경우: 세션 [ubuntu] 우클릭 - [열기] 재시도

- Ubuntu 정보 확인 및 종료

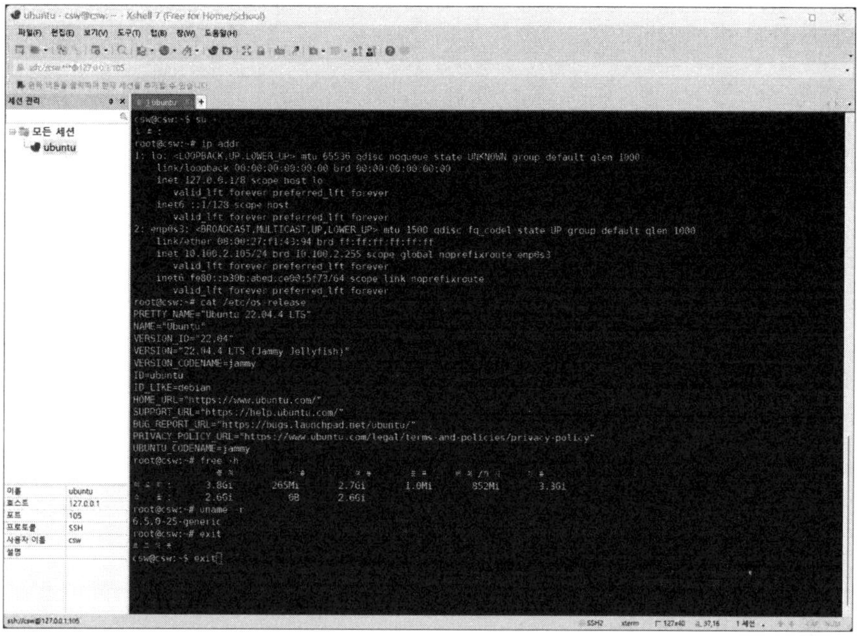

root@csw:~# ip addr
root@csw:~# cat /etc/os-release
PRETTY_NAME="Ubuntu 22.04.4 LTS"
NAME="Ubuntu"
VERSION_ID="22.04"
VERSION="22.04.4 LTS (Jammy Jellyfish)"
VERSION_CODENAME=jammy
ID=ubuntu
ID_LIKE=debian
HOME_URL="https://www.ubuntu.com/"
SUPPORT_URL="https://help.ubuntu.com/"
BUG_REPORT_URL="https://bugs.launchpad.net/ubuntu/"
UBUNTU_CODENAME=jammy
root@csw:~# free -h
root@csw:~# uname -r
6.5.0-25-generic
root@csw:~# exit
csw@csw:~$ exit

  - root 사용자로 전환: su -
  - 암호: csw1234
  - IP 주소 확인: ip addr
  - 우분투 버전 확인: cat /etc/os-release
  - 디스크 공간 확인: free -h
  - 리눅스 커널 버전 확인: uname -r
  - root 사용자 종료: exit
  - csw 사용자 종료: exit사용자 인증 정보입력

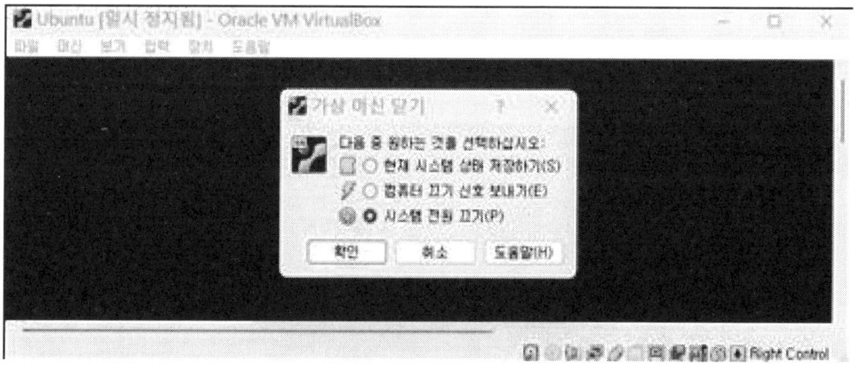

Ubuntu [일시 정지됨] - Oracle VM VirtualBox
가상 머신 닫기
다음 중 원하는 것을 선택하십시오:
현재 시스템 상태 저장하기(S)
컴퓨터 끄기 신호 보내기(E)
시스템 전원 끄기(P)
확인
취소
도움말(H)
Right Control

  - 시스템 전원 끄기

(4)호스트와 가상머신 전환하기

· 호스트와 가상머신 전환

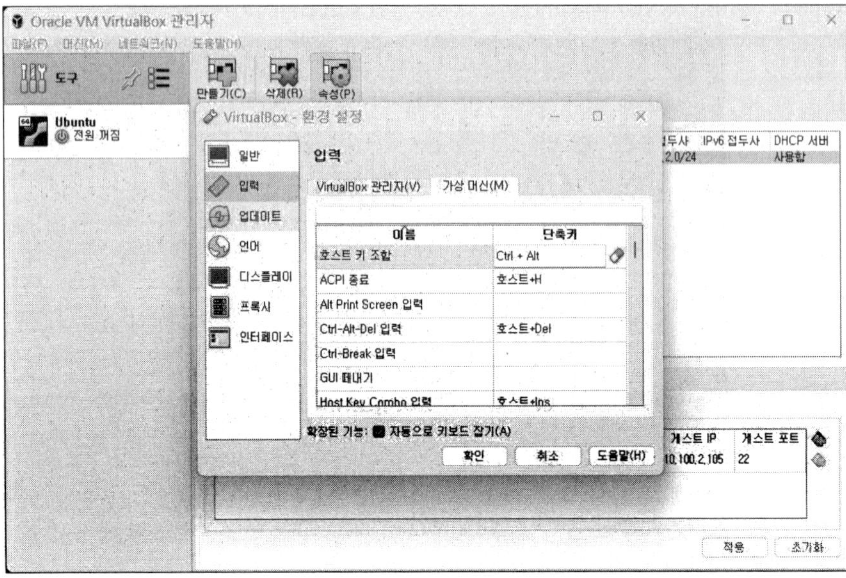

- [파일]-[환경 설정]-[입력]
- 가상 머신 호스트 키 조합: Ctrl과 Alt 동시 선택

03 도커 설치

3.1 도커 데스크톱 설치

(1)Docker Desktop 설치 방법 확인하기

- 운영체제 선택

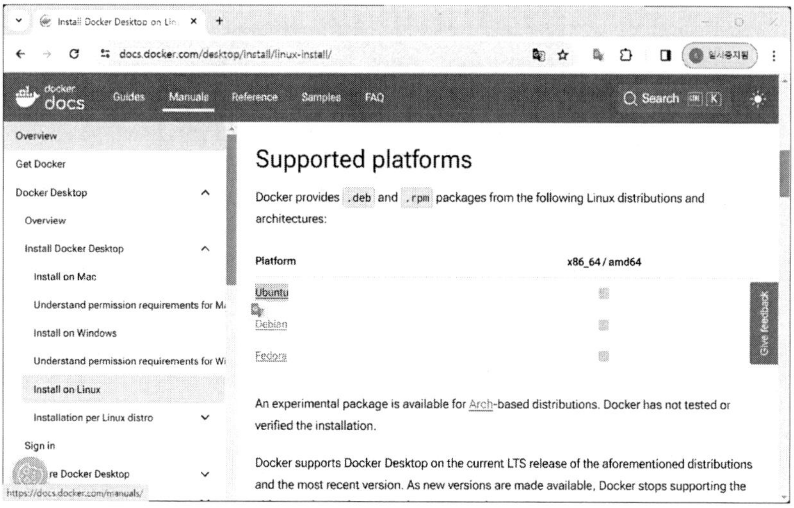

  - ubuntu 리눅스에 도커 설치
  - 주소: https://docs.docker.com/desktop/install/linux-install/
  - [Manuals]-[Docker Desktop]-[Install Docker Desktop]-[Install on Linux]
  - Supported platforms: [Ubuntu]

- 설치방법 선택

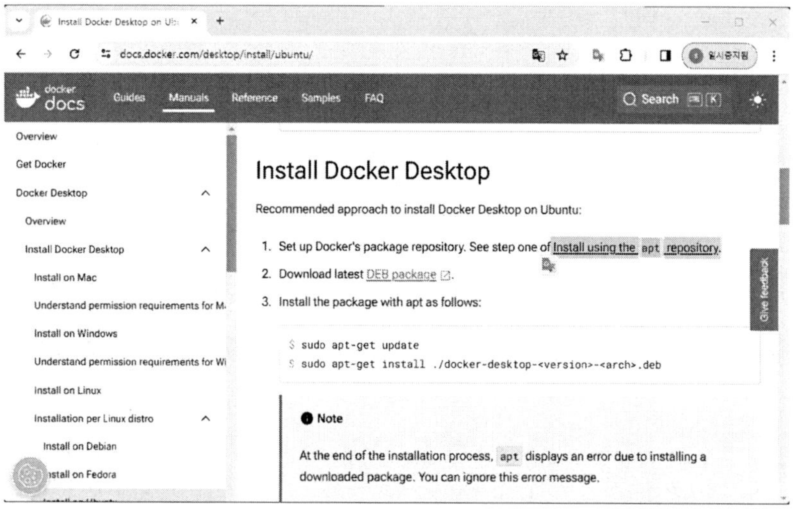

  - apt 저장소를 통해 설치
  - Install Docker Desktop: [Install using the apt repository]

(2)도커 apt 저장소 설정하기

· 도커 GPG 키 추가

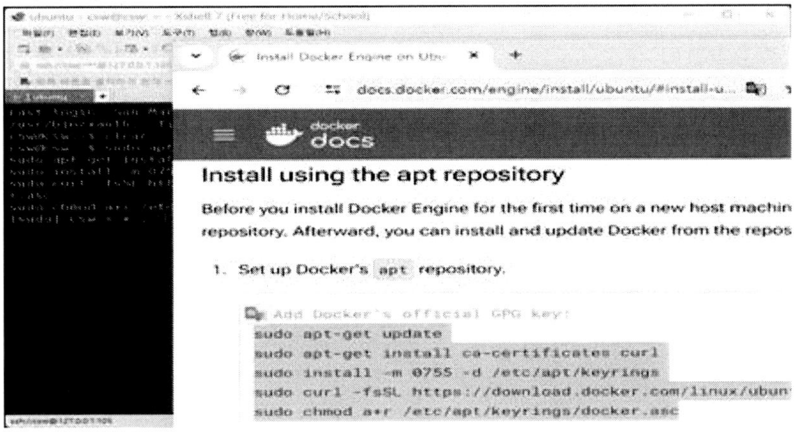

- 도커 GPG 키 추가 관련 코드 복사: [ctrl + c]
- ubuntu 세션에 붙여넣기: [shift + insert]-[터미널에 붙여넣기]-[Enter]

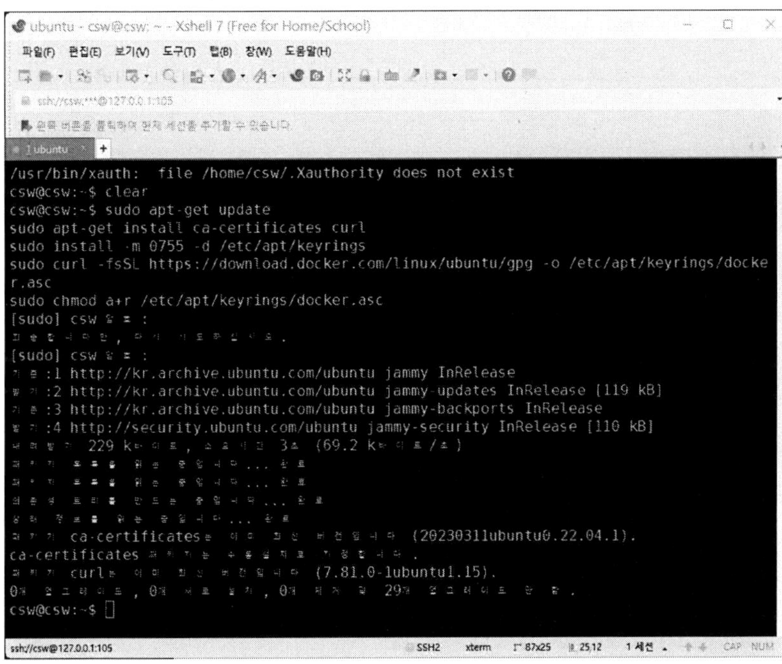

· 도커 저장소를 Apt 소스에 추가하기

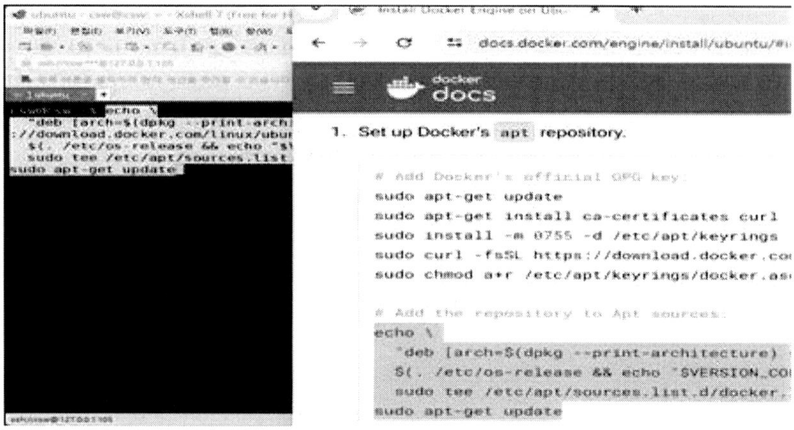

- 관련 코드 복사: [ctrl + c]
- ubuntu 세션에 붙여넣기: [shift + insert]-[터미널에 붙여넣기]-[Enter]

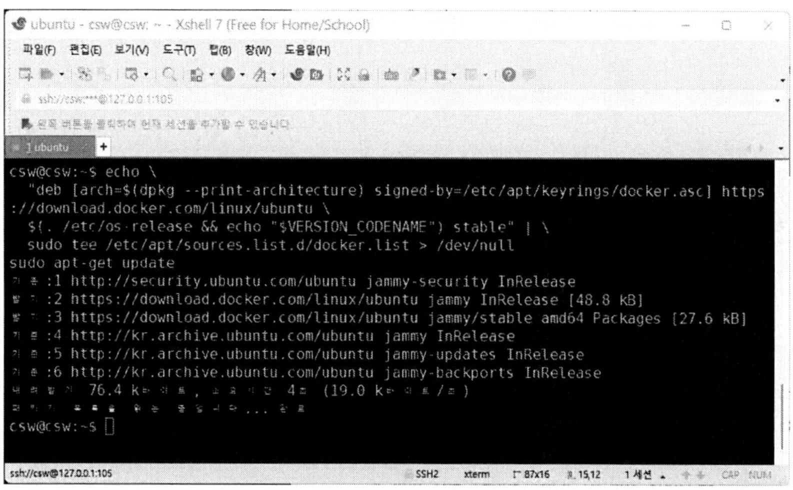

(3)도커 패키지 설치하기

· 최신 버전 설치하기

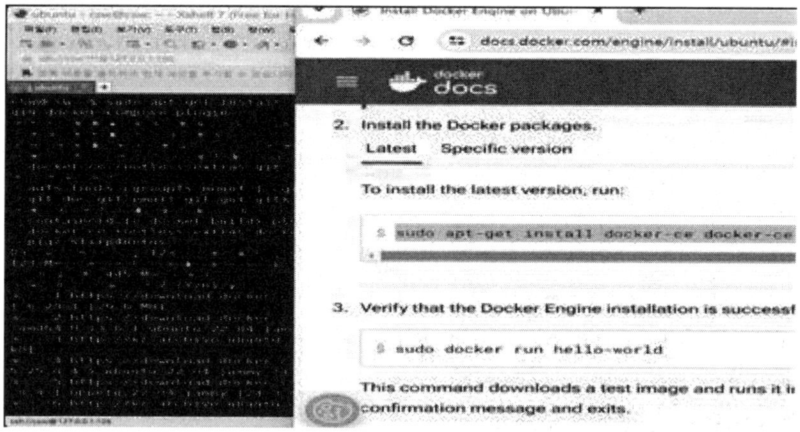

- 관련 코드 복사: [ctrl + c]
- ubuntu 세션에 붙여넣기: [shift + insert]-[터미널에 붙여넣기]-[Enter]
- 계속 하시겠습니까? [y/n]: [y]

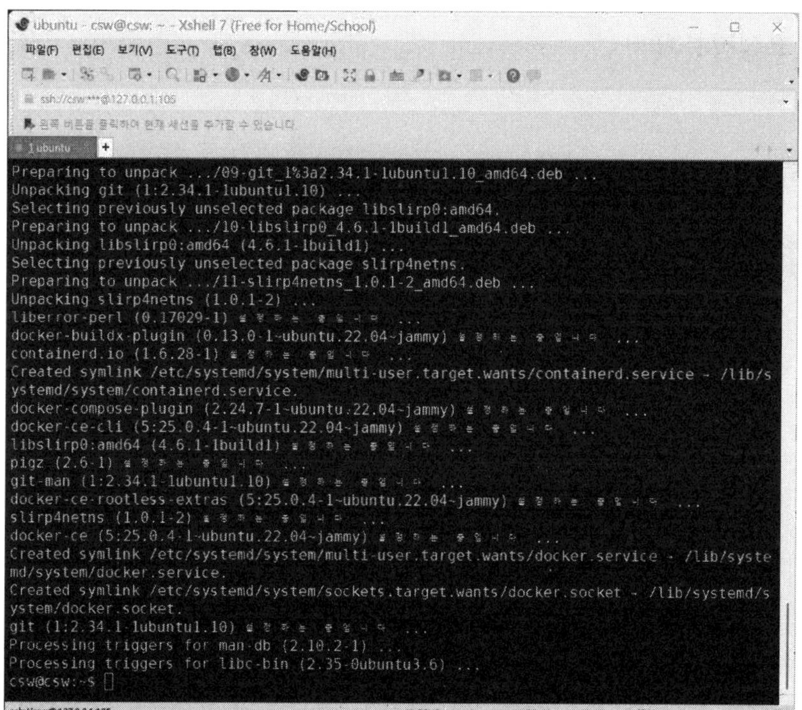

(4)도커 설치 확인하기

· hello-world 이미지 실행하기

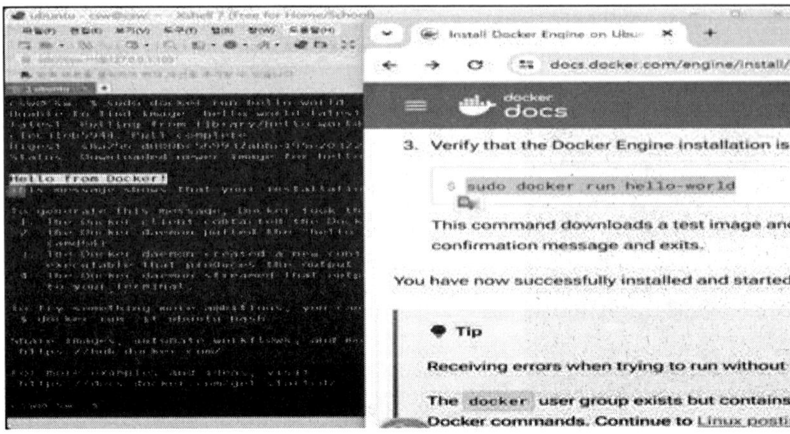
Install Docker Engine on Ubu
docs.docker.com/engine/install/u
docker docs
3. Verify that the Docker Engine installation is s
$ sudo docker run hello-world
This command downloads a test image and
confirmation message and exits.
You have now successfully installed and started
Tip
Receiving errors when trying to run without r
The docker user group exists but contains
Docker commands. Continue to Linux postin
Hello from Docker!

- 관련 코드 복사: [ctrl + c]
- ubuntu 세션에 붙여넣기: [shift + insert]-[터미널에 붙여넣기]-[Enter]
- 'Hello from Docker'

(5)도커 설치 사후설정하기

· 사후설정

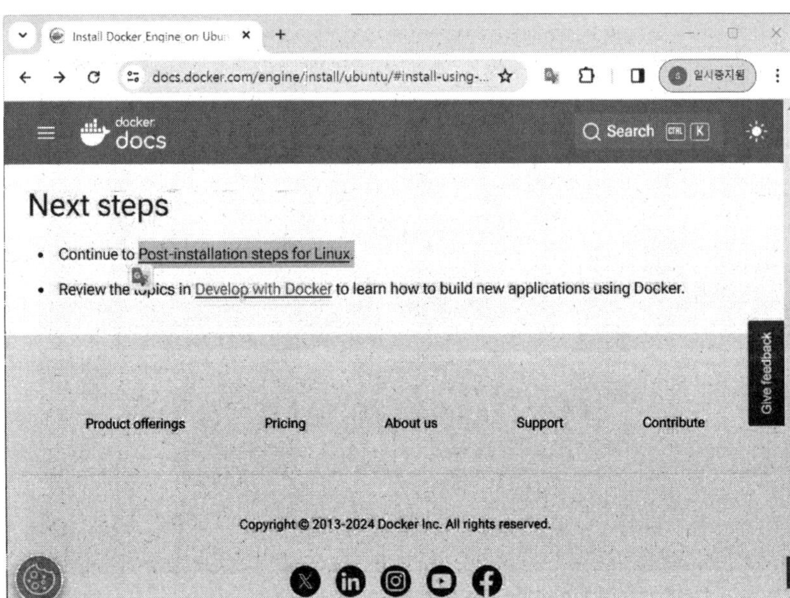
Install Docker Engine on Ubu
docs.docker.com/engine/install/ubuntu/#install-using-...
일시중지됨
docker docs
Search
Next steps
Continue to Post-installation steps for Linux.
Review the topics in Develop with Docker to learn how to build new applications using Docker.
Give feedback
Product offerings
Pricing
About us
Support
Contribute
Copyright © 2013-2024 Docker Inc. All rights reserved.

- csw 사용자의 도커 실행권한 설정

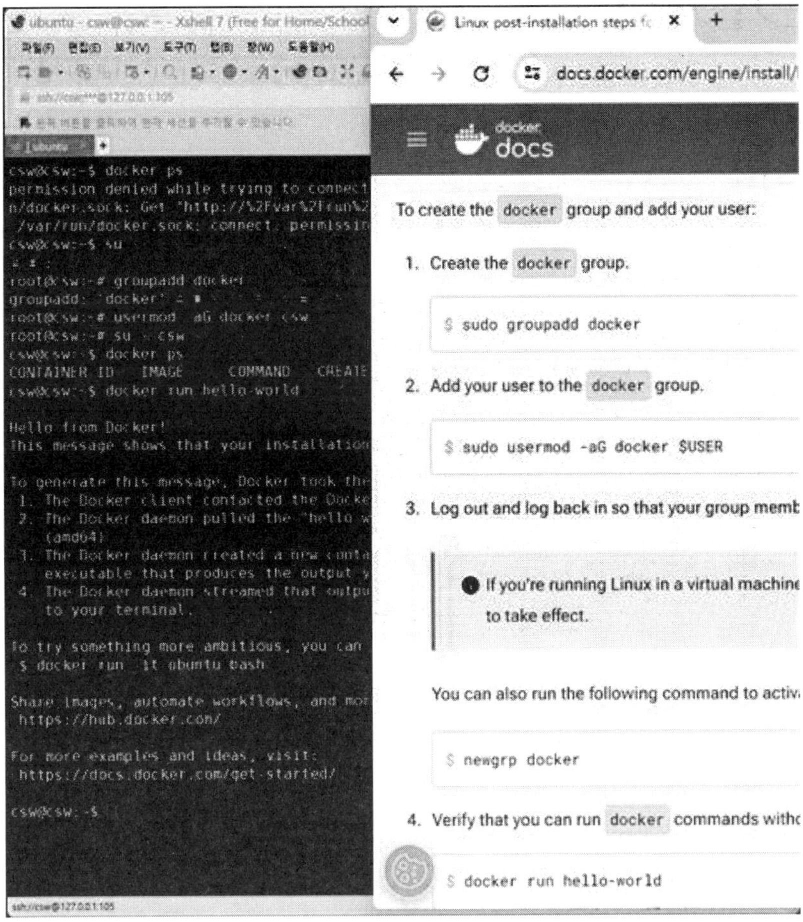

  - csw 사용자 docker 실행권한 확인: docker ps 허가 거부
  - root 사용자로 전환: su -
  - docker 그룹 생성: groupadd docker
  - csw 사용자를 docker 그룹에 추가: usermod -aG docker csw
  - csw 사용자로 전환: su - csw
  - csw 사용자 docker 실행권한 확인: docker ps, docker run hello-world
  - 접속 해제: exit

3.2 도커 기초

(1)도커 컨테이너 이미지 레이어 확인하기

- 도커 상태 확인

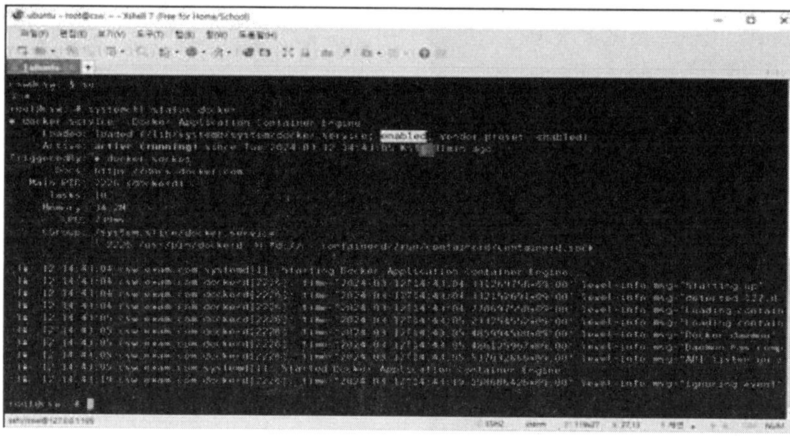

  - root 사용자로 전환: su -
  - 도커 실행상태 확인: systemctl status docker
  - enabled, active (running) 확인
  - 상태확인 종료: ctrl + c
  - 화면 정리: clear

- hello-world 컨테이너 이미지 레이어 확인

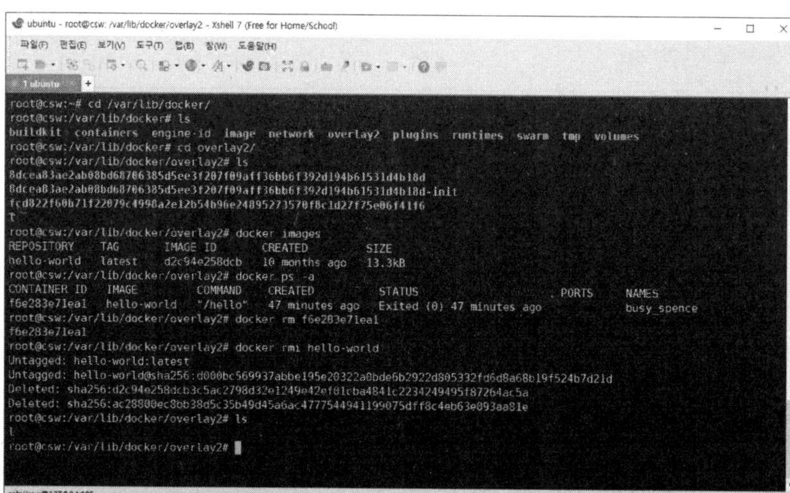
ubuntu - root@csw: /var/lib/docker/overlay2 - Xshell 7 (Free for Home/School)
root@csw:~# cd /var/lib/docker/
root@csw:/var/lib/docker# ls
buildkit containers engine-id image network overlay2 plugins runtimes swarm tmp volumes
root@csw:/var/lib/docker# cd overlay2/
root@csw:/var/lib/docker/overlay2# ls
8dcea83ae2ab08bd68706385d5ee3f207f09aff36bb6f392d194b61531d4b18d
8dcea83ae2ab08bd68706385d5ee3f207f09aff36bb6f392d194b61531d4b18d-init
fcd822f60b71f22079c4990a2e12b54b96e24895273570f8c1d27f75e06f41f6
root@csw:/var/lib/docker/overlay2# docker images
REPOSITORY TAG IMAGE ID CREATED SIZE
hello-world latest d2c94e258dcb 10 months ago 13.3kB
root@csw:/var/lib/docker/overlay2# docker ps -a
CONTAINER ID IMAGE COMMAND CREATED STATUS PORTS NAMES
f6e283e71ea1 hello-world "/hello" 47 minutes ago Exited (0) 47 minutes ago busy_spence
root@csw:/var/lib/docker/overlay2# docker rm f6e283e71ea1
f6e283e71ea1
root@csw:/var/lib/docker/overlay2# docker rmi hello-world
Untagged: hello-world:latest
Untagged: hello-world@sha256:d000bc569937abbe195e20322a0bde6b2922d805332fd6d8a68b19f524b7d21d
Deleted: sha256:d2c94e258dcb3c5ac2798d32e1249e42ef01cba4841c2234249495f87264ac5a
Deleted: sha256:ac28800ec8bb38d5c35b49d45a6ac4777544941199075dff8c4eb63e093aa81e
root@csw:/var/lib/docker/overlay2# ls
root@csw:/var/lib/docker/overlay2#
ssh://csw@127.0.0.1:105
SSH2
xterm

- 도커 폴더로 이동: cd /var/lib/docker/
- 파일 확인: ls
- 컨테이너 이미지 레이어 폴더로 이동: cd overlay2/
- 레이어 파일 확인: 현재 3개의 레이어 존재
- 로컬 도커 이미지 확인: docker images
- 현재 hello-world 이미지 최신 버전 존재
- 모든 도커(실행중이거나 중단된) 컨테이너 확인: docker ps -a
- 중단된(Exited) 컨테이너 삭제: docker rm 컨테이너ID(f6e283e71ea1)
- hello-world 도커 이미지 삭제: docker rmi hello-world
- 레이어 파일 확인: 없음

· nginx 컨테이너 이미지 레이어 확인

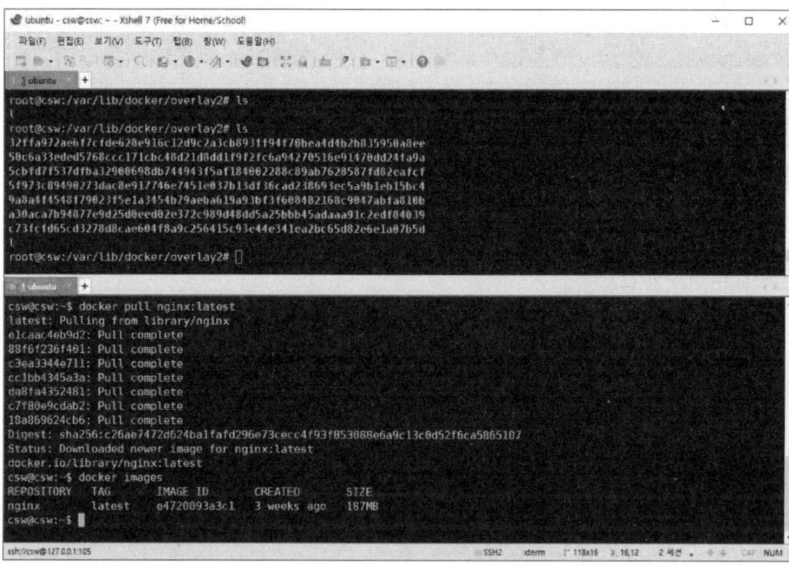

ubuntu - csw@csw: ~ - Xshell 7 (Free for Home/School)
파일(F) 편집(E) 보기(V) 도구(T) 탭(B) 창(W) 도움말(H)
root@csw:/var/lib/docker/overlay2# ls
l
root@csw:/var/lib/docker/overlay2# ls
32ffa972ae6f7cfde628e916c12d9c2a3cb893ff94f70bea4d4b2b835950a8ee
50c6a33eded5768ccc171cbc48d21d8dd1f9f2fc6a94270516e91470dd24fa9a
5cbfd7f537dfba32900698db744943f5af184002288c89ab7628587fd82eafcf
5f973c89490273dac8e917746e7451e037b13df36cad238693ec5a9b1eb15bc4
9a8a4f4548f79023f5e1a3454b79aeba619a93bf3f608482168c9047abfa810b
a30aca7b94877e9d25d0eed02e372c989d48dd5a25bbb45adaaa91c2edf84039
c73fcfd65cd3278d8cae604f8a9c256415c93e44e341ea2bc65d82e6e1a07b5d
l
root@csw:/var/lib/docker/overlay2#
csw@csw:~$ docker pull nginx:latest
latest: Pulling from library/nginx
e1caac4eb9d2: Pull complete
88f6f236f401: Pull complete
c3ea3344e711: Pull complete
cc1bb4345a3a: Pull complete
da8fa4352481: Pull complete
c7f80e9cdab2: Pull complete
18a869624cb6: Pull complete
Digest: sha256:c26ae7472d624ba1fafd296e73cecc4f93f853088e6a9c13c0d52f6ca5865107
Status: Downloaded newer image for nginx:latest
docker.io/library/nginx:latest
csw@csw:~$ docker images
REPOSITORY TAG IMAGE ID CREATED SIZE
nginx latest e4720093a3c1 3 weeks ago 187MB
csw@csw:~$
ssh://csw@127.0.0.1:105
SSH2 xterm 118x16 16,12 2 세션 CAP NUM

- 세션 복제: 세션을 복제하여 세로로 배치, csw 사용자 확인
- (원본 세션) 컨테이너 이미지 레이어 확인: ls, 레이어 없음
- (복제 세션) nginx 컨테이미 이미지 다운로드: docker pull nginx:latest
- 7개 레이어 파일 다운로드 확인
- 복제 세션에서 로컬 도커 이미지 확인: docker images
- 원본 세션에서 컨테이너 이미지 레이어 확인: ls
- 7개 레이어 파일 확인

(2)도커 컨테이너 실행 및 중지하기

- nginx 이미지 기반의 컨테이너 실행(복제 세션)

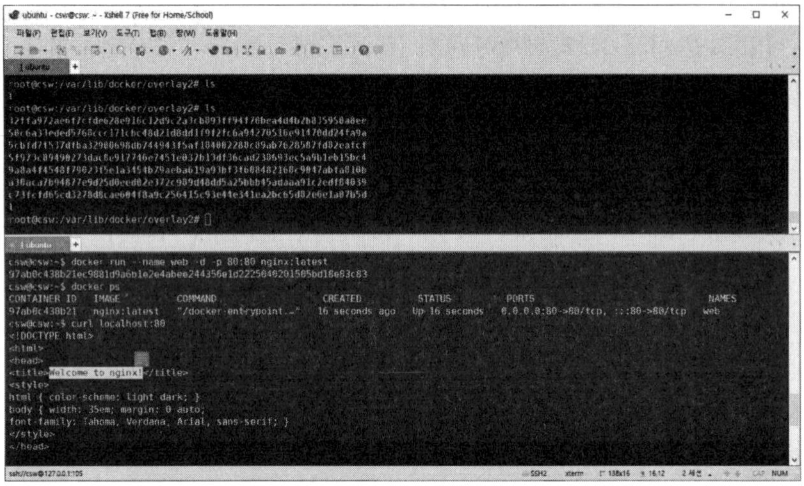
root@csw:/var/lib/docker/overlay2# ls
csw@csw:~$ docker run --name web -d -p 80:80 nginx:latest
csw@csw:~$ docker ps
CONTAINER ID IMAGE COMMAND CREATED STATUS PORTS NAMES
csw@csw:~$ curl localhost:80
<!DOCTYPE html>
<html>
<head>
<title>Welcome to nginx!</title>
<style>
</style>
</head>

  - web 컨테이너 실행: docker run —name web -d -p 80:80 nginx:latest
  - 실행중인 컨테이너 확인: docker ps
  - web 컨테이너 접속: curl localhost:80

- 컨테이너 중지(복제 세션)

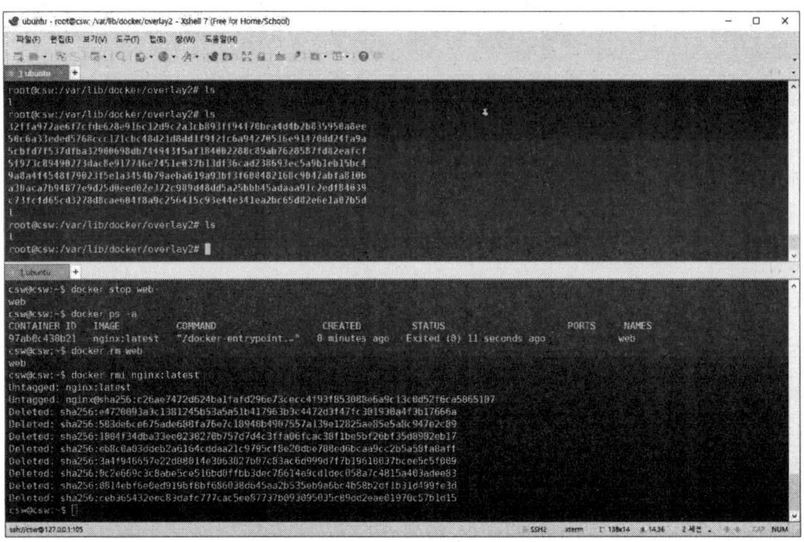
root@csw:/var/lib/docker/overlay2# ls
csw@csw:~$ docker stop web
web
csw@csw:~$ docker ps -a
CONTAINER ID IMAGE COMMAND CREATED STATUS PORTS NAMES
csw@csw:~$ docker rm web
web
csw@csw:~$ docker rmi nginx:latest
Untagged: nginx:latest

  - web 컨테이너 중지: docker stop web
  - 모든 컨테이너 확인: docker ps -a
  - web 컨테이너 삭제: docker stop web
  - nginx:latest 이미지 삭제: docker rmi nginx:latest
  - (원본 세션) 컨테이너 이미지 레이어 확인: ls, 레이어 없음

04

4.1 Node.js 컨테이너

(1)App 작성하기

- nodejs 예제소스 복사

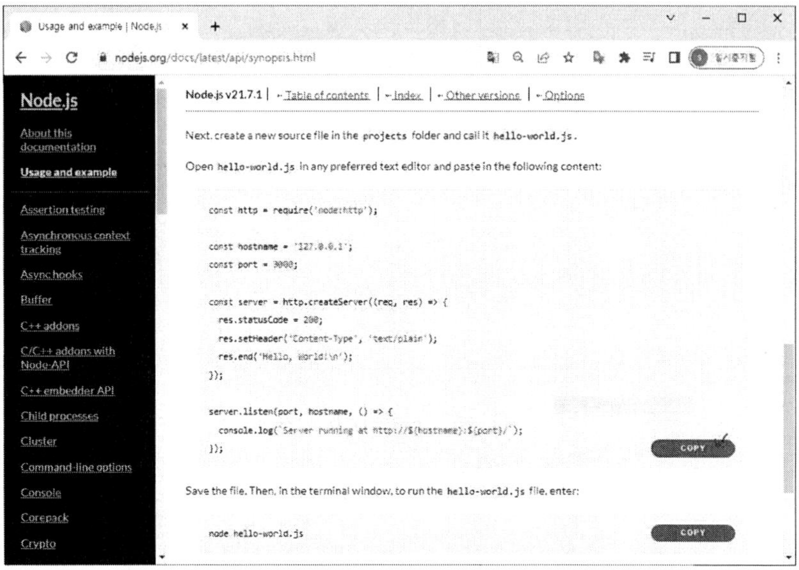

  - 주소: https://nodejs.org/docs/latest/api/synopsis.html
  - nodejs 예제소스 복사: COPY

- nodejs 예제소스 붙여넣기

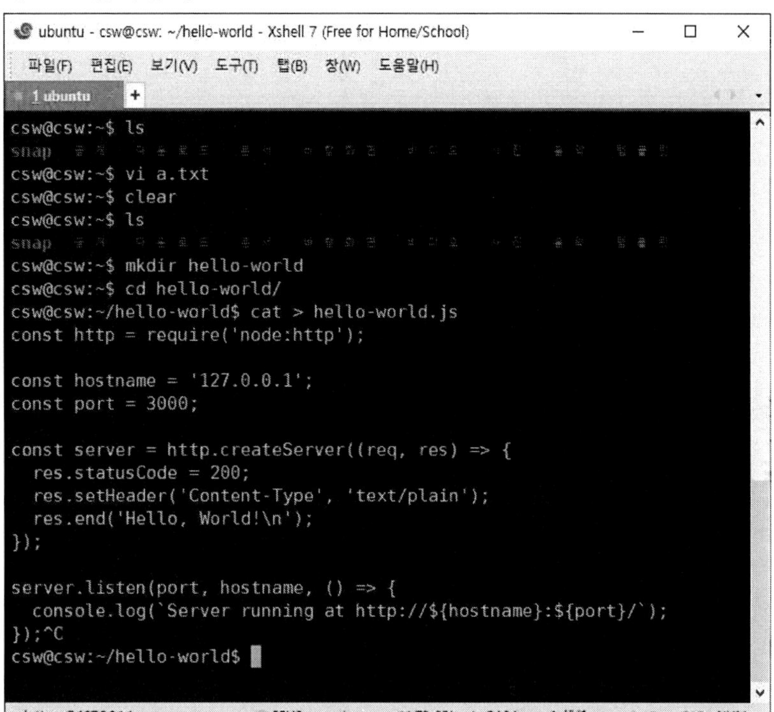

- hello-world 디렉토리 생성: mkdir hello-world
- hello-world 디렉토리로 이동: cd hello-world/
- App hello-world.js 작성: [cat > hello-world.js]-[Enter]
- nodejs 예제소스 붙여넣기: [Shift + Insert]-[터미널에 붙여넣기]
- App hello-world.js 작성 종료: Ctrl + c

· App hello-world.js 수정

ubuntu - csw@csw: ~/hello-world - Xshell 7 (Free for Home/School)
파일(F) 편집(E) 보기(V) 도구(T) 탭(B) 창(W) 도움말(H)
1 ubuntu
const http = require('node:http');
const os = require('os');
const port = 3000;
const server = http.createServer((req, res) => {
res.statusCode = 200;
res.setHeader('Content-Type', 'text/plain');
res.end("Hello, World!\n" + "\n" + "This is: " + os.hostname() + "\n");
});
server.listen(port);
:wq!
ssh://csw@127.0.0.1:105
SSH2
xterm
74x16
16,5
1 세션
CAP
NUM

- 현재 디렉토리 목록 확인: ls
- - vi 편집기로 hello-world.js 수정: vi hello-world.js
- - 컨테이너 App 포트번호 지정: const port = 3000;

(2)Dockerfile 작성하기

- nodejs 예제소스 실행명령 및 결과 참조

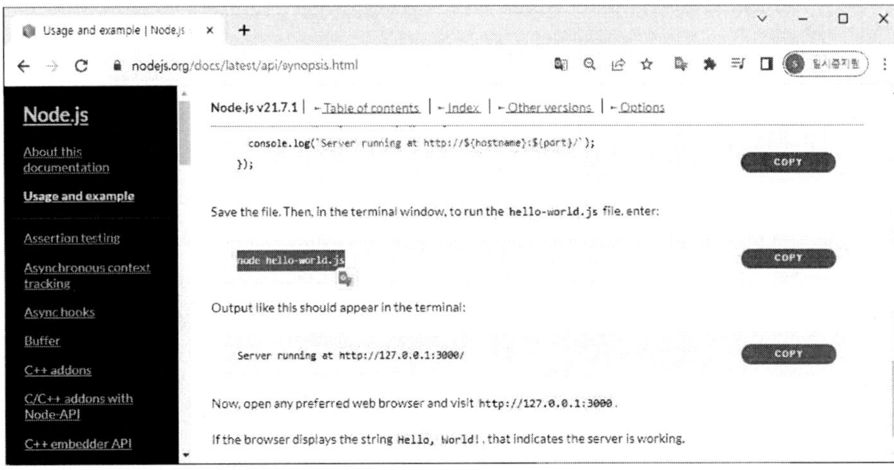
Usage and example | Node.js
nodejs.org/docs/latest/api/synopsis.html
Node.js
About this documentation
Usage and example
Assertion testing
Asynchronous context tracking
Async hooks
Buffer
C++ addons
C/C++ addons with Node-API
C++ embedder API
Node.js v21.7.1 | Table of contents | Index | Other versions | Options
console.log(`Server running at http://${hostname}:${port}/`);
});
COPY
Save the file. Then, in the terminal window, to run the hello-world.js file, enter:
node hello-world.js
COPY
Output like this should appear in the terminal:
Server running at http://127.0.0.1:3000/
COPY
Now, open any preferred web browser and visit http://127.0.0.1:3000.
If the browser displays the string Hello, World!, that indicates the server is working.

  - hello-world.js 실행: node hello-world.js
  - 결과 화면: “Hello, World!”

- dockerfile 작성

ubuntu - csw@csw: ~/hello-world - Xshell 7 (Free for Home/School)
파일(F) 편집(E) 보기(V) 도구(T) 탭(B) 창(W) 도움말(H)
1 ubuntu
FROM node:latest
COPY hello-world.js /
EXPOSE 80
CMD ["node", "/hello-world.js"]
:wq!
ssh://csw@127.(
SSH2
xterm
61x9
9,5
1 세션

  - vi dockerfile
  - 최신버전의 node 이미지 기반의 이미지 생성: FROM node:latest
  - hello-world.js 파일을 생성된 이미지의 루트 디렉토리로 복사: COPY hello-world.js /
  - EXPOSE 80: 컨테이너 공개 포트 번호 지정(실제 매핑은 이루어지지 않음)
  - 80보다 3000이 타당: hello-world.js 앱이 3000번을 사용하고 있음
  - 단순 문서화 용도로 사용되며 -p 옵션에 영향을 주지 않음
  - 실행중인 컨테이너의 내부 앱이 어떤 포트를 listen하고 있는지 공개
  - docker run -p 호스트포트:컨테이너포트
  - 컨테이너 실행 시에 실제로 적용되는 포트 매핑(EXPOSE에 무관)
  - 컨테이너 생성후 실행할 명령어 지정: CMD ["node", "/hello-world.js"]

(3)도커 이미지 빌드하기

- dockerfile로부터 도커 이미지 만들기

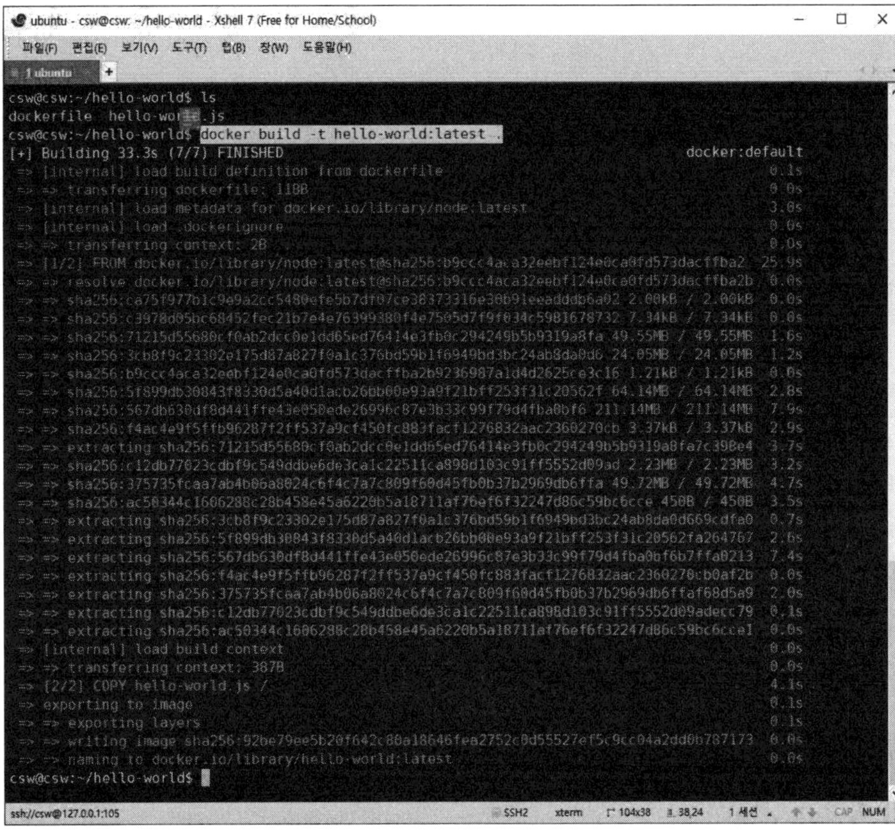
ubuntu - csw@csw: ~/hello-world - Xshell 7 (Free for Home/School)
파일(F) 편집(E) 보기(V) 도구(T) 탭(B) 창(W) 도움말(H)
csw@csw:~/hello-world$ ls
csw@csw:~/hello-world$ docker build -t hello-world:latest .
[+] Building 33.3s (7/7) FINISHED
docker:default
csw@csw:~/hello-world$

  - 도커 이미지 빌드: docker build
  - 빌드된 이미지의 태그 지정: -t hello-world:latest
  - 현재 디렉토리의 dockerfile 지정: .

(4)컨테이너 실행 및 App 접속하기

- 컨테이너 실행하기

ubuntu - csw@csw: ~/hello-world - Xshell 7 (Free for Home/School)
파일(F) 편집(E) 보기(V) 도구(T) 탭(B) 창(W) 도움말(H)
1 ubuntu
csw@csw:~/hello-world$ docker run -d -p 80:3000 --name hello hello-world:latest
827ce700163afb4f6e935f6dae19a7dd067078ea9c84ba3305ea2d4453304365
csw@csw:~/hello-world$ curl localhost:80
Hello, World!
This is: 827ce700163a
csw@csw:~/hello-world$
ssh://csw@127.0.0.1:105
SSH2
xterm
84x9
7,24
1 세션
CAP
NUM

  - 컨테이너 실행: docker run, 백그라운드에서 실행: -d
  - 호스트와 컨테이너 간 포트 포워딩 -p : 호스트 80번과 컨테이너 3000번 매핑
  - 컨테이너 이름 지정: --name hello
  - 컨테이너 기반 이미지 지정: hello-world:latest
- App hello-world.js 접속
  - 명령줄에서 nodejs 웹서버 접속: curl localhost:80
  - 웹서버에서 실행중인 App hello-world.js 결과: "Hello, World!" ~~~컨테이너

(5)도커 이미지 삭제하기

- 사용한 이미지 삭제

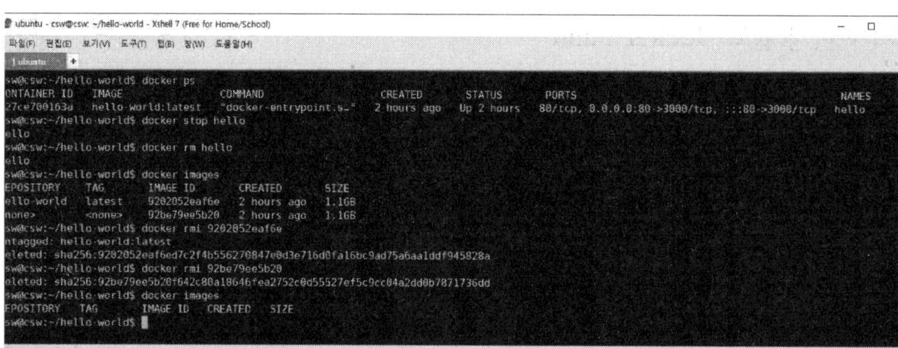
ubuntu - csw@csw: ~/hello-world - Xshell 7 (Free for Home/School)
sw@csw:~/hello-world$ docker ps
ONTAINER ID IMAGE COMMAND CREATED STATUS PORTS NAMES
27ce700163a hello-world:latest "docker-entrypoint.s…" 2 hours ago Up 2 hours 80/tcp, 0.0.0.0:80->3000/tcp, :::80->3000/tcp hello
sw@csw:~/hello-world$ docker stop hello
ello
sw@csw:~/hello-world$ docker rm hello
ello
sw@csw:~/hello-world$ docker images
EPOSITORY TAG IMAGE ID CREATED SIZE
ello-world latest 9202052eaf6e 2 hours ago 1.16B
none> <none> 92be79ee5b20 2 hours ago 1.16B
sw@csw:~/hello-world$ docker rmi 9202052eaf6e
ntagged: hello-world:latest
eleted: sha256:9202052eaf6ed7c2f4b556270847e0d3e716d0fa16bc9ad75a6aa1ddf945828a
sw@csw:~/hello-world$ docker rmi 92be79ee5b20
eleted: sha256:92be79ee5b20f642c80a18646fea2752c0d55527ef5c9cc04a2dd0b7871736dd
sw@csw:~/hello-world$ docker images
EPOSITORY TAG IMAGE ID CREATED SIZE
sw@csw:~/hello-world$

  - 컨실행중인 컨테이너 확인: docker ps
  - 실행중인 컨테이너 중지: docker stop hello
  - 중지된 컨테이너 삭제: docekr rm hello
  - 현재 시스템에 존재하는 도커 이미지 확인: docker images
  - 도커 이미지 삭제: docker rmi 이미지IDApp hello-world.js 접속

4.2 웹 서버 컨테이너

(1)Dockerfile 작성하기

- 인터넷에서 우분투 기반의 아파치 웹 서버 관련 Dockerfile 예제 검색

  - "dockerfile ubuntu httpd" 검색

- 도커 허브 사이트에서 웹 서버 관련 Dockerfile 예제 검색

  - "httpd" 검색

· Dockerfile 작성

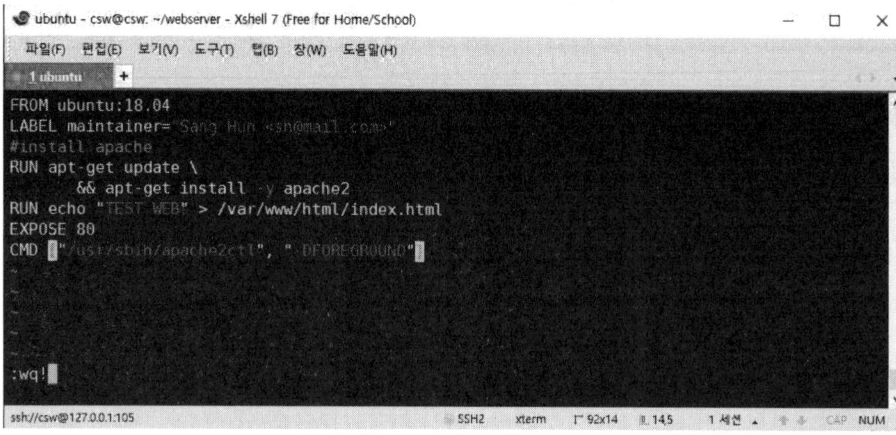
ubuntu - csw@csw: ~/webserver - Xshell 7 (Free for Home/School)
파일(F) 편집(E) 보기(V) 도구(T) 탭(B) 창(W) 도움말(H)
1 ubuntu
FROM ubuntu:18.04
LABEL maintainer="Sang Hun <sh@mail.com>"
#install apache
RUN apt-get update \
&& apt-get install -y apache2
RUN echo "TEST WEB" > /var/www/html/index.html
EXPOSE 80
CMD ["/usr/sbin/apache2ctl", "-DFOREGROUND"]
:wq!
ssh://csw@127.0.0.1:105
SSH2 xterm 92x14 14,5 1 세션 CAP NUM

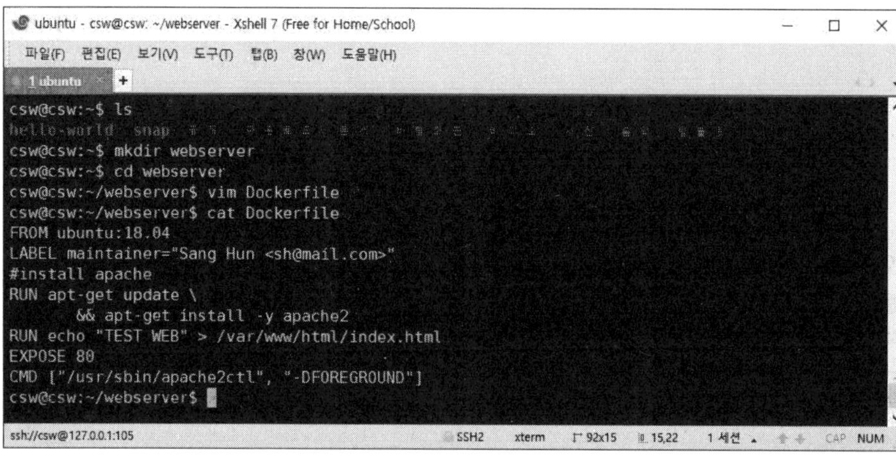
ubuntu - csw@csw: ~/webserver - Xshell 7 (Free for Home/School)
파일(F) 편집(E) 보기(V) 도구(T) 탭(B) 창(W) 도움말(H)
1 ubuntu
csw@csw:~$ ls
csw@csw:~$ mkdir webserver
csw@csw:~$ cd webserver
csw@csw:~/webserver$ vim Dockerfile
csw@csw:~/webserver$ cat Dockerfile
FROM ubuntu:18.04
LABEL maintainer="Sang Hun <sh@mail.com>"
#install apache
RUN apt-get update \
&& apt-get install -y apache2
RUN echo "TEST WEB" > /var/www/html/index.html
EXPOSE 80
CMD ["/usr/sbin/apache2ctl", "-DFOREGROUND"]
csw@csw:~/webserver$
ssh://csw@127.0.0.1:105
SSH2 xterm 92x15 15,22 1 세션 CAP NUM

- 웹 서버 디렉토리 생성: mkdir webserver
- Dockerfile 작성: vim Dockerfile
- 새 이미지의 기본 이미지 지정: FROM ubuntu:18.04
- 새 이미지의 유지 관리자 등록: LABEL maintainer="Sang Hun <sh@mail.com>
- 패키지 목록 업데이트: apt-get update \
- Apache HTTP Server 설치: [Tab] && apt-get install -y apache2
- 웹 서버에 간단한 index.html 문서 작성:
  RUN echo "TEST WEB" > /var/www/html/index.html
- 컨테이너 공개 포트 번호 지정: EXPOSE 80
- 아파치 웹 서버를 포그라운드에서 실행:
  CMD ["/usr/sbin/apache2ctl", "-DFOREGROUND"]

(2)도커 이미지 빌드 및 실행하기

- dockerfile로부터 도커 이미지 만들기

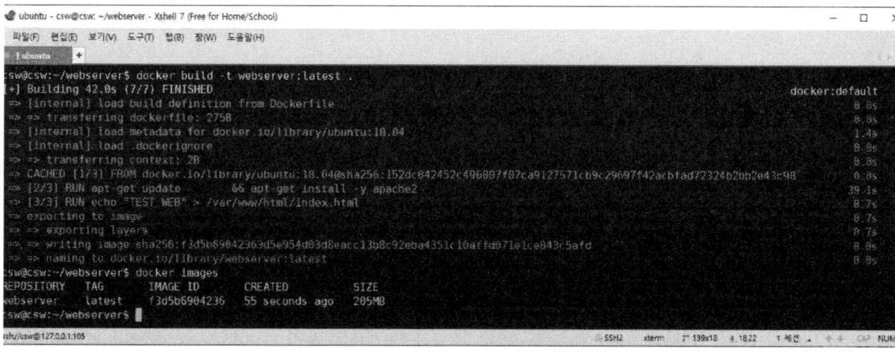
ubuntu - csw@csw: ~/webserver - Xshell 7 (Free for Home/School)
csw@csw:~/webserver$ docker build -t webserver:latest .
[+] Building 42.0s (7/7) FINISHED
docker:default
=> [internal] load build definition from Dockerfile
=> => transferring dockerfile: 275B
=> [internal] load metadata for docker.io/library/ubuntu:18.04
=> [internal] load .dockerignore
=> => transferring context: 2B
=> [2/3] RUN apt-get update && apt-get install -y apache2
=> [3/3] RUN echo "TEST WEB" > /var/www/html/index.html
=> exporting to image
=> => exporting layers
=> => naming to docker.io/library/webserver:latest
csw@csw:~/webserver$ docker images
REPOSITORY TAG IMAGE ID CREATED SIZE
webserver latest f3d5b6904236 55 seconds ago 205MB
csw@csw:~/webserver$

  - 현재 디렉토리의 Dockerfile 기반의 webserver:latest 이미지 생성
    docker build -t webserver:latest .
  - 생성된 도커 이미지 확인: docker images
- 컨테이너 실행하기

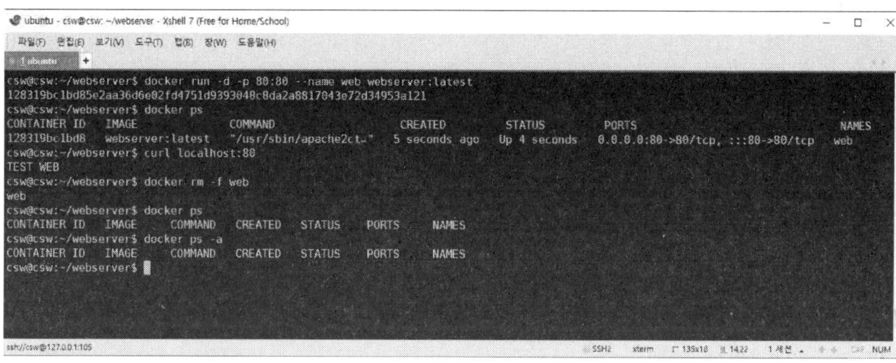
ubuntu - csw@csw: ~/webserver - Xshell 7 (Free for Home/School)
csw@csw:~/webserver$ docker run -d -p 80:80 --name web webserver:latest
128319bc1bd85e2aa36d6e02fd4751d9393048c8da2a8817043e72d34953a121
csw@csw:~/webserver$ docker ps
CONTAINER ID IMAGE COMMAND CREATED STATUS PORTS NAMES
128319bc1bd8 webserver:latest "/usr/sbin/apache2ct…" 5 seconds ago Up 4 seconds 0.0.0.0:80->80/tcp, :::80->80/tcp web
csw@csw:~/webserver$ curl localhost:80
TEST WEB
csw@csw:~/webserver$ docker rm -f web
web
csw@csw:~/webserver$ docker ps
CONTAINER ID IMAGE COMMAND CREATED STATUS PORTS NAMES
csw@csw:~/webserver$ docker ps -a
CONTAINER ID IMAGE COMMAND CREATED STATUS PORTS NAMES
csw@csw:~/webserver$

  - 컨테이너 실행: docker run
  - 백그라운드에서 실행: -d
  - 호스트와 컨테이너 간 포트 포워딩 -p 80:80 : 호스트 80번과 컨테이너 80번 매핑
  - 컨테이너 이름 지정: --name hello
  - 컨테이너 기본 이미지 지정: webserver:latest
- 컨테이너의 아파치 웹 서버 접속
  - 명령줄에서 웹서버 접속: curl localhost:80
- 컨테이너 삭제 및 컨테이너 확인
  - 실행중인 컨테이너 강제 삭제: docker rm -f web
  - 실행중인 컨테이너 확인: docker ps
  - 모든 컨테이너 확인: docker ps -a

ㅣ지 공개

05

5.1 인터넷 도커 허브

(1)크롬 브라우저에서 도커 허브 접속하기

- 도커 허브 로그인

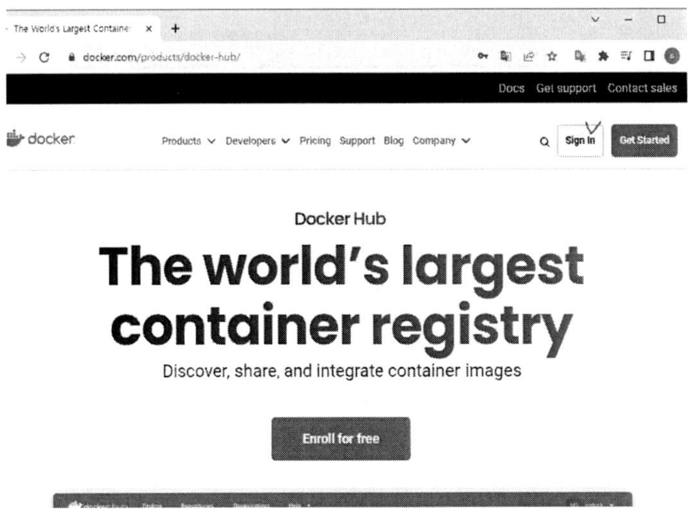

  - 사전에 Docker Hub 웹 사이트에서 계정 생성 필요
  - 도커 허브 주소: docker.com/products/docker-hub/
  - 로그인: 'Sign in' 클릭

- 도커 허브 로그인

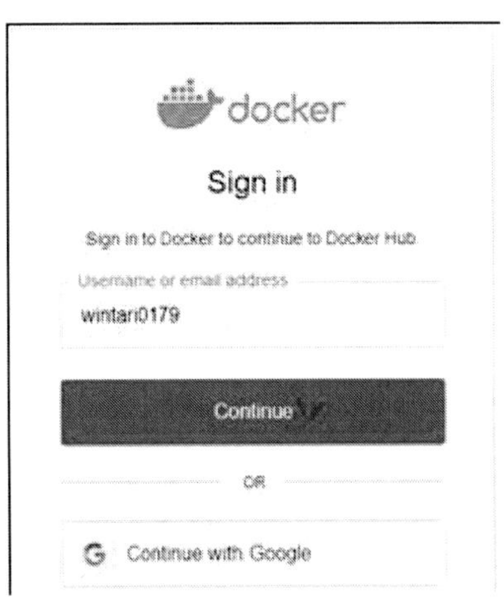

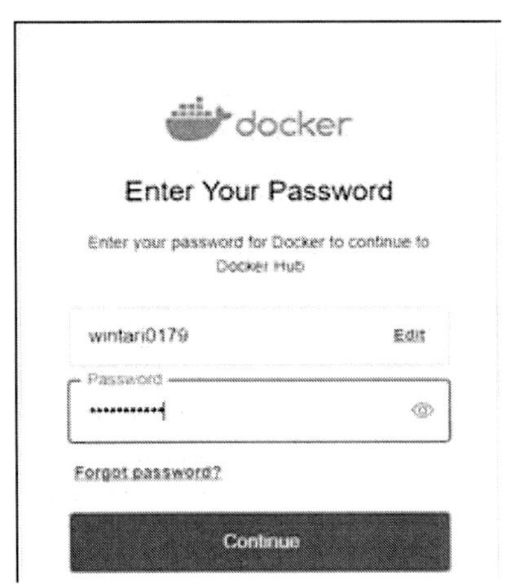

  - 도커 허브 아이디 입력: wintari0179
  - 암호입력

· 레포지토리(저장소) 확인

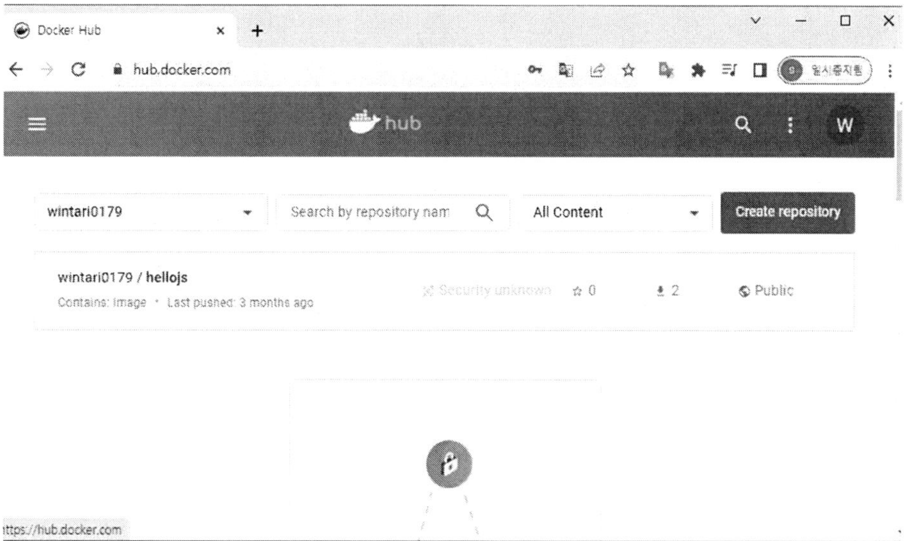
Docker Hub
hub.docker.com
hub
wintari0179
Search by repository nam
All Content
Create repository
wintari0179 / hellojs
Contains: Image · Last pushed: 3 months ago
0
2
Public
https://hub.docker.com

- 도커 허브에 사용자 이름 wintari0179의 레포지토리 생성됨
- - wintari0179 레포지토리에 hellojs 컨테이너 이미지 푸쉬(push)되어 있음

(2)로컬 우분투에서 도커 허브 접속하기

· docker login

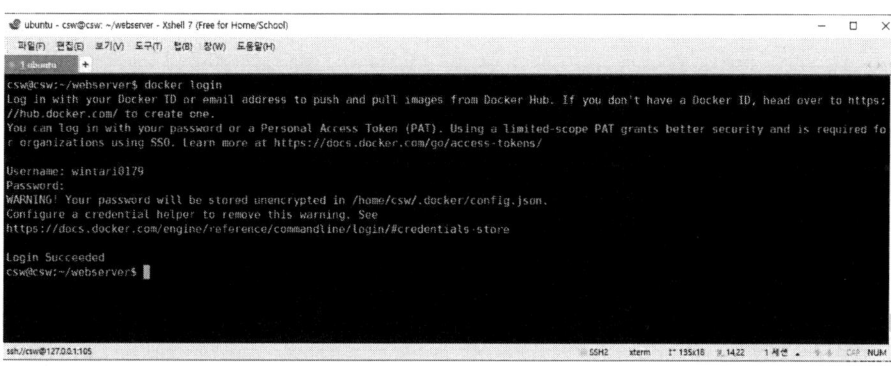
ubuntu - csw@csw: ~/webserver - Xshell 7 (Free for Home/School)
csw@csw:~/webserver$ docker login
Log in with your Docker ID or email address to push and pull images from Docker Hub. If you don't have a Docker ID, head over to https://hub.docker.com/ to create one.
You can log in with your password or a Personal Access Token (PAT). Using a limited-scope PAT grants better security and is required for organizations using SSO. Learn more at https://docs.docker.com/go/access-tokens/
Username: wintari0179
Password:
WARNING! Your password will be stored unencrypted in /home/csw/.docker/config.json.
Configure a credential helper to remove this warning. See
https://docs.docker.com/engine/reference/commandline/login/#credentials-store
Login Succeeded
csw@csw:~/webserver$

- Docker Hub에 로그인: docker login
- Docker Hub 계정의 사용자 이름 입력: Username
- Docker Hub 계정의 비밀번호 입력: Password
- 결과: Login Succeeded

(3)도커 이미지 태그 변경하기

- docker tag

ubuntu - csw@csw: ~/webserver - Xshell 7 (Free for Home/School)
파일(F) 편집(E) 보기(V) 도구(T) 탭(B) 창(W) 도움말(H)
1 ubuntu
csw@csw:~/webserver$ docker images
REPOSITORY TAG IMAGE ID CREATED SIZE
webserver latest f3d5b6904236 59 minutes ago 205MB
csw@csw:~/webserver$ docker tag webserver:latest wintari0179/webserver:v1
csw@csw:~/webserver$ docker images
REPOSITORY TAG IMAGE ID CREATED SIZE
webserver latest f3d5b6904236 About an hour ago 205MB
wintari0179/webserver v1 f3d5b6904236 About an hour ago 205MB
csw@csw:~/webserver$
ssh://csw@127.0.0.1:105
SSH2 xterm 86x10 9,22 1 세션 CAP NUM

- 도커 이미지의 레포지토리와 태그 변경: docker tag
- 레포지토리 추가하여 이미지명 변경: webserver → wintari0179/webserver
- 태그 변경(옵션): latest → v1
- 원본 이미지와 변경된 이미지 확인: docker images

(4)도커 이미지 업로드하기

- docker push

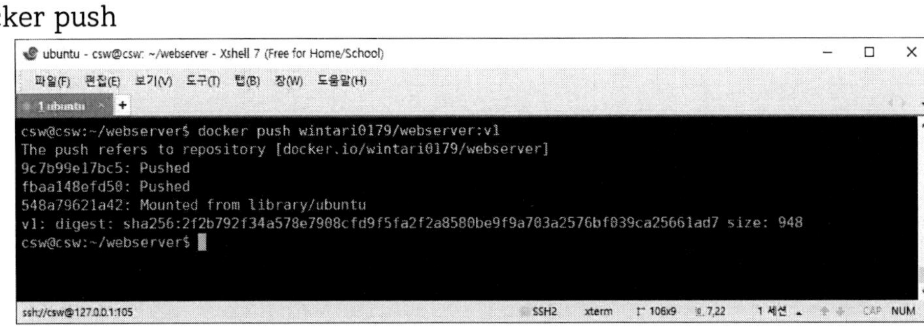
ubuntu - csw@csw: ~/webserver - Xshell 7 (Free for Home/School)
파일(F) 편집(E) 보기(V) 도구(T) 탭(B) 창(W) 도움말(H)
1 ubuntu
csw@csw:~/webserver$ docker push wintari0179/webserver:v1
The push refers to repository [docker.io/wintari0179/webserver]
9c7b99e17bc5: Pushed
fbaa148efd50: Pushed
548a79621a42: Mounted from library/ubuntu
v1: digest: sha256:2f2b792f34a578e7908cfd9f5fa2f2a8580be9f9a703a2576bf039ca2566lad7 size: 948
csw@csw:~/webserver$
ssh://csw@127.0.0.1:105
SSH2 xterm 106x9 7,22 1 세션 CAP NUM

- 도커 이미지 업로드: docker push
- 도커 허브의 wintari0179 레포지토리에 webserver:v1 이미지 업로드

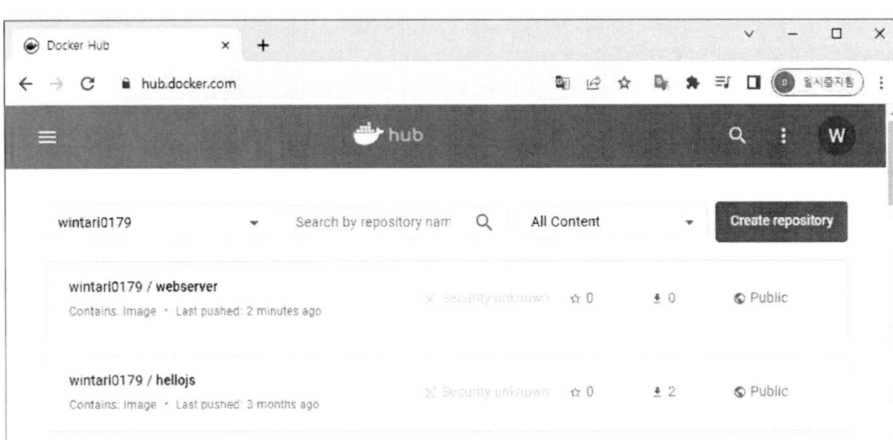
Docker Hub
hub.docker.com
hub
W
wintari0179
Search by repository nam
All Content
Create repository
wintari0179 / webserver
Contains: Image · Last pushed: 2 minutes ago
0
0
Public
wintari0179 / hellojs
Contains: Image · Last pushed: 3 months ago
0
2
Public

(5)도커 이미지 다운로드하기

- 우분투에서 wintari0179/webserver:v1 도커 이미지 삭제

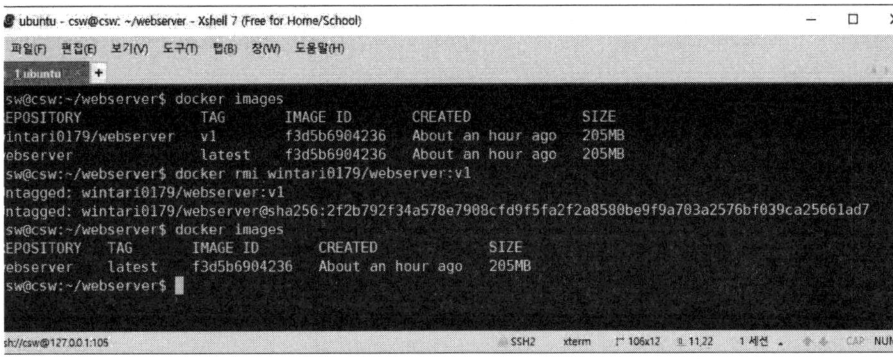
ubuntu - csw@csw: ~/webserver - Xshell 7 (Free for Home/School)
파일(F) 편집(E) 보기(V) 도구(T) 탭(B) 창(W) 도움말(H)
1 ubuntu
sw@csw:~/webserver$ docker images
EPOSITORY TAG IMAGE ID CREATED SIZE
intari0179/webserver v1 f3d5b6904236 About an hour ago 205MB
ebserver latest f3d5b6904236 About an hour ago 205MB
sw@csw:~/webserver$ docker rmi wintari0179/webserver:v1
ntagged: wintari0179/webserver:v1
ntagged: wintari0179/webserver@sha256:2f2b792f34a578e7908cfd9f5fa2f2a8580be9f9a703a2576bf039ca25661ad7
sw@csw:~/webserver$ docker images
EPOSITORY TAG IMAGE ID CREATED SIZE
ebserver latest f3d5b6904236 About an hour ago 205MB
sw@csw:~/webserver$

  - 도커 이미지 삭제: docker rmi wintari0179/webserver:v1

- 도커 허브 레포지토리에서 wintari0179/webserver:v1 도커 이미지 다운로드

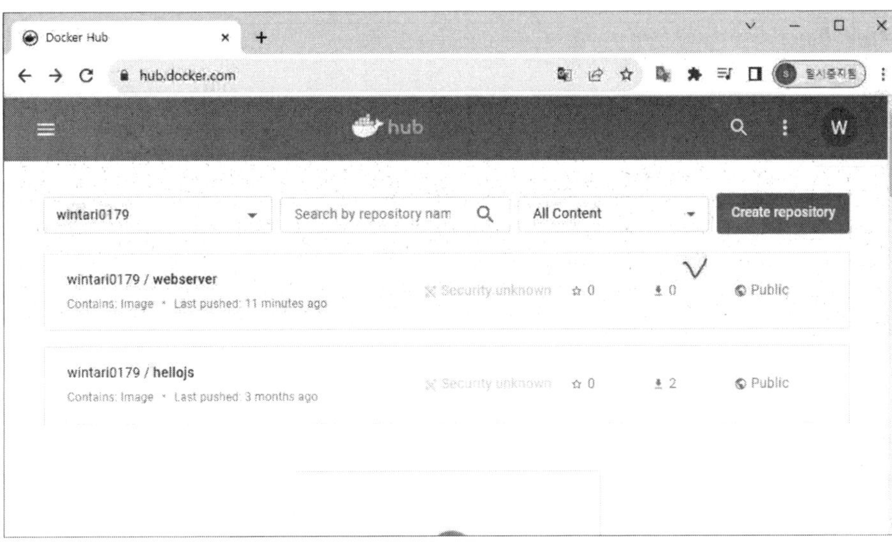
Docker Hub
hub.docker.com
hub
wintari0179
Search by repository nam
All Content
Create repository
wintari0179 / webserver
Contains: Image • Last pushed: 11 minutes ago
Public
wintari0179 / hellojs
Contains: Image • Last pushed: 3 months ago
Public

  - wintari0179 / webserver 이미지 클릭

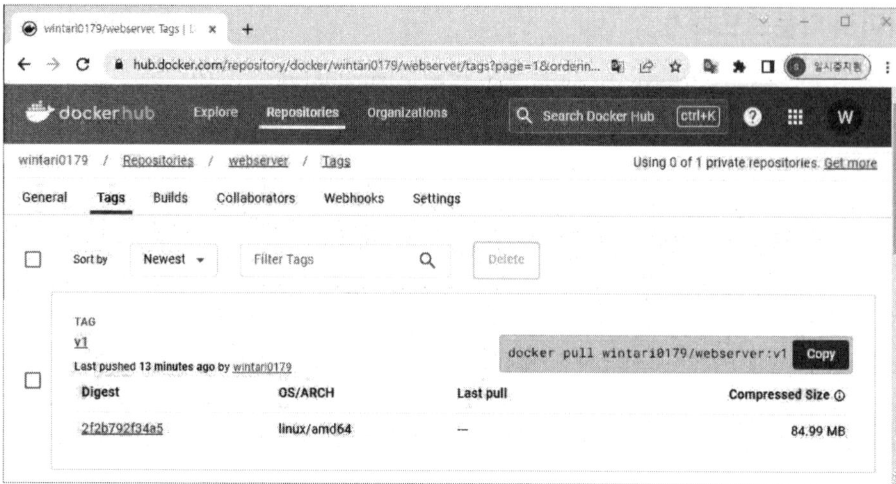
hub.docker.com/repository/docker/wintari0179/webserver/tags?page=1&orderin...
docker hub
Explore
Repositories
Organizations
Search Docker Hub
ctrl+K
wintari0179 / Repositories / webserver / Tags
Using 0 of 1 private repositories. Get more
General
Tags
Builds
Collaborators
Webhooks
Settings
Sort by
Newest
Filter Tags
Delete
TAG
v1
Last pushed 13 minutes ago by wintari0179
docker pull wintari0179/webserver:v1
Copy
Digest
OS/ARCH
Last pull
Compressed Size
2f2b792f34a5
linux/amd64
84.99 MB

- Tags 메뉴 클릭
- v1 우측의 docker pull 명령 copy

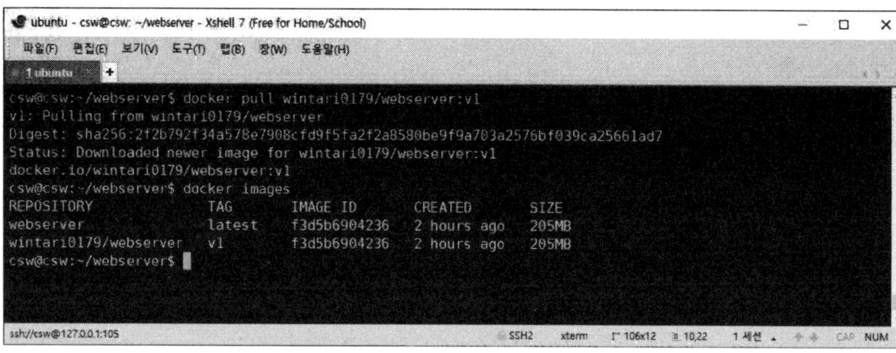
ubuntu - csw@csw: ~/webserver - Xshell 7 (Free for Home/School)
csw@csw:~/webserver$ docker pull wintari0179/webserver:v1
v1: Pulling from wintari0179/webserver
Digest: sha256:2f2b792f34a578e7908cfd9f5fa2f2a8580be9f9a703a2576bf039ca25661ad7
Status: Downloaded newer image for wintari0179/webserver:v1
docker.io/wintari0179/webserver:v1
csw@csw:~/webserver$ docker images
REPOSITORY TAG IMAGE ID CREATED SIZE
webserver latest f3d5b6904236 2 hours ago 205MB
wintari0179/webserver v1 f3d5b6904236 2 hours ago 205MB
csw@csw:~/webserver$

- 우분투에서 shift + insert
- 도커 이미지 다운로드: docker pull wintari0179/webserver:v1

(6)도커 허브에서 이미지 삭제하기

- 도커 허브 레포지토리에서 이미지 삭제

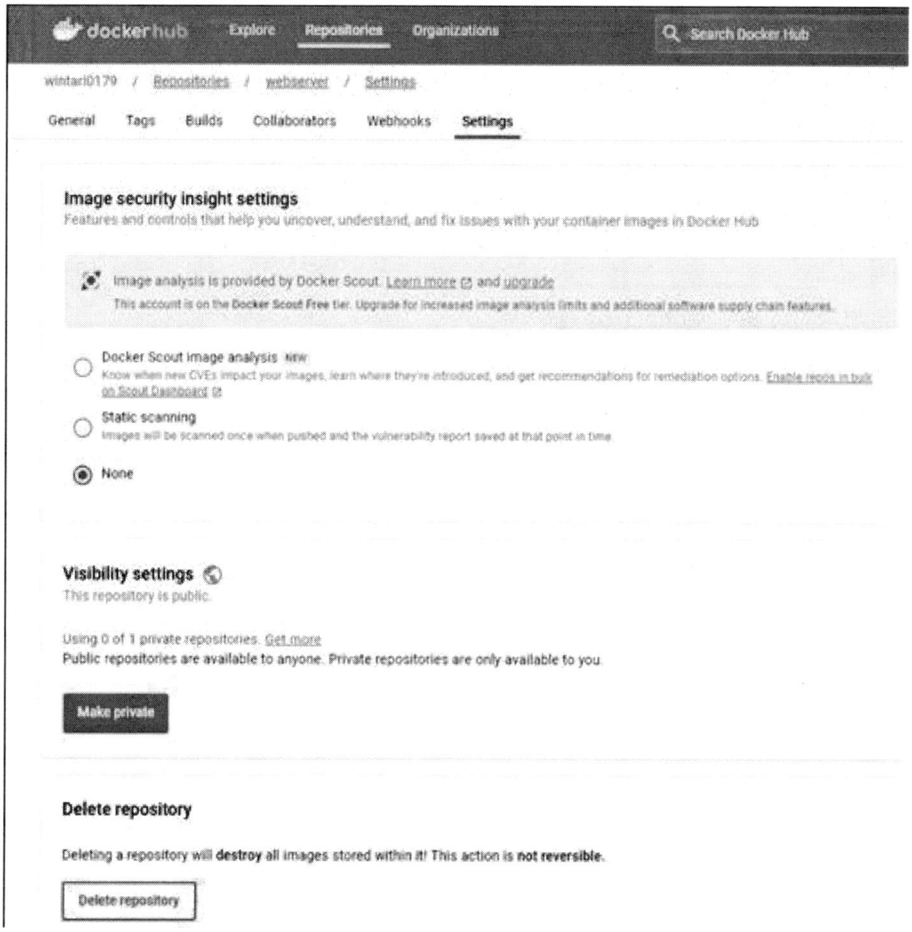

dockerhub
Explore
Repositories
Organizations
Search Docker Hub
wintari0179 / Repositories / webserver / Settings
General
Tags
Builds
Collaborators
Webhooks
Settings
Image security insight settings
Features and controls that help you uncover, understand, and fix issues with your container images in Docker Hub
Image analysis is provided by Docker Scout. Learn more and upgrade
Docker Scout image analysis
Static scanning
None
Visibility settings
This repository is public.
Using 0 of 1 private repositories. Get more
Public repositories are available to anyone. Private repositories are only available to you.
Make private
Delete repository
Deleting a repository will destroy all images stored within it! This action is not reversible.
Delete repository

- Settings 메뉴 클릭
- 하단부 Delete repository 클릭

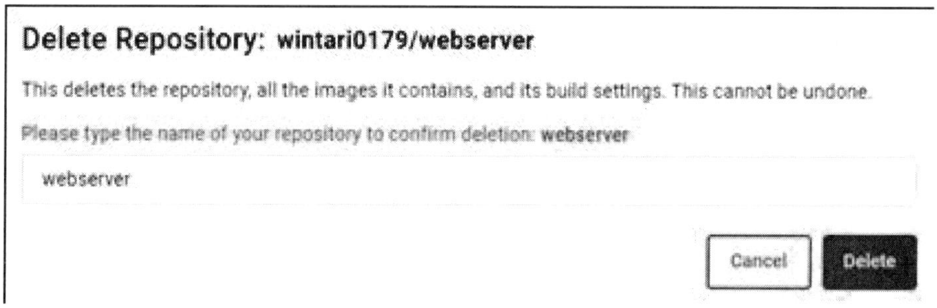

Delete Repository: wintari0179/webserver
This deletes the repository, all the images it contains, and its build settings. This cannot be undone.
Please type the name of your repository to confirm deletion: webserver
webserver
Cancel
Delete

- webserver 입력후 Delete

- 로컬 우분투에서 이미지 삭제

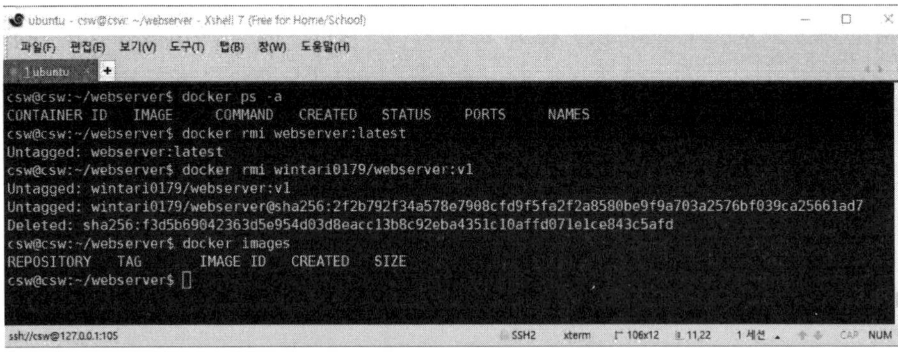
ubuntu - csw@csw: ~/webserver - Xshell 7 (Free for Home/School)
파일(F) 편집(E) 보기(V) 도구(T) 탭(B) 창(W) 도움말(H)
1 ubuntu
csw@csw:~/webserver$ docker ps -a
CONTAINER ID IMAGE COMMAND CREATED STATUS PORTS NAMES
csw@csw:~/webserver$ docker rmi webserver:latest
Untagged: webserver:latest
csw@csw:~/webserver$ docker rmi wintari0179/webserver:v1
Untagged: wintari0179/webserver:v1
Untagged: wintari0179/webserver@sha256:2f2b792f34a578e7908cfd9f5fa2f2a8580be9f9a703a2576bf039ca25661ad7
Deleted: sha256:f3d5b69042363d5e954d03d8eacc13b8c92eba4351c10affd071e1ce843c5afd
csw@csw:~/webserver$ docker images
REPOSITORY TAG IMAGE ID CREATED SIZE
csw@csw:~/webserver$
ssh://csw@127.0.0.1:105
SSH2
xterm
106x12
11,22
1 세션
CAP
NUM

  - 모든 컨테이너 확인: docker ps -a
  - 도커 이미지 삭제: docker rmi 이미지명
  - 도커 이미지 확인: docker images

5.2 로컬 프라이빗 레지스트리

(1)프라이빗 레지스트리 구축방법 확인하기

- 공식 registry 이미지 검색

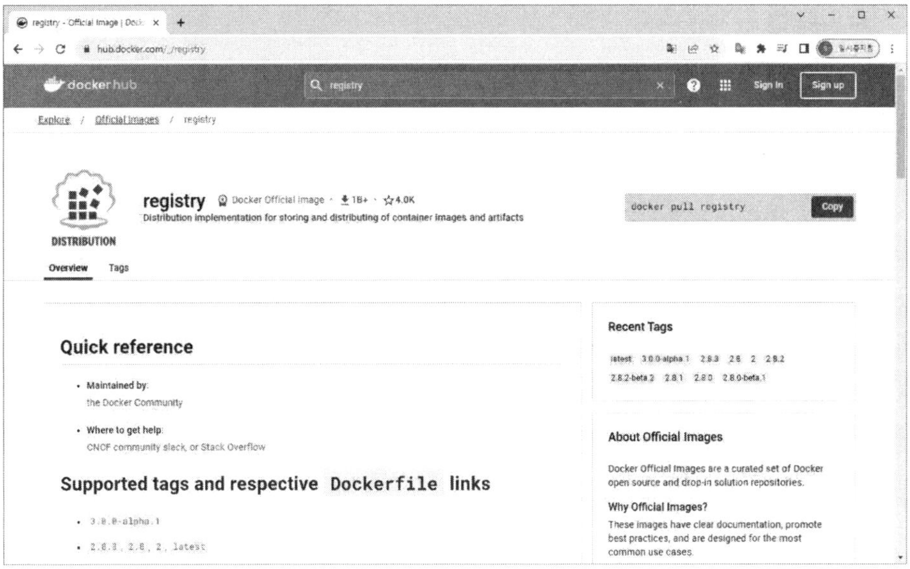

docker hub
Sign In
Sign up
Explore / Official Images / registry
registry
Docker Official Image
Distribution implementation for storing and distributing of container images and artifacts
DISTRIBUTION
docker pull registry
Copy
Overview
Tags
Quick reference
Maintained by:
the Docker Community
Where to get help:
CNCF community slack, or Stack Overflow
Supported tags and respective Dockerfile links
Recent Tags
About Official Images
Docker Official Images are a curated set of Docker open source and drop-in solution repositories.
Why Official Images?
These images have clear documentation, promote best practices, and are designed for the most common use cases.

  - 인터넷 도커 허브에서 검색: registry
  - 로컬 도커에서 검색: docker search registry
  - 최신 버전 registry 다운로드: docker pull registry

- 배포 방법 확인

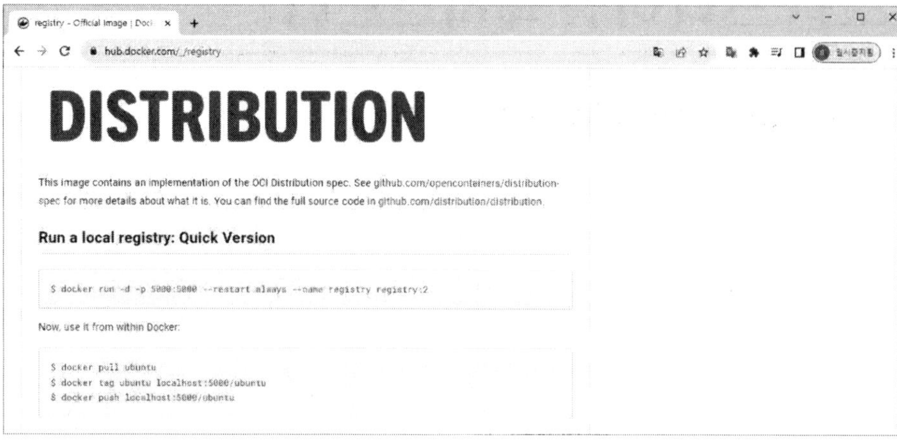
registry - Official Image | Doc
hub.docker.com/_/registry
DISTRIBUTION
This image contains an implementation of the OCI Distribution spec. See github.com/opencontainers/distribution-spec for more details about what it is. You can find the full source code in github.com/distribution/distribution.
Run a local registry: Quick Version
$ docker run -d -p 5000:5000 --restart always --name registry registry:2
Now, use it from within Docker:
$ docker pull ubuntu
$ docker tag ubuntu localhost:5000/ubuntu
$ docker push localhost:5000/ubuntu

- 레지스트리 컨테이너 실행
  - docker run -d -p 5000:5000 --restart always --name registry registry:2
  - 데몬 모드(백그라운드) 실행: -d
  - 호스트 5000번 포트를 컨테이너 내부 5000번 포트에 연결: -p 5000:5000
  - 컨테이너 자동 재시작(서비스 지속성 유지): --restart always
  - 컨테이너 이름: --name registry
  - 사용할 이미지와 태그(버전): registry:2
- 레지스트리에 업로드할 이미지 다운로드
  - 최신 버전의 ubuntu 이미지 다운로드: docker pull ubuntu
- 레지스트리에 업로드할 이미지명 변경
  - 레지스트리용 이미지명으로 변경: localhost:5000/ubuntu
- 레지스트리에 이미지 업로드
  - 로컬 레지스트리에 이미지 업로드: docker push localhost:5000/ubuntu

(2)로컬 환경에 프라이빗 레지스트리 구축하기

- registry 이미지 검색

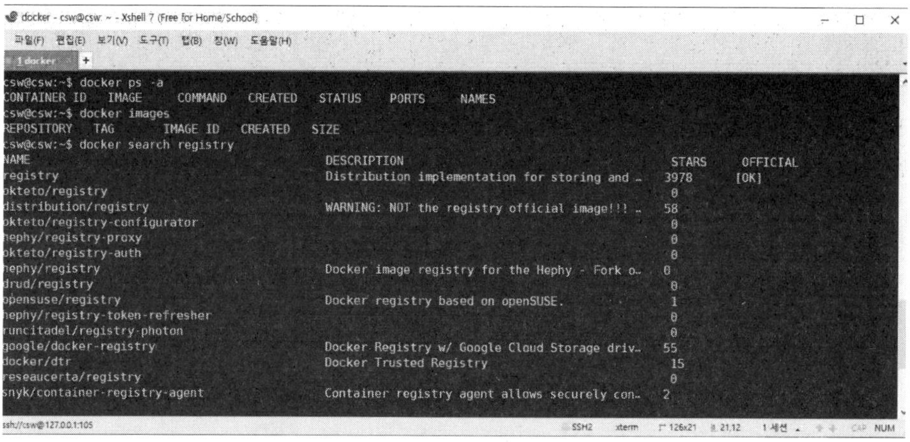
docker - csw@csw: ~ - Xshell 7 (Free for Home/School)
csw@csw:~$ docker ps -a
CONTAINER ID IMAGE COMMAND CREATED STATUS PORTS NAMES
csw@csw:~$ docker images
REPOSITORY TAG IMAGE ID CREATED SIZE
csw@csw:~$ docker search registry
NAME DESCRIPTION STARS OFFICIAL
registry Distribution implementation for storing and … 3978 [OK]
okteto/registry 0
distribution/registry WARNING: NOT the registry official image!!! … 58
okteto/registry-configurator 0
hephy/registry-proxy 0
okteto/registry-auth 0
hephy/registry Docker image registry for the Hephy - Fork o… 0
drud/registry 0
opensuse/registry Docker registry based on openSUSE. 1
hephy/registry-token-refresher 0
runcitadel/registry-photon 0
google/docker-registry Docker Registry w/ Google Cloud Storage driv… 55
docker/dtr Docker Trusted Registry 15
reseaucerta/registry 0
snyk/container-registry-agent Container registry agent allows securely con… 2

  - 컨테이너 및 이미지 없음 확인: docker ps -a, docker images
  - registry 이미지 검색: docker search registry

- registry 이미지 다운로드

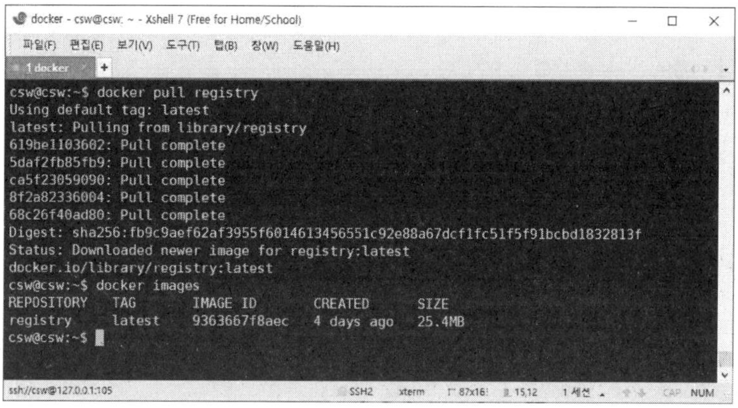
docker - csw@csw: ~ - Xshell 7 (Free for Home/School)
csw@csw:~$ docker pull registry
Using default tag: latest
latest: Pulling from library/registry
619be1103602: Pull complete
5daf2fb85fb9: Pull complete
ca5f23059090: Pull complete
8f2a82336004: Pull complete
68c26f40ad80: Pull complete
Digest: sha256:fb9c9aef62af3955f6014613456551c92e88a67dcf1fc51f5f91bcbd1832813f
Status: Downloaded newer image for registry:latest
docker.io/library/registry:latest
csw@csw:~$ docker images
REPOSITORY TAG IMAGE ID CREATED SIZE
registry latest 9363667f8aec 4 days ago 25.4MB
csw@csw:~$

  - 최신 버전 registry 이미지 다운로드: docker pull registry

- registry 컨테이너 실행 및 확인

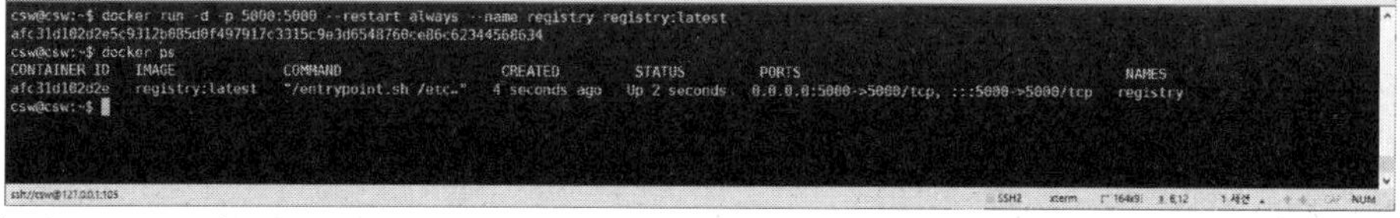
docker - csw@csw: ~ - Xshell 7 (Free for Home/School)
csw@csw:~$ docker run -d -p 5000:5000 --restart always --name registry registry:latest
afc31d102d2e5c9312b085d0f497917c3315c9e3d6548760ce86c62344568634
csw@csw:~$ docker ps
CONTAINER ID IMAGE COMMAND CREATED STATUS PORTS NAMES
afc31d102d2e registry:latest "/entrypoint.sh /etc…" 4 seconds ago Up 2 seconds 0.0.0.0:5000->5000/tcp, :::5000->5000/tcp registry
csw@csw:~$

  - docker run -d -p 5000:5000 --restart always --name registry registry:latest

- 이미지 삭제

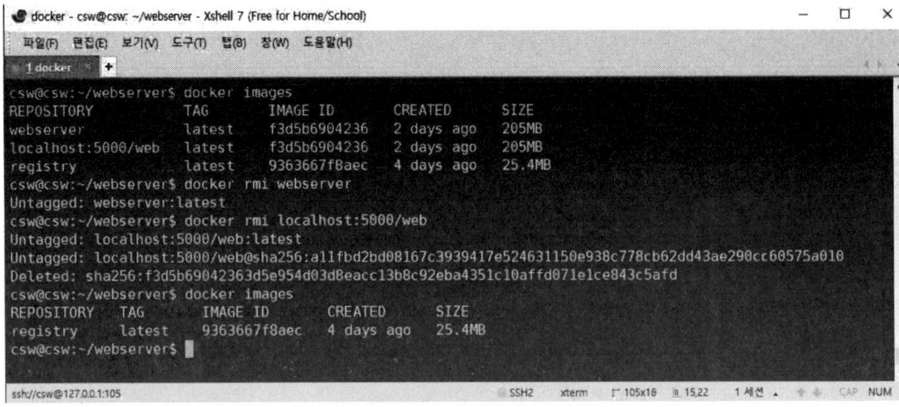
docker - csw@csw: ~/webserver - Xshell 7 (Free for Home/School)
파일(F) 편집(E) 보기(V) 도구(T) 탭(B) 창(W) 도움말(H)
1 docker
csw@csw:~/webserver$ docker images
REPOSITORY TAG IMAGE ID CREATED SIZE
webserver latest f3d5b6904236 2 days ago 205MB
localhost:5000/web latest f3d5b6904236 2 days ago 205MB
registry latest 9363667f8aec 4 days ago 25.4MB
csw@csw:~/webserver$ docker rmi webserver
Untagged: webserver:latest
csw@csw:~/webserver$ docker rmi localhost:5000/web
Untagged: localhost:5000/web:latest
Untagged: localhost:5000/web@sha256:a11fbd2bd08167c3939417e524631150e938c778cb62dd43ae290cc60575a010
Deleted: sha256:f3d5b69042363d5e954d03d8eacc13b8c92eba4351c10affd071e1ce843c5afd
csw@csw:~/webserver$ docker images
REPOSITORY TAG IMAGE ID CREATED SIZE
registry latest 9363667f8aec 4 days ago 25.4MB
csw@csw:~/webserver$
ssh://csw@127.0.0.1:105
SSH2 xterm 105x18 15,22 1 세션 CAP NUM

- 레지스트리에 이미지 업로드후 로컬 이미지 삭제

(4)프라이빗 레지스트리에서 도커 이미지 다운로드 및 실행하기

- 프라이빗 레지스트리 이미지를 로컬에 다운로드

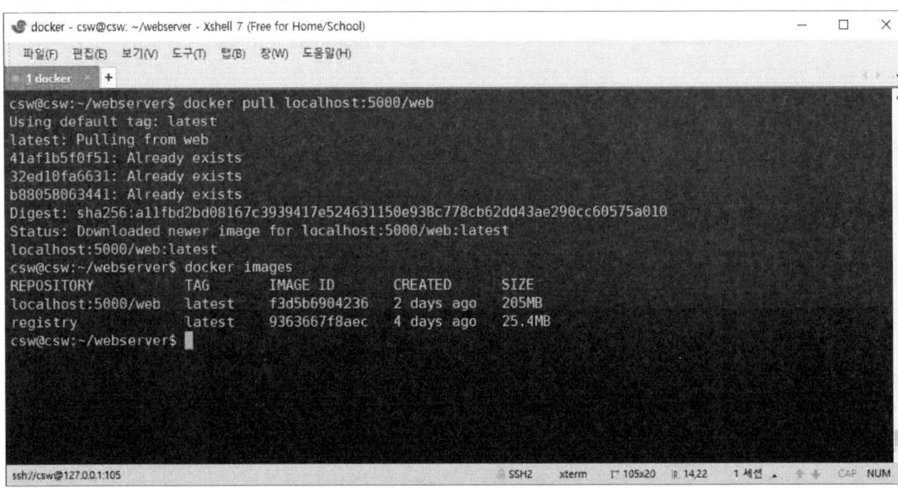
docker - csw@csw: ~/webserver - Xshell 7 (Free for Home/School)
파일(F) 편집(E) 보기(V) 도구(T) 탭(B) 창(W) 도움말(H)
1 docker
csw@csw:~/webserver$ docker pull localhost:5000/web
Using default tag: latest
latest: Pulling from web
41af1b5f0f51: Already exists
32ed10fa6631: Already exists
b88058063441: Already exists
Digest: sha256:a11fbd2bd08167c3939417e524631150e938c778cb62dd43ae290cc60575a010
Status: Downloaded newer image for localhost:5000/web:latest
localhost:5000/web:latest
csw@csw:~/webserver$ docker images
REPOSITORY TAG IMAGE ID CREATED SIZE
localhost:5000/web latest f3d5b6904236 2 days ago 205MB
registry latest 9363667f8aec 4 days ago 25.4MB
csw@csw:~/webserver$
ssh://csw@127.0.0.1:105
SSH2 xterm 105x20 14,22 1 세션 CAP NUM

  - docker pull localhost:5000/web

- 도커 컨테이너 실행 및 앱 접속

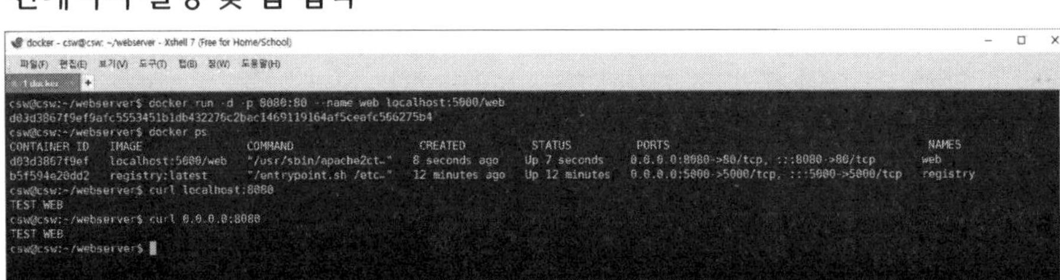
docker - csw@csw: ~/webserver - Xshell 7 (Free for Home/School)
csw@csw:~/webserver$ docker run -d -p 8080:80 --name web localhost:5000/web
d03d3867f9ef9afc5553451b1db432276c2bac1469119164af5ceafc566275b4
csw@csw:~/webserver$ docker ps
CONTAINER ID IMAGE COMMAND CREATED STATUS PORTS NAMES
d03d3867f9ef localhost:5000/web "/usr/sbin/apache2ct…" 8 seconds ago Up 7 seconds 0.0.0.0:8080->80/tcp, :::8080->80/tcp web
b5f594e20dd2 registry:latest "/entrypoint.sh /etc…" 12 minutes ago Up 12 minutes 0.0.0.0:5000->5000/tcp, :::5000->5000/tcp registry
csw@csw:~/webserver$ curl localhost:8080
TEST WEB
csw@csw:~/webserver$ curl 0.0.0.0:8080
TEST WEB
csw@csw:~/webserver$

  - 컨테이너 실행: docker run -d -p 8080:80 --name web localhost:5000/web
  - 앱 접속: curl localhost:8080

(5)도커 컨테이너 및 이미지 삭제하기

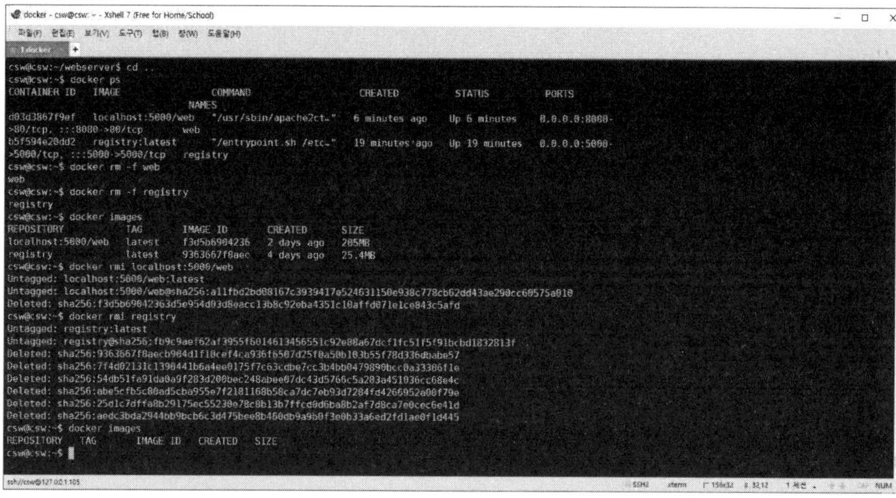

csw@csw:~/webserver$ cd ..
csw@csw:~$ docker ps
csw@csw:~$ docker rm -f web
web
csw@csw:~$ docker rm -f registry
registry
csw@csw:~$ docker images
csw@csw:~$ docker rmi localhost:5000/web
Untagged: localhost:5000/web:latest
csw@csw:~$ docker rmi registry
Untagged: registry:latest
csw@csw:~$ docker images
REPOSITORY TAG IMAGE ID CREATED SIZE
csw@csw:~$

- docker rm -f web
- docker rm -f registry
- docker rmi localhost:5000/web
- docker rmi registry

06

도커 기본 명령어

6.1 도커 이미지 운영

(1)이미지 검색하기

- docker search

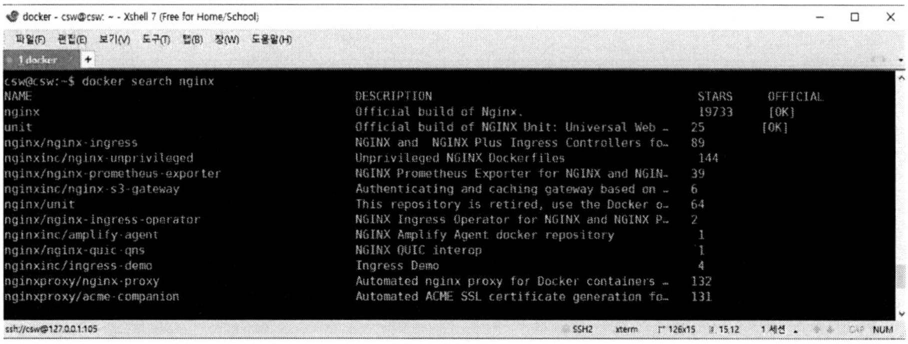
docker - csw@csw: ~ - Xshell 7 (Free for Home/School)
파일(F) 편집(E) 보기(V) 도구(T) 탭(B) 창(W) 도움말(H)
1 docker
csw@csw:~$ docker search nginx
NAME DESCRIPTION STARS OFFICIAL
nginx Official build of Nginx. 19733 [OK]
unit Official build of NGINX Unit: Universal Web … 25 [OK]
nginx/nginx-ingress NGINX and NGINX Plus Ingress Controllers fo… 89
nginxinc/nginx-unprivileged Unprivileged NGINX Dockerfiles 144
nginx/nginx-prometheus-exporter NGINX Prometheus Exporter for NGINX and NGIN… 39
nginxinc/nginx-s3-gateway Authenticating and caching gateway based on … 6
nginx/unit This repository is retired, use the Docker o… 64
nginx/nginx-ingress-operator NGINX Ingress Operator for NGINX and NGINX P… 2
nginxinc/amplify-agent NGINX Amplify Agent docker repository 1
nginx/nginx-quic-qns NGINX QUIC interop 1
nginxinc/ingress-demo Ingress Demo 4
nginxproxy/nginx-proxy Automated nginx proxy for Docker containers … 132
nginxproxy/acme-companion Automated ACME SSL certificate generation fo… 131
ssh://csw@127.0.0.1:105
SSH2 xterm 126x15 15,12 1 세션 NUM

  - docker search [옵션] 검색용어: 도커 허브에 공개되어 있는 이미지 검색
  - NAME: 도커 이미지명
  - DESCRIPTION: 도커 이미지 설명
  - STARS: 즐겨찾기 수
  - OFFICIAL: 공식 이미지 여부
  - AUTOMATED: Dockerfile로 자동 생성 여부

(2)이미지 다운로드하기

- docker pull

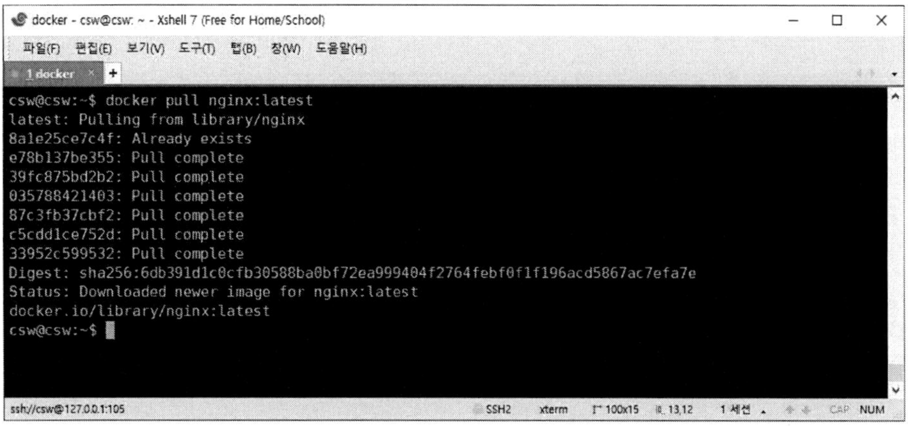
docker - csw@csw: ~ - Xshell 7 (Free for Home/School)
파일(F) 편집(E) 보기(V) 도구(T) 탭(B) 창(W) 도움말(H)
1 docker
csw@csw:~$ docker pull nginx:latest
latest: Pulling from library/nginx
8a1e25ce7c4f: Already exists
e78b137be355: Pull complete
39fc875bd2b2: Pull complete
035788421403: Pull complete
87c3fb37cbf2: Pull complete
c5cdd1ce752d: Pull complete
33952c599532: Pull complete
Digest: sha256:6db391d1c0cfb30588ba0bf72ea999404f2764febf0f1f196acd5867ac7efa7e
Status: Downloaded newer image for nginx:latest
docker.io/library/nginx:latest
csw@csw:~$
ssh://csw@127.0.0.1:105
SSH2 xterm 100x15 13,12 1 세션 CAP NUM

  - docker pull [옵션] 이미지명[:태그명]: 도커 허브에서 이미지 다운로드

(3)이미지 목록 표시하기

- docker images

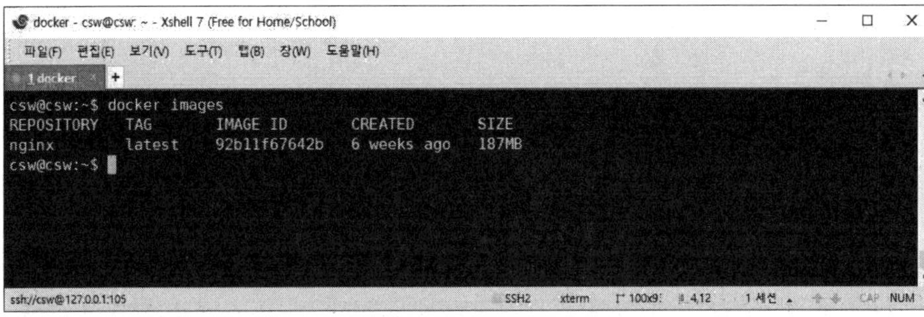
docker - csw@csw: ~ - Xshell 7 (Free for Home/School)
파일(F) 편집(E) 보기(V) 도구(T) 탭(B) 창(W) 도움말(H)
1 docker
csw@csw:~$ docker images
REPOSITORY TAG IMAGE ID CREATED SIZE
nginx latest 92b11f67642b 6 weeks ago 187MB
csw@csw:~$
ssh://csw@127.0.0.1:105
SSH2 xterm 100x9 4,12 1 세션 CAP NUM

  - docker images [옵션]: 등록(다운로드 혹은 빌드)된 모든 이미지 목록 표시

(4)이미지 상세 정보 확인하기

- docker inspect

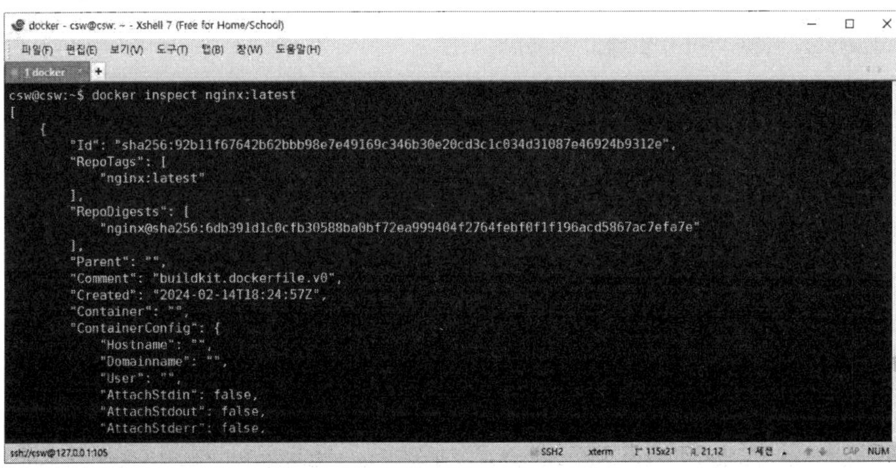
docker - csw@csw: ~ - Xshell 7 (Free for Home/School)
파일(F) 편집(E) 보기(V) 도구(T) 탭(B) 창(W) 도움말(H)
1 docker
csw@csw:~$ docker inspect nginx:latest
[
{
"Id": "sha256:92b11f67642b62bbb98e7e49169c346b30e20cd3c1c034d31087e46924b9312e",
"RepoTags": [
"nginx:latest"
],
"RepoDigests": [
"nginx@sha256:6db391d1c0cfb30588ba0bf72ea999404f2764febf0f1f196acd5867ac7efa7e"
],
"Parent": "",
"Comment": "buildkit.dockerfile.v0",
"Created": "2024-02-14T18:24:57Z",
"Container": "",
"ContainerConfig": {
"Hostname": "",
"Domainname": "",
"User": "",
"AttachStdin": false,
"AttachStdout": false,
"AttachStderr": false,
ssh://csw@127.0.0.1:105
SSH2 xterm 115x21 21,12 1 세션 CAP NUM

  - docker inspect [옵션] 이미지: 이미지 상세 정보 표시(JSON 형식)
  - ID: 이미지 ID
  - Created: 작성일
  - ContainerConfig: 이미지로 생성되는 컨테이너 구성 정보
  - Architecture: 이미지의 CPU 아키텍처
  - Os: 이미지에 포함된 OS 이름과 버전

(5)이미지 태그 설정하기

- docker tag

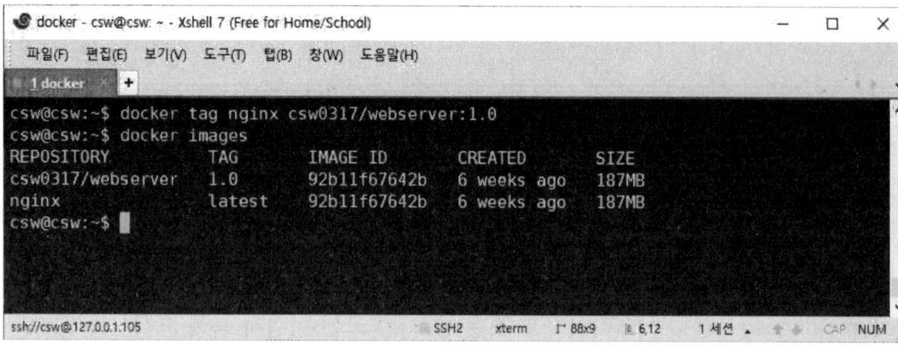
docker - csw@csw: ~ - Xshell 7 (Free for Home/School)
파일(F) 편집(E) 보기(V) 도구(T) 탭(B) 창(W) 도움말(H)
1 docker
csw@csw:~$ docker tag nginx csw0317/webserver:1.0
csw@csw:~$ docker images
REPOSITORY TAG IMAGE ID CREATED SIZE
csw0317/webserver 1.0 92b11f67642b 6 weeks ago 187MB
nginx latest 92b11f67642b 6 weeks ago 187MB
csw@csw:~$
ssh://csw@127.0.0.1:105
SSH2 xterm 88x9 6,12 1 세션 CAP NUM

- docker tag 소스이미지[:태그] 타겟이미지[:태그]: 이미지에 태그(별칭) 생성
- nginx: 소스 이미지명
- csw0317: 도커 허브 계정 사용자명(레포지트리명)
- webserver: 타겟 이미지명(태그 이름)
- 1.0: 태그 버전

(6)이미지 삭제하기

- docker rmi

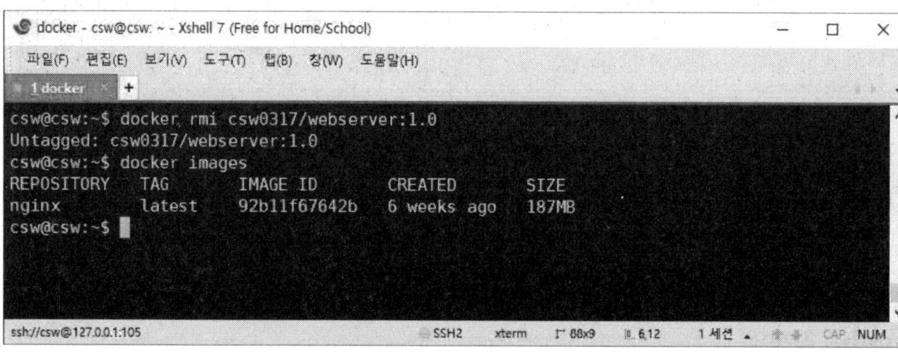
docker - csw@csw: ~ - Xshell 7 (Free for Home/School)
파일(F) 편집(E) 보기(V) 도구(T) 탭(B) 창(W) 도움말(H)
1 docker
csw@csw:~$ docker rmi csw0317/webserver:1.0
Untagged: csw0317/webserver:1.0
csw@csw:~$ docker images
REPOSITORY TAG IMAGE ID CREATED SIZE
nginx latest 92b11f67642b 6 weeks ago 187MB
csw@csw:~$
ssh://csw@127.0.0.1:105
SSH2 xterm 88x9 6,12 1 세션 CAP NUM

- docker rmi [옵션] 이미지: 이미지 삭제

6.2 도커 컨테이너 라이프 싸이클

(1)컨테이너 생성하기

· docker create

docker - csw@csw: ~ - Xshell 7 (Free for Home/School)
파일(F) 편집(E) 보기(V) 도구(T) 탭(B) 창(W) 도움말(H)
1 docker
csw@csw:~$ docker create --name webserver nginx
a04bc227d65f47edc53156fab6bb1270ed6fe85dbbba840faf9b99c9d47c6bb8
csw@csw:~$ docker ps -a
CONTAINER ID IMAGE COMMAND CREATED STATUS PORTS NAMES
a04bc227d65f nginx "/docker-entrypoint.…" 4 seconds ago Created webserver
csw@csw:~$
ssh://csw@127.0.0.1:105 SSH2 xterm 109x9 6,12 1 세션 CAP NUM

- docker create [옵션] 이미지: 이미지 기반의 컨테이너 작성. 컨테이너 내부에 이미지 스냅샷 (파일과 디렉토리로 구성되는 파일시스템) 준비

(2)컨테이너 시작 및 목록 표시하기

· docker start, docker ps

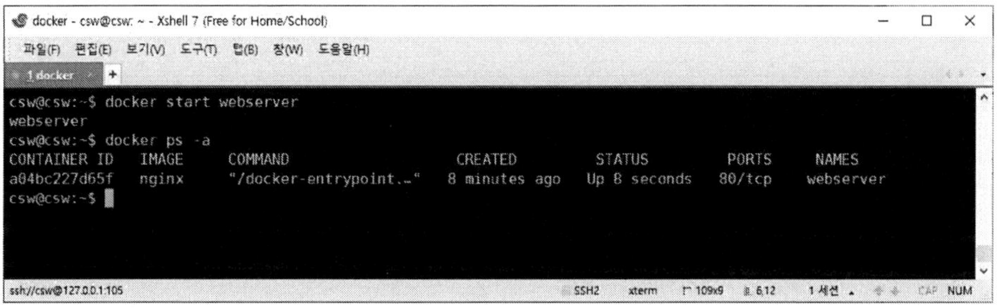
docker - csw@csw: ~ - Xshell 7 (Free for Home/School)
파일(F) 편집(E) 보기(V) 도구(T) 탭(B) 창(W) 도움말(H)
1 docker
csw@csw:~$ docker start webserver
webserver
csw@csw:~$ docker ps -a
CONTAINER ID IMAGE COMMAND CREATED STATUS PORTS NAMES
a04bc227d65f nginx "/docker-entrypoint.…" 8 minutes ago Up 8 seconds 80/tcp webserver
csw@csw:~$
ssh://csw@127.0.0.1:105 SSH2 xterm 109x9 6,12 1 세션 CAP NUM

- docker start [옵션] 컨테이너: 컨테이너 시작. 스냅샷 위에 프로세스 시작.
- docker ps [옵션]: 컨테이너 목록 표시

(3)컨테이너 모니터링하기

· docker stats

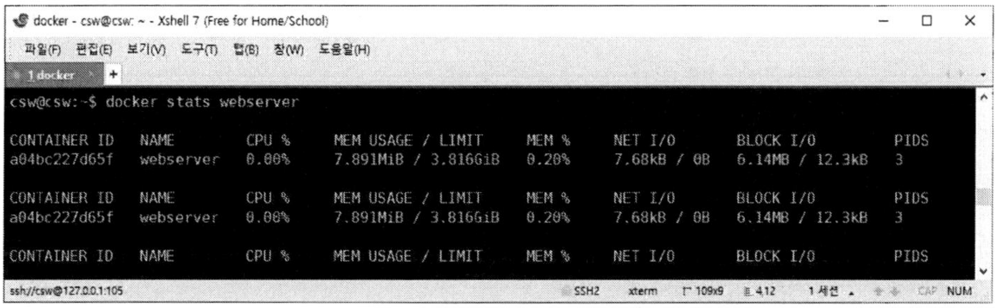
docker - csw@csw: ~ - Xshell 7 (Free for Home/School)
파일(F) 편집(E) 보기(V) 도구(T) 탭(B) 창(W) 도움말(H)
1 docker
csw@csw:~$ docker stats webserver
CONTAINER ID NAME CPU % MEM USAGE / LIMIT MEM % NET I/O BLOCK I/O PIDS
a04bc227d65f webserver 0.00% 7.891MiB / 3.816GiB 0.20% 7.68kB / 0B 6.14MB / 12.3kB 3
CONTAINER ID NAME CPU % MEM USAGE / LIMIT MEM % NET I/O BLOCK I/O PIDS
a04bc227d65f webserver 0.00% 7.891MiB / 3.816GiB 0.20% 7.68kB / 0B 6.14MB / 12.3kB 3
CONTAINER ID NAME CPU % MEM USAGE / LIMIT MEM % NET I/O BLOCK I/O PIDS
ssh://csw@127.0.0.1:105 SSH2 xterm 109x9 4,12 1 세션 CAP NUM

- docker stats [옵션] [컨테이너]: 실시간으로 자원 사용량 및 상태 표시
- Ctrl + c: docker stats 종료

(4)컨테이너 중지 및 재시작하기

- docker stop, docker restart

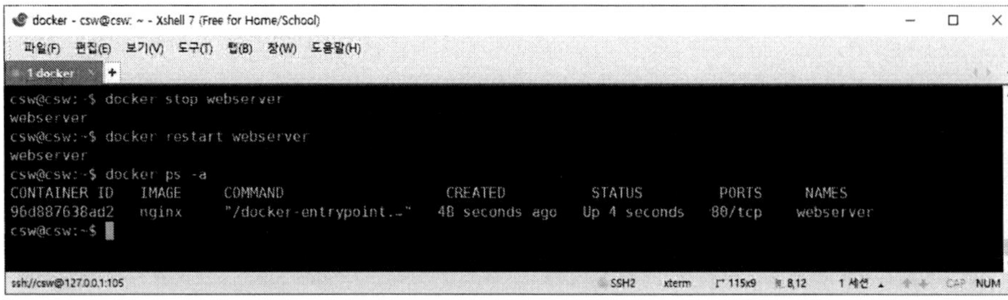
docker - csw@csw: ~ - Xshell 7 (Free for Home/School)
파일(F) 편집(E) 보기(V) 도구(T) 탭(B) 창(W) 도움말(H)
1 docker
csw@csw:~$ docker stop webserver
webserver
csw@csw:~$ docker restart webserver
webserver
csw@csw:~$ docker ps -a
CONTAINER ID IMAGE COMMAND CREATED STATUS PORTS NAMES
96d887638ad2 nginx "/docker-entrypoint.…" 48 seconds ago Up 4 seconds 80/tcp webserver
csw@csw:~$
ssh://csw@127.0.0.1:105
SSH2 xterm 115x9 8,12 1 세션 CAP NUM

- docker stop [옵션] 컨테이너: 실행중인 컨테이너 중지
- docker restart [옵션] 컨테이너: 중지된 컨테이너 재시작

(5)컨테이너 상세 정보 표시하기

- docker inspect

docker - csw@csw: ~ - Xshell 7 (Free for Home/School)
파일(F) 편집(E) 보기(V) 도구(T) 탭(B) 창(W) 도움말(H)
1 docker
csw@csw:~$ docker inspect webserver
[
{
"Id": "96d887638ad2de316b85302a73ff7a38314660e0e25ae5b8a5f376f93f0e5638",
"Created": "2024-03-28T06:39:21.186187786Z",
"Path": "/docker-entrypoint.sh",
"Args": [
"nginx",
"-g",
"daemon off;"
ssh://csw@127.0.0.1:105
SSH2 xterm 115x10 10,12 1 세션 CAP NUM

- docker inspect [옵션] 컨테이너: 컨테이너의 상세 정보 표시

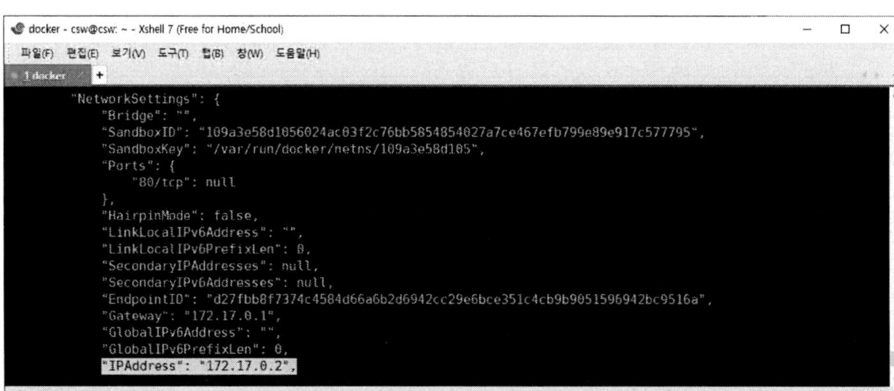
docker - csw@csw: ~ - Xshell 7 (Free for Home/School)
파일(F) 편집(E) 보기(V) 도구(T) 탭(B) 창(W) 도움말(H)
1 docker
"NetworkSettings": {
"Bridge": "",
"SandboxID": "109a3e58d1056024ac03f2c76bb5854854027a7ce467efb799e89e917c577795",
"SandboxKey": "/var/run/docker/netns/109a3e58d105",
"Ports": {
"80/tcp": null
},
"HairpinMode": false,
"LinkLocalIPv6Address": "",
"LinkLocalIPv6PrefixLen": 0,
"SecondaryIPAddresses": null,
"SecondaryIPv6Addresses": null,
"EndpointID": "d27fbb8f7374c4584d66a6b2d6942cc29e6bce351c4cb9b9051596942bc9516a",
"Gateway": "172.17.0.1",
"GlobalIPv6Address": "",
"GlobalIPv6PrefixLen": 0,
"IPAddress": "172.17.0.2",
ssh://csw@127.0.0.1:105
SSH2 xterm 115x17 17,12 1 세션 CAP NUM

- Ports: 컨테이너의 포트 번호.
- 80/tcp: 컨테이너의 80번 포트
- null: 컨테이너 포트 번호에 매핑된 호스트 IP 주소와 포트 번호 없음
- IPAddress: 컨테이너의 IP 주소

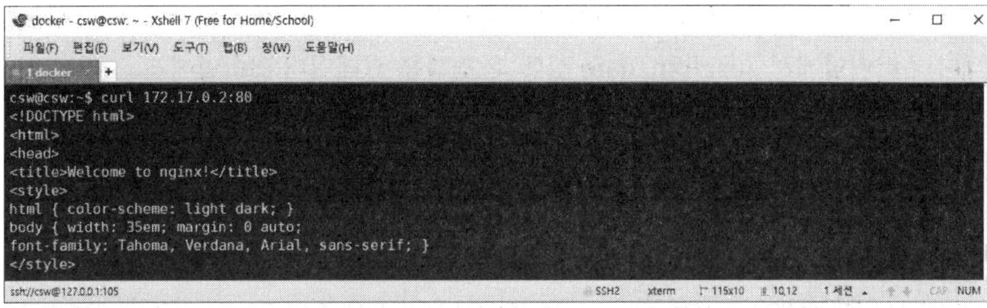
docker - csw@csw: ~ - Xshell 7 (Free for Home/School)
파일(F) 편집(E) 보기(V) 도구(T) 탭(B) 창(W) 도움말(H)
1 docker
csw@csw:~$ curl 172.17.0.2:80
<!DOCTYPE html>
<html>
<head>
<title>Welcome to nginx!</title>
<style>
html { color-scheme: light dark; }
body { width: 35em; margin: 0 auto;
font-family: Tahoma, Verdana, Arial, sans-serif; }
</style>
ssh://csw@127.0.0.1:105
SSH2 xterm 115x10 10,12 1 세션 CAP NUM

- 172.17.0.2 IP 주소의 80번 포트에서 동작하고 있는 서버 프로세스에 연결

(6)컨테이너 삭제하기

- docker rm

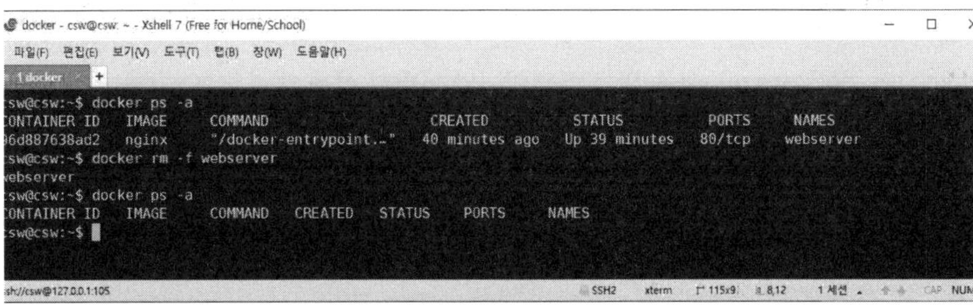
docker - csw@csw: ~ - Xshell 7 (Free for Home/School)
파일(F) 편집(E) 보기(V) 도구(T) 탭(B) 창(W) 도움말(H)
1 docker
sw@csw:~$ docker ps -a
ONTAINER ID IMAGE COMMAND CREATED STATUS PORTS NAMES
6d887638ad2 nginx "/docker-entrypoint.…" 40 minutes ago Up 39 minutes 80/tcp webserver
sw@csw:~$ docker rm -f webserver
ebserver
sw@csw:~$ docker ps -a
ONTAINER ID IMAGE COMMAND CREATED STATUS PORTS NAMES
sw@csw:~$
sh://csw@127.0.0.1:105
SSH2 xterm 115x9 8,12 1 세션 CAP NUM

  - docker rm [옵션] 컨테이너: 지정된 컨테이너 삭제
  - '-f': 실행중인 컨테이너 강제 삭제

(7)컨테이너 생성 및 실행하기

- docker run

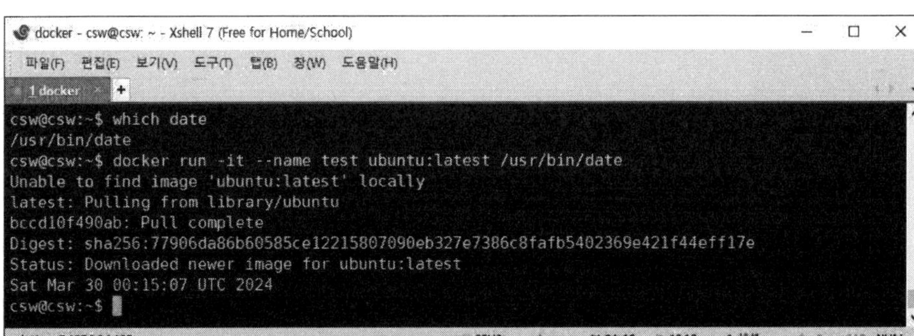
docker - csw@csw: ~ - Xshell 7 (Free for Home/School)
파일(F) 편집(E) 보기(V) 도구(T) 탭(B) 창(W) 도움말(H)
1 docker
csw@csw:~$ which date
/usr/bin/date
csw@csw:~$ docker run -it --name test ubuntu:latest /usr/bin/date
Unable to find image 'ubuntu:latest' locally
latest: Pulling from library/ubuntu
bccd10f490ab: Pull complete
Digest: sha256:77906da86b60585ce12215807090eb327e7386c8fafb5402369e421f44eff17e
Status: Downloaded newer image for ubuntu:latest
Sat Mar 30 00:15:07 UTC 2024
csw@csw:~$
ssh://csw@127.0.0.1:105
SSH2 xterm 94x10 10,12 1 세션 CAP NUM

  - docker run [옵션] 이미지: 이미지로부터 새 컨테이너 생성 및 실행
  - '-it': 컨테이너에 상호작용 터미널 할당
  - '--name test': 컨테이너 이름을 test로 지정
  - ubuntu:latest: 사용할 도커 이미지로 최신 버전 Ubuntu 이미지 지정
  - /usr/bin/date: 컨테이너 내에서 실행할 명령어를 절대주소로 지정

- 터미널 제어권이 컨테이너 test 터미널로 전환되고
- 컨테이너 터미널에서 /usr/bin/date 실행 후 결과를 컨테이너 터미널에서
- 호스트 터미널로 전달 후
- 터미널 제어권은 다시 호스트 터미널로 전환됨

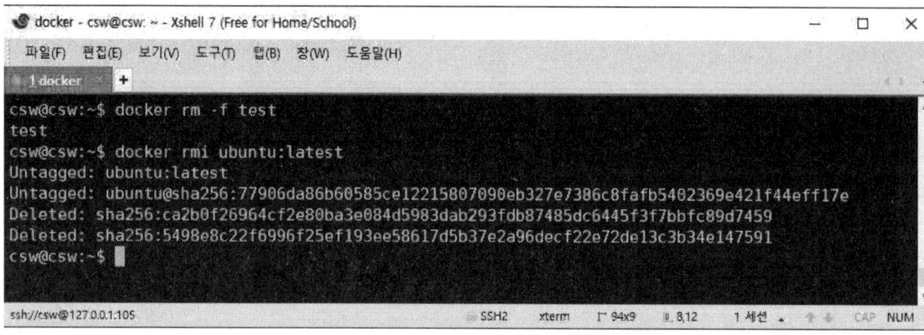

docker - csw@csw: ~ - Xshell 7 (Free for Home/School)
파일(F) 편집(E) 보기(V) 도구(T) 탭(B) 창(W) 도움말(H)
1 docker
csw@csw:~$ docker rm -f test
test
csw@csw:~$ docker rmi ubuntu:latest
Untagged: ubuntu:latest
Untagged: ubuntu@sha256:77906da86b60585ce12215807090eb327e7386c8fafb5402369e421f44eff17e
Deleted: sha256:ca2b0f26964cf2e80ba3e084d5983dab293fdb87485dc6445f3f7bbfc89d7459
Deleted: sha256:5498e8c22f6996f25ef193ee58617d5b37e2a96decf22e72de13c3b34e147591
csw@csw:~$
ssh://csw@127.0.0.1:105
SSH2
xterm
94x9
8,12
1 세션
CAP NUM

- docker rm, docker rmi: 사용 완료 컨테이너와 이미지 삭제

6.3 가동 도커 컨테이너 관리

(1)컨테이너 연결하기

- docker attach

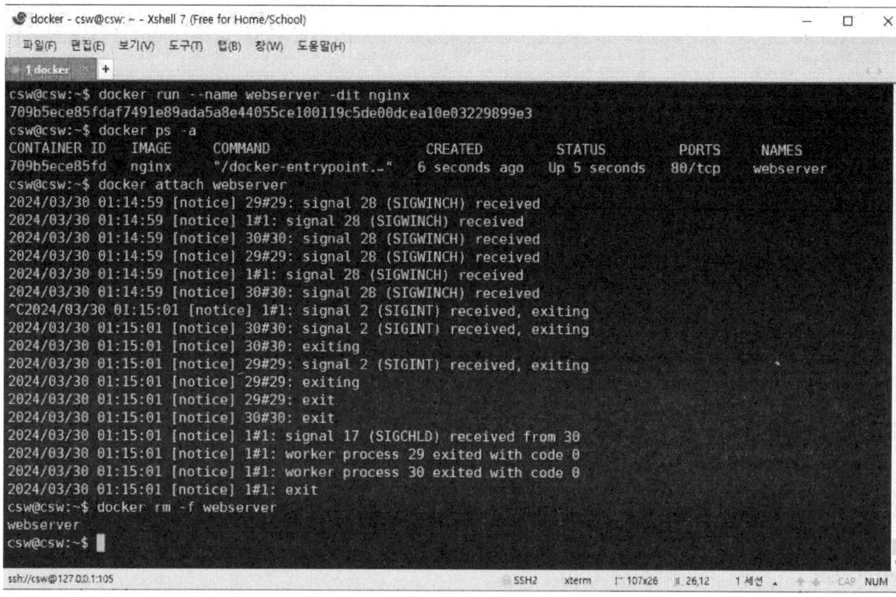
docker - csw@csw: ~ - Xshell 7 (Free for Home/School)
csw@csw:~$ docker run --name webserver -dit nginx
709b5ece85fdaf7491e89ada5a8e44055ce100119c5de00dcea10e03229899e3
csw@csw:~$ docker ps -a
CONTAINER ID IMAGE COMMAND CREATED STATUS PORTS NAMES
709b5ece85fd nginx "/docker-entrypoint.…" 6 seconds ago Up 5 seconds 80/tcp webserver
csw@csw:~$ docker attach webserver
2024/03/30 01:14:59 [notice] 29#29: signal 28 (SIGWINCH) received
2024/03/30 01:14:59 [notice] 1#1: signal 28 (SIGWINCH) received
2024/03/30 01:14:59 [notice] 30#30: signal 28 (SIGWINCH) received
2024/03/30 01:14:59 [notice] 29#29: signal 28 (SIGWINCH) received
2024/03/30 01:14:59 [notice] 1#1: signal 28 (SIGWINCH) received
2024/03/30 01:14:59 [notice] 30#30: signal 28 (SIGWINCH) received
^C2024/03/30 01:15:01 [notice] 1#1: signal 2 (SIGINT) received, exiting
2024/03/30 01:15:01 [notice] 30#30: signal 2 (SIGINT) received, exiting
2024/03/30 01:15:01 [notice] 30#30: exiting
2024/03/30 01:15:01 [notice] 29#29: signal 2 (SIGINT) received, exiting
2024/03/30 01:15:01 [notice] 29#29: exiting
2024/03/30 01:15:01 [notice] 29#29: exit
2024/03/30 01:15:01 [notice] 30#30: exit
2024/03/30 01:15:01 [notice] 1#1: signal 17 (SIGCHLD) received from 30
2024/03/30 01:15:01 [notice] 1#1: worker process 29 exited with code 0
2024/03/30 01:15:01 [notice] 1#1: worker process 30 exited with code 0
2024/03/30 01:15:01 [notice] 1#1: exit
csw@csw:~$ docker rm -f webserver
webserver
csw@csw:~$

- docker attach [옵션] 컨테이너: 가동 컨테이너에 터미널 연결 및 모니터링
- docker run --name webserver -dit nginx: 백그라운드에서 컨테이너 실행
- exit: ‘Ctrl + c’로 컨테이너 종료

(2)컨테이너 명령어(프로세스) 실행하기

- docker exec

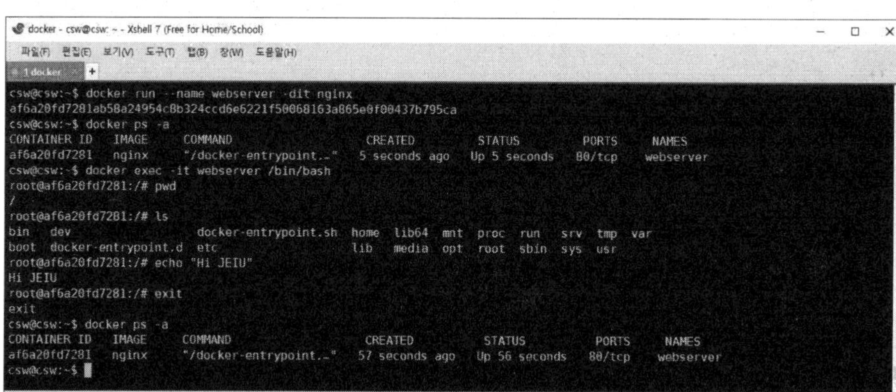
docker - csw@csw: ~ - Xshell 7 (Free for Home/School)
csw@csw:~$ docker run --name webserver -dit nginx
af6a20fd7281ab58a24954c8b324ccd6e6221f50068163a865e0f00437b795ca
csw@csw:~$ docker ps -a
CONTAINER ID IMAGE COMMAND CREATED STATUS PORTS NAMES
af6a20fd7281 nginx "/docker-entrypoint.…" 5 seconds ago Up 5 seconds 80/tcp webserver
csw@csw:~$ docker exec -it webserver /bin/bash
root@af6a20fd7281:/# pwd
/
root@af6a20fd7281:/# ls
bin dev docker-entrypoint.sh home lib64 mnt proc run srv tmp var
boot docker-entrypoint.d etc lib media opt root sbin sys usr
root@af6a20fd7281:/# echo "Hi JEIU"
Hi JEIU
root@af6a20fd7281:/# exit
exit
csw@csw:~$ docker ps -a
CONTAINER ID IMAGE COMMAND CREATED STATUS PORTS NAMES
af6a20fd7281 nginx "/docker-entrypoint.…" 57 seconds ago Up 56 seconds 80/tcp webserver
csw@csw:~$

- docker exec [옵션] 컨테이너 명령어: 가동 컨테이너에서 명령어 실행
- '-it': 컨테이너에 상호작용 터미널 할당

(3)컨테이너 프로세스 확인하기

· docker top

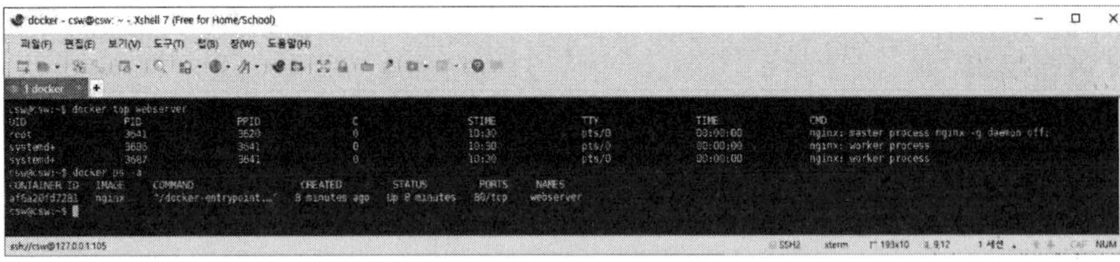

- docker top 컨테이너: 컨테이너의 가동 프로세스 표시
- UID: 프로세스의 사용자 ID
- PID: 프로세스 ID
- C: 프로세스를 시작한 커널 스레드 ID
- STIME: 프로세스 생성 시간
- CMD: 컨테이너에서 실행 중인 명령어
- TIME: 프로세스의 CPU 사용 시간
- TTY: 프로세스의 터미널 장치

(4)컨테이너 로그 확인하기

· docker logs

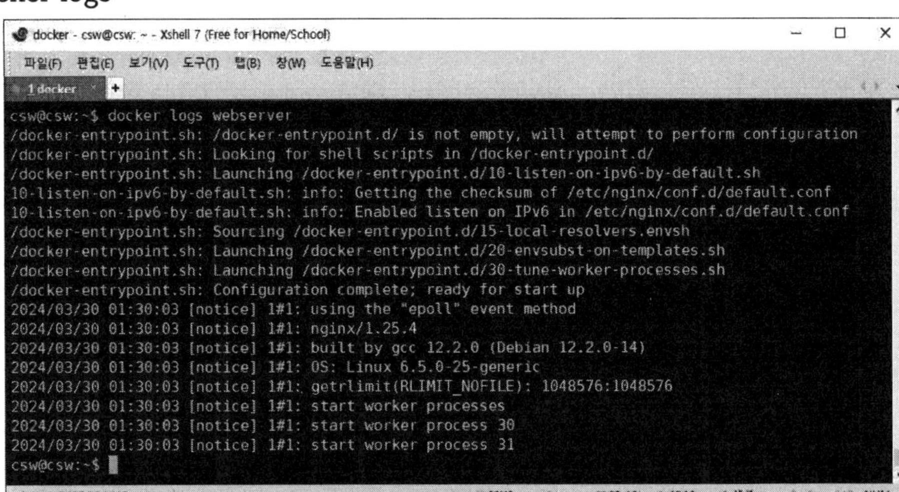
docker - csw@csw: ~ - Xshell 7 (Free for Home/School)
파일(F) 편집(E) 보기(V) 도구(T) 탭(B) 창(W) 도움말(H)
1 docker
csw@csw:~$ docker logs webserver
/docker-entrypoint.sh: /docker-entrypoint.d/ is not empty, will attempt to perform configuration
/docker-entrypoint.sh: Looking for shell scripts in /docker-entrypoint.d/
/docker-entrypoint.sh: Launching /docker-entrypoint.d/10-listen-on-ipv6-by-default.sh
10-listen-on-ipv6-by-default.sh: info: Getting the checksum of /etc/nginx/conf.d/default.conf
10-listen-on-ipv6-by-default.sh: info: Enabled listen on IPv6 in /etc/nginx/conf.d/default.conf
/docker-entrypoint.sh: Sourcing /docker-entrypoint.d/15-local-resolvers.envsh
/docker-entrypoint.sh: Launching /docker-entrypoint.d/20-envsubst-on-templates.sh
/docker-entrypoint.sh: Launching /docker-entrypoint.d/30-tune-worker-processes.sh
/docker-entrypoint.sh: Configuration complete; ready for start up
2024/03/30 01:30:03 [notice] 1#1: using the "epoll" event method
2024/03/30 01:30:03 [notice] 1#1: nginx/1.25.4
2024/03/30 01:30:03 [notice] 1#1: built by gcc 12.2.0 (Debian 12.2.0-14)
2024/03/30 01:30:03 [notice] 1#1: OS: Linux 6.5.0-25-generic
2024/03/30 01:30:03 [notice] 1#1: getrlimit(RLIMIT_NOFILE): 1048576:1048576
2024/03/30 01:30:03 [notice] 1#1: start worker processes
2024/03/30 01:30:03 [notice] 1#1: start worker process 30
2024/03/30 01:30:03 [notice] 1#1: start worker process 31
csw@csw:~$
ssh://csw@127.0.0.1:105

- docker logs [옵션] 컨테이너: 컨테이너의 로그 가져오기
- docker run: busybox 이미지로부터 test 컨테이너 생성 및 시작.
- '-d': 백그라운드에서 test 컨테이너 실행
- 'sh -c' <명령어 또는 쉘 스크립트>: 명령어를 인자로 받아 쉘(sh) 실행
- "while true; do $(echo date); sleep 1; done": 1초 간격 date 출력 반복
- docker logs -f --until=2s test: test 컨테이너 로그 최신 2초간 실시간(-f) 출력

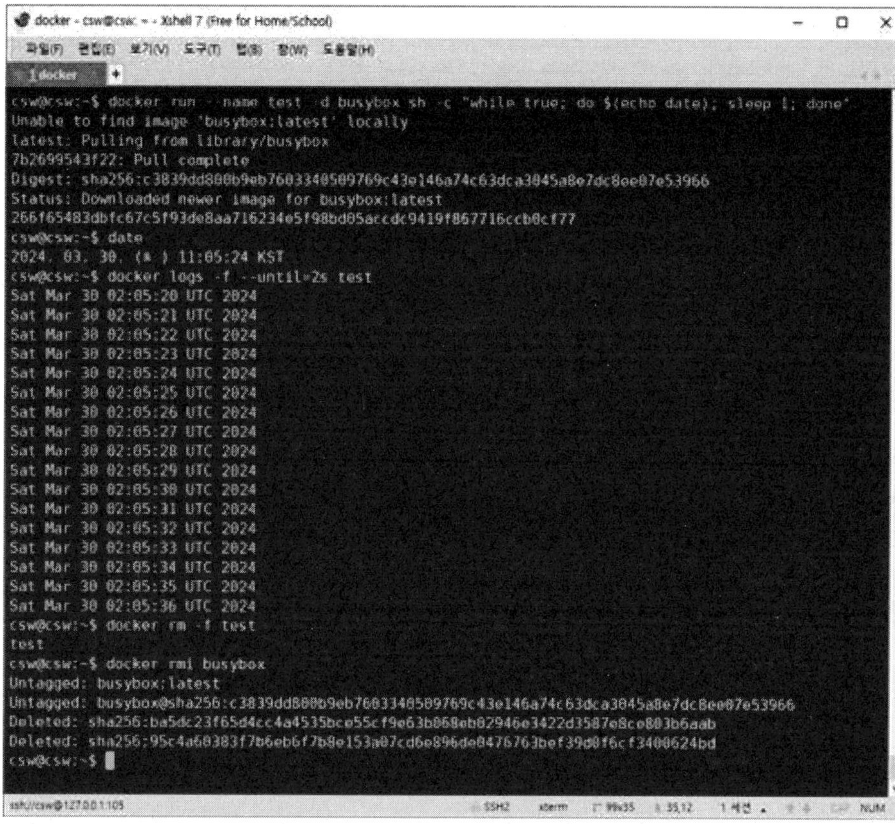
docker - csw@csw: ~ - Xshell 7 (Free for Home/School)
csw@csw:~$ docker run --name test -d busybox sh -c "while true; do $(echo date); sleep 1; done"
Unable to find image 'busybox:latest' locally
latest: Pulling from library/busybox
7b2699543f22: Pull complete
Digest: sha256:c3839dd800b9eb7603340509769c43e146a74c63dca3045a8e7dc8ee07e53966
Status: Downloaded newer image for busybox:latest
266f65483dbfc67c5f93de8aa716234e5f98bd05accdc9419f867716ccb8cf77
csw@csw:~$ date
2024. 03. 30. (토) 11:05:24 KST
csw@csw:~$ docker logs -f --until=2s test
Sat Mar 30 02:05:20 UTC 2024
Sat Mar 30 02:05:21 UTC 2024
Sat Mar 30 02:05:22 UTC 2024
Sat Mar 30 02:05:23 UTC 2024
Sat Mar 30 02:05:24 UTC 2024
Sat Mar 30 02:05:25 UTC 2024
Sat Mar 30 02:05:26 UTC 2024
Sat Mar 30 02:05:27 UTC 2024
Sat Mar 30 02:05:28 UTC 2024
Sat Mar 30 02:05:29 UTC 2024
Sat Mar 30 02:05:30 UTC 2024
Sat Mar 30 02:05:31 UTC 2024
Sat Mar 30 02:05:32 UTC 2024
Sat Mar 30 02:05:33 UTC 2024
Sat Mar 30 02:05:34 UTC 2024
Sat Mar 30 02:05:35 UTC 2024
Sat Mar 30 02:05:36 UTC 2024
csw@csw:~$ docker rm -f test
test
csw@csw:~$ docker rmi busybox
Untagged: busybox:latest
Untagged: busybox@sha256:c3839dd800b9eb7603340509769c43e146a74c63dca3045a8e7dc8ee07e53966
Deleted: sha256:ba5dc23f65d4cc4a4535bce55cf9e63b068eb02946e3422d3587e8ce803b6aab
Deleted: sha256:95c4a60383f7b6eb6f7b8e153a07cd6e896de0476763bef39d0f6cf3400624bd
csw@csw:~$

(5)컨테이너 포트 확인하기

- docker port
  - docker port 컨테이너 [포트번호[/프로토콜]]: 컨테이너의 포트 매핑 나열
  - 컨테이너에 포트 매핑이 없으면 결과 반환하지 않음
  - PORTS: 로컬 호스트 포트 번호 -> 컨테이너 내부 앱 프로세스 포트 번호
  - webserver 앱 프로세스는 tcp 프로토콜 80번에서 실행중임
  - curl 0.0.0.0:4321: 로컬 호스트의 4321 포트를 통해 webserver에 연결

(6)컨테이너 파일 복사하기

- 컨테이너에서 호스트로 복사
  - docker cp [옵션] 컨테이너:컨테이너_파일경로 호스트_파일경로
- 호스트에서 컨테이너로 복사
  - docker cp [옵션] 호스트_파일경로 컨테이너:컨테이너_파일경로

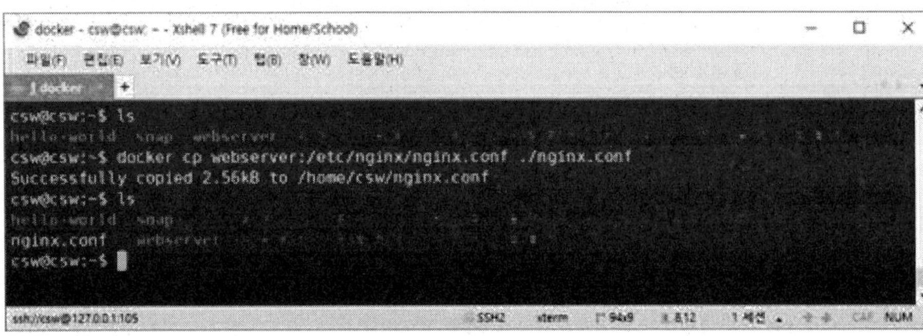
docker - csw@csw: ~ - Xshell 7 (Free for Home/School)
파일(F) 편집(E) 보기(V) 도구(T) 탭(B) 창(W) 도움말(H)
csw@csw:~$ ls
csw@csw:~$ docker cp webserver:/etc/nginx/nginx.conf ./nginx.conf
Successfully copied 2.56kB to /home/csw/nginx.conf
csw@csw:~$ ls
nginx.conf
csw@csw:~$
ssh://csw@127.0.0.1:105
SSH2
xterm
94x9
1 세션
NUM

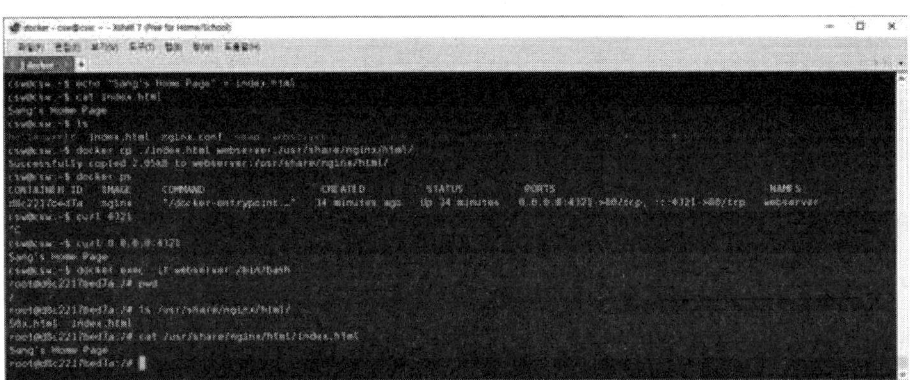

- echo "Sang's Home Page" > index.html: 호스트에 index.html 파일 작성
- ./index.html: 로컬 호스트 현재 디렉토리의 index.html 파일

- "webserver:/usr/share/nginx/html/": webserver 컨테이너의 파일경로
- curl: curl 접속을 통해 컨테이너 파일복사 확인
- docker exec: 컨테이너의 /bin/bash 쉘 실행하여 직접 파일복사 확인
- 터미널 제어권이 컨테이너로 전환됨

(7)컨테이너 변동 확인하기

- docker diff

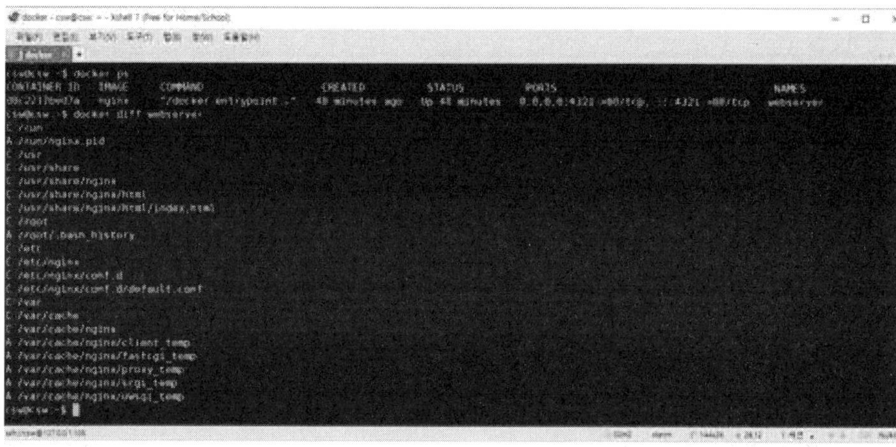

  - docker diff 컨테이너: 컨테이너가 이미지로부터 생성된 후 변경사항 확인

(8)컨테이너 일괄 삭제하기

- docker container prune

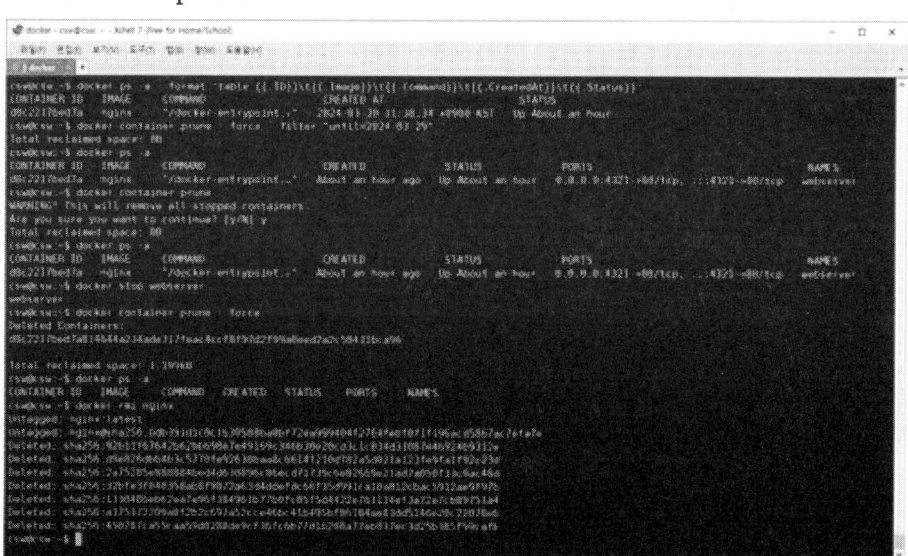

- docker container prune: 중지된 모든 컨테이너 삭제
- docker ps -a --format: 모든 컨테이너를 지정된 형식으로 나열
- 'table {{.ID}}\t{{.Image}}': 테이블 형식으로 컬럼은 ID, Image 순서로 표시
- "--force": 묻지 않고 강제로 삭제
- "--filter" "key=value": 특정 조건을 만족하는 컨테이너만 필터링하여 삭제
- "until=2024-03-29": 2024-03-29 이전 생성된 컨테이너들만 삭제
- docker container prune --force: 중지된 모든 컨테이너 강제 삭제

07

테이너 리소스 관리

7.1 부하 테스트용 Stress 이미지 빌드

(1)Dockerfile 작성하기

- cat > Dockerfile

docker - csw@csw: ~/stress - Xshell 7 (Free for Home/School)
파일(F) 편집(E) 보기(V) 도구(T) 탭(B) 창(W) 도움말(H)
csw@csw:~$ docker images
REPOSITORY TAG IMAGE ID CREATED SIZE
csw@csw:~$ docker ps -a
CONTAINER ID IMAGE COMMAND CREATED STATUS PORTS NAMES
csw@csw:~$ ls
nginx.conf
index.html
csw@csw:~$ mkdir stress
csw@csw:~$ cd stress
csw@csw:~/stress$ cat > Dockerfile
FROM debian
LABEL Sanghun <sang@mail.com>
RUN apt-get update; apt-get install stress -y
CMD ["/bin/sh", "-c", "stress -c 2"]
csw@csw:~/stress$

  - 모든 도커 이미지 및 컨테이너 확인: docker images, docker ps -a
  - cat > Dockerfile: 터미널에서 Dockerfile 작성
  - Dockerfile 작성 완료: 작성 후 “Enter” 및 “Ctrl + D”
  - FROM debian: 이미지의 베이스 이미지를 debian 리눅스로 지정
  - LABEL: 이미지 관리자 지정
  - RUN: 새 이미지 빌드 시 실행할 명령어 지정. Dockerfile을 통해 새 이미지를 빌드하게 되면 RUN에 의해 로컬 패키지 목록 갱신 후 stress 패키지가 설치된 새 이미지 생성
  - CMD: 컨테이너 시작 후 실행할 명령어 지정
  - /bin/sh -c: 컨테이너에서 /bin/sh 쉘 사용하여 인라인(-c) 명령 실행
  - stress -c 2: 사용중인 CPU 코어 2개에 추가 부하 할당

(2)이미지 빌드하기

- docker build

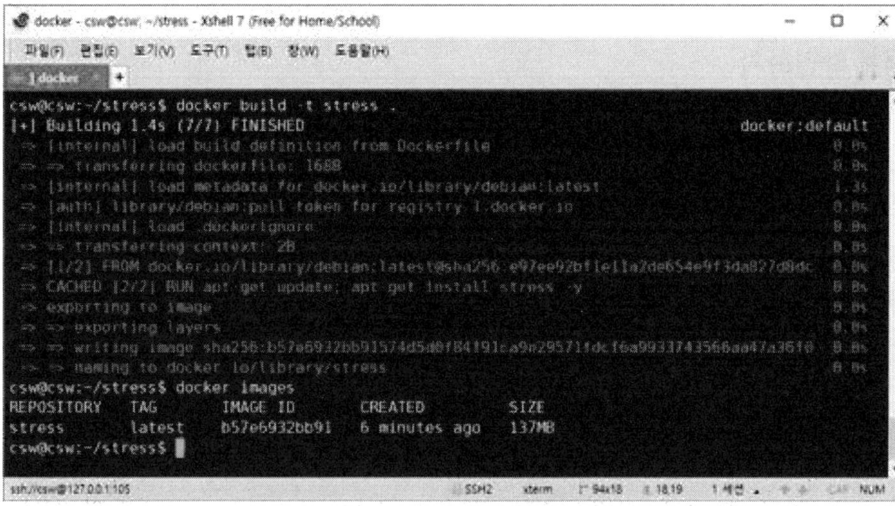
docker - csw@csw: ~/stress - Xshell 7 (Free for Home/School)
csw@csw:~/stress$ docker build -t stress .
[+] Building 1.4s (7/7) FINISHED
docker:default
csw@csw:~/stress$ docker images
REPOSITORY TAG IMAGE ID CREATED SIZE
stress latest b57e6932bb91 6 minutes ago 137MB
csw@csw:~/stress$

  - docker build [옵션] 경로: Dockerfile로부터 이미지 빌드
  - “-t stress”: 빌드될 이미지의 이름(태그)을 stress로 지정
  - “.”: 현재 디렉토리의 Dockerfile 지정

7.2 CPU 제한

(1)CPU 정보 확인하기

- lscpu

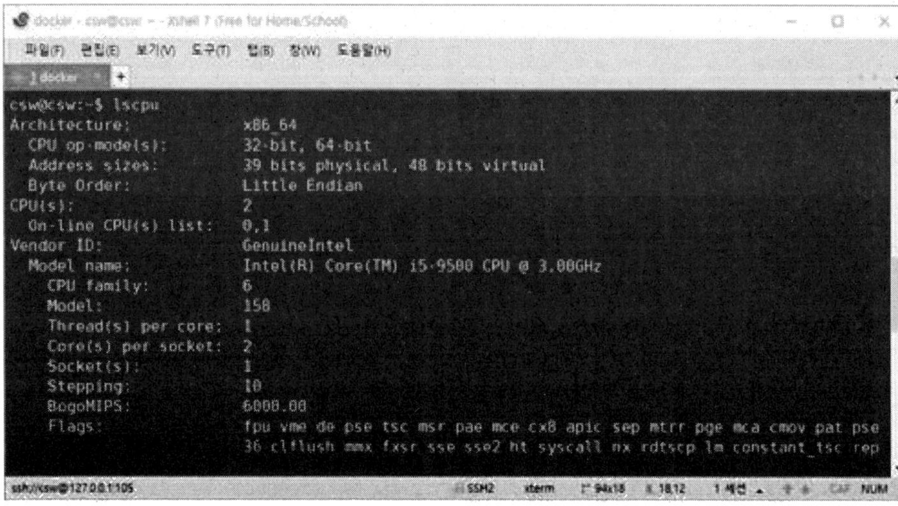
csw@csw:~$ lscpu
Architecture: x86_64
CPU op-mode(s): 32-bit, 64-bit
Address sizes: 39 bits physical, 48 bits virtual
Byte Order: Little Endian
CPU(s): 2
On-line CPU(s) list: 0,1
Vendor ID: GenuineIntel
Model name: Intel(R) Core(TM) i5-9500 CPU @ 3.00GHz
CPU family: 6
Model: 158
Thread(s) per core: 1
Core(s) per socket: 2
Socket(s): 1
Stepping: 10
BogoMIPS: 6000.00
Flags: fpu vme de pse tsc msr pae mce cx8 apic sep mtrr pge mca cmov pat pse36 clflush mmx fxsr sse sse2 ht syscall nx rdtscp lm constant_tsc rep

  - lscpu [옵션]: CPU 정보 표시
  - Architecture: CPU 아키텍처
  - CPU: CPU 개수. 현재 2개(0번, 1번).
  - CORE: 코어 개수

(2)CPU 1개 할당하기

- 1번 CPU에 stress 테스트

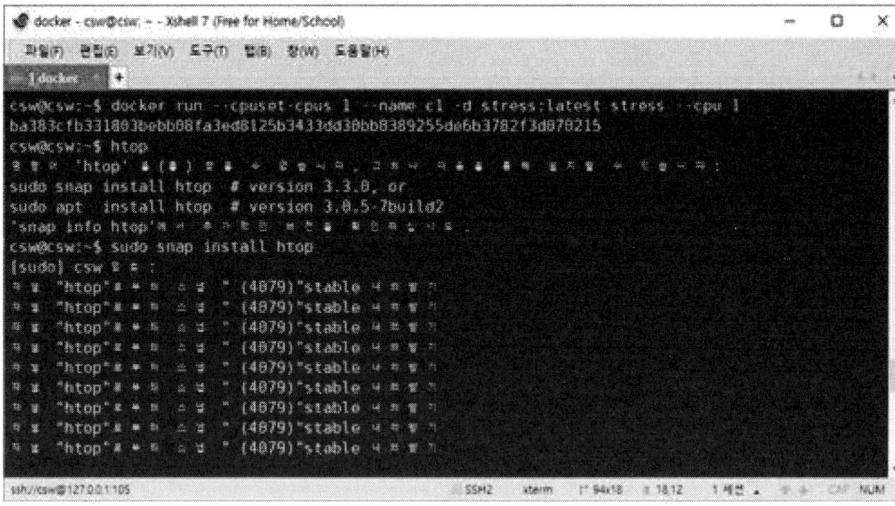
docker - csw@csw: ~ - Xshell 7 (Free for Home/School)
csw@csw:~$ docker run --cpuset-cpus 1 --name c1 -d stress:latest stress --cpu 1
ba383cfb331803bebb08fa3ed8125b3433dd30bb8389255de6b3782f3d070215
csw@csw:~$ htop
sudo snap install htop # version 3.3.0, or
sudo apt install htop # version 3.0.5-7build2
csw@csw:~$ sudo snap install htop

  - "--cpuset-cpus 1": 컨테이너에 CPU 코어 1번 할당
  - "--name c1": 컨테이너 이름을 c1으로 지정
  - "-d": 컨테이너를 백그라운드에서 실행
  - "stress:latest": 이미지명은 stress, 버전은 latest로 지정
  - "stress --cpu 1": 컨테이너에서 실행할 명령어. stress를 1개 CPU에서 실행
  - htop: 프로세스 목록, 시스템 리소스 등 리눅스 프로세스 모니터링 도구

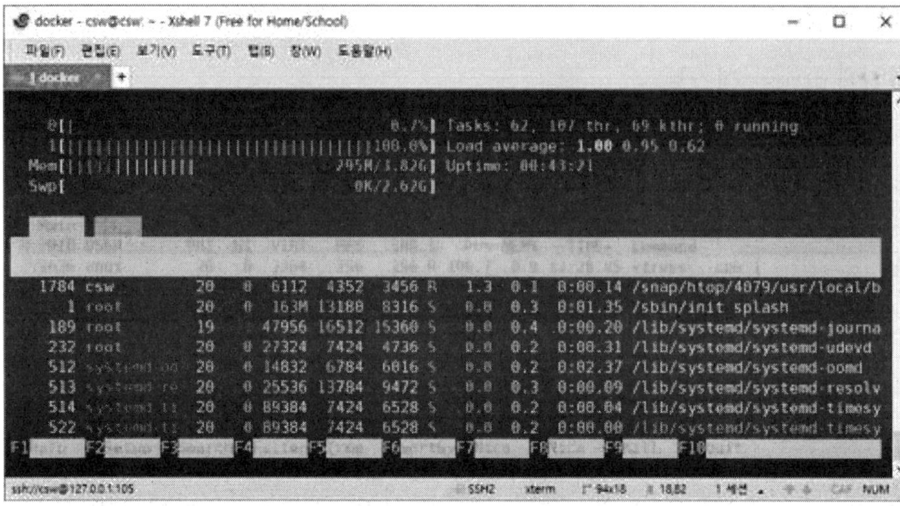

- htop 실행 결과: 1번 CPU 코어에 부하 100% 발생 확인
- htop 종료: 'q' 클릭

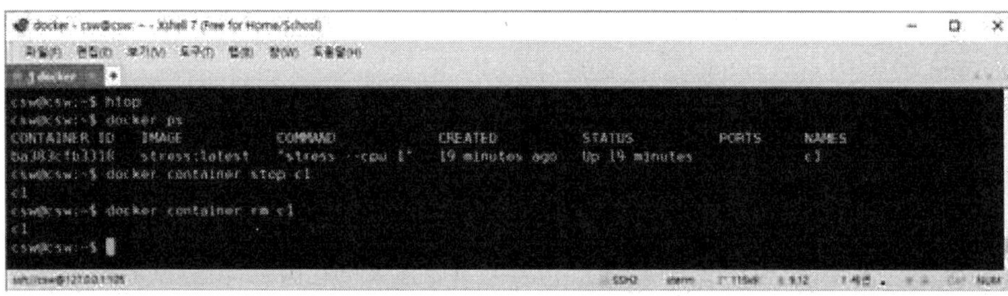

- c1 컨테이너 삭제

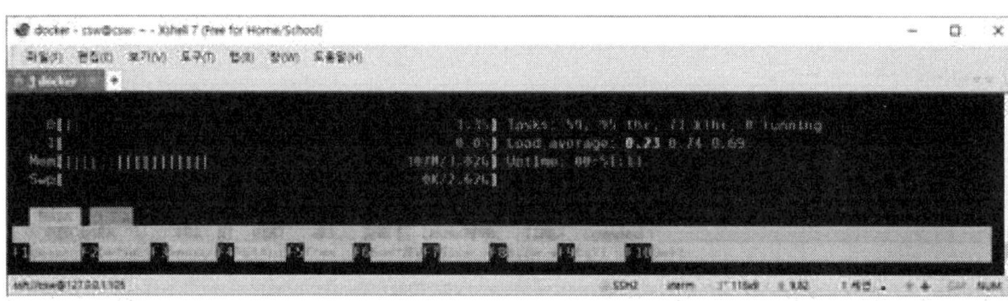

- CPU 1번 코어에 대한 부하 없음 확인

- 0번 CPU에 stress 테스트

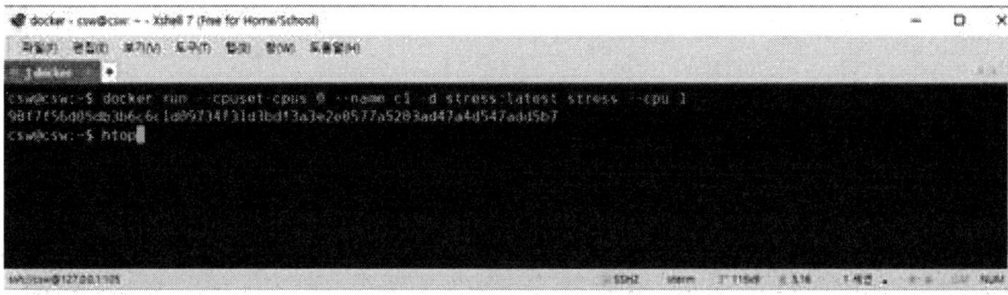

  - CPU 코어 0번에 대한 부하 테스트

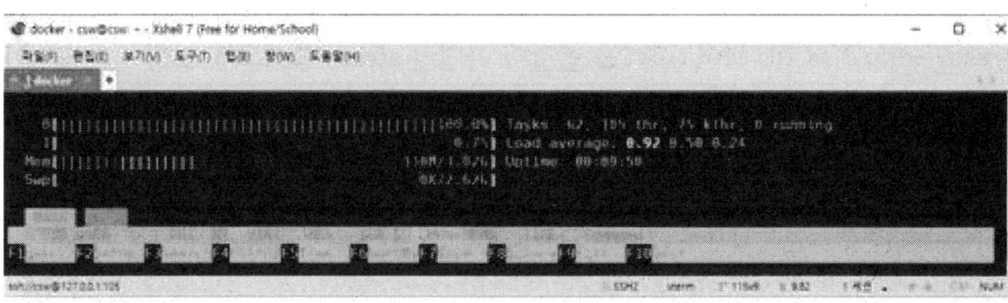

  - 0번 CPU 코어에 부하 100% 발생 확인

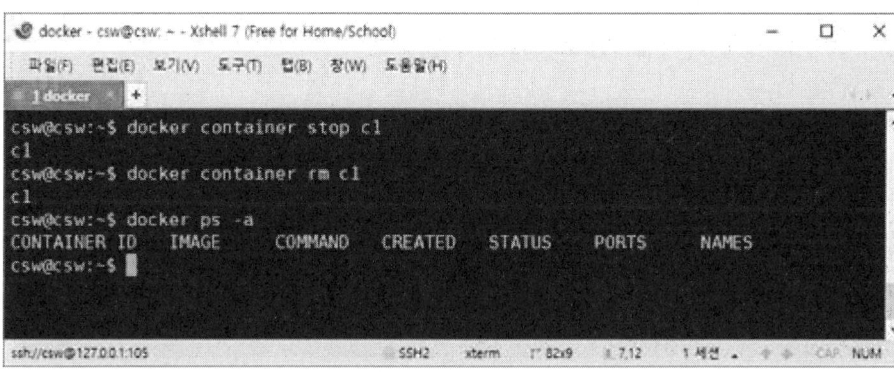
docker - csw@csw: ~ - Xshell 7 (Free for Home/School)
파일(F) 편집(E) 보기(V) 도구(T) 탭(B) 창(W) 도움말(H)
1 docker
csw@csw:~$ docker container stop c1
c1
csw@csw:~$ docker container rm c1
c1
csw@csw:~$ docker ps -a
CONTAINER ID IMAGE COMMAND CREATED STATUS PORTS NAMES
csw@csw:~$
ssh://csw@127.0.0.1:105
SSH2 xterm 82x9 7,12 1 세션 CAP NUM

  - c1 컨테이너 삭제

(3)CPU 2개 할당하기

- 0-1번 CPU에 stress 테스트

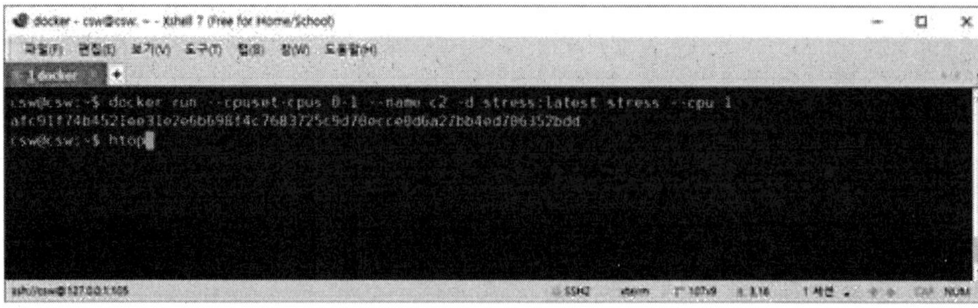
csw@csw:~$ docker run --cpuset-cpus 0-1 --name c2 -d stress:latest stress --cpu 1
csw@csw:~$ htop

  - "--cpuset 0-1": 컨테이너가 사용할 CPU 셋 지정. 0번, 1번 2개 코어 할당.
  - "stress --cpu 1": CPU 코어 0과 1을 번갈아 가면서 stress 프로그램 실행

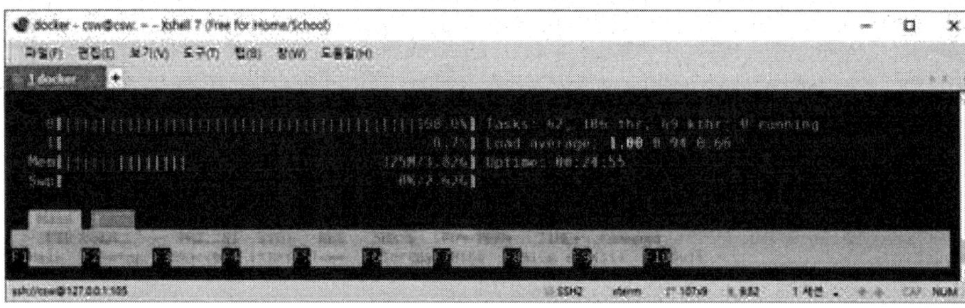

  - 2개의 CPU 코어 중 하나에서만 stress 부하 실행

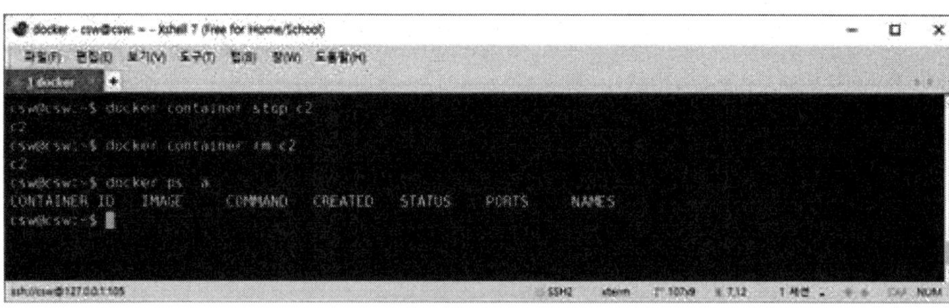
csw@csw:~$ docker container stop c2
c2
csw@csw:~$ docker container rm c2
c2
csw@csw:~$ docker ps -a
CONTAINER ID IMAGE COMMAND CREATED STATUS PORTS NAMES
csw@csw:~$

  - 컨테이너 c2 삭제

(4)CPU 스케줄링 가중치 제한하기

- 컨테이너별로 CPU 스케줄링 가중치 할당

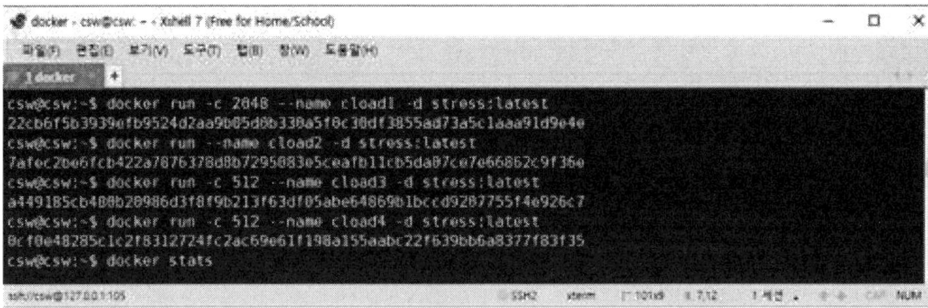
docker - csw@csw: ~ - Xshell 7 (Free for Home/School)
csw@csw:~$ docker run -c 2048 --name cload1 -d stress:latest
22cb6f5b3939efb9524d2aa9b05d8b338a5f8c38df3855ad73a5c1aaa91d9e4e
csw@csw:~$ docker run --name cload2 -d stress:latest
7afec2be6fcb422a7876378d8b7295083e5ceafb11cb5da07ce7e66862c9f36e
csw@csw:~$ docker run -c 512 --name cload3 -d stress:latest
a449185cb408b20986d3f8f9b213f63df05abe64869b1bccd9287755f4e926c7
csw@csw:~$ docker run -c 512 --name cload4 -d stress:latest
0cf0e48285c1c2f8312724fc2ac69e61f198a155aabc22f639bb6a8377f83f35
csw@csw:~$ docker stats

- "-c 2048": cload1 컨테이너에 기본 가중치(1024)의 2배(2048) 할당
- cload2: 명시적으로 가중치를 제한하지 않음
- cload3, cload4: 기본 가중치의 절반(512) 할당
- 가중치가 높을수록 더 높은 우선 순위로 CPU 자원을 할당 받음
- docker stats: 실행 중인 컨테이너의 실시간 리소스 사용량 표시

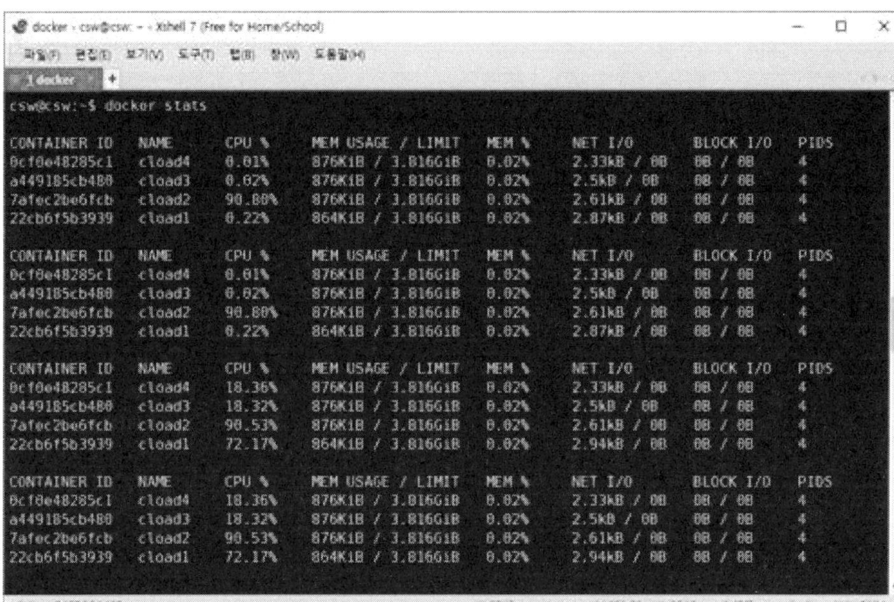
docker - csw@csw: ~ - Xshell 7 (Free for Home/School)
csw@csw:~$ docker stats
CONTAINER ID NAME CPU % MEM USAGE / LIMIT MEM % NET I/O BLOCK I/O PIDS
0cf0e48285c1 cload4 0.01% 876KiB / 3.816GiB 0.02% 2.33kB / 0B 0B / 0B 4
a449185cb408 cload3 0.02% 876KiB / 3.816GiB 0.02% 2.5kB / 0B 0B / 0B 4
7afec2be6fcb cload2 98.80% 876KiB / 3.816GiB 0.02% 2.61kB / 0B 0B / 0B 4
22cb6f5b3939 cload1 0.22% 864KiB / 3.816GiB 0.02% 2.87kB / 0B 0B / 0B 4
CONTAINER ID NAME CPU % MEM USAGE / LIMIT MEM % NET I/O BLOCK I/O PIDS
0cf0e48285c1 cload4 0.01% 876KiB / 3.816GiB 0.02% 2.33kB / 0B 0B / 0B 4
a449185cb408 cload3 0.02% 876KiB / 3.816GiB 0.02% 2.5kB / 0B 0B / 0B 4
7afec2be6fcb cload2 98.80% 876KiB / 3.816GiB 0.02% 2.61kB / 0B 0B / 0B 4
22cb6f5b3939 cload1 0.22% 864KiB / 3.816GiB 0.02% 2.87kB / 0B 0B / 0B 4
CONTAINER ID NAME CPU % MEM USAGE / LIMIT MEM % NET I/O BLOCK I/O PIDS
0cf0e48285c1 cload4 18.36% 876KiB / 3.816GiB 0.02% 2.33kB / 0B 0B / 0B 4
a449185cb408 cload3 18.32% 876KiB / 3.816GiB 0.02% 2.5kB / 0B 0B / 0B 4
7afec2be6fcb cload2 98.53% 876KiB / 3.816GiB 0.02% 2.61kB / 0B 0B / 0B 4
22cb6f5b3939 cload1 72.17% 864KiB / 3.816GiB 0.02% 2.94kB / 0B 0B / 0B 4
CONTAINER ID NAME CPU % MEM USAGE / LIMIT MEM % NET I/O BLOCK I/O PIDS
0cf0e48285c1 cload4 18.36% 876KiB / 3.816GiB 0.02% 2.33kB / 0B 0B / 0B 4
a449185cb408 cload3 18.32% 876KiB / 3.816GiB 0.02% 2.5kB / 0B 0B / 0B 4
7afec2be6fcb cload2 98.53% 876KiB / 3.816GiB 0.02% 2.61kB / 0B 0B / 0B 4
22cb6f5b3939 cload1 72.17% 864KiB / 3.816GiB 0.02% 2.94kB / 0B 0B / 0B 4

- cload2: CPU 제한이 없기 때문에 가장 많이 CPU 점유함
- cload1: 명시적으로 2048 제한을 받아서 cload2보다 적게 CPU 점유함
- cload3, cload4: cload2보다 제한을 더 받아서 더 적게 CPU 점유함
- docker stats 종료: ctlr + c

(5)컨테이너 삭제하기

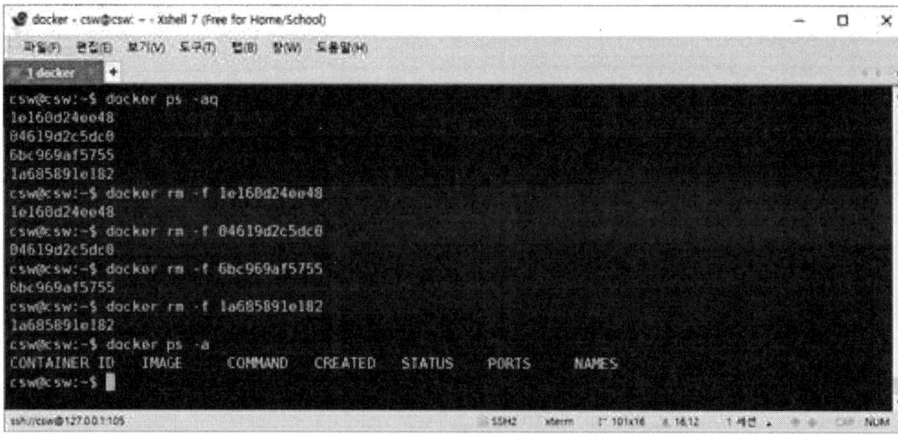
docker - csw@csw: ~ - Xshell 7 (Free for Home/School)
csw@csw:~$ docker ps -aq
1e160d24ee48
04619d2c5dc0
6bc969af5755
1a685891e182
csw@csw:~$ docker rm -f 1e160d24ee48
1e160d24ee48
csw@csw:~$ docker rm -f 04619d2c5dc0
04619d2c5dc0
csw@csw:~$ docker rm -f 6bc969af5755
6bc969af5755
csw@csw:~$ docker rm -f 1a685891e182
1a685891e182
csw@csw:~$ docker ps -a
CONTAINER ID IMAGE COMMAND CREATED STATUS PORTS NAMES
csw@csw:~$

- docker ps -aq: 모든 컨테이너의 아이디만 나열

7.3 메모리 자원 제한

(1)스왑 메모리를 지정않고 총 메모리 이내로 메모리 제한하기

- docker run -m 200m stress:latest stress --vm 1 --vm-bytes 300m -t 2s

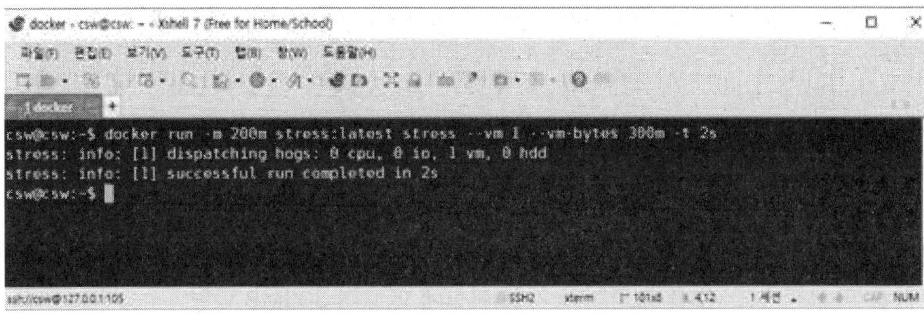

csw@csw:~$ docker run -m 200m stress:latest stress --vm 1 --vm-bytes 300m -t 2s
stress: info: [1] dispatching hogs: 0 cpu, 0 io, 1 vm, 0 hdd
stress: info: [1] successful run completed in 2s
csw@csw:~$

  - '-m 200m': 컨테이너 할당 메모리를 최대 200MB로 제한
  - 'stress --vm 1 --vm-bytes 90m -t 5s': 컨테이너 내부에서 실행할 명령어
  - '--vm 1': 가상 머신 하나 실행
  - '--vm-bytes 300m': 각 가상 머신에 300MB 메모리 할당
  - '-t 2s': 2초간 stress 컨테이너 실행
  - 스왑 메모리: 기본적으로 메모리의 2배(400MB)
  - 성공: 총 메모리 400MB(스왑 포함) 이내에서 가상 머신에 메모리 300MB 할당

(2)스왑 메모리를 지정하고 총 메모리 이내로 메모리 제한하기

- docker run -m 200m --memory-swap 400m stress:latest stress --vm 1 --vm-bytes 300m -t 2s

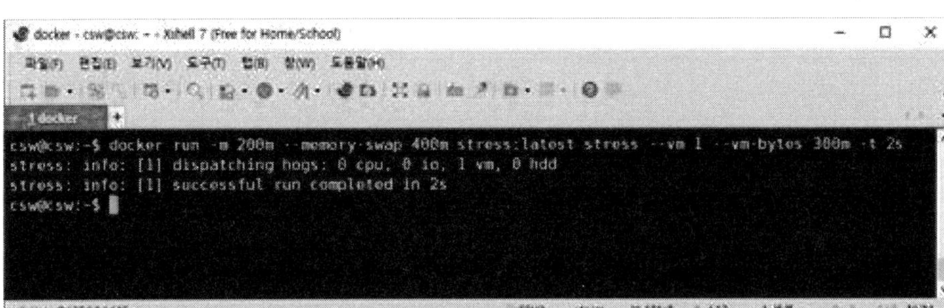

csw@csw:~$ docker run -m 200m --memory-swap 400m stress:latest stress --vm 1 --vm-bytes 300m -t 2s
stress: info: [1] dispatching hogs: 0 cpu, 0 io, 1 vm, 0 hdd
stress: info: [1] successful run completed in 2s
csw@csw:~$

  - '--memory-swap 400m': 컨테이너 할당 메모리를 400MB(스왑 포함)로 제한
  - 성공: 총 메모리 400MB 이내에서 가상 머신에 메모리 300MB 할당

(3)스왑 메모리를 지정하고 총 메모리를 초과하여 메모리 할당하기

- docker run -m 200m --memory-swap 200m stress:latest stress --vm 1 --vm-bytes 300m -t 2s

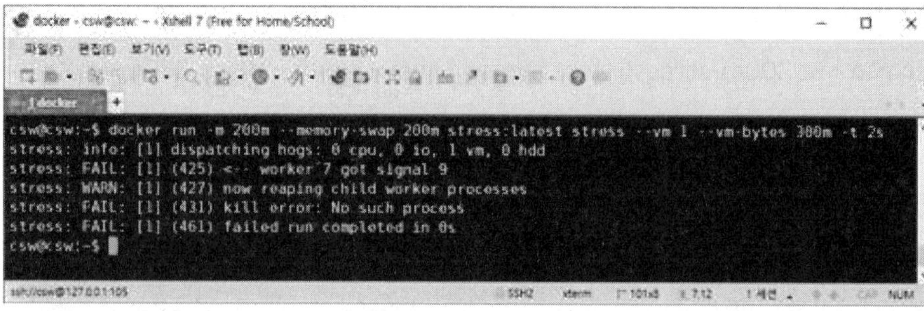
docker - csw@csw: ~ - Xshell 7 (Free for Home/School)
csw@csw:~$ docker run -m 200m --memory-swap 200m stress:latest stress --vm 1 --vm-bytes 300m -t 2s
stress: info: [1] dispatching hogs: 0 cpu, 0 io, 1 vm, 0 hdd
stress: FAIL: [1] (425) <-- worker 7 got signal 9
stress: WARN: [1] (427) now reaping child worker processes
stress: FAIL: [1] (431) kill error: No such process
stress: FAIL: [1] (461) failed run completed in 0s
csw@csw:~$

  - '--memory-swap 200m': 컨테이너 할당 메모리를 200MB(스왑 포함)로 제한
  - 실패: 총 메모리 200MB를 초과하여 가상 머신에 메모리 300MB 할당

(4)컨테이너 삭제하기

- docker container prune

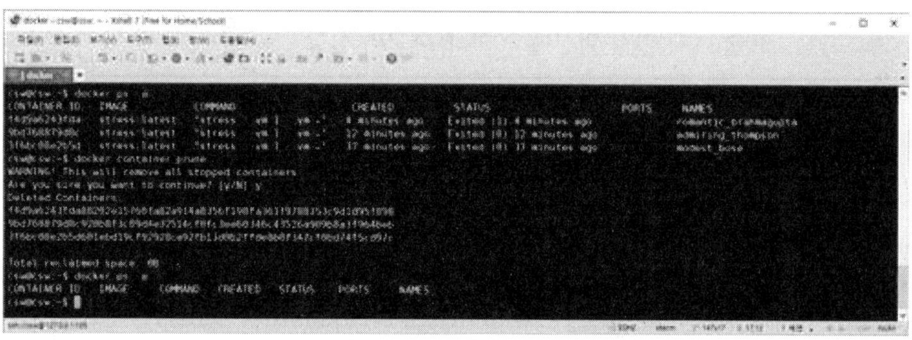

  - 중지된 모든 컨테이너 삭제

7.4 블록 디바이스 I/O 제한

(1)블록 디바이스 정보 확인하기

- lsblk

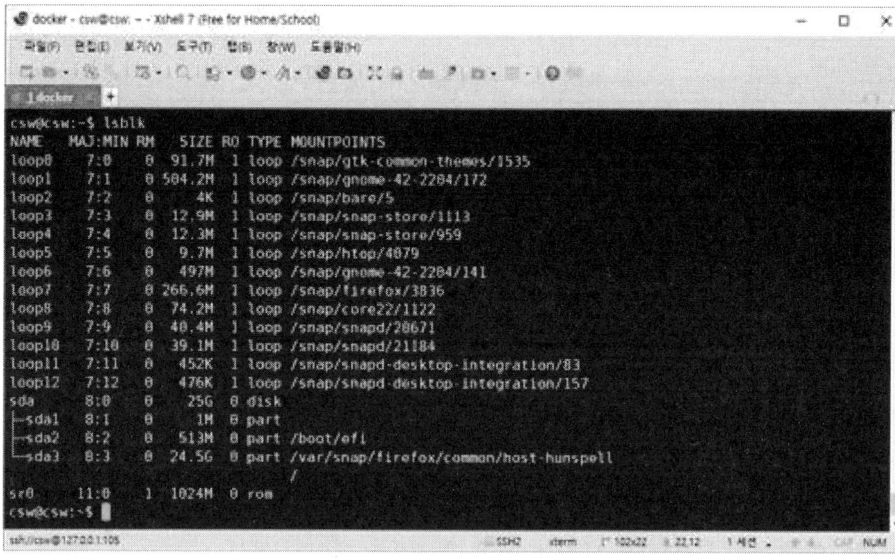
docker - csw@csw: ~ - Xshell 7 (Free for Home/School)
csw@csw:~$ lsblk
NAME MAJ:MIN RM SIZE RO TYPE MOUNTPOINTS
loop0 7:0 0 91.7M 1 loop /snap/gtk-common-themes/1535
loop1 7:1 0 504.2M 1 loop /snap/gnome-42-2204/172
loop2 7:2 0 4K 1 loop /snap/bare/5
loop3 7:3 0 12.9M 1 loop /snap/snap-store/1113
loop4 7:4 0 12.3M 1 loop /snap/snap-store/959
loop5 7:5 0 9.7M 1 loop /snap/htop/4079
loop6 7:6 0 497M 1 loop /snap/gnome-42-2204/141
loop7 7:7 0 266.6M 1 loop /snap/firefox/3836
loop8 7:8 0 74.2M 1 loop /snap/core22/1122
loop9 7:9 0 40.4M 1 loop /snap/snapd/20671
loop10 7:10 0 39.1M 1 loop /snap/snapd/21184
loop11 7:11 0 452K 1 loop /snap/snapd-desktop-integration/83
loop12 7:12 0 476K 1 loop /snap/snapd-desktop-integration/157
sda 8:0 0 25G 0 disk
├─sda1 8:1 0 1M 0 part
├─sda2 8:2 0 513M 0 part /boot/efi
└─sda3 8:3 0 24.5G 0 part /var/snap/firefox/common/host-hunspell
/
sr0 11:0 1 1024M 0 rom
csw@csw:~$

- 블록 장치(하드 디스크, SSD, USB 등) 정보 표시
- NAME: 블록 장치 이름
- SIZE: 장치 전체 크기
- MOUNTPOINTS: 마운트된 디렉토리

(2)I/O 속도 제한하기

- docker run -it --rm --device-write-iops /dev/sda:10 ubuntu:latest /bin/bash

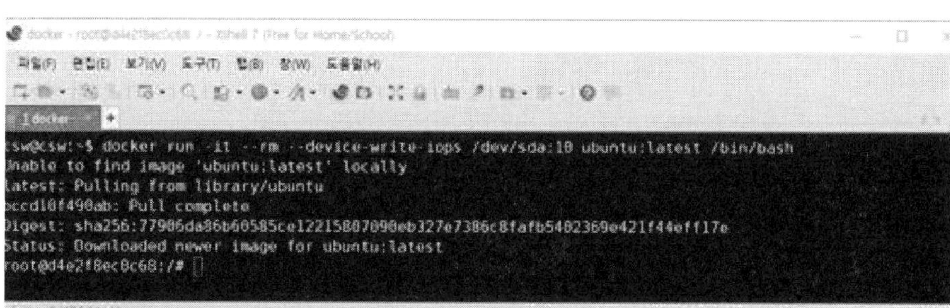
csw@csw:~$ docker run -it --rm --device-write-iops /dev/sda:10 ubuntu:latest /bin/bash
Unable to find image 'ubuntu:latest' locally
latest: Pulling from library/ubuntu
bccd10f490ab: Pull complete
Digest: sha256:77906da86b60585ce12215807090eb327e7386c8fafb5402369e421f44eff17e
Status: Downloaded newer image for ubuntu:latest
root@d4e2f8ec0c68:/#

- 호스트의 '/dev/svda' 디바이스에 대한 쓰기 IOPS를 10으로 제한하고 Ubuntu 컨테이너를 실행하여 인터랙티브한 쉘에 연결
- '-it': 인터랙티브 모드 터미널 열기
- '--rm': 컨테이너 종료 후 자동 삭제

- '--device-write-iops /dev/sda:10': 컨테이너에게 호스트 '/dev/sda' 장치에 대한 쓰기 작업을 초당 10회로 제한(I/O Operations Per Second)
- ubuntu:latest: 실행할 Docker 이미지로 최신 버전 'ubuntu' 지정
- /bin/bash: 컨테이너 내에서 실행할 명령어 지정. 인터랙티브한 '/bin/bash' 쉘 실행.

· dd if=/dev/zero of=file1 bs=1M count=10 oflag=direct

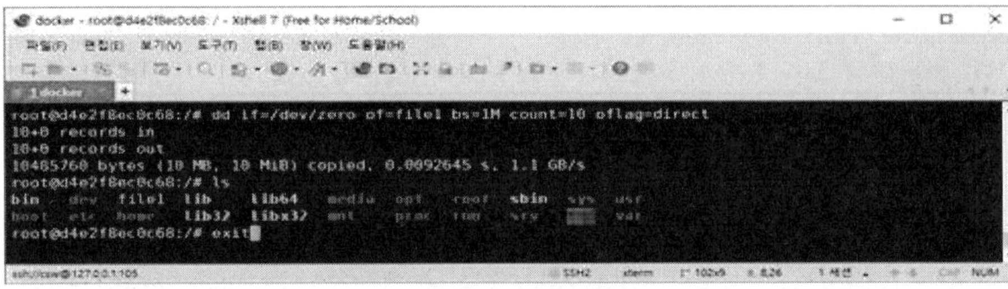
root@d4e2f8ec0c68:/# dd if=/dev/zero of=file1 bs=1M count=10 oflag=direct
10+0 records in
10+0 records out
10485760 bytes (10 MB, 10 MiB) copied, 0.0092645 s, 1.1 GB/s
root@d4e2f8ec0c68:/# ls
bin dev file1 lib lib64 media opt root sbin sys usr
boot etc home lib32 libx32 mnt proc run srv tmp var
root@d4e2f8ec0c68:/# exit

- /dev/zero에서 10MB의 데이터를 읽어와 캐시를 거치지 않고 1MB 단위로 총 10번 기록하여 파일 file1 생성
- dd: 리눅스 시스템에 파일 생성
- if=/dev/zero: 입력 파일 지정. /dev/zero는 0 데이터 생성 장치.
- of=file1: 출력 파일 file1 지정
- bs=1M: 데이터 입/출력 블록 크기를 1MB로 설정
- count=10: 복사할 블록 수를 10으로 설정. 총 10MB 데이터 생성.
- oflag=direct: 데이터를 캐시하지 않고 직접 디스크에 쓰도록 설정

7.5 컨테이너 및 이미지 삭제

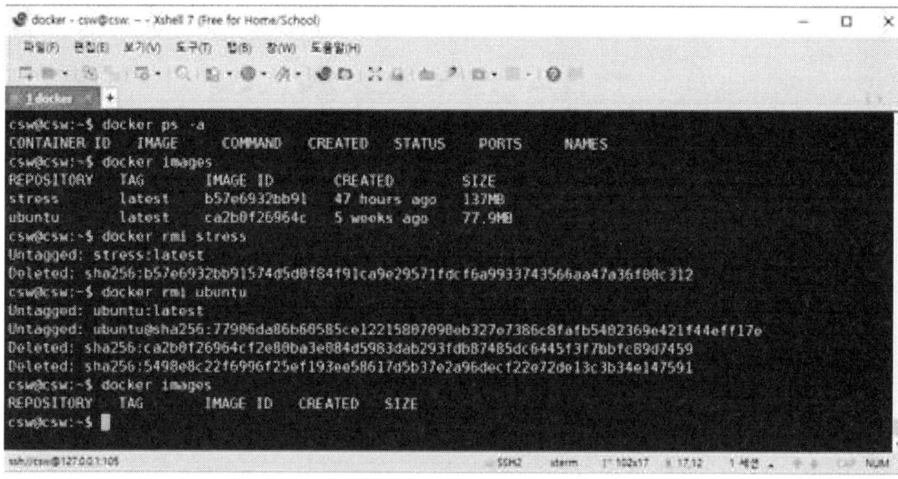
docker - csw@csw: ~ - Xshell 7 (Free for Home/School)
csw@csw:~$ docker ps -a
CONTAINER ID   IMAGE   COMMAND   CREATED   STATUS   PORTS   NAMES
csw@csw:~$ docker images
REPOSITORY   TAG   IMAGE ID   CREATED   SIZE
stress   latest   b57e6932bb91   47 hours ago   137MB
ubuntu   latest   ca2b0f26964c   5 weeks ago   77.9MB
csw@csw:~$ docker rmi stress
Untagged: stress:latest
Deleted: sha256:b57e6932bb91574d5d0f84f91ca9e29571fdcf6a9933743566aa47a36f00c312
csw@csw:~$ docker rmi ubuntu
Untagged: ubuntu:latest
Untagged: ubuntu@sha256:77906da86b60585ce12215807090eb327e7386c8fafb5402369e421f44eff17e
Deleted: sha256:ca2b0f26964cf2e80ba3e084d5983dab293fdb87485dc6445f3f7bbfc89d7459
Deleted: sha256:5498e8c22f6996f25ef193ee58617d5b37e2a96decf22e72de13c3b34e147591
csw@csw:~$ docker images
REPOSITORY   TAG   IMAGE ID   CREATED   SIZE
csw@csw:~$

08

도커 컨테이너 볼륨

8.1 DB 데이터 저장

(1)DB 컨테이너에 호스트 볼륨 마운트하기

- docker run -v

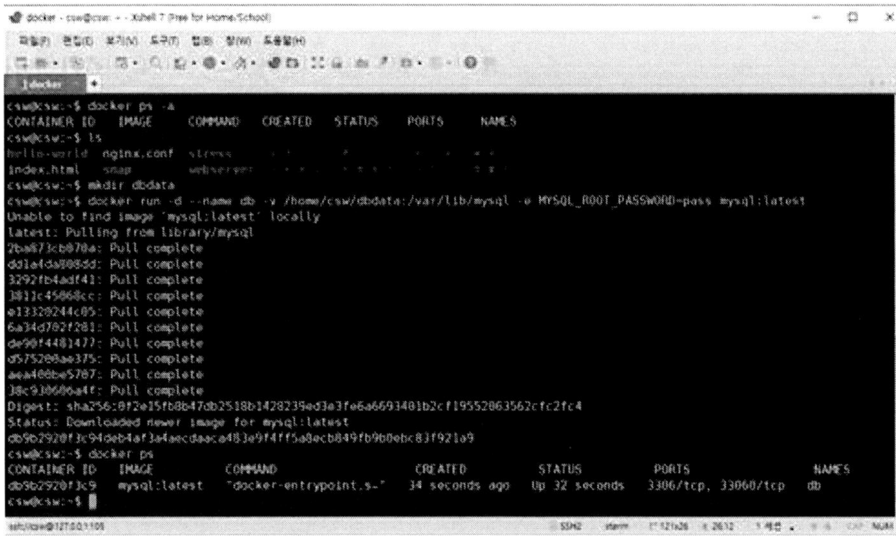
csw@csw:~$ docker ps -a
CONTAINER ID IMAGE COMMAND CREATED STATUS PORTS NAMES
csw@csw:~$ ls
nginx.conf
index.html
csw@csw:~$ mkdir dbdata
csw@csw:~$ docker run -d --name db -v /home/csw/dbdata:/var/lib/mysql -e MYSQL_ROOT_PASSWORD=pass mysql:latest
Unable to find image 'mysql:latest' locally
latest: Pulling from library/mysql
Pull complete
Status: Downloaded newer image for mysql:latest
csw@csw:~$ docker ps
CONTAINER ID IMAGE COMMAND CREATED STATUS PORTS NAMES
mysql:latest "docker-entrypoint.s…" 34 seconds ago Up 32 seconds 3306/tcp, 33060/tcp db
csw@csw:~$

- '-v /home/csw/dbdata:/var/lib/mysql': 호스트 디렉토리 /home/csw/dbdata를 컨테이너 디렉토리 /var/lib/mysql에 마운트
- '-e MYSQL_ROOT_PASSWORD=pass': 환경 변수 MYSQL_ROOT_PASSWORD를 'pass'로 설정하여 컨테이너 내부 MySQL 서버의 루트 암호를 지정
- Docker가 'db'라는 이름의 MySQL 컨테이너를 백그라운드에서 시작하며, 루트 암호를 'pass'로 설정하고, 데이터베이스 데이터를 호스트 머신의 /home/csw/dbdata 디렉토리에 저장

(2)DB 컨테이너에 DB 생성하기

- create database

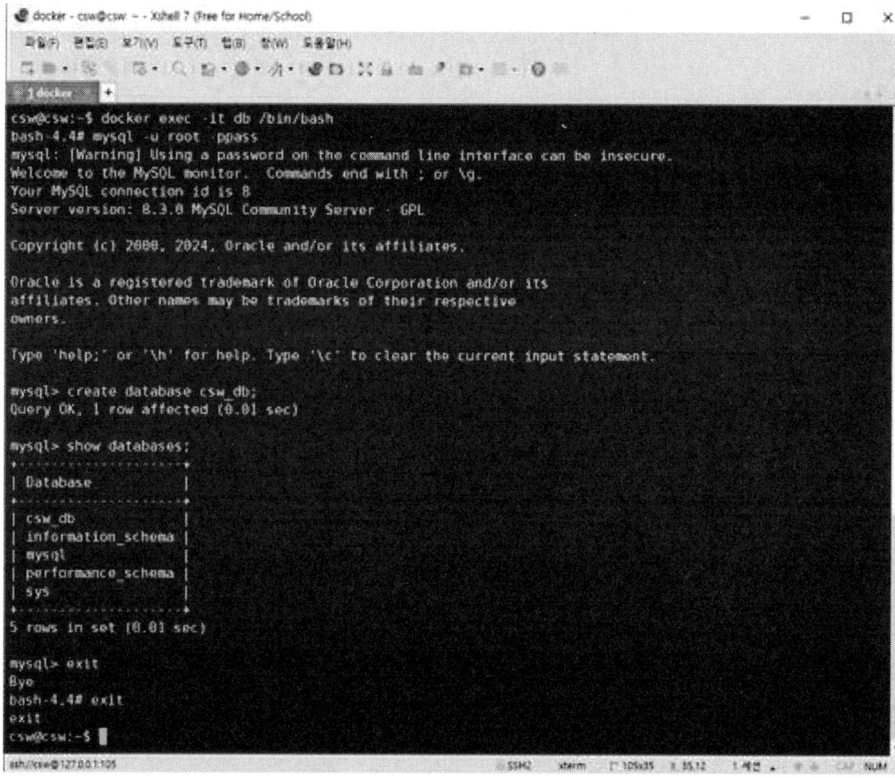
docker - csw@csw: ~ - Xshell 7 (Free for Home/School)
파일(F) 편집(E) 보기(V) 도구(T) 탭(B) 창(W) 도움말(H)
1 docker
csw@csw:~$ docker exec -it db /bin/bash
bash-4.4# mysql -u root -ppass
mysql: [Warning] Using a password on the command line interface can be insecure.
Welcome to the MySQL monitor. Commands end with ; or \g.
Your MySQL connection id is 8
Server version: 8.3.0 MySQL Community Server - GPL
Copyright (c) 2000, 2024, Oracle and/or its affiliates.
Oracle is a registered trademark of Oracle Corporation and/or its
affiliates. Other names may be trademarks of their respective
owners.
Type 'help;' or '\h' for help. Type '\c' to clear the current input statement.
mysql> create database csw_db;
Query OK, 1 row affected (0.01 sec)
mysql> show databases;
| Database |
| csw_db |
| information_schema |
| mysql |
| performance_schema |
| sys |
5 rows in set (0.01 sec)
mysql> exit
Bye
bash-4.4# exit
exit
csw@csw:~$

- 'docker exec -it db /bin/bash': 'db' 컨테이너 bash 셸을 대화형으로 실행
- 'mysql -u root -ppass': mysql 서버에 root 사용자가 암호 pass로 로그인
- 'create database csw_db;': 데이터베이스 csw_db 생성

(3)호스트 볼륨 확인하기

- docker inspect db

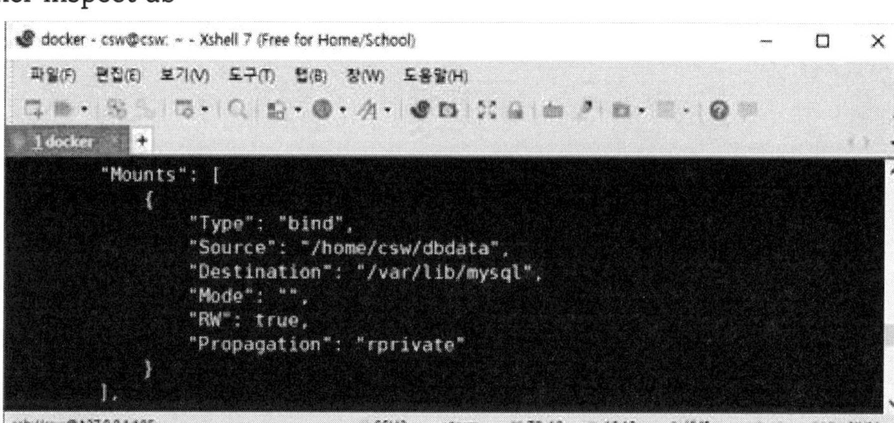
docker - csw@csw: ~ - Xshell 7 (Free for Home/School)
파일(F) 편집(E) 보기(V) 도구(T) 탭(B) 창(W) 도움말(H)
1 docker
"Mounts": [
{
"Type": "bind",
"Source": "/home/csw/dbdata",
"Destination": "/var/lib/mysql",
"Mode": "",
"RW": true,
"Propagation": "rprivate"
}
],
ssh://csw@127.0.0.1:105
SSH2
xterm
78x10
10,12
1 세션
CAP
NUM

- Source: 호스트 볼륨(디렉토리) 위치
- Destination: 컨테이너 폴더

(4)컨테이너 삭제하기

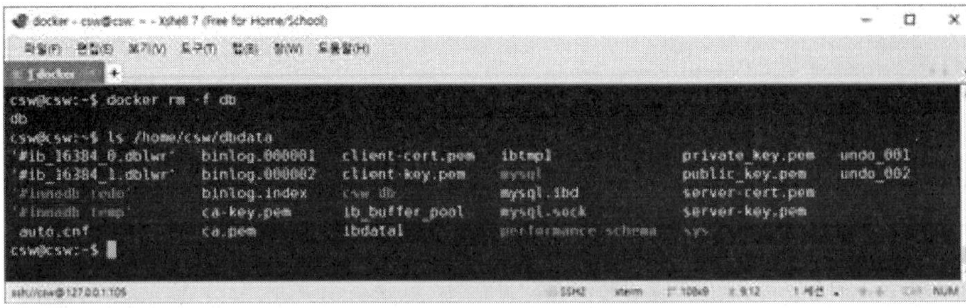
csw@csw:~$ docker rm -f db
db
csw@csw:~$ ls /home/csw/dbdata
'#ib_16384_0.dblwr'   binlog.000001   client-cert.pem   ibtmp1   private_key.pem   undo_001
'#ib_16384_1.dblwr'   binlog.000002   client-key.pem   mysql   public_key.pem   undo_002
'#innodb_redo'   binlog.index   csw_db   mysql.ibd   server-cert.pem
'#innodb_temp'   ca-key.pem   ib_buffer_pool   mysql.sock   server-key.pem
auto.cnf   ca.pem   ibdata1   performance_schema   sys
csw@csw:~$

- 컨테이너 삭제 후에도 호스트 볼륨에 컨테이너 데이터 보존

8.2 웹 데이터 저장

(1)웹서비스 컨테이너에 호스트 볼륨 마운트하기

- 호스트 볼륨 생성

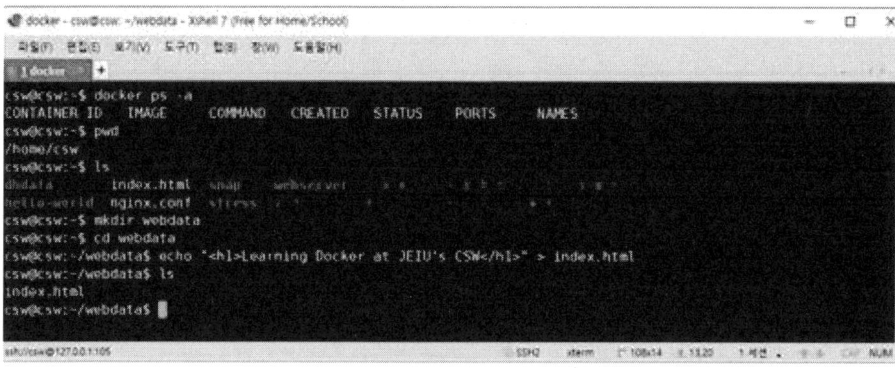

csw@csw:~$ docker ps -a
CONTAINER ID IMAGE COMMAND CREATED STATUS PORTS NAMES
csw@csw:~$ pwd
/home/csw
csw@csw:~$ ls
index.html
nginx.conf
csw@csw:~$ mkdir webdata
csw@csw:~$ cd webdata
csw@csw:~/webdata$ echo "<h1>Learning Docker at JEIU's CSW</h1>" > index.html
csw@csw:~/webdata$ ls
index.html
csw@csw:~/webdata$

  - 'mkdir webdata': 웹서비스 데이터를 저장할 호스트 디렉토리 webdata 생성
  - 'echo "" > index.html: 간단한 홈페이지 index.html 파일 작성

- 호스트 볼륨 마운트

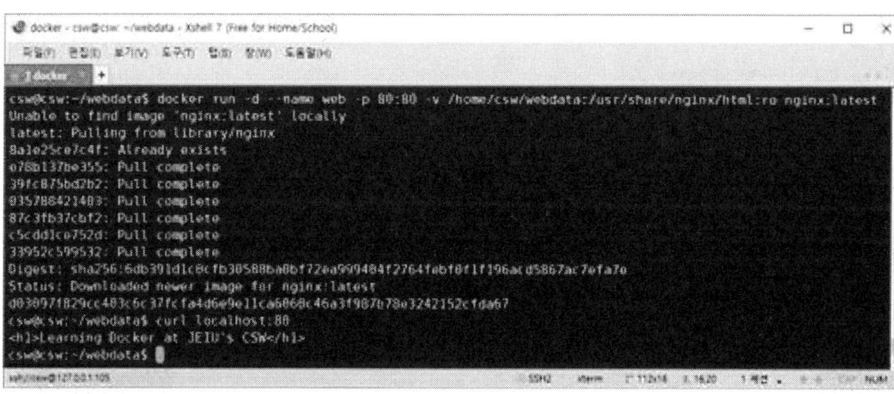

csw@csw:~/webdata$ docker run -d --name web -p 80:80 -v /home/csw/webdata:/usr/share/nginx/html:ro nginx:latest
Unable to find image 'nginx:latest' locally
latest: Pulling from library/nginx
Status: Downloaded newer image for nginx:latest
csw@csw:~/webdata$ curl localhost:80
<h1>Learning Docker at JEIU's CSW</h1>
csw@csw:~/webdata$

  - '-d': 백그라운드에서 컨테이너 실행
  - '--name web': 컨테이너명 web 지정
  - '-p 80:80': 호스트 포트 80을 컨테이너 포트 80에 매핑
  - '-v 호스트경로:컨테이너경로:ro': 호스트 볼륨을 읽기 전용으로 컨테이너 디렉토리에 마운트
  - Nginx 웹 서버가 호스트의 /home/csw/webdata를 읽기 전용으로 서비스

(2)웹 데이터 접근 확인하기

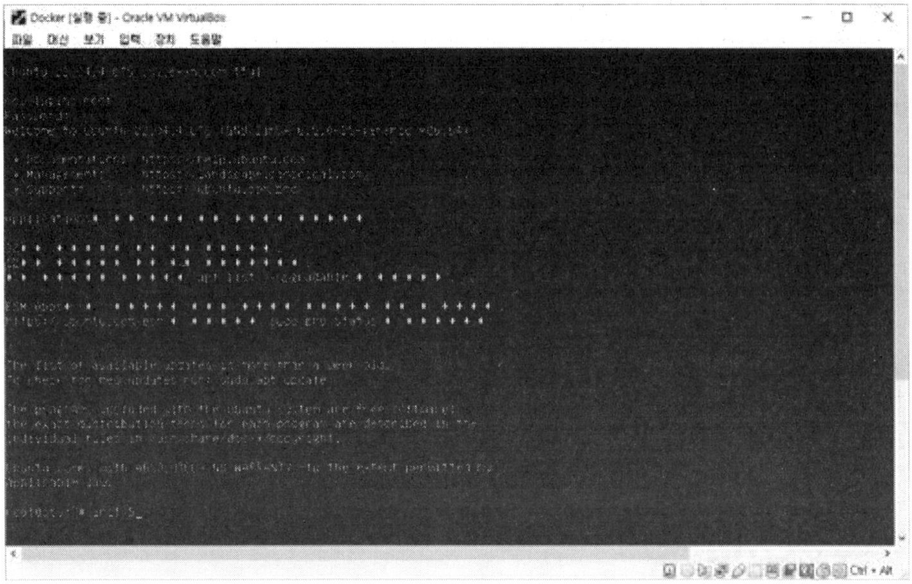

- 'login: root': 우분투에 root로 로그인
- 'init 5': 그래픽 모드로 부팅
- csw 사용자로 로그인

- Nginx 웹서버 컨테이너에서 호스트 웹 데이터 서비스 확인

(3)컨테이너 삭제하기

- 컨테이너 및 이미지 삭제

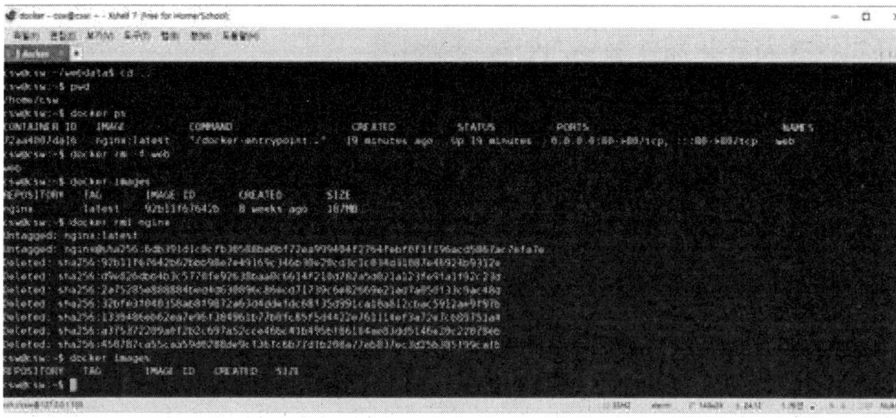

  - 'docker rm -f web': 실행중인 컨테이너 web 강제 삭제
  - 'docker rmi nginx': 이미지 nginx 삭제

- 웹 서비스 데이터 삭제

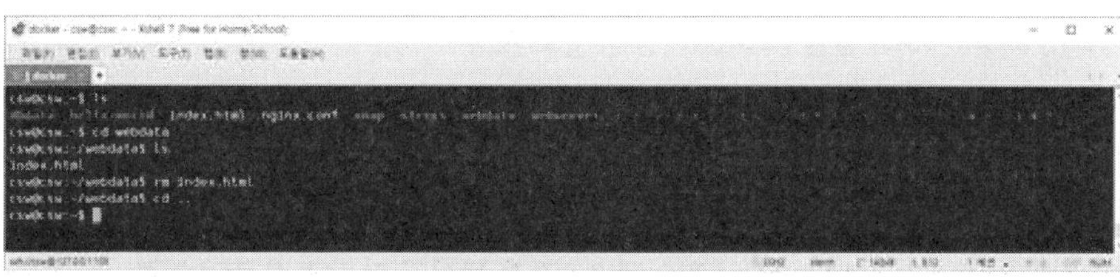

  - 'rm index.html': 웹 서비스 index.html 삭제

8.3 컨테이너 간 데이터 공유

(1)컨테이너 디스크 사용량 체크 쉘 스크립트 작성하기

- cat > df.sh

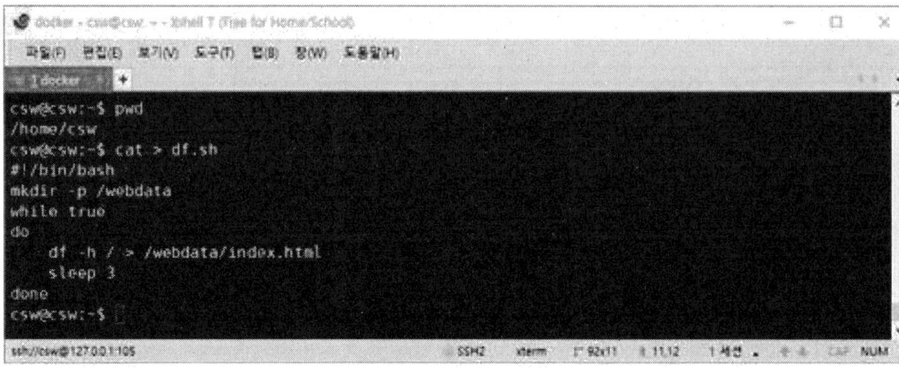

csw@csw:~$ pwd
/home/csw
csw@csw:~$ cat > df.sh
#!/bin/bash
mkdir -p /webdata
while true
do
df -h / > /webdata/index.html
sleep 3
done
csw@csw:~$

  - cat > df.sh: 컨테이너 내부에서 실행할 df.sh 스크립트 프로그램 작성
  - '#!/bin/bash': bash 셸을 스크립트 실행 셸로 지정
  - 'mkdir -p /webdata': 존재(-p)하더라도 컨테이너에 /webdata 폴더 생성
  - 'df -h / > /webdata/index.html': 컨테이너 루트 디렉토리 디스크 사용량을 사람(-h) 읽기 쉬운 형식으로 컨테이너 /webdata/index.html 파일에 기록
  - 컨테이너 /webdata/index.html 파일에 3초간격 갱신된 디스크 사용량 기록

- df -h

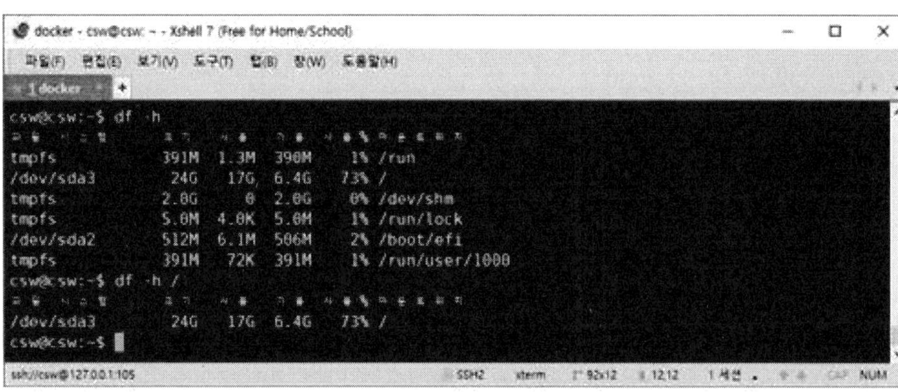

csw@csw:~$ df -h
tmpfs 391M 1.3M 390M 1% /run
/dev/sda3 24G 17G 6.4G 73% /
tmpfs 2.0G 0 2.0G 0% /dev/shm
tmpfs 5.0M 4.0K 5.0M 1% /run/lock
/dev/sda2 512M 6.1M 506M 2% /boot/efi
tmpfs 391M 72K 391M 1% /run/user/1000
csw@csw:~$ df -h /
/dev/sda3 24G 17G 6.4G 73% /
csw@csw:~$

  - 'df -h': 마운트된 모든 파일 시스템의 디스크 사용 공간 출력
  - 'df -h /': 루트 파일 시스템의 디스크 사용량 출력

(2)우분투 루트 디스크 사용량 체크 dockerfile 작성하기

- cat > dockerfile

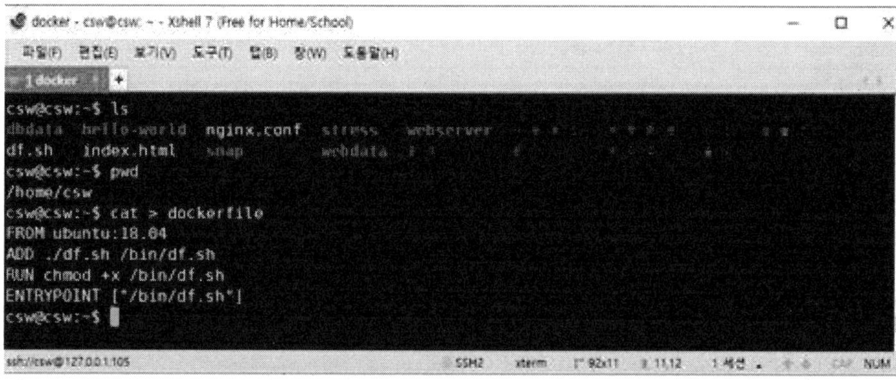
docker - csw@csw: ~ - Xshell 7 (Free for Home/School)
csw@csw:~$ ls
df.sh index.html
nginx.conf
csw@csw:~$ pwd
/home/csw
csw@csw:~$ cat > dockerfile
FROM ubuntu:18.04
ADD ./df.sh /bin/df.sh
RUN chmod +x /bin/df.sh
ENTRYPOINT ["/bin/df.sh"]
csw@csw:~$

  - 베이스 이미지 레이어 FROM: ubuntu 18.04를 베이스 이미지로 지정
  - 파일 복사 레이어 ADD: 호스트 파일(상대경로)을 새 이미지(/bin/df.sh)에 복사
  - 실행 권한 부여 레이어 RUN: /bin/df.sh 파일에 실행 권한 부여
  - 컨테이너 시작 시 실행 명령어 설정레이어 ENTRYPOINT: 컨테이너는 시작하면 /bin/df.sh 실행
  - 새 이미지는 베이스 이미지 레이어, 변경 사항 새 레이어 추가로 빌드됨
  - Dockerfile을 통해 작성되는 새 이미지는 Ubuntu 18.04를 기반으로 하며,
  - 호스트 df.sh 파일을 컨테이너 내 /bin/df.sh 경로에 추가하고 실행 권한을 부여한 후, 컨테이너가 시작될 때 해당 스크립트를 실행함

(3)새 이미지 빌드하기

- docker build -t

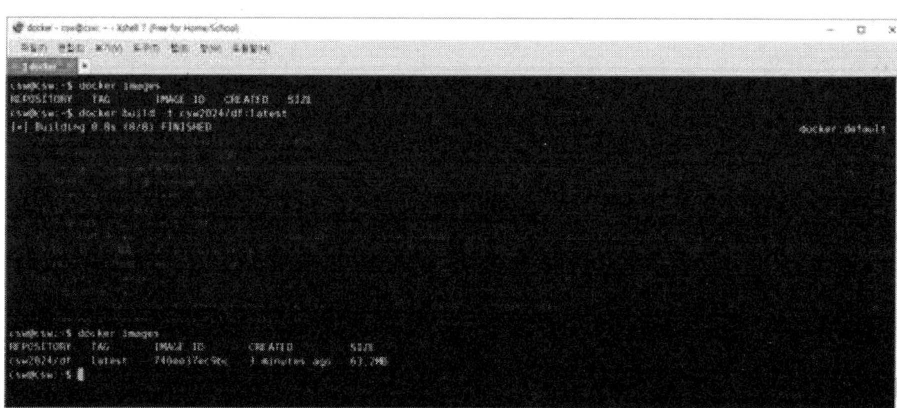

  - 현재 디렉토리(.)의 dockerfile 사용
  - 새 이미지에 csw2024/df:latest 태그 지정하여 빌드

(4)컨테이너 간 데이터 공유 확인하기

- 디스크 사용량 저장 컨테이너

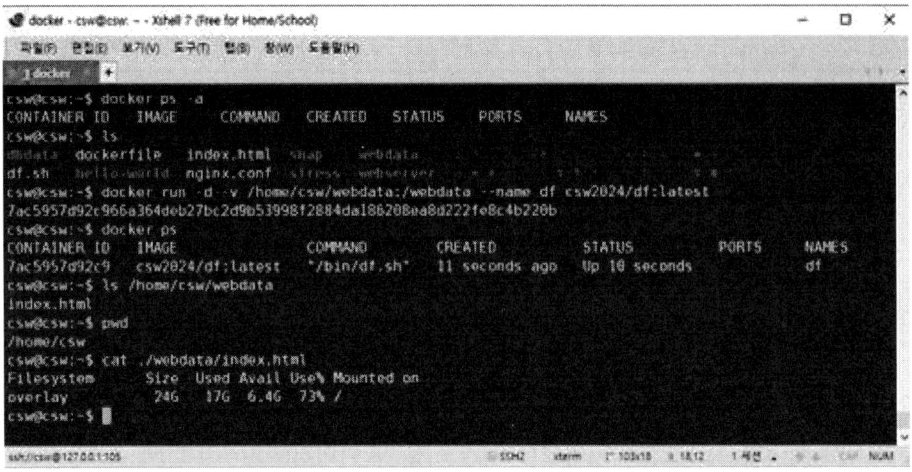
docker - csw@csw: ~ - Xshell 7 (Free for Home/School)
csw@csw:~$ docker ps -a
CONTAINER ID IMAGE COMMAND CREATED STATUS PORTS NAMES
csw@csw:~$ ls
dockerfile index.html
df.sh nginx.conf
csw@csw:~$ docker run -d -v /home/csw/webdata:/webdata --name df csw2024/df:latest
7ac5957d92c966a364deb27bc2d9b53998f2884da186208ea8d222fe8c4b220b
csw@csw:~$ docker ps
CONTAINER ID IMAGE COMMAND CREATED STATUS PORTS NAMES
7ac5957d92c9 csw2024/df:latest "/bin/df.sh" 11 seconds ago Up 10 seconds df
csw@csw:~$ ls /home/csw/webdata
index.html
csw@csw:~$ pwd
/home/csw
csw@csw:~$ cat ./webdata/index.html
Filesystem Size Used Avail Use% Mounted on
overlay 24G 17G 6.4G 73% /
csw@csw:~$

  - 'docker run': 이미지 csw2024/df를 사용하여 새 컨테이너 df 실행
  - 호스트 /home/csw/webdata를 컨테이너 /webdata에 볼륨 마운트하여 데이터 공유
  - 컨테이너 디스크 사용량 기록 index.html 파일이 마운트된 호스트 폴더에 공유됨 확인

- 디스크 사용량 웹 서비스 컨테이너

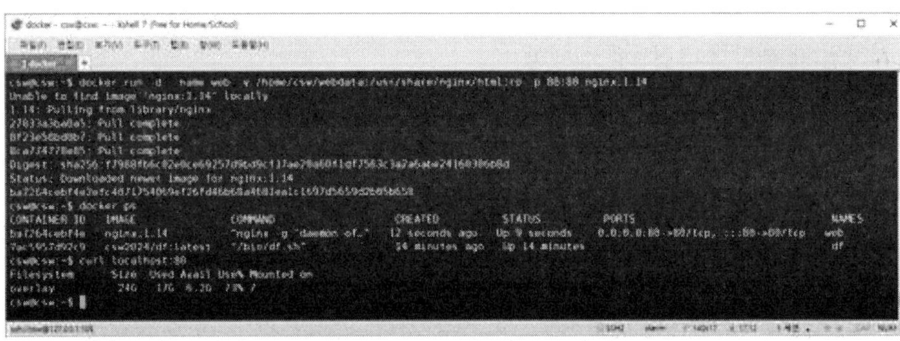

  - nginx:1.14 도커 이미지를 사용하여 새로운 Nginx 웹 서버 컨테이너 실행
  - 호스트 /home/csw/webdata를 컨테이너 /usr/share/nginx/html에 마운트
  - 호스트 80번 포트를 컨테이너 80번 포트에 매핑
  - 엔진엑스 웹 서버에 컨테이너 디스크 사용량 웹 콘텐츠를 제공

(5)컨테이너 삭제하기

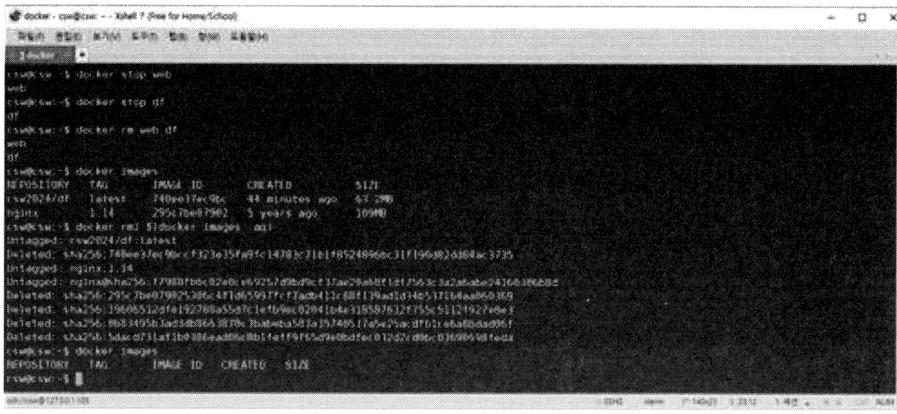

- 'docker rm web df': 중진된 컨테이너 web과 df 동시 삭제
- 'docker rmi $(docker images -aq)': 모든 이미지 삭제
- '$()': 먼저 () 내부 명령 실행하고 결과를 외부 명령(docker rmi)에 인수로 전달

09 도커 네트워크

9.1 docker0 기본 브리지 네트워크

(1)docker0 네트워크 확인하기

- docker network inspect bridge

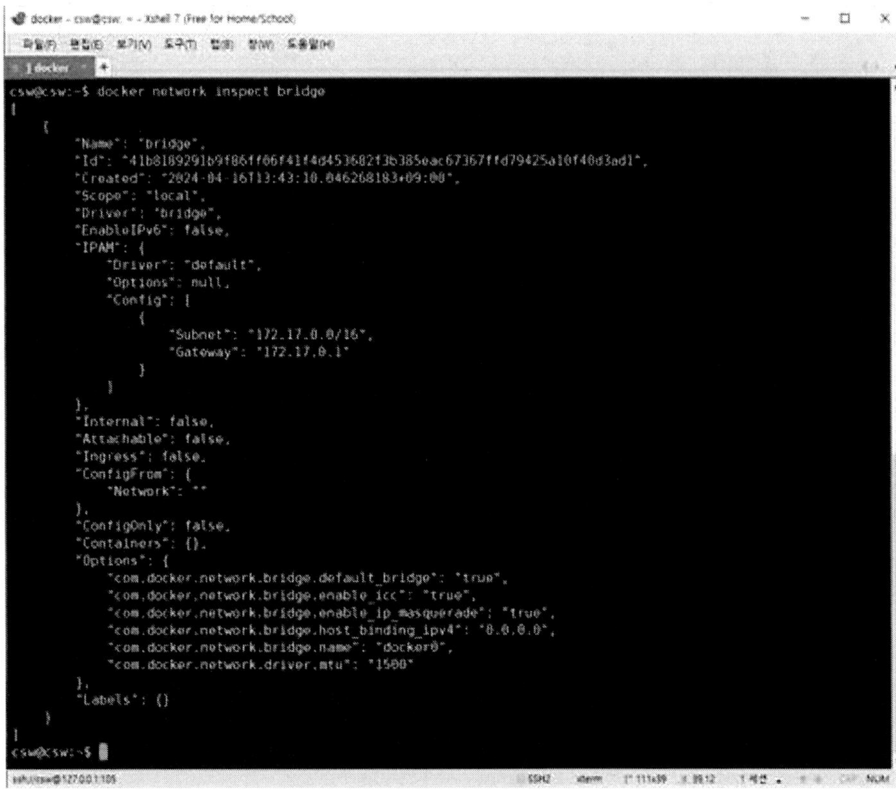

csw@csw:~$ docker network inspect bridge
[
{
"Name": "bridge",
"Id": "41b8189291b9f86ff06f41f4d453682f3b385eac67367ffd79425a10f40d3ad1",
"Created": "2024-04-16T13:43:10.046268183+09:00",
"Scope": "local",
"Driver": "bridge",
"EnableIPv6": false,
"IPAM": {
"Driver": "default",
"Options": null,
"Config": [
{
"Subnet": "172.17.0.0/16",
"Gateway": "172.17.0.1"
}
]
},
"Internal": false,
"Attachable": false,
"Ingress": false,
"ConfigFrom": {
"Network": ""
},
"ConfigOnly": false,
"Containers": {},
"Options": {
"com.docker.network.bridge.default_bridge": "true",
"com.docker.network.bridge.enable_icc": "true",
"com.docker.network.bridge.enable_ip_masquerade": "true",
"com.docker.network.bridge.host_binding_ipv4": "0.0.0.0",
"com.docker.network.bridge.name": "docker0",
"com.docker.network.driver.mtu": "1500"
},
"Labels": {}
}
]
csw@csw:~$

- 'bridge'라는 도커 가상 브리지 네트워크의 세부 정보 확인
- docker0: 도커 설치 시 생성된 기본 가상 브리지 네트워크 인터페이스
- 도커 컨테이너들 간 통신 관리
- 호스트(우분투)와 컨테이너 간 통신 중계
- 컨테이너들을 외부 네트워크에 연결
- 도커 컨테이너 실행 시 -p 옵션으로 호스트와 컨테이너 간 포트 매핑 설정
- 컨테이너들은 기본적으로 docker0 네트워크 상에서 실행됨
- Subnet 172.17.0.0/16: docker0 서브넷
- Gateway 172.17.0.1: docker0 서브넷의 게이트웨이 주소
- 컨테이너 IP 주소: 자동으로 172.17.0.2, 172.17.0.3 등으로 할당됨

- ip addr

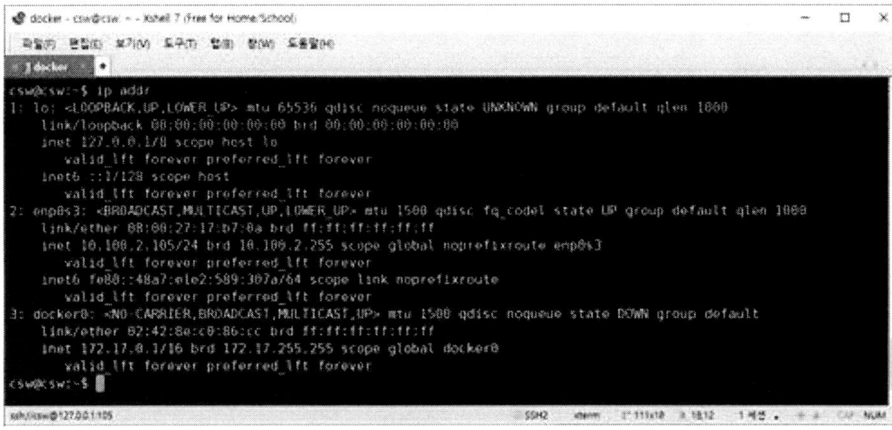
csw@csw:~$ ip addr
1: lo: <LOOPBACK,UP,LOWER_UP> mtu 65536 qdisc noqueue state UNKNOWN group default qlen 1000
link/loopback 00:00:00:00:00:00 brd 00:00:00:00:00:00
inet 127.0.0.1/8 scope host lo
valid_lft forever preferred_lft forever
inet6 ::1/128 scope host
valid_lft forever preferred_lft forever
2: enp0s3: <BROADCAST,MULTICAST,UP,LOWER_UP> mtu 1500 qdisc fq_codel state UP group default qlen 1000
inet 10.100.2.105/24 brd 10.100.2.255 scope global noprefixroute enp0s3
valid_lft forever preferred_lft forever
valid_lft forever preferred_lft forever
3: docker0: <NO-CARRIER,BROADCAST,MULTICAST,UP> mtu 1500 qdisc noqueue state DOWN group default
inet 172.17.0.1/16 brd 172.17.255.255 scope global docker0
valid_lft forever preferred_lft forever

  - docker0 네트워크 인터페이스의 정보 확인
  - docker0: 기본 가상 브리지 네트워크 인터페이스 이름
  - inet 172.17.0.1/16: docker0 인터페이스의 IP 주소(게이트웨이 역할 담당)
  - 호스트(우분투) enp0s3 인터페이스 상에 docker0 인터페이스 생성됨

- brctl show

csw@csw:~$ sudo apt install bridge-utils
ifupdown
bridge-utils
Selecting previously unselected package bridge-utils.
Preparing to unpack .../bridge-utils_1.7-1ubuntu3_amd64.deb ...
Unpacking bridge-utils (1.7-1ubuntu3) ...
Processing triggers for man-db (2.10.2-1) ...
csw@csw:~$ brctl show
bridge name bridge id STP enabled interfaces
docker0 8000.02420ec086cc no

  - 브리지 인터페이스 정보 표시
  - bridge name: 브리지 이름 docker0

(2)docker0 네트워크에서 컨테이너 실행하기

- 컨테이너 CT1 실행: 세션 1

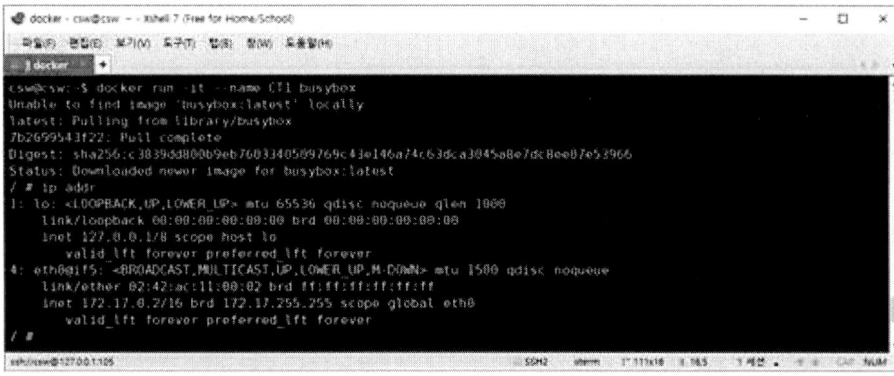

csw@csw:~$ docker run -it --name CT1 busybox
Unable to find image 'busybox:latest' locally
latest: Pulling from library/busybox
7b2699543f22: Pull complete
Digest: sha256:c3839dd800b9eb7603340509769c43e146a74c63dca3045a8e7dc8ee07e53966
Status: Downloaded newer image for busybox:latest
/ # ip addr
1: lo: <LOOPBACK,UP,LOWER_UP> mtu 65536 qdisc noqueue qlen 1000
link/loopback 00:00:00:00:00:00 brd 00:00:00:00:00:00
inet 127.0.0.1/8 scope host lo
valid_lft forever preferred_lft forever
4: eth0@if5: <BROADCAST,MULTICAST,UP,LOWER_UP,M-DOWN> mtu 1500 qdisc noqueue
link/ether 02:42:ac:11:00:02 brd ff:ff:ff:ff:ff:ff
inet 172.17.0.2/16 brd 172.17.255.255 scope global eth0
valid_lft forever preferred_lft forever
/ #

  - 컨테이너 CT1 IP 주소: 172.17.0.2

- 컨테이너 CT2 실행: 세션 2

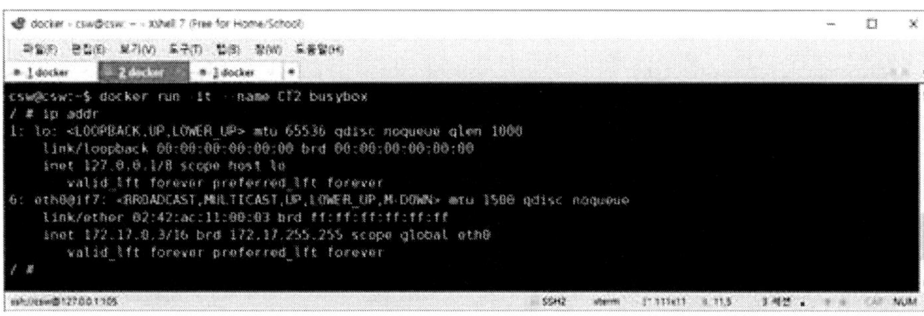

csw@csw:~$ docker run -it --name CT2 busybox
/ # ip addr
1: lo: <LOOPBACK,UP,LOWER_UP> mtu 65536 qdisc noqueue qlen 1000
link/loopback 00:00:00:00:00:00 brd 00:00:00:00:00:00
inet 127.0.0.1/8 scope host lo
valid_lft forever preferred_lft forever
6: eth0@if7: <BROADCAST,MULTICAST,UP,LOWER_UP,M-DOWN> mtu 1500 qdisc noqueue
link/ether 02:42:ac:11:00:03 brd ff:ff:ff:ff:ff:ff
inet 172.17.0.3/16 brd 172.17.255.255 scope global eth0
valid_lft forever preferred_lft forever
/ #

  - 컨테이너 CT2 IP 주소: 172.17.0.3

- 컨테이너 web 실행: 세션 3

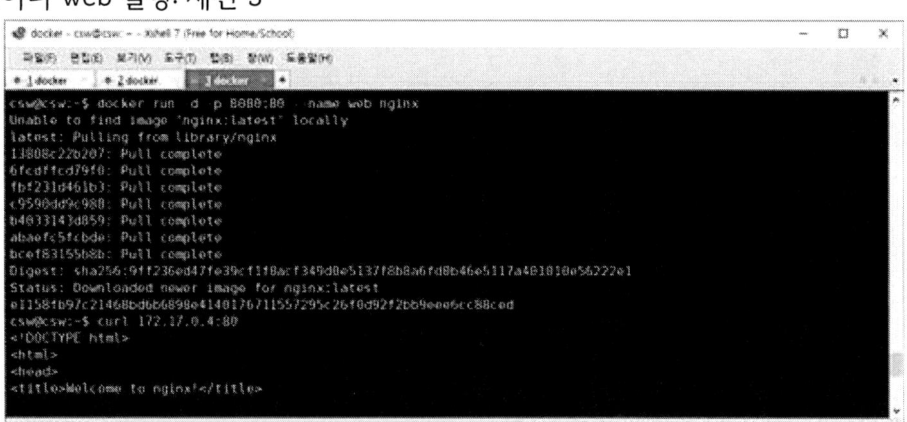

csw@csw:~$ docker run -d -p 8080:80 --name web nginx
Unable to find image 'nginx:latest' locally
latest: Pulling from library/nginx
13808c22b207: Pull complete
6fcdffcd79f0: Pull complete
fbf231d461b3: Pull complete
c9590dd9c980: Pull complete
b4033143d859: Pull complete
abaefc5fcbde: Pull complete
bcef83155b8b: Pull complete
Digest: sha256:9ff236ed47fe39cf1f0acf349d0e5137f8b8a6fd8b46e5117a401010e56222e1
Status: Downloaded newer image for nginx:latest
e11581b97c21468bd6b6898e414017671155729 5c26f0d92f2bb9eee6cc88ced
csw@csw:~$ curl 172.17.0.4:80
<!DOCTYPE html>
<html>
<head>
<title>Welcome to nginx!</title>

  - 컨테이너 web의 IP 주소와 포트(172.17.0.4:80)를 사용해 접속

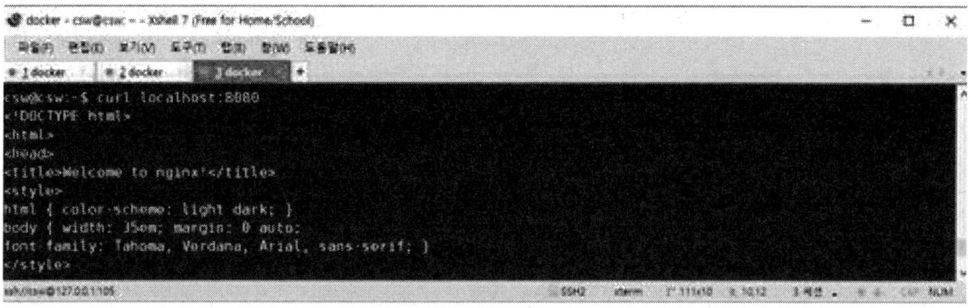
csw@csw:~$ curl localhost:8080
<!DOCTYPE html>
<html>
<head>
<title>Welcome to nginx!</title>
<style>
html { color-scheme: light dark; }
body { width: 35em; margin: 0 auto;
font-family: Tahoma, Verdana, Arial, sans-serif; }
</style>

- 포트 매핑을 통해 로컬 호스트와 포트를 사용해 접속

(3)가상 브리지 네트워크 서비스 확인하기

- docker0 게이트웨이 서비스 확인: 세션 1

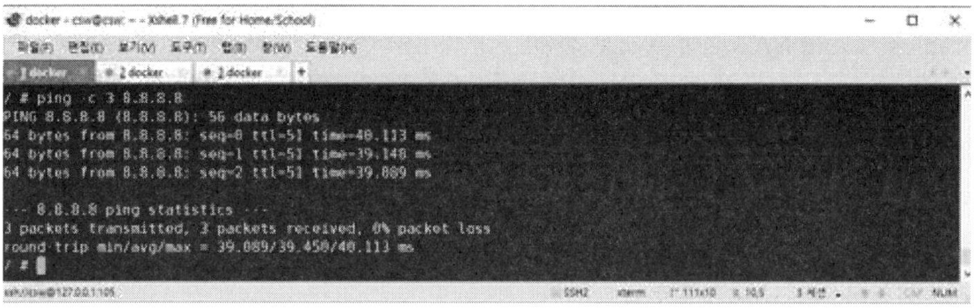
/ # ping -c 3 8.8.8.8
PING 8.8.8.8 (8.8.8.8): 56 data bytes
64 bytes from 8.8.8.8: seq=0 ttl=51 time=40.113 ms
64 bytes from 8.8.8.8: seq=1 ttl=51 time=39.148 ms
64 bytes from 8.8.8.8: seq=2 ttl=51 time=39.089 ms
--- 8.8.8.8 ping statistics ---
3 packets transmitted, 3 packets received, 0% packet loss
round-trip min/avg/max = 39.089/39.450/40.113 ms

  - 컨테이너 CT1에서 docker0를 통해 외부 접속 확인

- 컨테이너 및 게이트웨이 IP 주소 확인: 세션 4

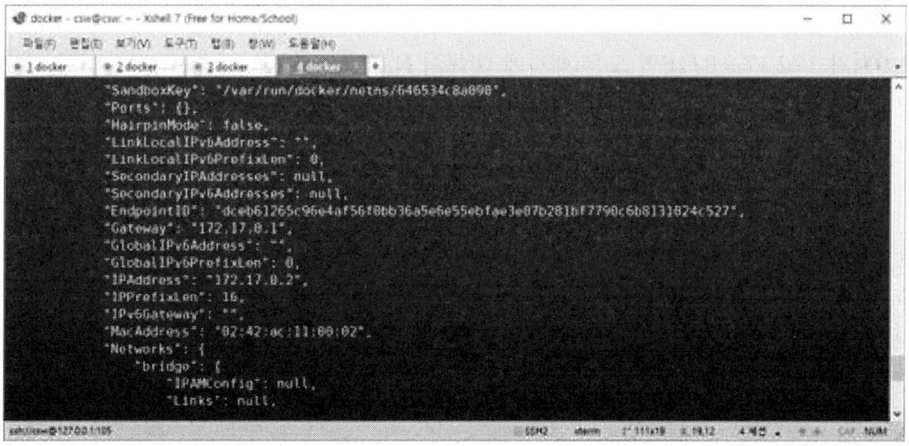
"Gateway": "172.17.0.1",
"IPAddress": "172.17.0.2",
"IPPrefixLen": 16,

  - docker inspect CT1
  - 컨테이너 CT1 세부 정보 확인: 게이트웨이 주소, IP 주소 등

- docker0의 NAT 서비스 확인: 세션 4

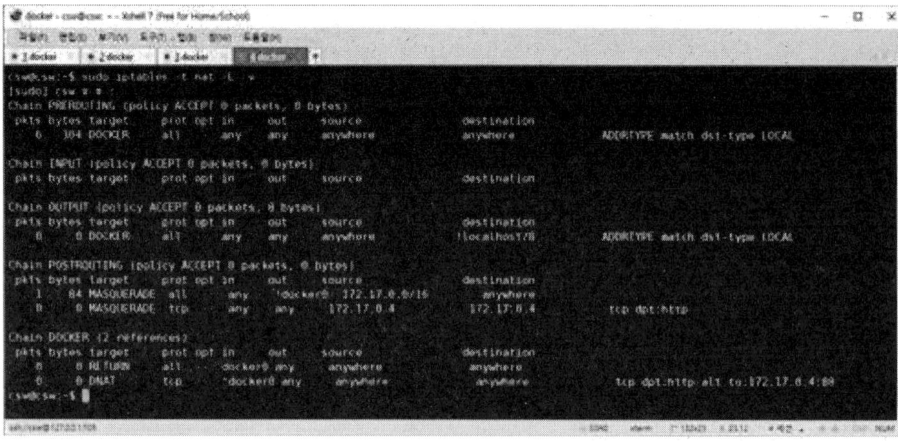

  - iptables -t nat: NAT 테이블 정보 확인
  - '-L': 테이블의 규칙 나열
  - '-v': 규칙 세부 정보 표시
  - Chain: 규칙이 적용되는 체인 이름(PREROUTING, POSTROUTING, OUTPUT 등)
  - target: 규칙에 일치하는 패킷의 동작 지정
  - prot: 규칙이 적용되는 프로토콜
  - source: 패킷의 출발지 주소
  - destination: 패킷의 목적지 주소
  - target:masquerade, source:172.17.0.0/16, destination:anywhere
  - 출발지가 172.17.0.0/16인 모든 패킷에 대해서 NAT를 수행(masquerade)
- 컨테이너 삭제

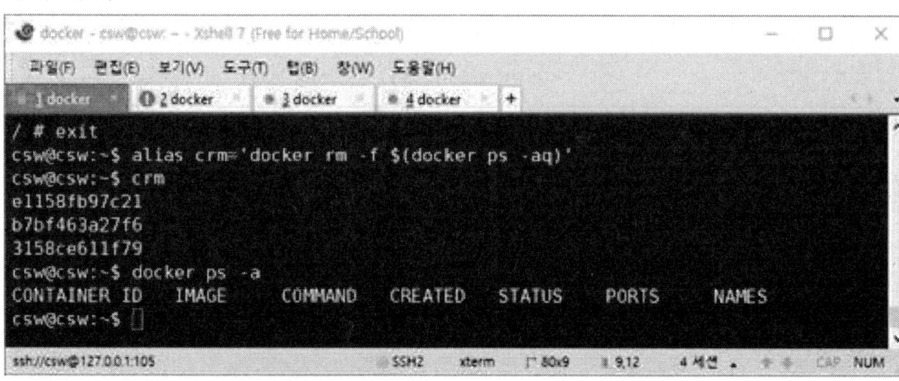
docker - csw@csw: ~ - Xshell 7 (Free for Home/School)
파일(F) 편집(E) 보기(V) 도구(T) 탭(B) 창(W) 도움말(H)
1 docker
2 docker
3 docker
4 docker
/ # exit
csw@csw:~$ alias crm='docker rm -f $(docker ps -aq)'
csw@csw:~$ crm
e1158fb97c21
b7bf463a27f6
3158ce611f79
csw@csw:~$ docker ps -a
CONTAINER ID IMAGE COMMAND CREATED STATUS PORTS NAMES
csw@csw:~$
ssh://csw@127.0.0.1:105
SSH2
xterm
80x9
9,12
4 세션
CAP
NUM

  - 실행중인 컨테이너 모두 삭제

9.2 csw_net 새 브리지 네트워크 추가

(1)새 가상 브리지 네트워크 생성하기

· 도커 네트워크 관련 명령어 확인

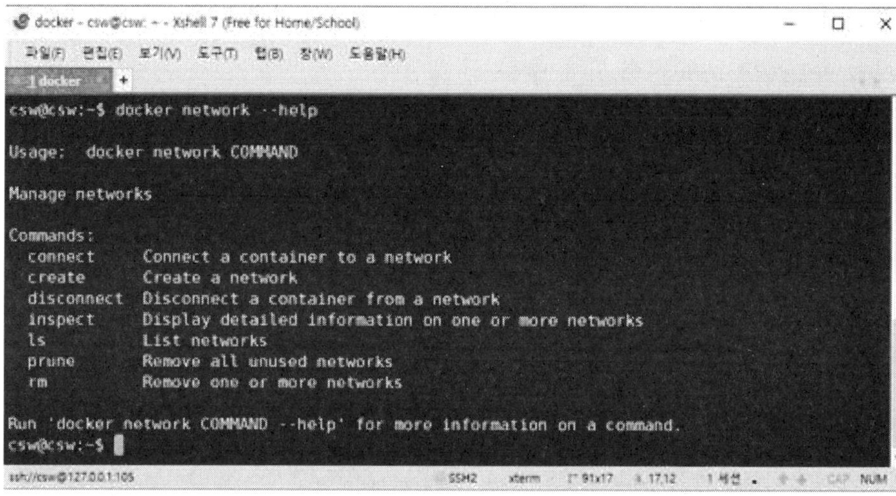
csw@csw:~$ docker network --help
Usage: docker network COMMAND
Manage networks
Commands:
connect Connect a container to a network
create Create a network
disconnect Disconnect a container from a network
inspect Display detailed information on one or more networks
ls List networks
prune Remove all unused networks
rm Remove one or more networks
Run 'docker network COMMAND --help' for more information on a command.
csw@csw:~$

- docker network —help: 도커 네트워크 관련 명령어의 도움말 표시
- create: 네트워크 생성
- ls: 네트워크 목록 나열

· 도커 네트워크 목록

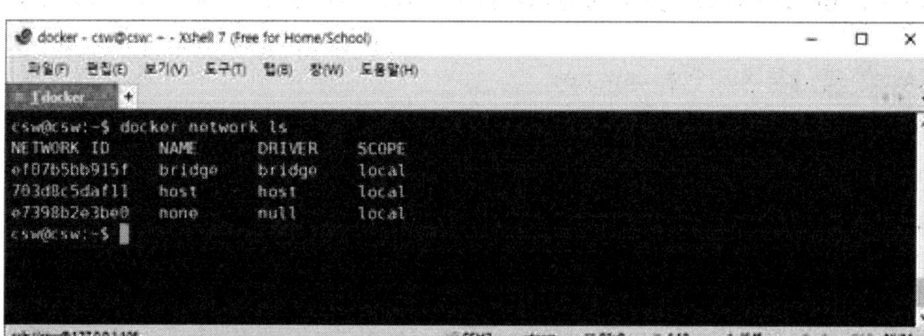
csw@csw:~$ docker network ls
NETWORK ID NAME DRIVER SCOPE
ef07b5bb915f bridge bridge local
703d8c5daf11 host host local
e7398b2e3be0 none null local
csw@csw:~$

- bridge 네트워크: 도커의 기본 네트워크(docker0) 방식
- 기본적으로 bridge 네트워크에 컨테이너들 자동 할당
- docker0 네트워크는 컨테이너 간 및 호스트와 컨테이너 간 통신 지원

· 도커 네트워크 생성

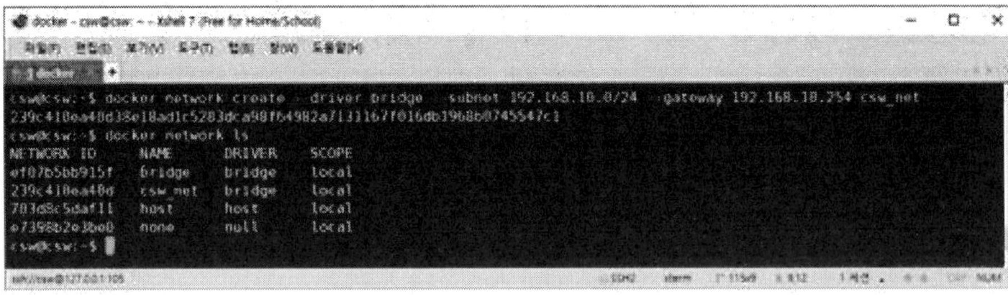

csw@csw:~$ docker network create --driver bridge --subnet 192.168.10.0/24 --gateway 192.168.10.254 csw_net
239c410ea40d38e18ad1c5283dca98f64982a7131167f016db1968b0745547c1
csw@csw:~$ docker network ls
NETWORK ID NAME DRIVER SCOPE
e f07b5bb915f bridge bridge local
239c410ea40d csw_net bridge local
783d8c5daf11 host host local
e7398b2e3be0 none null local
csw@csw:~$

- docker network create: 새 도커 네트워크 생성
- "--driver bridge": 네트워크 드라이버로 기본 네트워크 방식인 bridge 지정
- "--subnet 192.168.100.0/24": 새 서브넷 지정
- "--gateway 192.168.100.254": 새 서브넷의 게이트웨잉 지정
- csw_net: 새 서브넷 이름

· 새 네트워크 정보 확인

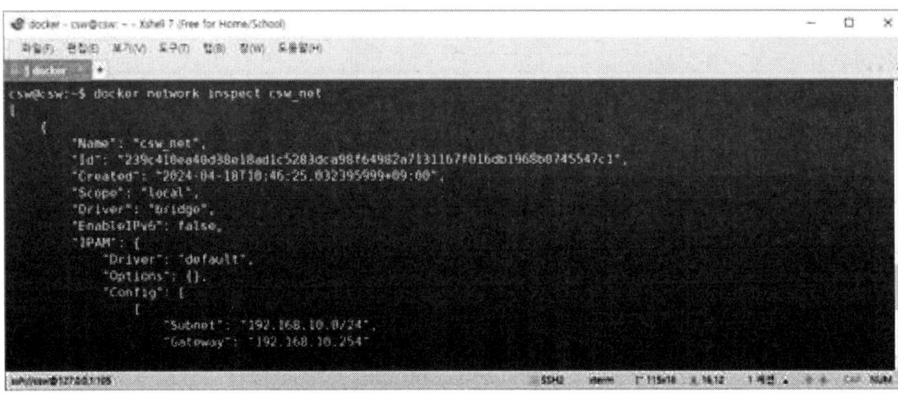

csw@csw:~$ docker network inspect csw_net
[
{
"Name": "csw_net",
"Id": "239c410ea40d38e18ad1c5283dca98f64982a7131167f016db1968b0745547c1",
"Created": "2024-04-18T10:46:25.032395999+09:00",
"Scope": "local",
"Driver": "bridge",
"EnableIPv6": false,
"IPAM": {
"Driver": "default",
"Options": {},
"Config": [
{
"Subnet": "192.168.10.0/24",
"Gateway": "192.168.10.254"

- **"Name": 새 네트워크 이름 csw_net**
- **"Driver": 새 네트워크 드라이버 bridge**
- **"Subnet": 192.168.10.0/24**
- **"Gateway": 192.168.10.254**

(2)새 가상 브리지 네트워크 사용하기

· 새 네트워크에서 컨테이너 실행

```
csw@csw:~$ docker run -it --name CT1 --net csw_net --ip 192.168.10.10 busybox
/ # ip addr
1: lo: <LOOPBACK,UP,LOWER_UP> mtu 65536 qdisc noqueue qlen 1000
    link/loopback 00:00:00:00:00:00 brd 00:00:00:00:00:00
    inet 127.0.0.1/8 scope host lo
       valid_lft forever preferred_lft forever
5: eth0@if6: <BROADCAST,MULTICAST,UP,LOWER_UP,M-DOWN> mtu 1500 qdisc noqueue
    link/ether 02:42:c0:a8:0a:0a brd ff:ff:ff:ff:ff:ff
    inet 192.168.10.10/24 brd 192.168.10.255 scope global eth0
       valid_lft forever preferred_lft forever
/ # ping -c 4 8.8.8.8
PING 8.8.8.8 (8.8.8.8): 56 data bytes
64 bytes from 8.8.8.8: seq=0 ttl=51 time=39.862 ms
64 bytes from 8.8.8.8: seq=1 ttl=51 time=40.069 ms
64 bytes from 8.8.8.8: seq=2 ttl=51 time=39.415 ms
64 bytes from 8.8.8.8: seq=3 ttl=51 time=40.362 ms

--- 8.8.8.8 ping statistics ---
4 packets transmitted, 4 packets received, 0% packet loss
round-trip min/avg/max = 39.415/39.927/40.362 ms
/ # exit
csw@csw:~$
```

- "--net csw_net": csw_net 네트워크를 사용하여 컨테이너 CT1 실행
- "--ip 192.168.10.10": 컨테이너에 고정 IP 할당
- ip addr: 컨테이너의 IP 주소 확인
- ping: 새 가상 브리지 네트워크에서 외부와 통신 가능 확인

· 컨테이너 삭제

```
csw@csw:~$ alias crm='docker rm -f $(docker ps -aq)'
csw@csw:~$ crm
e6ca19431062
csw@csw:~$ docker ps
CONTAINER ID   IMAGE     COMMAND   CREATED   STATUS    PORTS     NAMES
csw@csw:~$ docker ps -a
CONTAINER ID   IMAGE     COMMAND   CREATED   STATUS    PORTS     NAMES
csw@csw:~$ docker images
REPOSITORY   TAG       IMAGE ID       CREATED         SIZE
```

· 이미지 삭제

docker - csw@csw: ~ - Xshell 7 (Free for Home/School)
csw@csw:~$ docker images
REPOSITORY   TAG   IMAGE ID   CREATED   SIZE
nginx   latest   c613f16b6642   2 months ago   187MB
busybox   latest   ba5dc23f65d4   11 months ago   4.26MB
csw@csw:~$ docker rmi nginx
Untagged: nginx:latest
Untagged: nginx@sha256:9ff236ed47fe39cf1f0acf349d0e5137f8b8a6fd0b46e5117a401010e5622
2e1
Deleted: sha256:c613f16b664244b150d1c3644cbc387ec1fe8376377f9419992280eb4a82ff3b
Deleted: sha256:f2ad1eb9c2122b141dc46aaa93f7517c1cfbcbfd6a6f42693616ea819da01701
Deleted: sha256:342a75c1830af4bc876687a7ce678d9fc1565dc74d8a30d1d173772edeb0c5a0
Deleted: sha256:9eb155982478007f879fb7792373250c63fa6dd611236ca6a61f0a893983ac53
Deleted: sha256:a1f6935db3b4651aa2b235b87d51bae1a46e2815bae0d6e1e78cee422fab6e54
Deleted: sha256:1f2099191c87ac795b0777f8c215131d2618ac41161844b77eaac1a359568d36
Deleted: sha256:9b066e795dbf82c62b9cc49b4228647bf89142c5eecf5bf4c15aa3edb3ec3fd2
Deleted: sha256:1f00ff20147800878a4ebc9c283f79149a1dde5cc11d659c69d3a9c0bfeb7d4f
csw@csw:~$ docker rmi busybox
Untagged: busybox:latest
Untagged: busybox@sha256:c3839dd800b9eb7603340509769c43e146a74c63dca3045a8e7dc8ee07e
53966
Deleted: sha256:ba5dc23f65d4cc4a4535bce55cf9e63b068eb02946e3422d3587e8ce803b6aab
Deleted: sha256:95c4a60383f7b6eb6f7b8e153a07cd6e896de0476763bef39d0f6cf3400624bd
csw@csw:~$

9.3 호스트와 컨테이너 포트 연결

(1)호스트 및 컨테이너 포트 지정하여 연결하기

- 호스트 포트 지정하여 컨테이너 실행

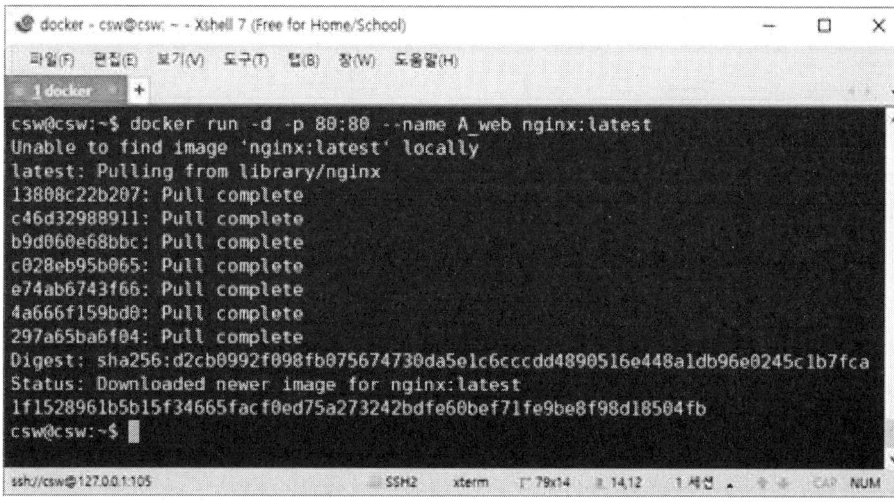
docker - csw@csw: ~ - Xshell 7 (Free for Home/School)
파일(F) 편집(E) 보기(V) 도구(T) 탭(B) 창(W) 도움말(H)
1 docker
csw@csw:~$ docker run -d -p 80:80 --name A_web nginx:latest
Unable to find image 'nginx:latest' locally
latest: Pulling from library/nginx
13808c22b207: Pull complete
c46d32988911: Pull complete
b9d060e68bbc: Pull complete
c028eb95b065: Pull complete
e74ab6743f66: Pull complete
4a666f159bd0: Pull complete
297a65ba6f04: Pull complete
Digest: sha256:d2cb0992f098fb075674730da5e1c6cccdd4890516e448a1db96e0245c1b7fca
Status: Downloaded newer image for nginx:latest
1f1528961b5b15f34665facf0ed75a273242bdfe60bef71fe9be8f98d18504fb
csw@csw:~$
ssh://csw@127.0.0.1:105
SSH2
xterm
79x14
14,12
1 세션
CAP
NUM

  - "-p 80:80": 호스트 포트 번호 80을 컨테이너 포트 번호 80에 연결

- 컨테이너 실행

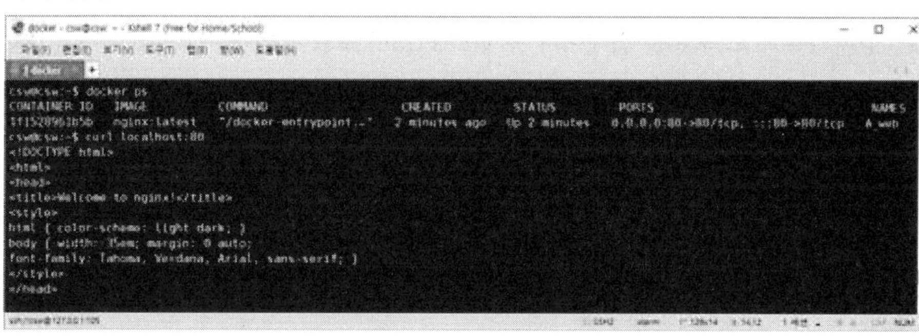
CONTAINER ID
IMAGE
COMMAND
CREATED
STATUS
PORTS
NAMES
nginx:latest
2 minutes ago
Up 2 minutes
A_web
<title>Welcome to nginx!</title>
html { color-scheme: light dark; }
font-family: Tahoma, Verdana, Arial, sans-serif; }

  - "0.0.0.0:80->80/tcp": 로컬 호스트 80번이 컨테이너 80번에 연결됨
  - "curl localhost:80": 호스트 포트 80을 통해 컨테이너 nginx 서버에 연결

(2)임의의 호스트 포트에 컨테이너 포트 지정하여 연결하기

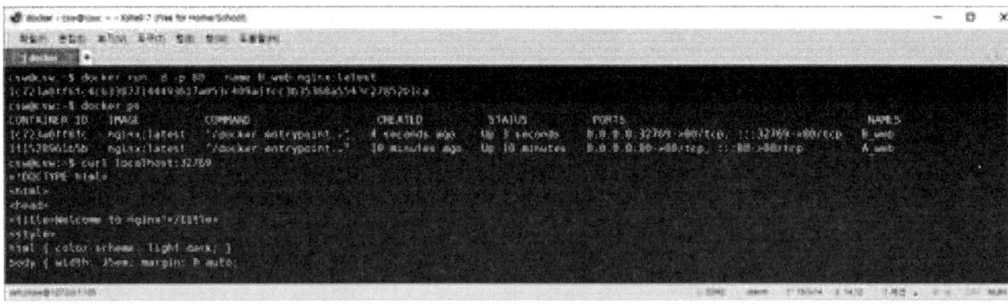

- "-p 80": 임의의 호스트 포트를 컨테이너 포트 80에 연결
- "0.0.0.0:32769->80/tcp": 임의의 호스트 32769번이 컨테이너 80번에 연결됨
- "curl localhost:32769": 호스트 32769를 통해 컨테이너 nginx 서버 연결

(3)임의의 호스트 포트에 공개 컨테이너 포트 연결하기

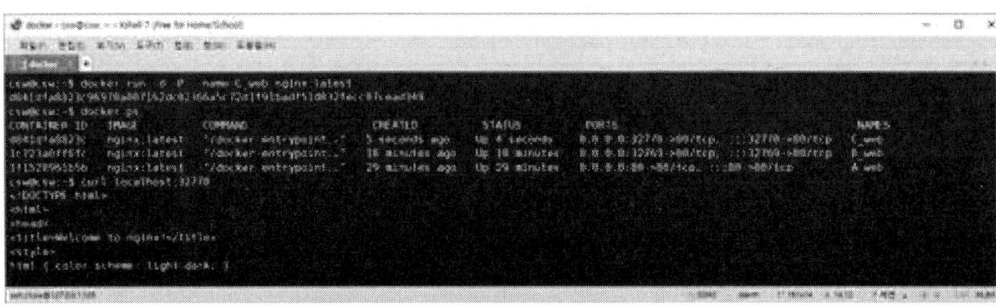

- "-P": 임의의 호스트 포트를 컨테이너 공개(EXPOSE) 포트에 연결
- "32770->80/tcp": 임의의 호스트 32770번이 컨테이너 공개 80번에 연결됨
- "curl localhost:32770": 호스트 32770를 통해 컨테이너 nginx 서버 연결
- 컨테이너 및 이미지 삭제: crm, docker rmi

9.4 브리지 네트워크를 통한 컨테이너 간 통신

(1)mysql 컨테이너 실행하기

- dbdata 폴더 삭제

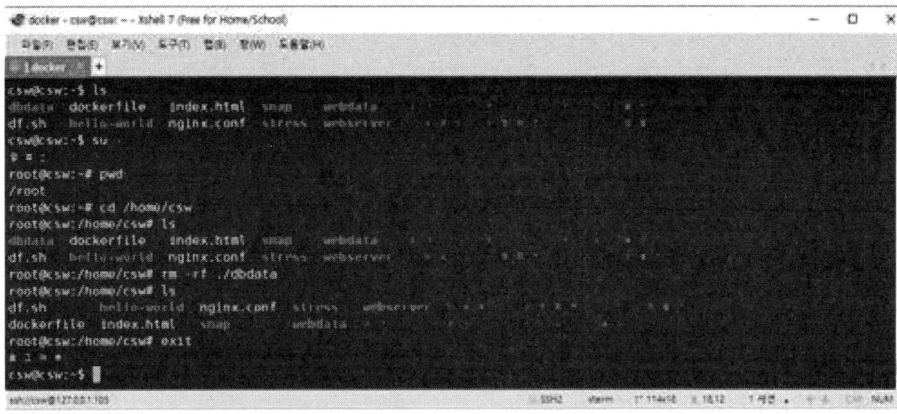
csw@csw:~$ ls
root@csw:~# pwd
/root
root@csw:~# cd /home/csw
root@csw:/home/csw# ls
root@csw:/home/csw# rm -rf ./dbdata
root@csw:/home/csw# ls
root@csw:/home/csw# exit

  - root 사용자로 전환하여 삭제
- mysql 컨테이너 실행(버전 주의)

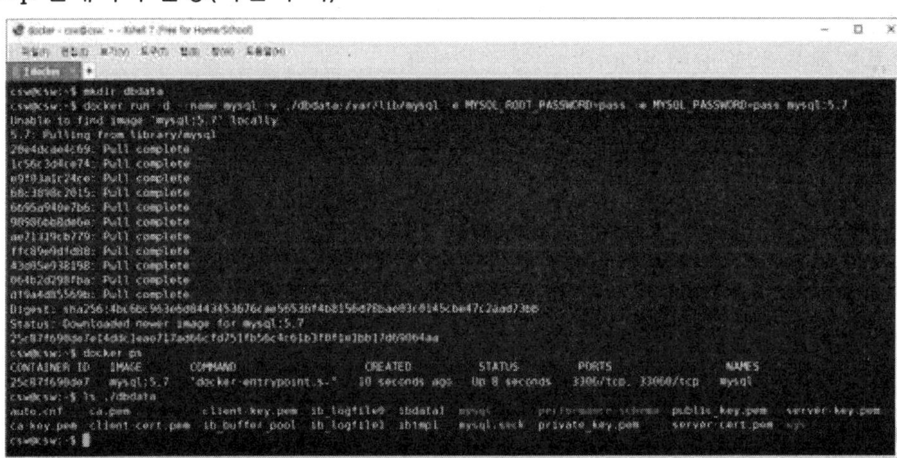
csw@csw:~$ mkdir dbdata
csw@csw:~$ docker ps
CONTAINER ID IMAGE COMMAND CREATED STATUS PORTS NAMES
csw@csw:~$ ls ./dbdata

  - '-v ./dbdata:/var/lib/mysql': 호스트 디렉토리 ./dbdata를 컨테이너 디렉토리 /var/lib/mysql에 마운트
  - '-e MYSQL_ROOT_PASSWORD=pass': 환경 변수 MYSQL_ROOT_PASSWORD를 'pass'로 설정하여 컨테이너 내부 MySQL 서버의 루트 암호를 지정
  - '-e MYSQL_PASSWORD=pass': 환경 변수 MySQL을 'pass'로 설정하여 사용자의 비밀번호를 pass로 설정
  - MySQL 컨테이너가 호스트의 ./dbdata 디렉토리에 데이터 저장

(2)wordpress 컨테이너와 mysql 컨테이너 연결하기

- mysql 컨테이너에 연동된 wordpress 컨테이너 실행하기(버전 주의)

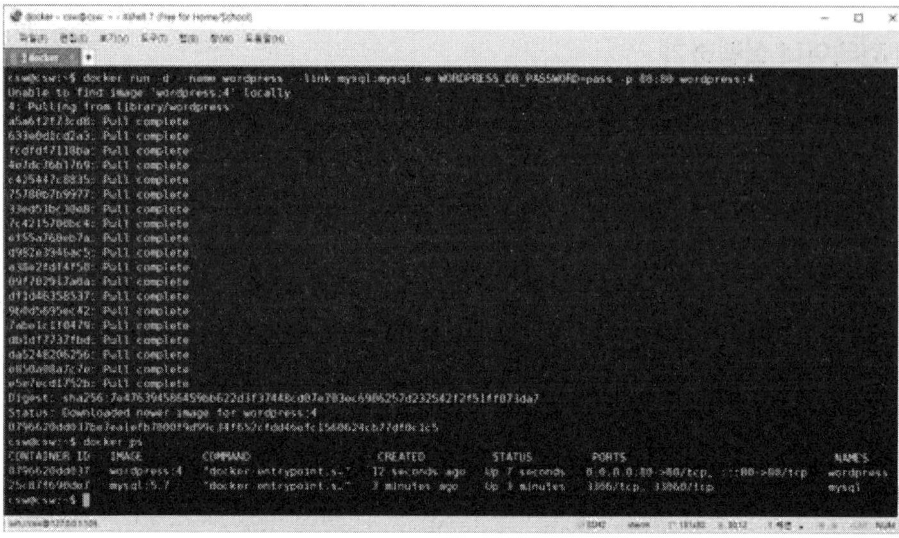

  - '--link mysql:mysql': mysql 컨테이너를 mysql 별칭으로 연결
  - '-e WORDPRESS_DB_PASSWORD=pass': 환경 변수 WORDPRESS_DB_PASSWORD를 'pass'로 설정하여 WordPress가 MySQL 데이터베이스에 연결할 때의 암호로 지정
  - 호스트는 포트 80을 통해 WordPress에 접근하고,
  - WordPress는 MySQL 데이터베이스에 비밀번호 pass를 사용하여 접속

(3)웹 브라우저에서 WordPress 연결하기

- 우분투 그래픽 모드로 재부팅

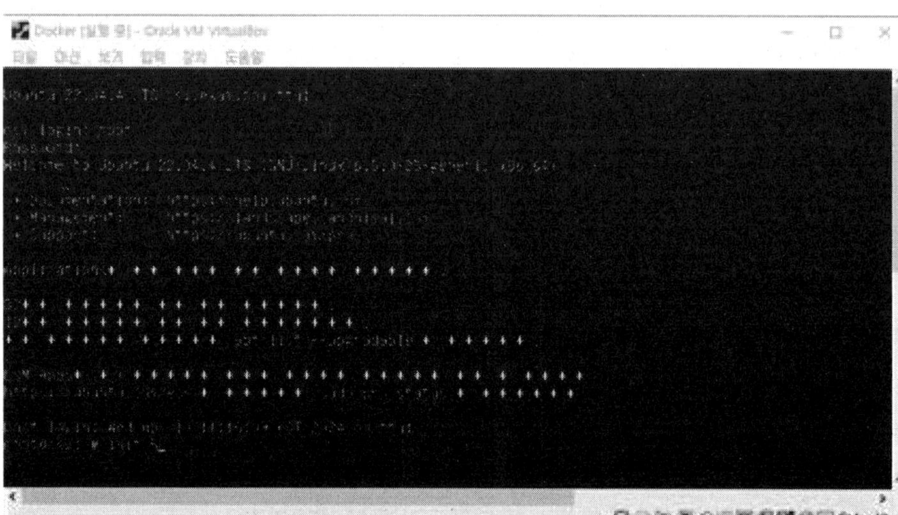

  - init 5: 임시로 그래픽 모드로 전환 후 csw 사용자로 로그인

· 파이어 폭스에서 WordPress에 연결

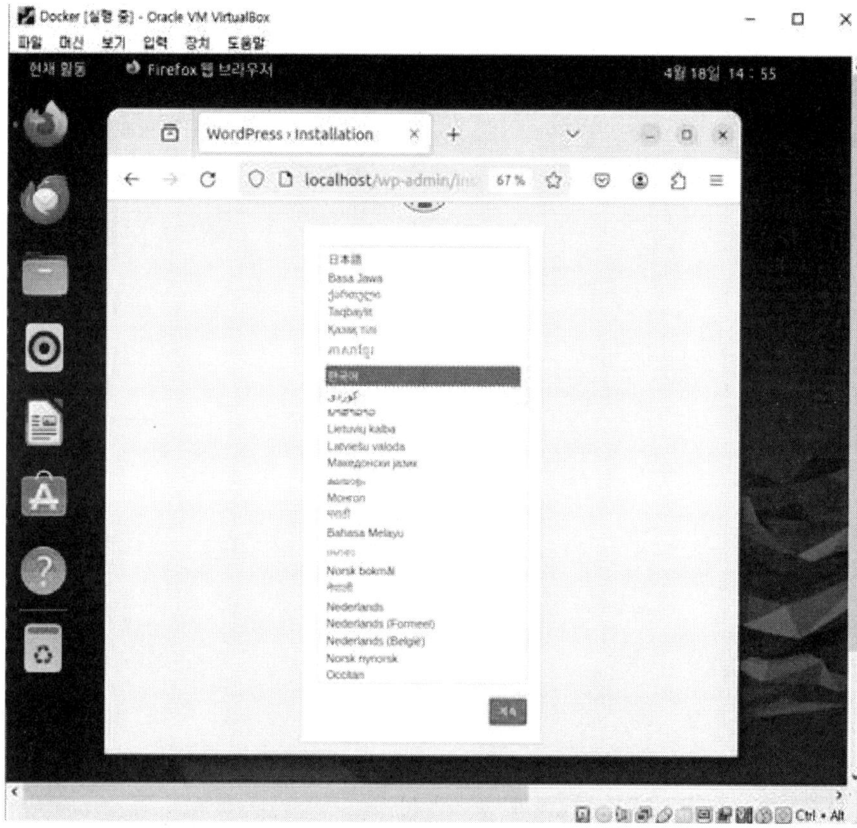

- 주소 창에 localhost 입력 후 한국어 선택

· 필요한 정보 입력

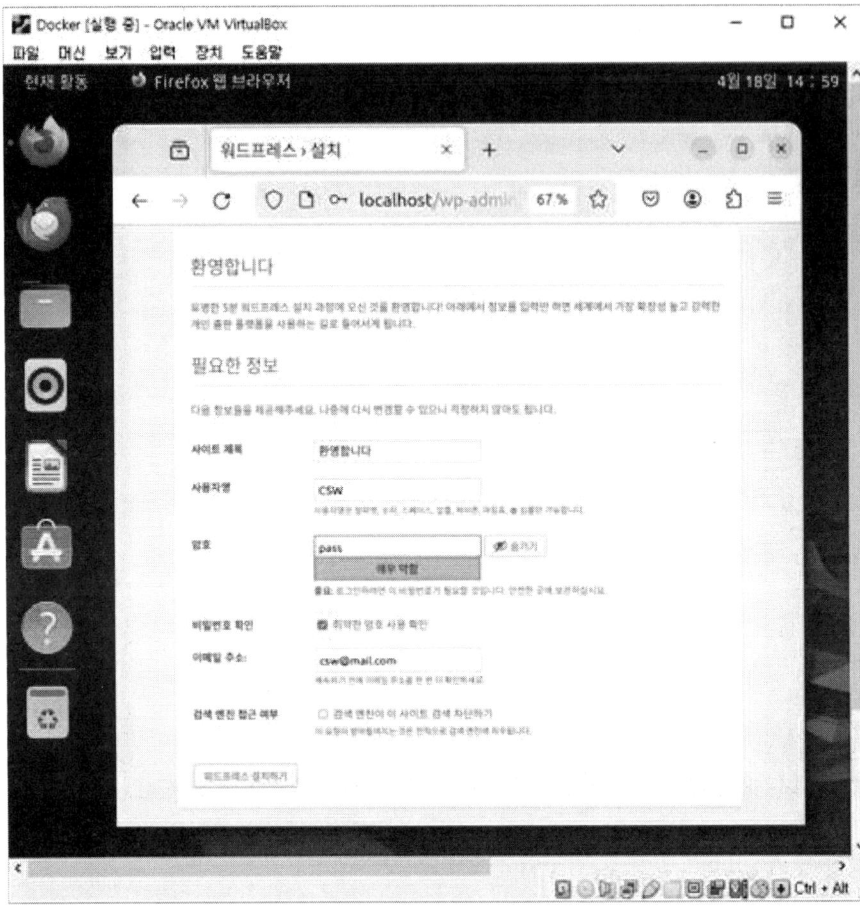

- 사이트 제목
- 사용자명
- 암호
- 취약한 암호 사용 확인 체크
- 이메일 주소
- 워드프레스 설치하기 선택

· 비밀번호 저장

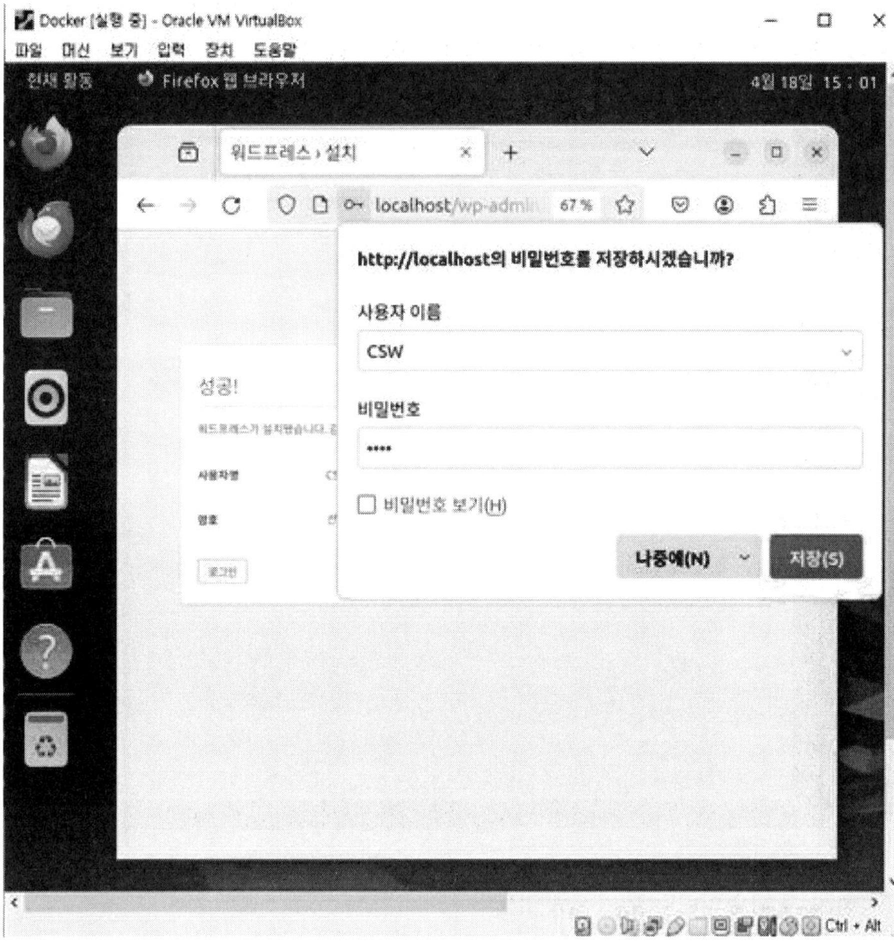

Docker [실행 중] - Oracle VM VirtualBox
파일 머신 보기 입력 장치 도움말
현재 활동
Firefox 웹 브라우저
4월 18일 15 : 01
워드프레스 › 설치
localhost/wp-admi
67 %
http://localhost의 비밀번호를 저장하시겠습니까?
사용자 이름
CSW
비밀번호
비밀번호 보기(H)
나중에(N)
저장(S)
성공!
Ctrl + Alt

- 저장 선택

· 로그인

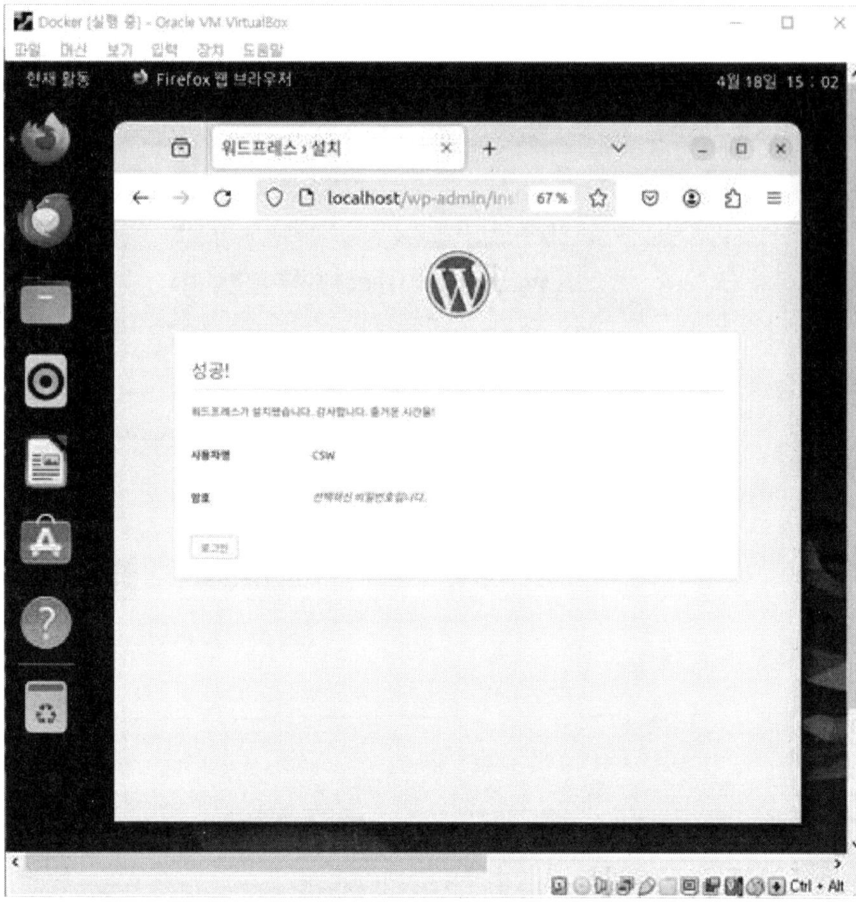

- 로그인 선택 후 환영합니다 페이지로 이동

· '환영합니다'

- '사이트를 사용자 정의 하기' 선택

· 사이트 제목 변경

Docker [실행 중] - Oracle VM VirtualBox
Firefox 웹 브라우저
사용자 정의: 재능대학교 컴퓨터
localhost/wp-admin/customize.php
재능대학교 컴퓨터소프트웨어과

- 사이트 제목 변경해보기

(4)볼륨 확인하기

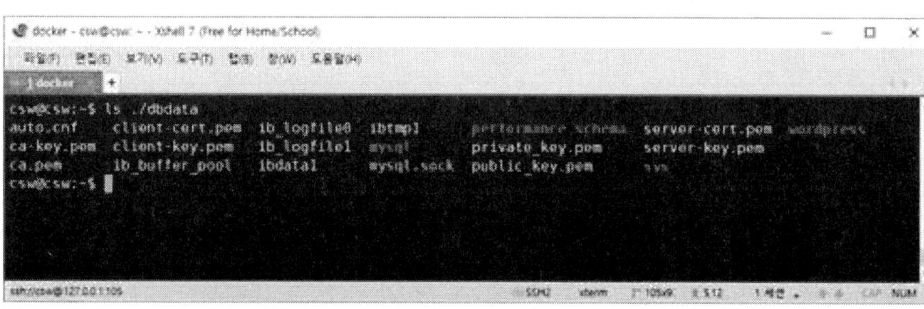
csw@csw:~$ ls ./dbdata
auto.cnf client-cert.pem ib_logfile0 ibtmp1 performance_schema server-cert.pem wordpress
ca-key.pem client-key.pem ib_logfile1 mysql private_key.pem server-key.pem
ca.pem ib_buffer_pool ibdata1 mysql.sock public_key.pem sys
csw@csw:~$

- WordPress는 MySQL 데이터베이스에 연결되고
- MySQL 데이터베이스는 마운트된 호스트의 /home/csw/dbdata 폴더에
- wordpress 디렉토리 생성하고 데이터 저장 확인

(5)컨테이너 및 이미지 삭제하기

- 컨테이너 삭제

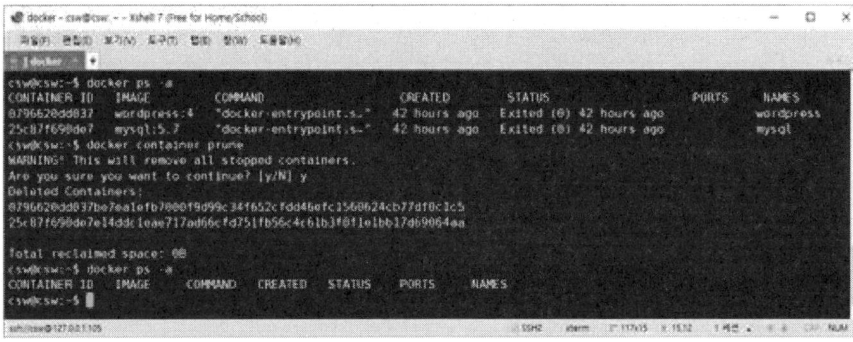

csw@csw:~$ docker ps -a
CONTAINER ID IMAGE COMMAND CREATED STATUS PORTS NAMES
csw@csw:~$ docker container prune
WARNING! This will remove all stopped containers.
Are you sure you want to continue? [y/N] y
Deleted Containers:
Total reclaimed space: 0B
csw@csw:~$ docker ps -a
CONTAINER ID IMAGE COMMAND CREATED STATUS PORTS NAMES

  - docker container prune: 중지된 모든 컨테이너 삭제 가능

- 이미지 삭제

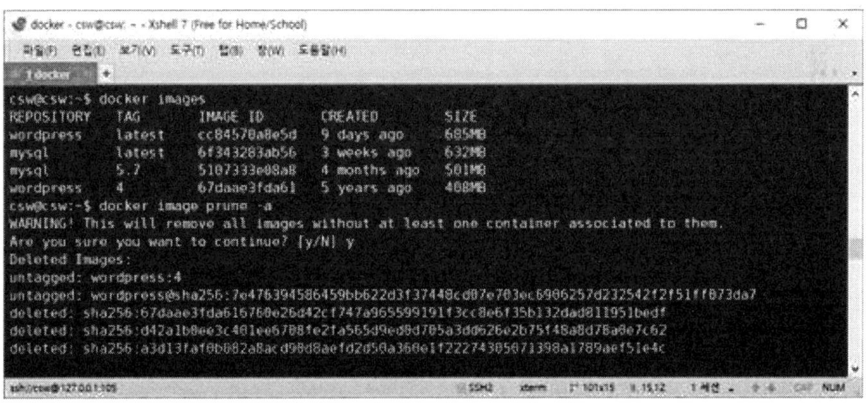

csw@csw:~$ docker images
REPOSITORY TAG IMAGE ID CREATED SIZE
wordpress latest cc84570a8e5d 9 days ago 605MB
mysql latest 6f343283ab56 3 weeks ago 632MB
mysql 5.7 5107333e08a8 4 months ago 501MB
wordpress 4 67daae3fda61 5 years ago 408MB
csw@csw:~$ docker image prune -a
WARNING! This will remove all images without at least one container associated to them.
Are you sure you want to continue? [y/N] y
Deleted Images:
untagged: wordpress:4

untagged: mysql:latest
untagged: wordpress:latest

untagged: mysql:5.7
Total reclaimed space: 2.227GB
csw@csw:~$ docker images
REPOSITORY TAG IMAGE ID CREATED SIZE
csw@csw:~$

- docker image prune -a: 모든 이미지 삭제

10 도커 컴포즈

10.1 도커 컴포즈 플러그인 설치

(1)도커 저장소 사용하여 설치하기

- docker.docs 사이트 접속하여 Install Comose 선택

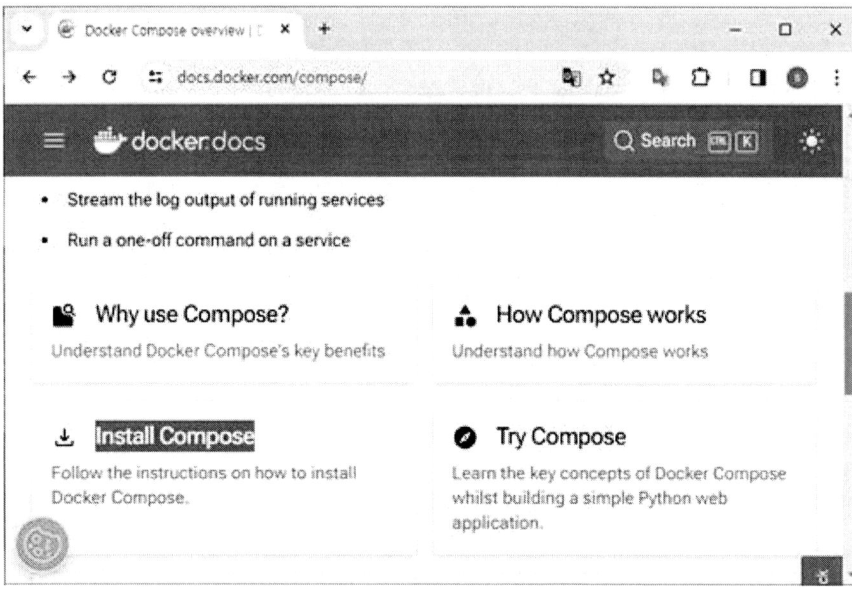
Docker Compose overview
docs.docker.com/compose/
docker docs
Search
Stream the log output of running services
Run a one-off command on a service
Why use Compose?
Understand Docker Compose's key benefits
How Compose works
Understand how Compose works
Install Compose
Follow the instructions on how to install Docker Compose.
Try Compose
Learn the key concepts of Docker Compose whilst building a simple Python web application.

- 도커 저장소 사용 선택

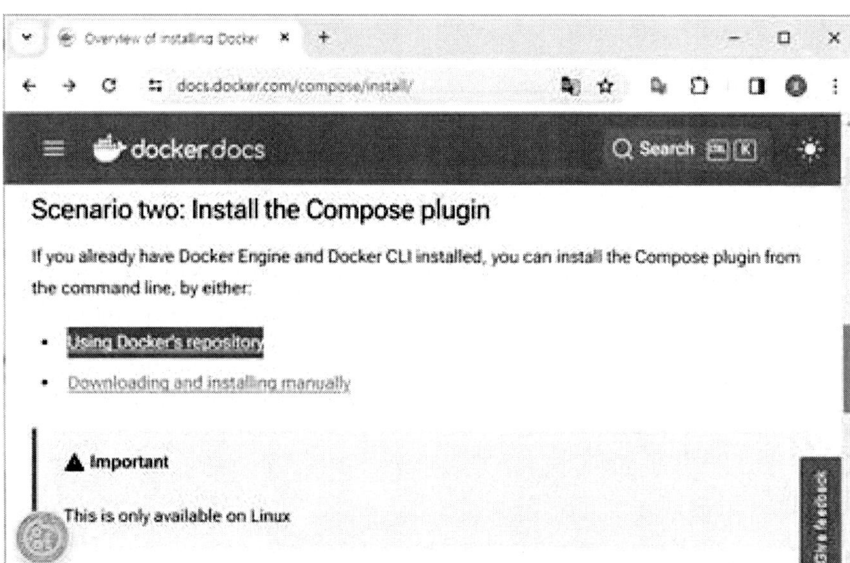
docs.docker.com/compose/install/
docker docs
Search
Scenario two: Install the Compose plugin
If you already have Docker Engine and Docker CLI installed, you can install the Compose plugin from the command line, by either:
Using Docker's repository
Downloading and installing manually
Important
This is only available on Linux
Give feedback

- 도커 컴포즈 플러그인을 저장소 사용한 설치 사이트로 이동
- 설치 방법으로 도커 저장소 사용 선택

- 저장소를 사용한 설치 명령 확인

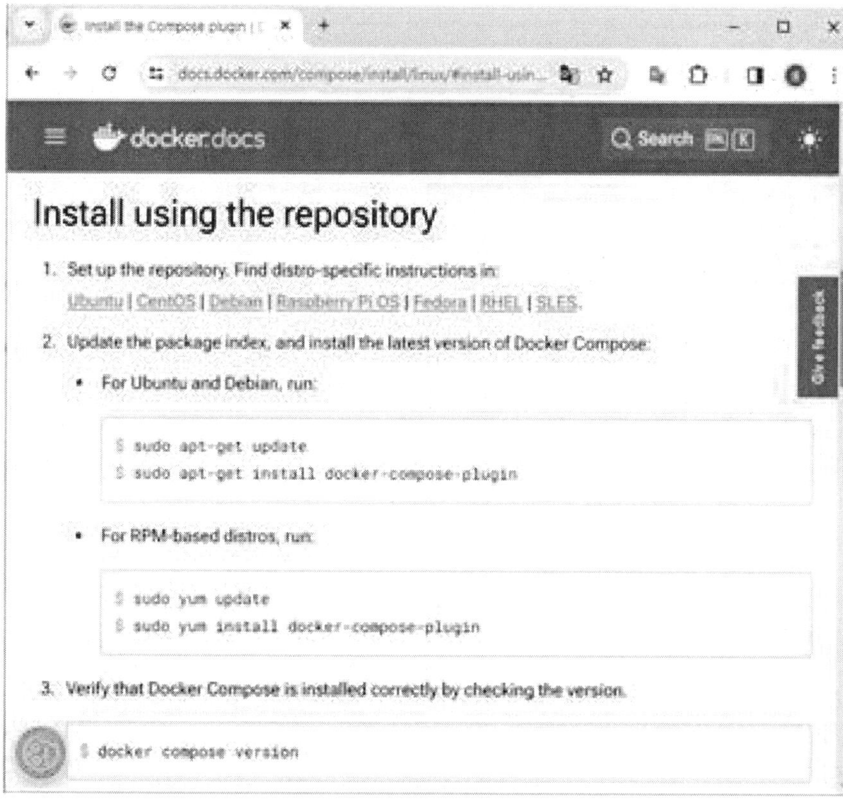

  - 저장소 목록 갱신 및 컴포즈 플러그인 설치, 버전 확인

- 저장소를 사용하여 컴포즈 플러그인 설치하기

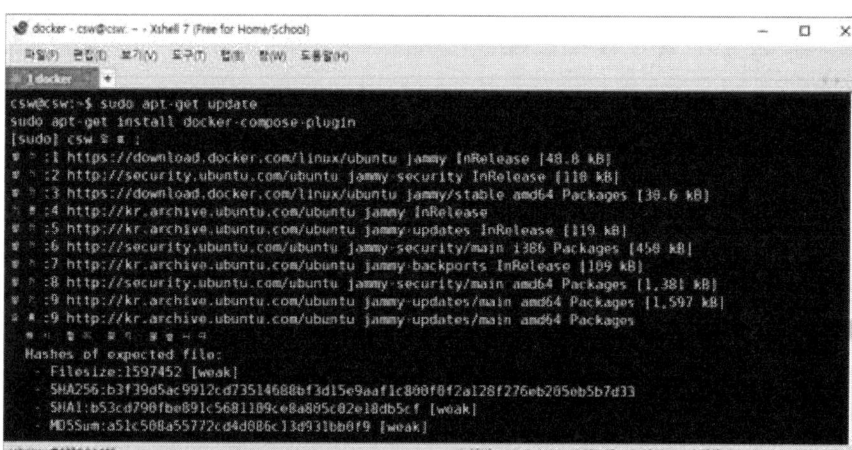

  - apt-get update: 로컬 저장속 목록을 인터넷 저장소 목록으로 갱신
  - apt-get install docker-compose-plugin: 도커 컴포즈 플러그인 설치
  - 도커 컴포즈는 도커 데스크톱에 이미 포함되어 있음
  - 도커 컴포즈 플러그인은 기능 확장을 위해 추가 설치함

- 일반 사용자 모드에서 컴포즈 설치 성공 확인

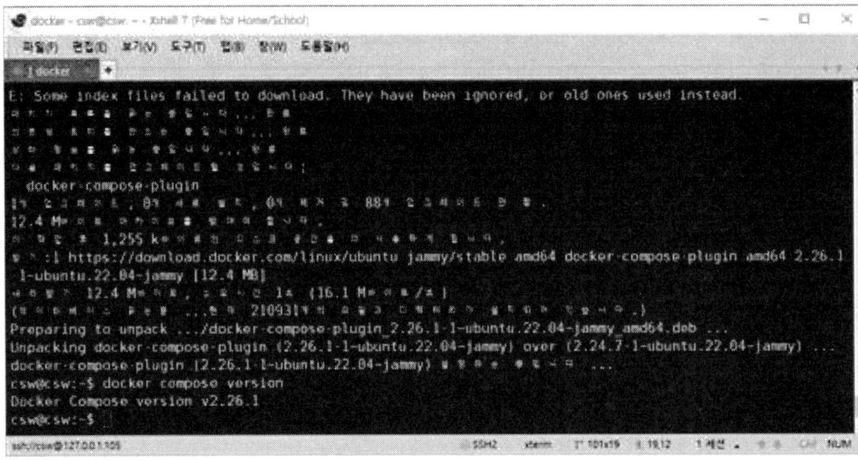
E: Some index files failed to download. They have been ignored, or old ones used instead.
docker-compose-plugin
Preparing to unpack .../docker-compose-plugin_2.26.1-1-ubuntu.22.04-jammy_amd64.deb ...
Unpacking docker-compose-plugin (2.26.1-1-ubuntu.22.04-jammy) over (2.24.7-1-ubuntu.22.04-jammy) ...
csw@csw:~$ docker compose version
Docker Compose version v2.26.1
csw@csw:~$

  - docker compose version: csw 사용자의 컴포즈 명령 수행 가능 확인

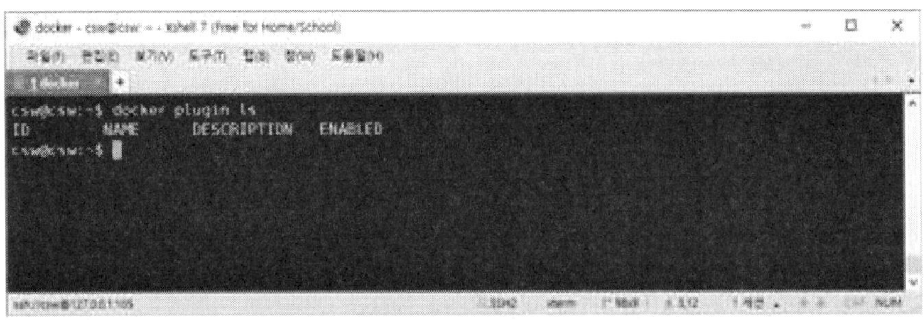
csw@csw:~$ docker plugin ls
ID NAME DESCRIPTION ENABLED
csw@csw:~$

  - 도커 컴포즈 플러그인 목록 확인

(2)수동 방식으로 설치하기(이 방식 선택)

- docker.docs 사이트 접속하여 설치 방법 선택

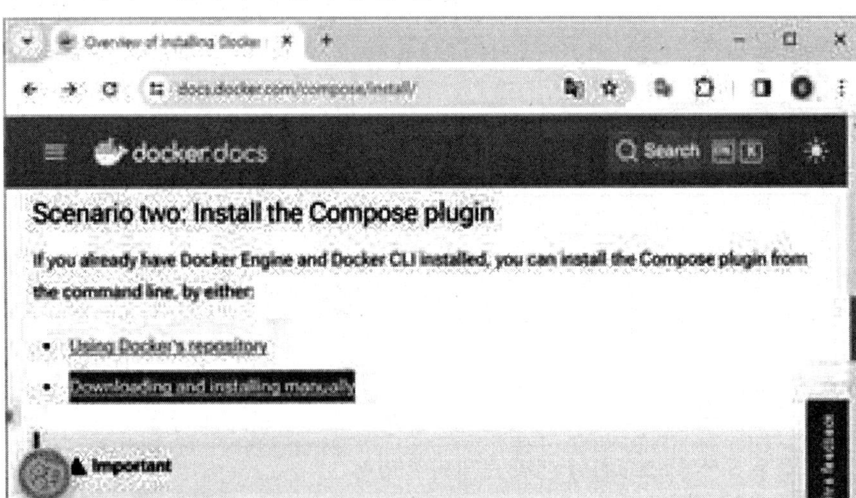
docs.docker.com/compose/install/
docker.docs
Search
Scenario two: Install the Compose plugin
If you already have Docker Engine and Docker CLI installed, you can install the Compose plugin from the command line, by either:
Using Docker's repository
Downloading and installing manually
Important

  - 도커 컴포즈 플러그인 수동 설치 사이트로 이동
  - 설치 방법으로 수동 방식 선택

· 수동 방식의 설치 명령 확인

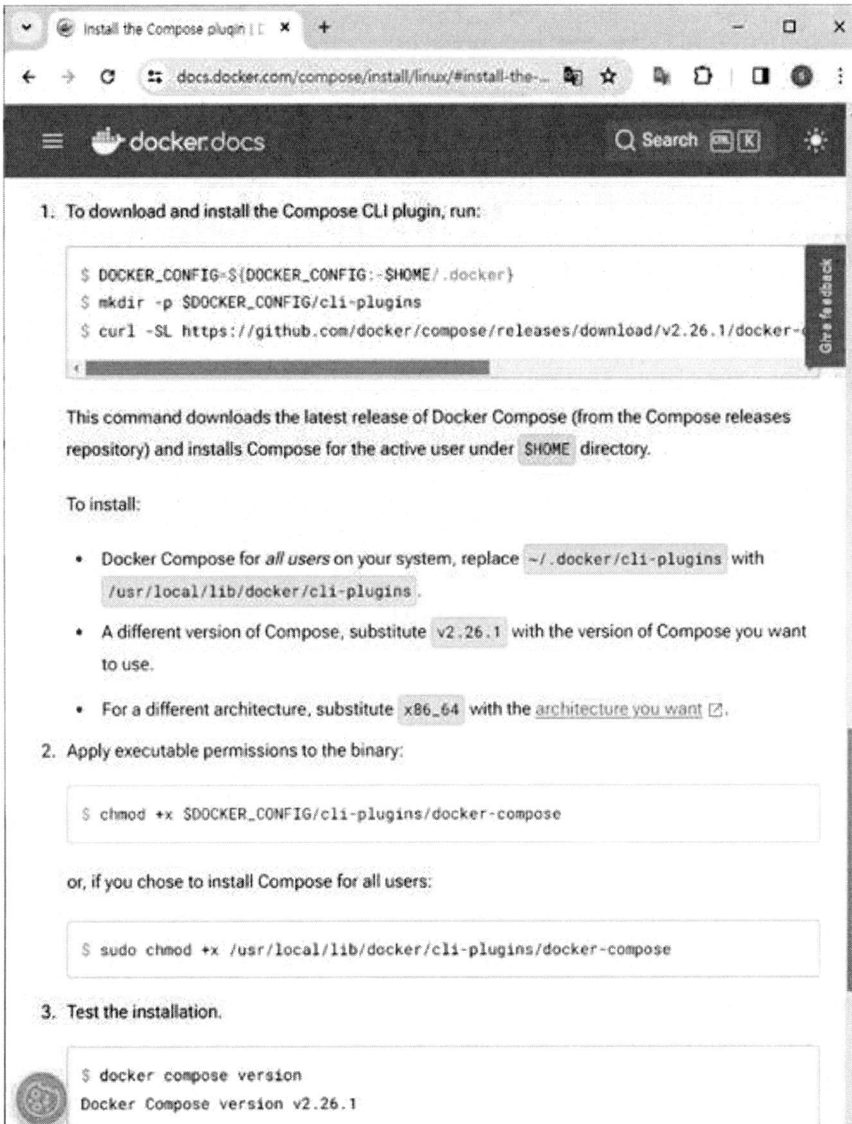
Install the Compose plugin | D
docs.docker.com/compose/install/linux/#install-the-...
docker docs
Search
1. To download and install the Compose CLI plugin, run:
$ DOCKER_CONFIG=${DOCKER_CONFIG:-$HOME/.docker}
$ mkdir -p $DOCKER_CONFIG/cli-plugins
$ curl -SL https://github.com/docker/compose/releases/download/v2.26.1/docker-
Give feedback
This command downloads the latest release of Docker Compose (from the Compose releases repository) and installs Compose for the active user under $HOME directory.
To install:
• Docker Compose for all users on your system, replace ~/.docker/cli-plugins with /usr/local/lib/docker/cli-plugins.
• A different version of Compose, substitute v2.26.1 with the version of Compose you want to use.
• For a different architecture, substitute x86_64 with the architecture you want.
2. Apply executable permissions to the binary:
$ chmod +x $DOCKER_CONFIG/cli-plugins/docker-compose
or, if you chose to install Compose for all users:
$ sudo chmod +x /usr/local/lib/docker/cli-plugins/docker-compose
3. Test the installation.
$ docker compose version
Docker Compose version v2.26.1

- 컴포즈 CLI 플로그인 다운로드 및 설치
- 모든 사용자에 도커 컴포즈 실행 권한 설정
- 컴포즈 버전 확인

· 수동 방식으로 컴포즈 플러그인 설치하기

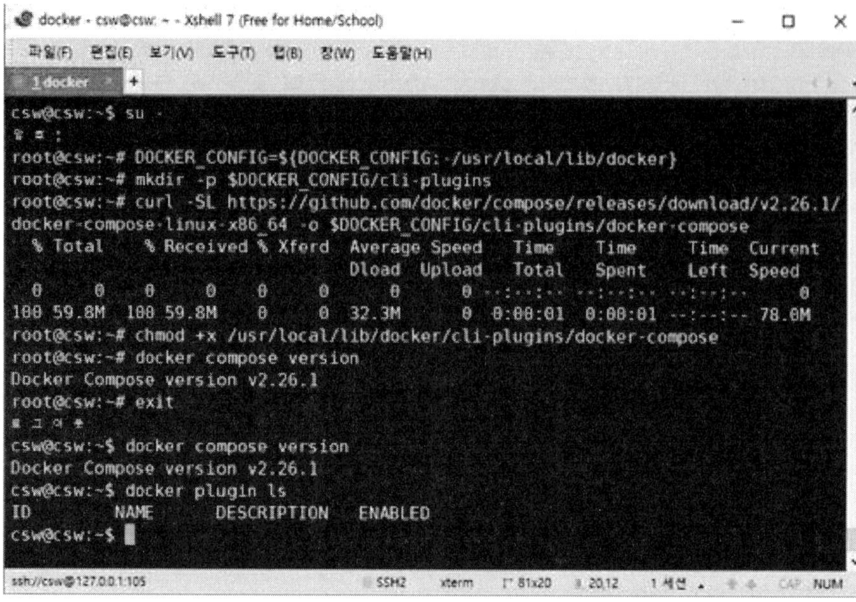
docker - csw@csw: ~ - Xshell 7 (Free for Home/School)
파일(F) 편집(E) 보기(V) 도구(T) 탭(B) 창(W) 도움말(H)
1 docker
csw@csw:~$ su -
root@csw:~# DOCKER_CONFIG=${DOCKER_CONFIG:-/usr/local/lib/docker}
root@csw:~# mkdir -p $DOCKER_CONFIG/cli-plugins
root@csw:~# curl -SL https://github.com/docker/compose/releases/download/v2.26.1/docker-compose-linux-x86_64 -o $DOCKER_CONFIG/cli-plugins/docker-compose
% Total % Received % Xferd Average Speed Time Time Time Current
Dload Upload Total Spent Left Speed
0 0 0 0 0 0 0 0 --:--:-- --:--:-- --:--:-- 0
100 59.8M 100 59.8M 0 0 32.3M 0 0:00:01 0:00:01 --:--:-- 78.0M
root@csw:~# chmod +x /usr/local/lib/docker/cli-plugins/docker-compose
root@csw:~# docker compose version
Docker Compose version v2.26.1
root@csw:~# exit
csw@csw:~$ docker compose version
Docker Compose version v2.26.1
csw@csw:~$ docker plugin ls
ID NAME DESCRIPTION ENABLED
csw@csw:~$
ssh://csw@127.0.0.1:105 SSH2 xterm 81x20 20,12 1 세션 CAP NUM

- root 사용자로 전환하여 설치
- 설치 후 도커 컴포즈 버전 확인

10.2 도커 컴포즈 시작

(1)설정하기

· docker.docs 사이트 접속하여 Quickstart 선택

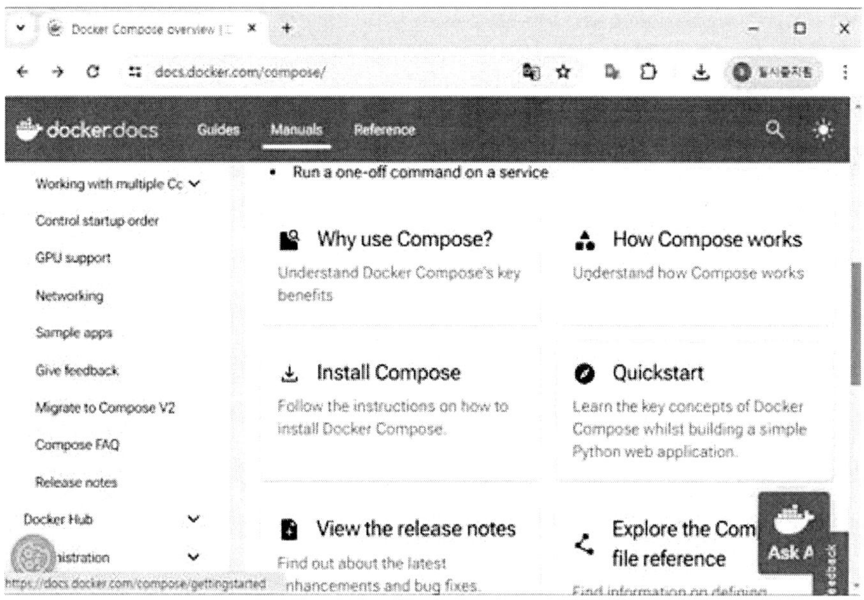
Docker Compose overview
docs.docker.com/compose/
docker docs
Guides
Manuals
Reference
Working with multiple Cc
Control startup order
GPU support
Networking
Sample apps
Give feedback
Migrate to Compose V2
Compose FAQ
Release notes
Docker Hub
Run a one-off command on a service
Why use Compose?
Understand Docker Compose's key benefits
How Compose works
Understand how Compose works
Install Compose
Follow the instructions on how to install Docker Compose.
Quickstart
Learn the key concepts of Docker Compose whilst building a simple Python web application.
View the release notes
Find out about the latest
Explore the Com
file reference
https://docs.docker.com/compose/gettingstarted

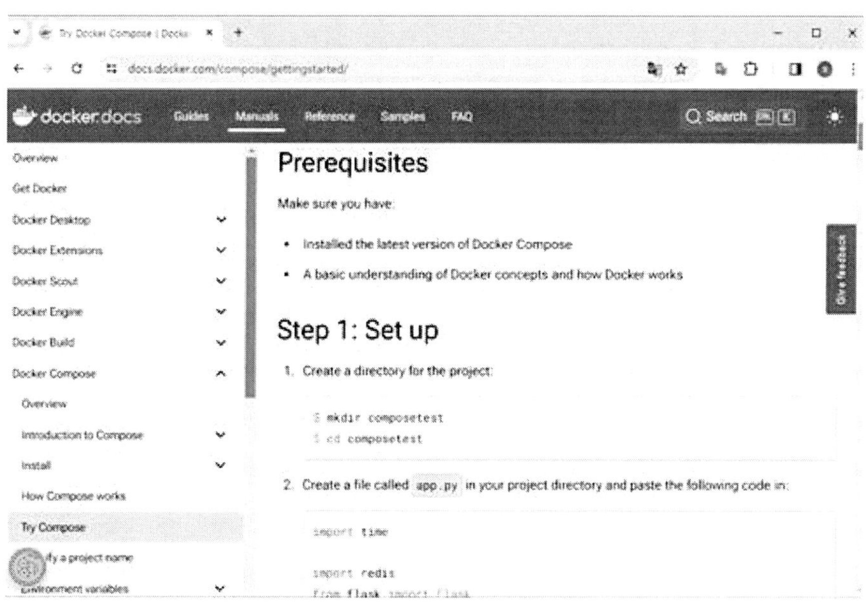
docs.docker.com/compose/gettingstarted/
docker docs
Guides
Manuals
Reference
Samples
FAQ
Search
Overview
Get Docker
Docker Desktop
Docker Extensions
Docker Scout
Docker Engine
Docker Build
Docker Compose
Overview
Introduction to Compose
Install
How Compose works
Try Compose
Prerequisites
Make sure you have:
Installed the latest version of Docker Compose
A basic understanding of Docker concepts and how Docker works
Step 1: Set up
1. Create a directory for the project:
$ mkdir composetest
$ cd composetest
2. Create a file called app.py in your project directory and paste the following code in:
import time
import redis
Give feedback

\- 설정 방법 확인

- 새 프로젝트 디렉토리 생성

docker - csw@csw: ~/composetest - Xshell 7 (Free for Home/School)
csw@csw:~$ mkdir composetest
cd composetest
csw@csw:~/composetest$

  - composetest 디렉토리 생성

- 파이썬 코드 app.py 작성

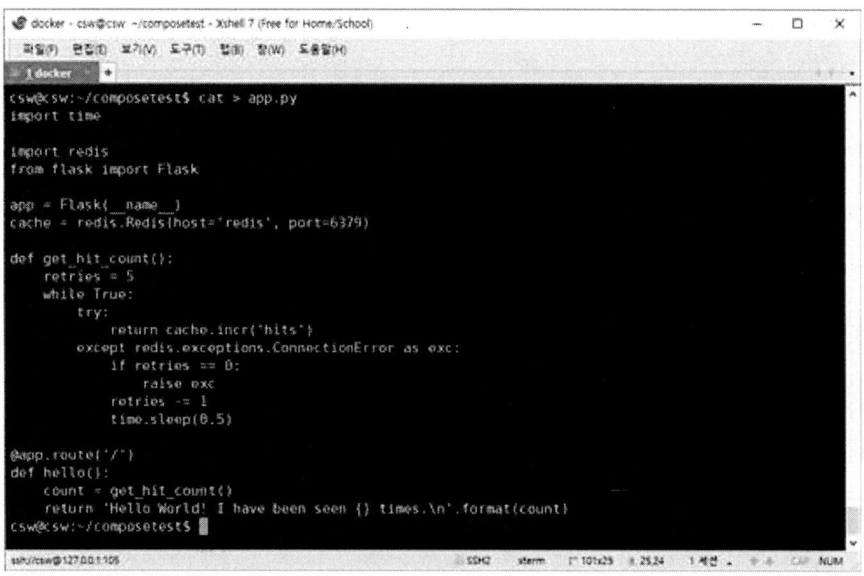
docker - csw@csw: ~/composetest - Xshell 7 (Free for Home/School)
csw@csw:~/composetest$ cat > app.py
import time
import redis
from flask import Flask
app = Flask(__name__)
cache = redis.Redis(host='redis', port=6379)
def get_hit_count():
retries = 5
while True:
try:
return cache.incr('hits')
except redis.exceptions.ConnectionError as exc:
if retries == 0:
raise exc
retries -= 1
time.sleep(0.5)
@app.route('/')
def hello():
count = get_hit_count()
return 'Hello World! I have been seen {} times.\n'.format(count)
csw@csw:~/composetest$

  - cat > app.py : app.py 코드 복사 및 붙여넣기
  - Enter 입력 후 ‘Ctrl + d’로 저장
  - 간단한 플라스크 앱 app.py 작성
  - import time: time 모듈 내 전체 요소(변수, 함수, 클래스 등)를 현재 모듈(app.py)에 임포트, 이 경우 모듈 내 요소는 모듈명.요소명으로 호출 사용.
  - import redis: redis 서버와 통신하기 위한 redis 클라이언트 모듈 임포트
  - from flask import Flask: flask 모듈에서 Flask 클래스 요소만 임포트, 이 경우 요소 명 Flask만을 사용 가능
  - app = Flask(__name__): Flask 클래스 생성자를 통해 애플리케이션 객체 생성, 이 경우 __name__은 현재 모듈의 이름(app.py에서 확장자 뺀 app)을 나타내며, 현재 모듈 app.py 기반 Flask 앱 객체를 생성하여 변수 app에 저장
  - cache = redis.Redis(host='redis', port=6379): redis 모듈의 Redis 클래스 생성자를 통해 Redis 클라이언트 객체 생성, 이 경우 호스트명(컨테이너명)이 ‘redis’이고 포트 6379에서 실행 중인 Redis 서버에 연결.

- def get_hit_count():: 방문자 수 추적 함수로 Redis의 INCR 명령 사용
- @app.route('/'): 플라스크 앱 객체 app의 루트 경로('/')에 대한 URL 요청을 처리할 함수로 hello()를 정의하고 라우팅 경로에 등록, 즉 app에 연결된 경로('/')와 함수 hello() 연결, 여기서 루트 경로 '/'는 app 객체가 있는 위치이며 웹 서버 사이트의 루트 페이지에 대한 엔드포인트임, 웹 브라우저 클라이언트에서 웹 서버 사이트 주소를 입력하거나 링크를 클릭하면 루트 경로 '/'로 요청이 보내지게 되고, 이러한 요청은 웹 애플리케이션에서 해당하는 엔드포인트에 대한 처리를 담당하는 함수로 라우팅됨
- def hello():: / 엔드포인트에 대한 핸들러 함수 정의. get_hit_count() 호출하여 방문자 수를 가져오고, 해당 값을 응답으로 반환.

· Flask
  - 백엔드 프레임워크
  - app.py: 백엔드 로직 정의하고 서버 실행 담당. URL 라우팅, DB 연결, 응답 생성 등의 비즈니스 로직 처리
  - index.html: 프론트엔드 홈페이지 정의
  - 사용자 요청을 app.py에서 처리 후 결과를 index.html로 렌더링하여 반환

· requirements.txt 작성

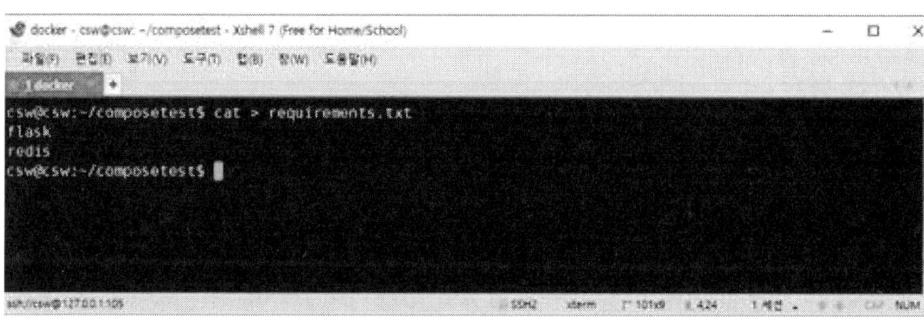
csw@csw:~/composetest$ cat > requirements.txt
flask
redis
csw@csw:~/composetest$

- cat > requirements.txt : requirements.txt 코드 복사 및 붙여넣기
- Enter 입력 후 'Ctrl + d'로 저장
- 앱 app.py에 필요한 파이썬 패키지 flask, redis 등록

- Dockerfile 작성

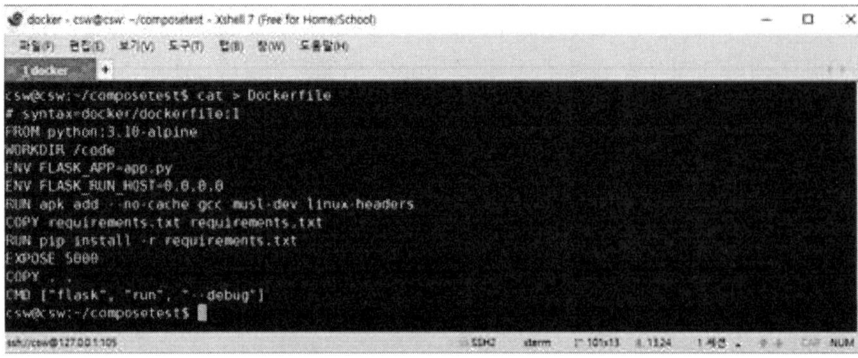
docker - csw@csw: ~/composetest - Xshell 7 (Free for Home/School)
파일(F) 편집(E) 보기(V) 도구(T) 탭(B) 창(W) 도움말(H)
csw@csw:~/composetest$ cat > Dockerfile
syntax=docker/dockerfile:1
FROM python:3.10-alpine
WORKDIR /code
ENV FLASK_APP=app.py
ENV FLASK_RUN_HOST=0.0.0.0
RUN apk add --no-cache gcc musl-dev linux-headers
COPY requirements.txt requirements.txt
RUN pip install -r requirements.txt
EXPOSE 5000
COPY . .
CMD ["flask", "run", "--debug"]
csw@csw:~/composetest$

- cat > Dockerfile : Dockerfile 코드 복사 및 붙여넣기
- Enter 입력 후 'Ctrl + d'로 저장
- FROM python:3.10-alpine: Python 3.10 탑재 알파인 리눅스 베이스 이미지
- WORKDIR /code: 앱 복사 및 실행할 컨테이너 내 작업 디렉토리 /code
- ENV FLASK_APP=app.py: Flask 프레임워크의 진입점(첫 실행) 파일 지정
- FLASK_RUN_HOST: Flask 서버 액세스 허용 호스트(모든 호스트 0.0.0.0)
- RUN apk add --no-cache gcc musl-dev linux-headers: fdisk, redis 패키지의 C 확장 모듈 설치에 gcc 컴파일러, musl-dev 및 linux-headers 라이브러리 필요
- COPY requirements.txt requirements.txt: 호스트 requirements.txt 파일 컨테이너 내 /code 디렉토리로 복사
- RUN pip install -r requirements.txt: 플라스크 앱 app.py에 필요한 파이썬 패키지 설치 (requirements.txt 파일에 명시된 패키지들 설치)
- EXPOSE 5000: 외부 노출 컨테이너 포트(Flask 서버 실행 포트)
- COPY . .: 호스트 현재 디렉토리의 모든 파일을 컨테이너 /code 디렉토리로 복사(Flask 애플리케이션 코드 app.py 등)
- CMD ["flask", "run", "--debug"]: 컨테이너 시작 시 실행될 기본 명령. Flask 프레임워크가 진입점 파일인 app.py 애플리케이션을 디버그 모드로 실행(코드 변경 감지하여 서버 자동 재시작, 코드 변경 즉시 반영)

(2)컴포즈 파일에 서비스들 정의하기

- Yaml 파일 작성하기

docker - csw@csw: ~/composetest - Xshell 7 (Free for Home/School)
csw@csw:~/composetest$ cat > compose.yaml
services:
  web:
    build: .
    ports:
      - "8000:5000"
  redis:
    image: "redis:alpine"
csw@csw:~/composetest$

  - cat > compose.yaml : compose.yaml 코드 복사 및 붙여넣기
  - Enter 입력 후 'Ctrl + d'로 저장
  - 2개의 web 서비스 및 redis 서비스 정의
  - web: 현재 디렉토리의 Dockerfile로부터 이미지 생성
  - 컨테이너와 호스트를 공개 포트 8000번에 바인딩
  - web 서비스는 Flask 웹 서버의 기본 포트인 5000번을 사용
  - redis: 도커 허브 레지스트리의 공식 Redis 이미지를 다운로드하여 사용

(3)컴포즈를 사용하여 앱 빌드 및 실행하기

- docker compose up

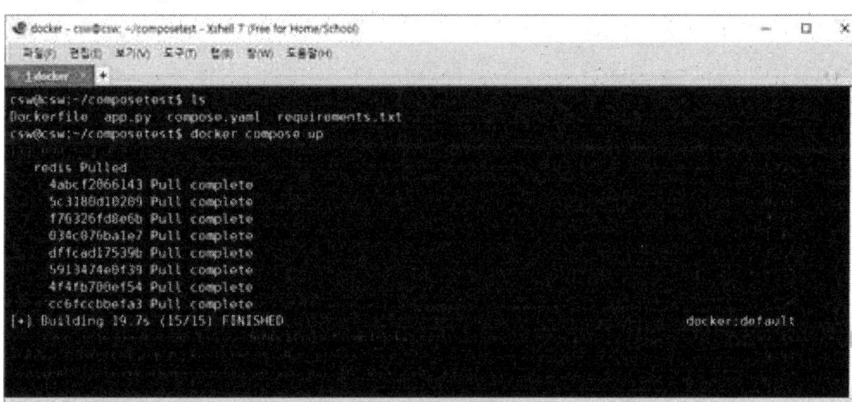
docker - csw@csw: ~/composetest - Xshell 7 (Free for Home/School)
csw@csw:~/composetest$ ls
Dockerfile app.py compose.yaml requirements.txt
csw@csw:~/composetest$ docker compose up
redis Pulled
4abcf2066143 Pull complete
5c3180d10289 Pull complete
f76326fd8e6b Pull complete
034c076ba1e7 Pull complete
dffcad17539b Pull complete
5913474e0f39 Pull complete
4f4fb700ef54 Pull complete
cc6fccbbefa3 Pull complete
[+] Building 19.7s (15/15) FINISHED
docker:default

  - compose 파일로부터 모든 서비스들(멀티 컨테이너) 한 번에 생성 및 시작

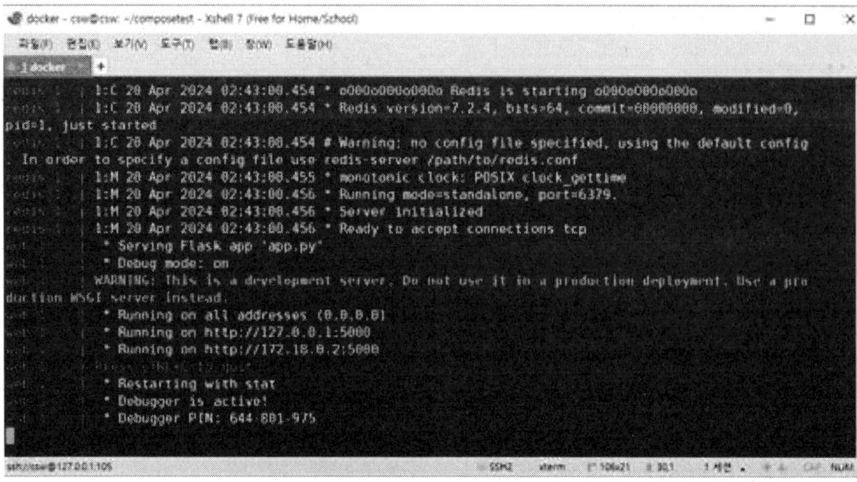

- redis 및 web 서비스 실행 성공
- web-1 exited 등 오류로 웹서버 실행 실패 시,
- Dockerfile, app.py, requreirements.txt 등 파일 확인

· 가동중인 컨테이너 및 이미지 확인

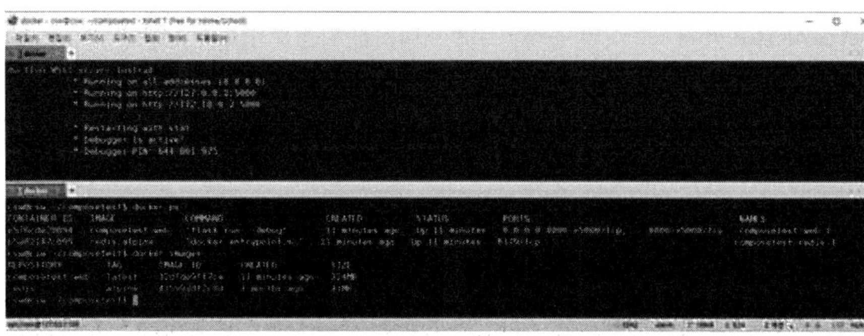

- 복제된 세션에서 실행중인 2개의 컨테이너 web-1 및 redis-1 확인
- 2개의 이미지 composetest-web 및 redis 확인

· 웹 브라우저에서 앱 실행 확인

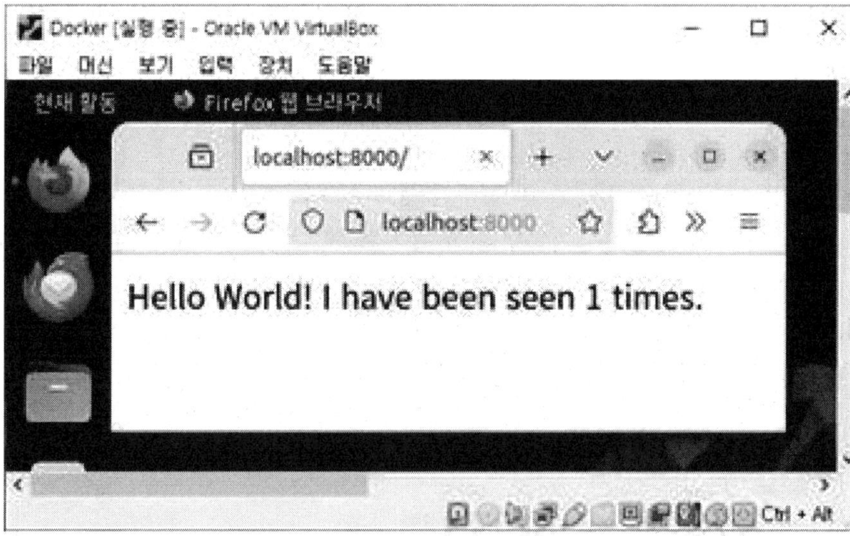
Docker [실행 중] - Oracle VM VirtualBox
localhost:8000/
Hello World! I have been seen 1 times.

- 우분투를 그래픽 모드로 부팅 후 localhost:8000에 접속
- 웹 서버 응답 확인: Hello World! ~~~

· 두 서비스 연동 확인

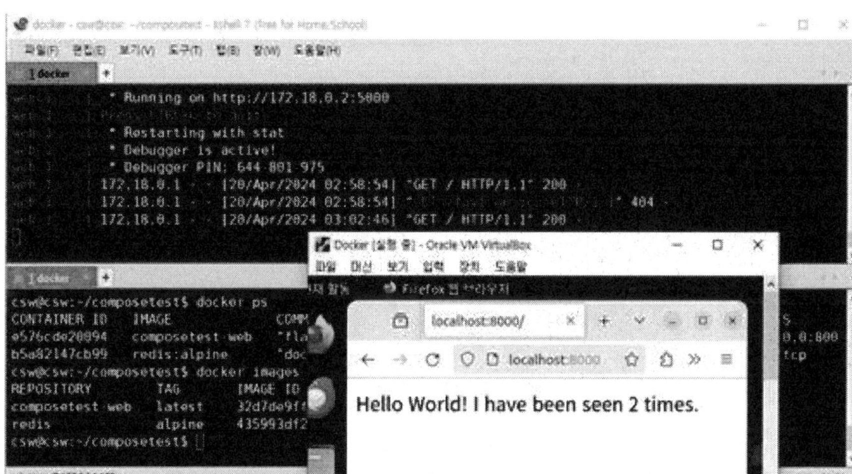
* Running on http://172.18.0.2:5000
* Restarting with stat
* Debugger is active!
* Debugger PIN: 644-801-975
172.18.0.1 - - [20/Apr/2024 02:58:54] "GET / HTTP/1.1" 200 -
172.18.0.1 - - [20/Apr/2024 03:02:46] "GET / HTTP/1.1" 200 -
csw@csw:~/composetest$ docker ps
CONTAINER ID IMAGE
e576cde20894 composetest-web
b5a82147cb99 redis:alpine
csw@csw:~/composetest$ docker images
REPOSITORY TAG IMAGE ID
composetest-web latest
redis alpine
Docker [실행 중] - Oracle VM VirtualBox
localhost:8000/
Hello World! I have been seen 2 times.

- 웹 브라우저 새로고침 클릭 후 내용 변경 확인
- - 도커 컴포즈 실행 터미널에 웹 연결 변화 확인

- 도커 컴포즈 종료

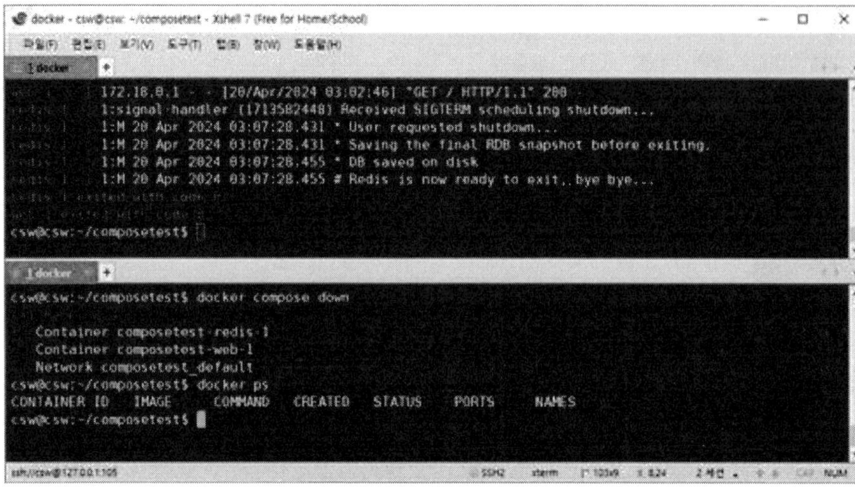

172.18.0.1 - - [20/Apr/2024 03:02:46] "GET / HTTP/1.1" 200 -
1:signal-handler (1713582448) Received SIGTERM scheduling shutdown...
1:M 20 Apr 2024 03:07:28.431 * User requested shutdown...
1:M 20 Apr 2024 03:07:28.431 * Saving the final RDB snapshot before exiting.
1:M 20 Apr 2024 03:07:28.455 * DB saved on disk
1:M 20 Apr 2024 03:07:28.455 # Redis is now ready to exit, bye bye...
csw@csw:~/composetest$
csw@csw:~/composetest$ docker compose down
Container composetest-redis-1
Container composetest-web-1
Network composetest_default
csw@csw:~/composetest$ docker ps
CONTAINER ID IMAGE COMMAND CREATED STATUS PORTS NAMES
csw@csw:~/composetest$

  - 복제된 세션에서 docker compose down 실행
  - - 도커 컴포즈 실행 터미널에서 두 서비스 종료 확인

(4)컴포즈 파일에 컴포즈 워치 추가하기

- develop 섹션

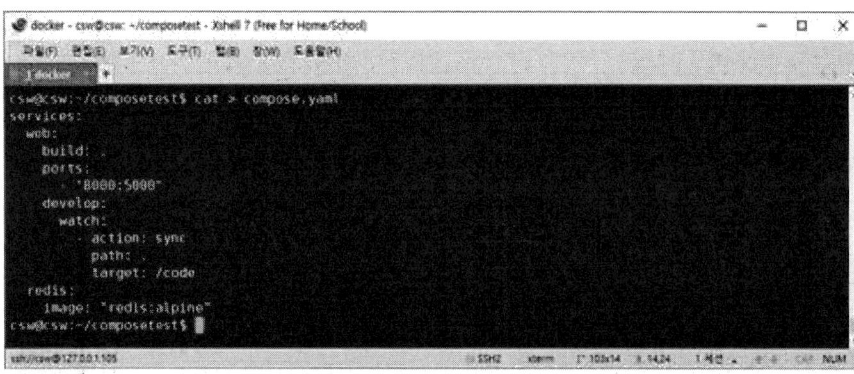

csw@csw:~/composetest$ cat > compose.yaml
services:
web:
build: .
ports:
- "8000:5000"
develop:
watch:
- action: sync
path: .
target: /code
redis:
image: "redis:alpine"
csw@csw:~/composetest$

  - develop 섹션: 개발 중인 서비스에 적용
  - action: 변경 감지 후 실행 동작 지정, 파일 동기화를 위해 'sync' 동작 지정.
  - path: 변경 감지 경로 지정, 현재 디텍토리 '.' 지정.
  - target: 변경 동기화 컨테이너 경로, /code.
  - 현재 디렉토리의 파일 변경되면 컨테이너 내 /code 디렉토리로 동기화
  - 코드 변경 즉시 반영하여 개발 중인 서비스 재시작 않고도 변경 내용 확인

(5)컴포즈로 앱 리빌드 및 실행하기

- docker compose watch

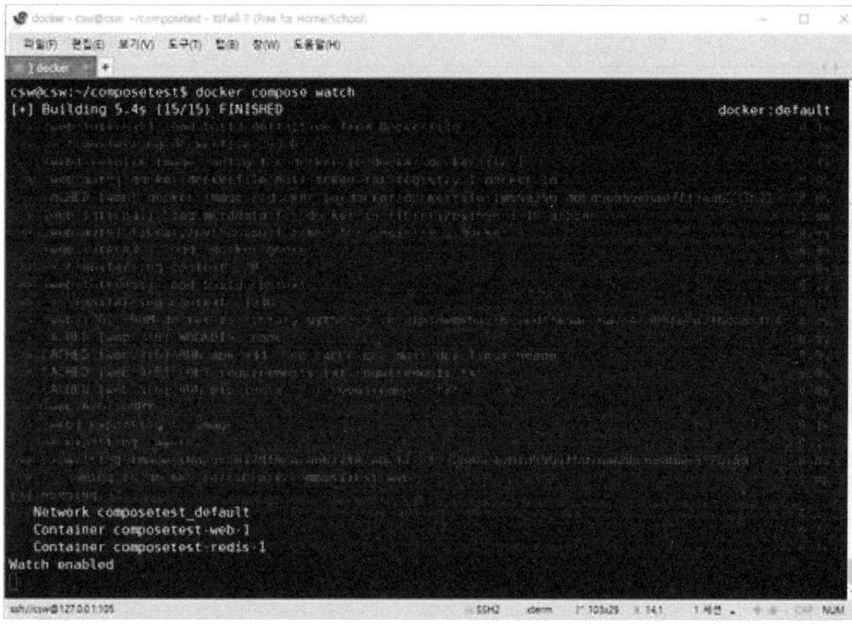
csw@csw:~/composetest$ docker compose watch
[+] Building 5.4s (15/15) FINISHED
docker:default
Network composetest_default
Container composetest-web-1
Container composetest-redis-1
Watch enabled

  - 앱 빌드, 앱 실행, 파일 워치 모드 시작
  - docker compose watch: 개발 중 코드 변경 감지 후 앱 자동 재시작

- 브라우저에서 앱 작동 확인

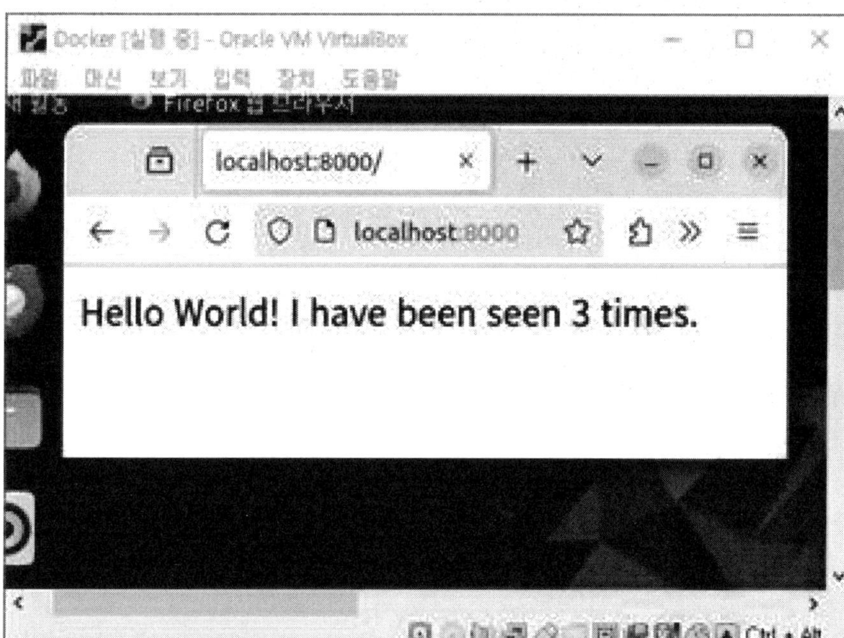
Docker [실행 중] - Oracle VM VirtualBox
파일 머신 보기 입력 장치 도움말
localhost:8000/
localhost:8000
Hello World! I have been seen 3 times.

- 새로 고침 후 카운트 증가 확인

(6)앱 수정하기

· app.py 수정

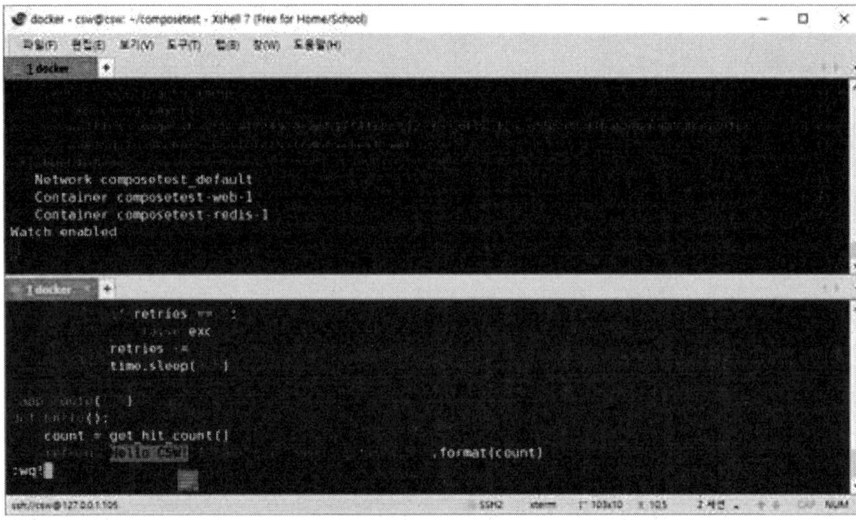

- 복제 세션에서 vi app.py: (실행중인)app.py 파일 마지막 줄 수정 후 저장

· 워치 작동 확인

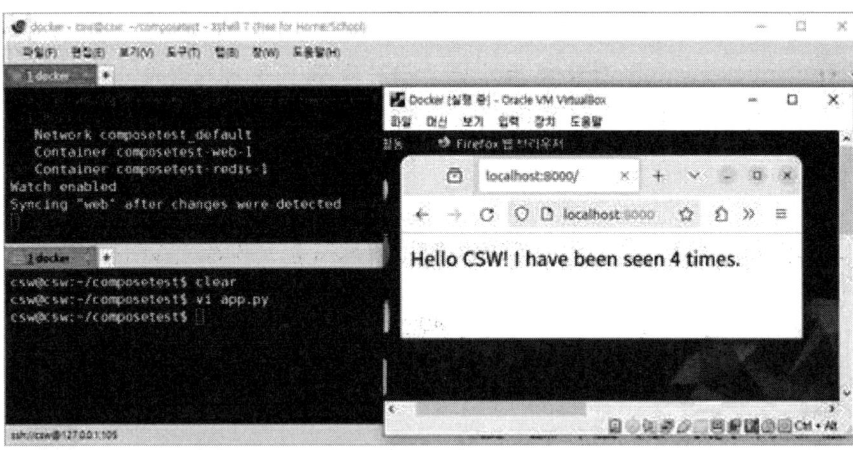

- 원본 세션 터미널: 변경 감지 후 'web' 동기화 중 메시지 확인
- 브라우저 새로고침: 인사말 변경, 카운트 증가 확인

- 실행 중인 컨테이너 확인

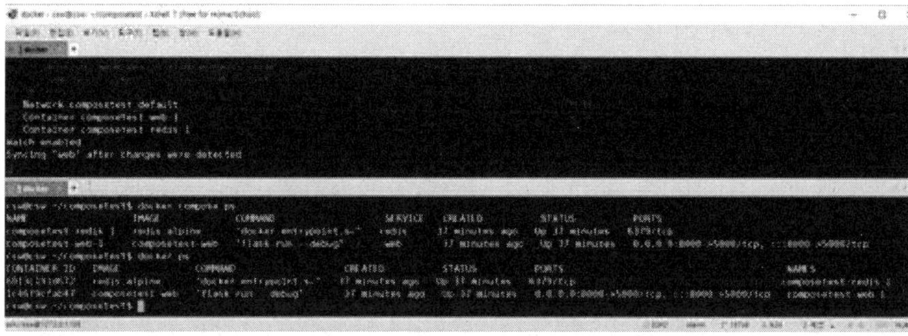

  - docker compose ps: 도커 컴포즈 파일에서 정의된 서비스들 기반의 실행 중인 컨테이너 상태 표시

- 도커 컴포즈 종료

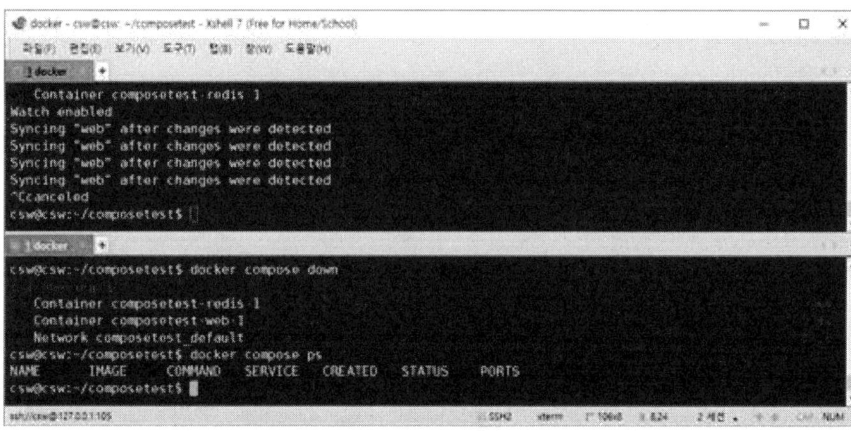
docker - csw@csw: ~/composetest - Xshell 7 (Free for Home/School)
Container composetest-redis-1
Watch enabled
Syncing "web" after changes were detected
Syncing "web" after changes were detected
Syncing "web" after changes were detected
Syncing "web" after changes were detected
^Ccanceled
csw@csw:~/composetest$
csw@csw:~/composetest$ docker compose down
Container composetest-redis-1
Container composetest-web-1
Network composetest_default
csw@csw:~/composetest$ docker compose ps
NAME IMAGE COMMAND SERVICE CREATED STATUS PORTS
csw@csw:~/composetest$

(7)서비스들 커스터마이즈하기

· 새 컴포즈 파일 infra.yaml 생성

- compose.yaml 파일에서 Redis 서비스 복사 후 붙여넣기 후 저장

· compose.yaml 파일 수정

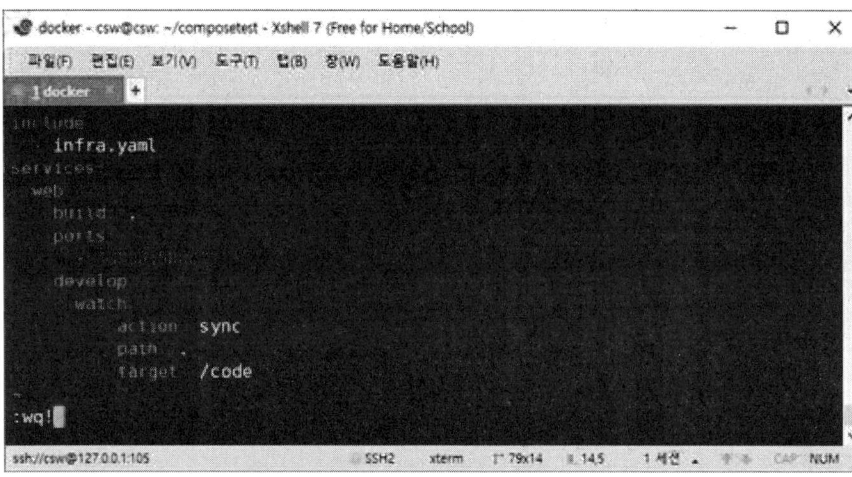

- include 최상위 속성 추가: infra.yaml 파일 경로
- 하단 redis 서비스 삭제 후 저장

· 도커 컴포즈 실행

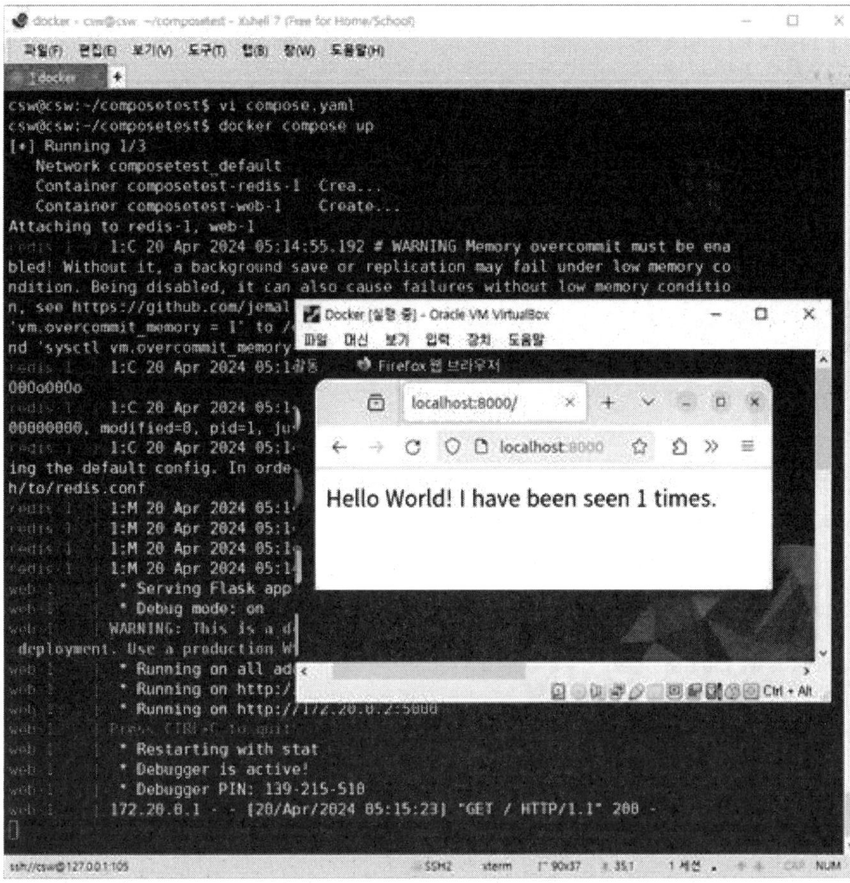

- 수정 컴포즈 파일 기반의 앱 빌드 및 실행
- 브라우저에서 "Hello World! ~~~" 메시지 확인

- 도커 컴포즈 컨테이너 삭제

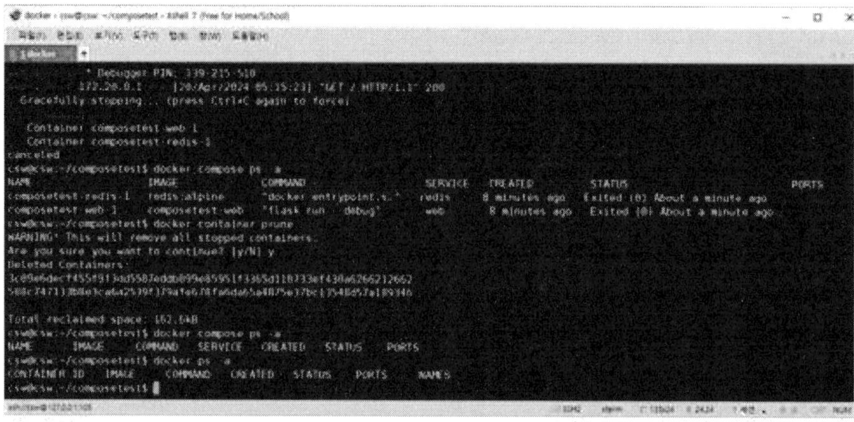

  - docker compose 중지: ctrl + c
  - 모든 도커 컴포즈 컨테이너 확인: docker compose ps -a
  - 중지된 모든 도커 컨테이너 삭제: docker container prune

- 도커 이미지 삭제

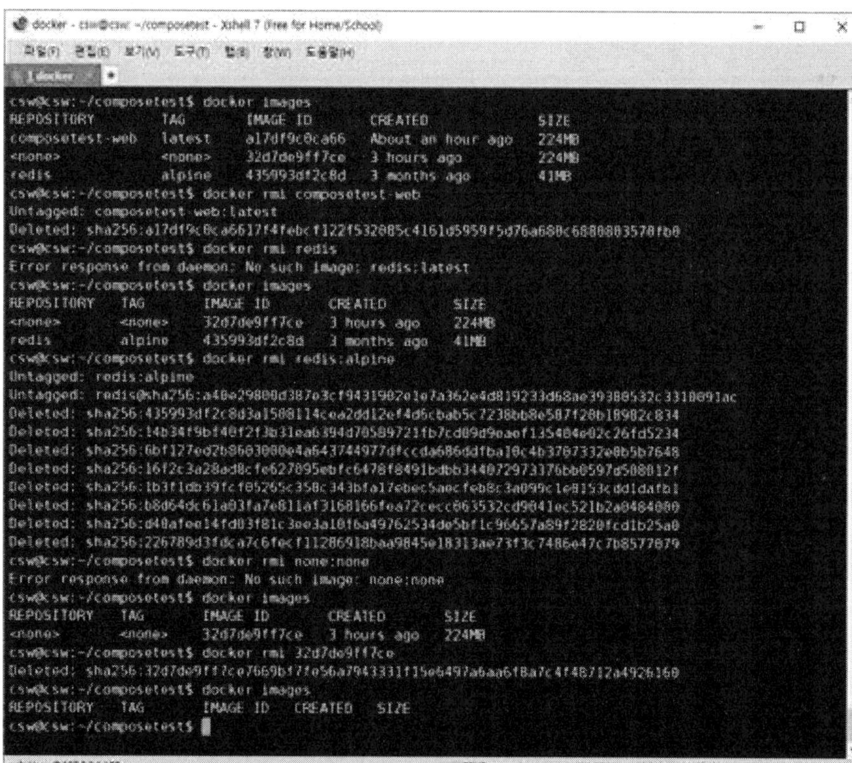
csw@csw:~/composetest$ docker images
REPOSITORY TAG IMAGE ID CREATED SIZE
composetest-web latest a17df9c0ca66 About an hour ago 224MB
<none> <none> 32d7de9ff7ce 3 hours ago 224MB
redis alpine 435993df2c8d 3 months ago 41MB
csw@csw:~/composetest$ docker rmi composetest-web
Untagged: composetest-web:latest
csw@csw:~/composetest$ docker rmi redis
Error response from daemon: No such image: redis:latest
csw@csw:~/composetest$ docker images
REPOSITORY TAG IMAGE ID CREATED SIZE
<none> <none> 32d7de9ff7ce 3 hours ago 224MB
redis alpine 435993df2c8d 3 months ago 41MB
csw@csw:~/composetest$ docker rmi redis:alpine
Untagged: redis:alpine
csw@csw:~/composetest$ docker rmi none:none
Error response from daemon: No such image: none:none
csw@csw:~/composetest$ docker images
REPOSITORY TAG IMAGE ID CREATED SIZE
<none> <none> 32d7de9ff7ce 3 hours ago 224MB
csw@csw:~/composetest$ docker rmi 32d7de9ff7ce
csw@csw:~/composetest$ docker images
REPOSITORY TAG IMAGE ID CREATED SIZE
csw@csw:~/composetest$

10.3 도커 컴포즈 샘플 앱 : 워드프레스

(1)샘플 앱 페이지 이동하기

- 도커 컴포즈 시작 페이지

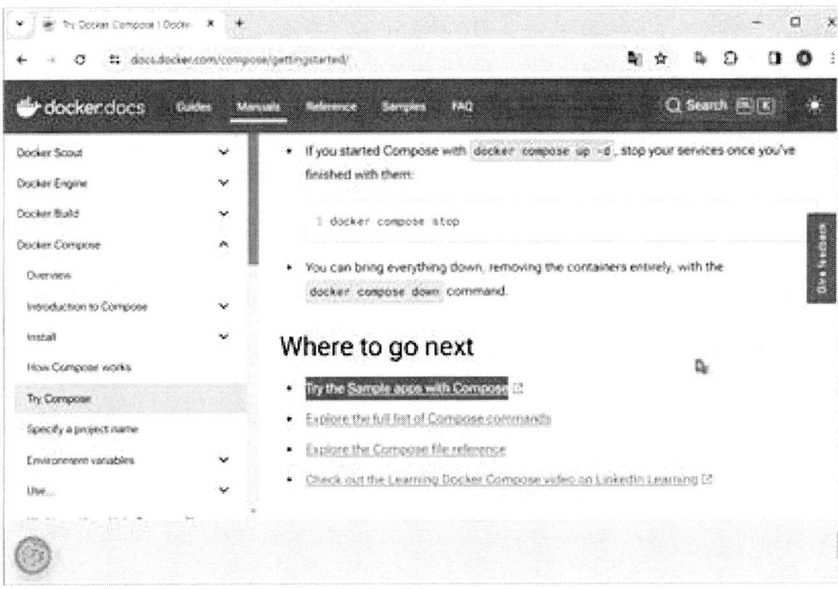

  - https://docs.docker.com/compose/gettingstarted/
  - 하단 "Try the Sample apps with Compose" 선택
- 샘플 앱 페이지(https://github.com/docker/awesome-compose)

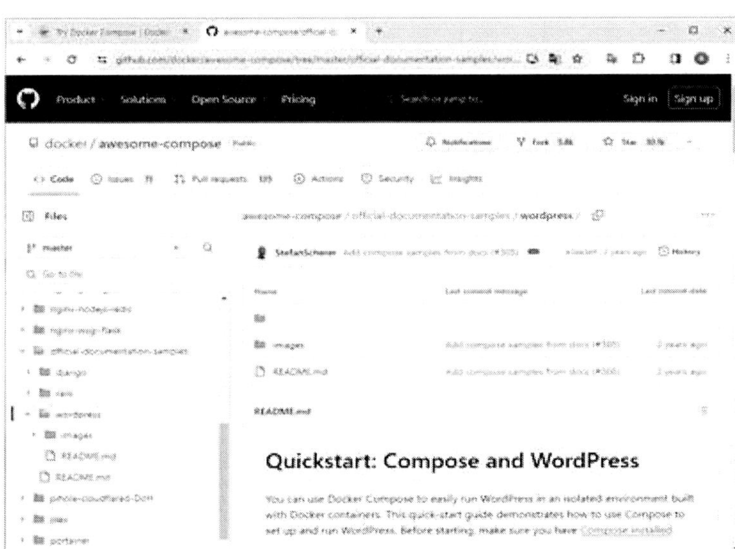

  - 공식 문서 샘플(official-documentation-samples) 폴더: 워드프레스 선택

(2)퀵스타트하기: 컴포즈 및 워드프레스

· 프로젝트 정의하기

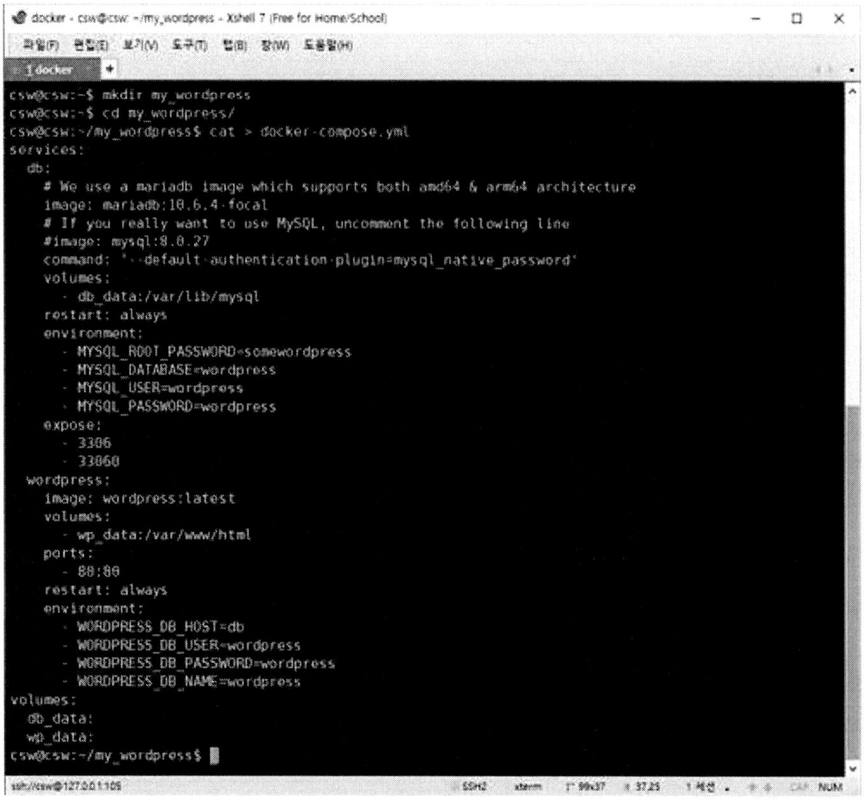
docker - csw@csw: ~/my_wordpress - Xshell 7 (Free for Home/School)
파일(F) 편집(E) 보기(V) 도구(T) 탭(B) 창(W) 도움말(H)
1 docker
csw@csw:~$ mkdir my_wordpress
csw@csw:~$ cd my_wordpress/
csw@csw:~/my_wordpress$ cat > docker-compose.yml
services:
db:
We use a mariadb image which supports both amd64 & arm64 architecture
image: mariadb:10.6.4-focal
If you really want to use MySQL, uncomment the following line
#image: mysql:8.0.27
command: '--default-authentication-plugin=mysql_native_password'
volumes:
- db_data:/var/lib/mysql
restart: always
environment:
- MYSQL_ROOT_PASSWORD=somewordpress
- MYSQL_DATABASE=wordpress
- MYSQL_USER=wordpress
- MYSQL_PASSWORD=wordpress
expose:
- 3306
- 33060
wordpress:
image: wordpress:latest
volumes:
- wp_data:/var/www/html
ports:
- 80:80
restart: always
environment:
- WORDPRESS_DB_HOST=db
- WORDPRESS_DB_USER=wordpress
- WORDPRESS_DB_PASSWORD=wordpress
- WORDPRESS_DB_NAME=wordpress
volumes:
db_data:
wp_data:
csw@csw:~/my_wordpress$

- 새 프로젝트 디렉토리 my_wordpress 생성 및 이동: cd my_wordpress
- 도커 컴포즈 파일 docker-compose.yml 생성: cat > docker-compose.yml
- WordPress 블로그와 별도의 MySQL 인스턴스 설정
- 데이터 지속성을 위해 볼륨 마운트 포함
- 도커 볼륨 db_data와 wordpress_data는 워드프레스 변경의 DB 기록 지속

- 프로젝트 빌드하기

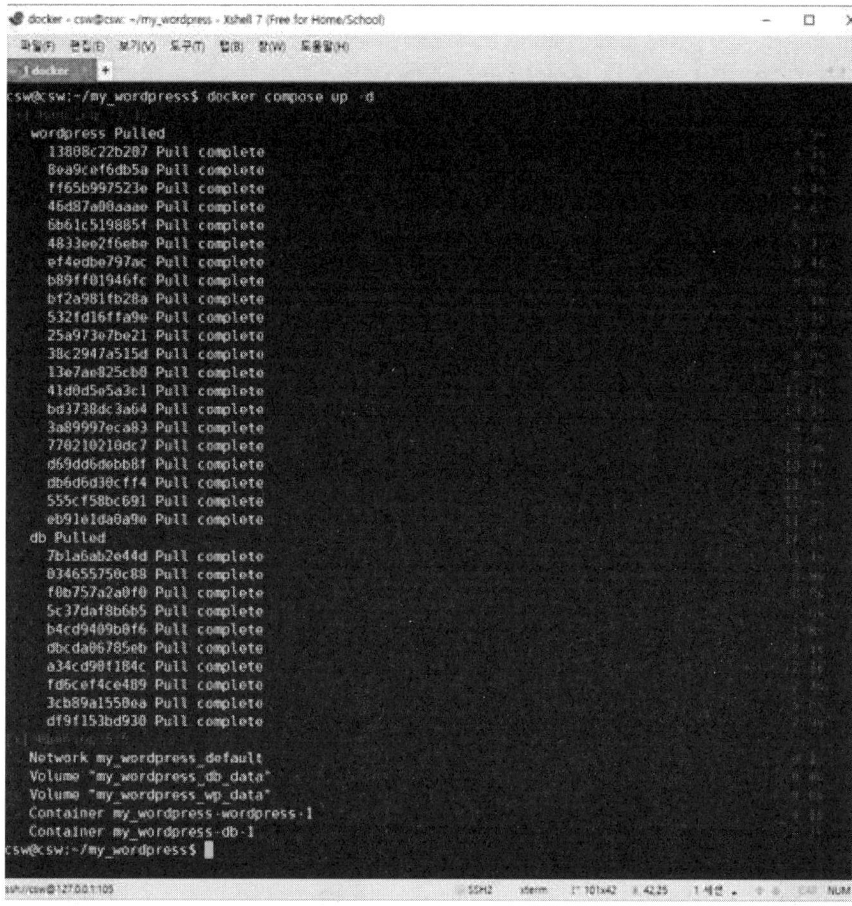
docker - csw@csw: ~/my_wordpress - Xshell 7 (Free for Home/School)
csw@csw:~/my_wordpress$ docker compose up -d
wordpress Pulled
13808c22b207 Pull complete
8ea9cef6db5a Pull complete
ff65b997523e Pull complete
46d87a00aaae Pull complete
6b61c519885f Pull complete
4833ee2f6ebe Pull complete
ef4edbe797ac Pull complete
b89ff01946fc Pull complete
bf2a981fb28a Pull complete
532fd16ffa9e Pull complete
25a973e7be21 Pull complete
38c2947a515d Pull complete
13e7ae825cb0 Pull complete
41d0d5e5a3c1 Pull complete
bd3738dc3a64 Pull complete
3a89997eca83 Pull complete
770210210dc7 Pull complete
d69dd6debb8f Pull complete
db6d6d30cff4 Pull complete
555cf58bc691 Pull complete
eb91e1da0a9e Pull complete
db Pulled
7b1a6ab2e44d Pull complete
034655750c88 Pull complete
f0b757a2a0f0 Pull complete
5c37daf8b6b5 Pull complete
b4cd9409b0f6 Pull complete
dbcda06785eb Pull complete
a34cd90f184c Pull complete
fd6cef4ce489 Pull complete
3cb89a1550ea Pull complete
df9f153bd930 Pull complete
Network my_wordpress_default
Volume "my_wordpress_db_data"
Volume "my_wordpress_wp_data"
Container my_wordpress-wordpress-1
Container my_wordpress-db-1
csw@csw:~/my_wordpress$

- 도커 컴포즈를 뒷단 모드에서 실행
- 워드프레스 및 db 이미지 다운로드
- 워드프레스와 데이터베이스 컨테이너 시작

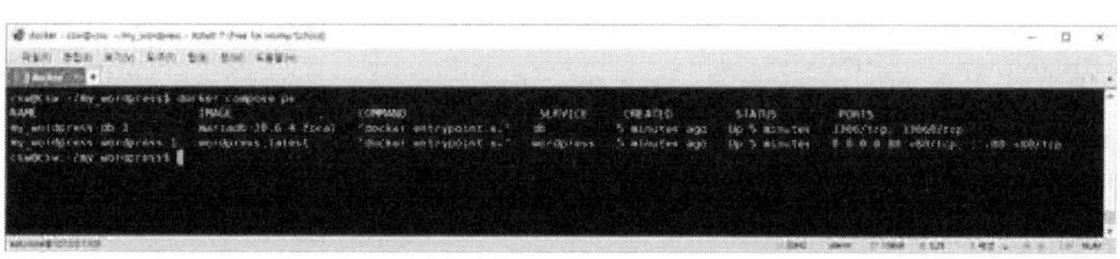

- 워드프레스와 데이터베이스 컨테이너 실행 확인
- 워드프레스는 도커 호스트의 80번에서 실행중임

· 브라우저에서 워드프레스 실행하기

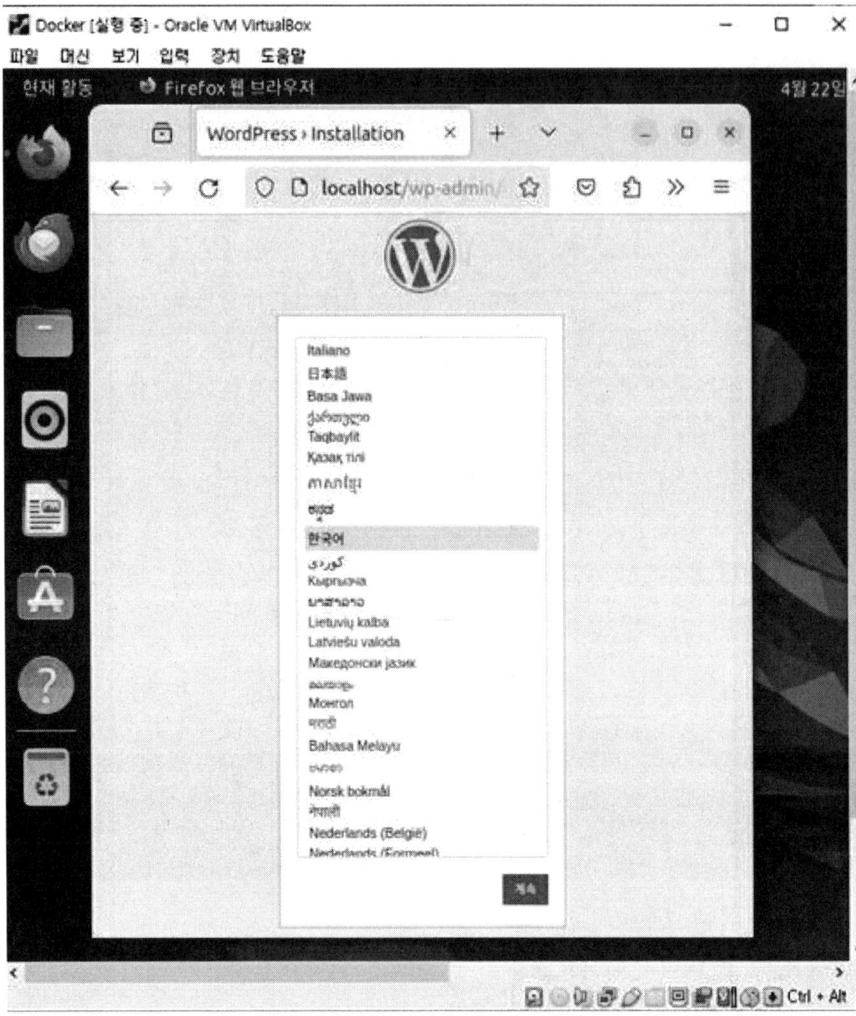

- 우분투를 임시로 그래픽 모드로 전환: root로 로그인 후 init 5
- csw 사용자로 로그인
- 파이어폭스 주소창에 localhost:80 열기
- 워드프레스 설치 화면에서 '한국어' 선택 후 '계속'

- '환영합니다' 페이지에서 필요 정보 입력 후 '워드프레스 설치'

Docker [실행 중] - Oracle VM VirtualBox
파일 머신 보기 입력 장치 도움말
현재 활동
Firefox 웹 브라우저
워드프레스 › 설치
localhost/wp-admin/
성공!
사용자명
CSW
비밀번호
로그인
Ctrl + Alt

- 설치 성공
- 로그인

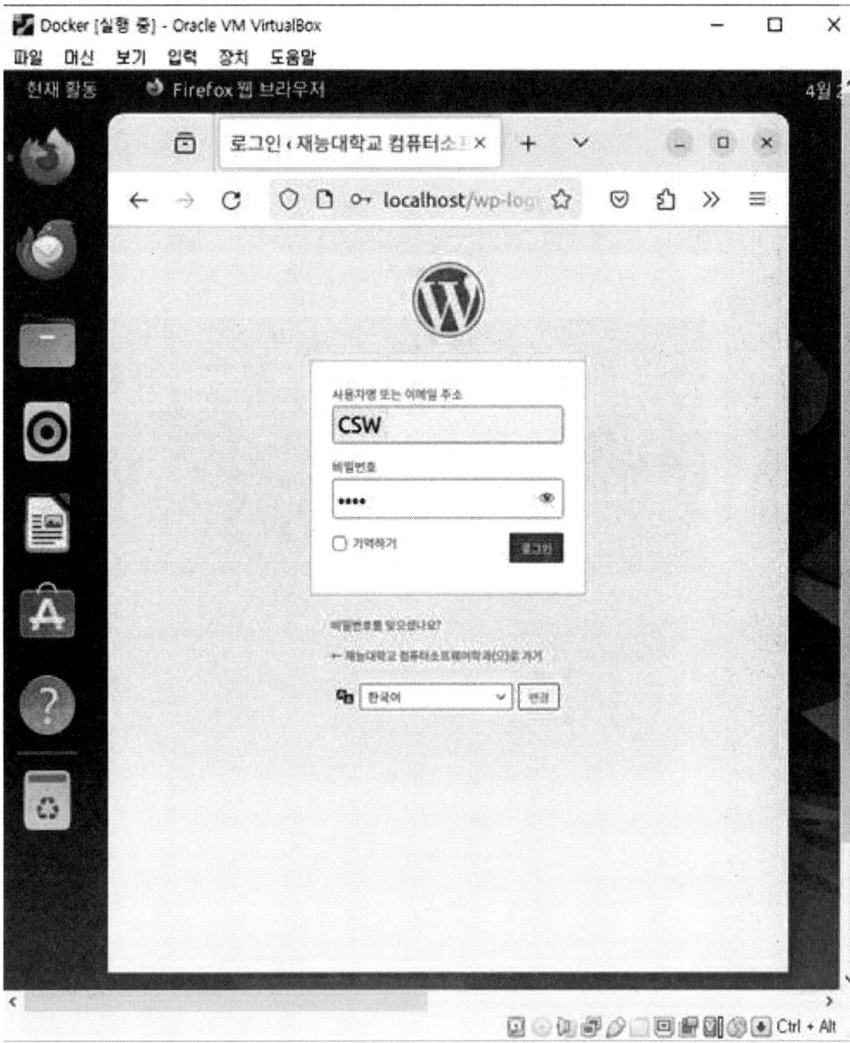

- 암호 자동 입력
- 수동 입력: pass

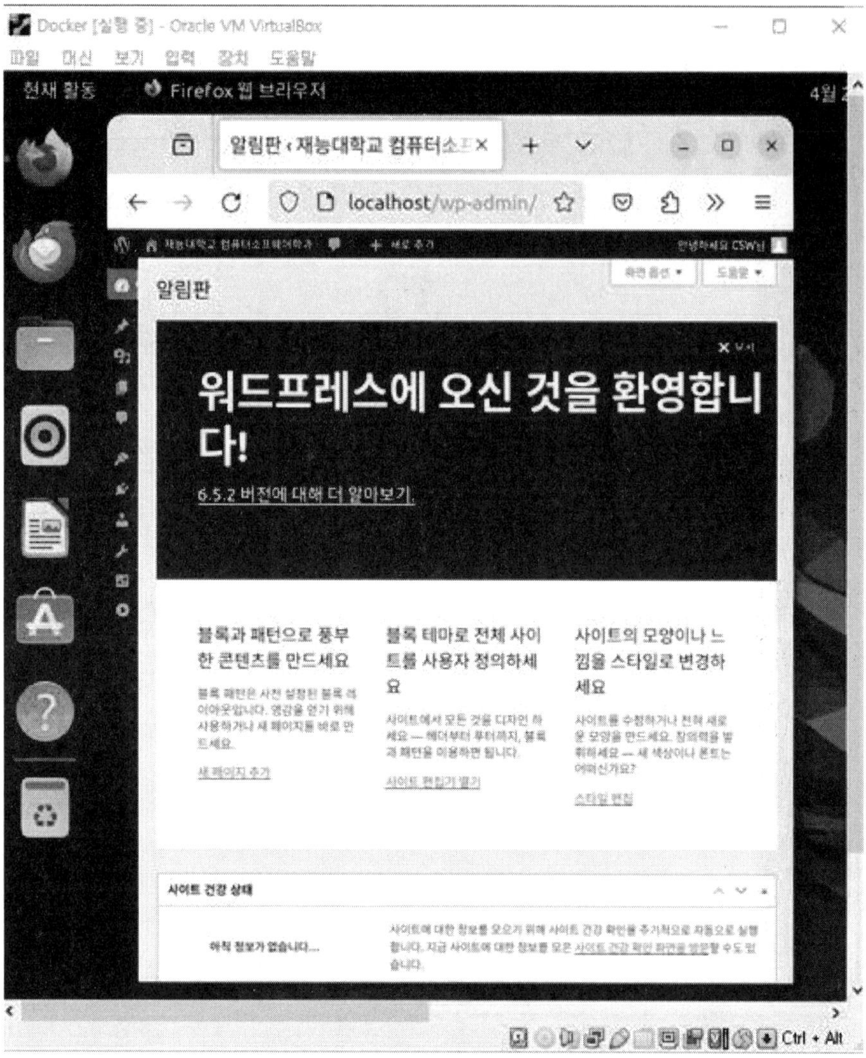
Docker [실행 중] - Oracle VM VirtualBox
파일 머신 보기 입력 장치 도움말
현재 활동
Firefox 웹 브라우저
알림판 ‹ 재능대학교 컴퓨터소프
localhost/wp-admin/
알림판
워드프레스에 오신 것을 환영합니다!
6.5.2 버전에 대해 더 알아보기.
블록과 패턴으로 풍부한 콘텐츠를 만드세요
블록 테마로 전체 사이트를 사용자 정의하세요
사이트의 모양이나 느낌을 스타일로 변경하세요
사이트 건강 상태
Ctrl + Alt

- 워드프레스 실행

(3)도커 볼륨 확인하기

· 컴포즈 파일에서 도커 볼륨 정의 확인

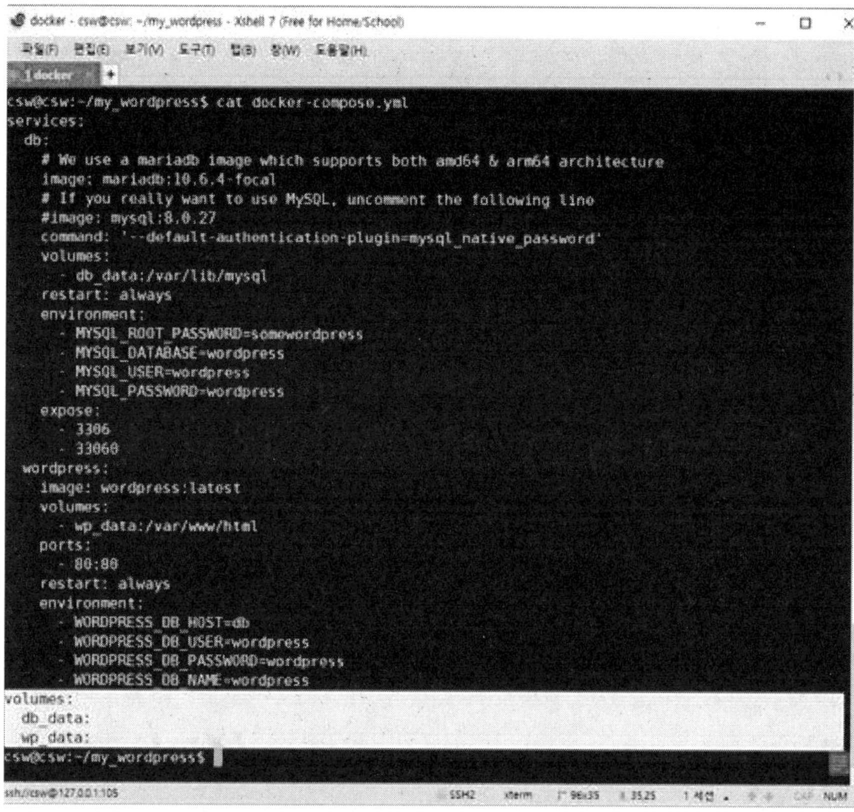

```
csw@csw:~/my_wordpress$ cat docker-compose.yml
services:
  db:
    # We use a mariadb image which supports both amd64 & arm64 architecture
    image: mariadb:10.6.4-focal
    # If you really want to use MySQL, uncomment the following line
    #image: mysql:8.0.27
    command: '--default-authentication-plugin=mysql_native_password'
    volumes:
      - db_data:/var/lib/mysql
    restart: always
    environment:
      - MYSQL_ROOT_PASSWORD=somewordpress
      - MYSQL_DATABASE=wordpress
      - MYSQL_USER=wordpress
      - MYSQL_PASSWORD=wordpress
    expose:
      - 3306
      - 33060
  wordpress:
    image: wordpress:latest
    volumes:
      - wp_data:/var/www/html
    ports:
      - 80:80
    restart: always
    environment:
      - WORDPRESS_DB_HOST=db
      - WORDPRESS_DB_USER=wordpress
      - WORDPRESS_DB_PASSWORD=wordpress
      - WORDPRESS_DB_NAME=wordpress
volumes:
  db_data:
  wp_data:
csw@csw:~/my_wordpress$
```

- 2개의 서비스 정의: db, wordpress
- 2개의 볼륨 정의: db_data, wp_data

· 도커 볼륨 목록 확인

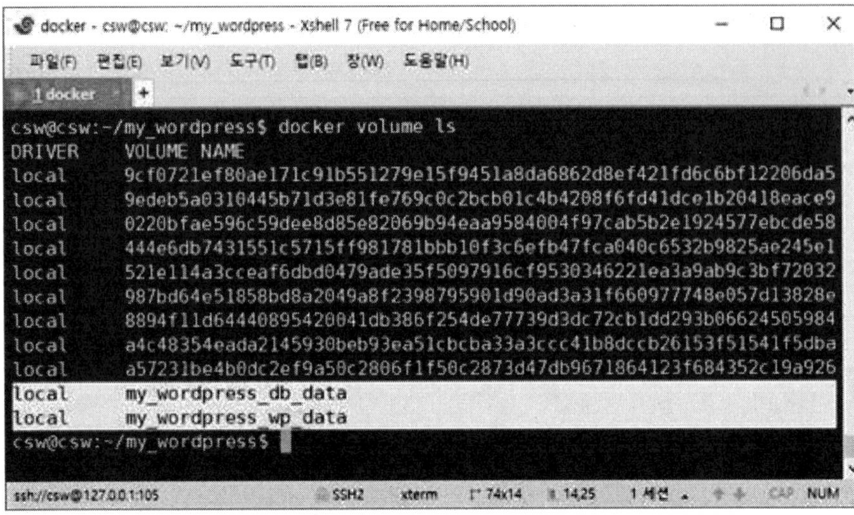

- my_wordpress_db_data 및 my_wordpress_wp_data 볼륨 생성 확인

· 호스트 마운트 위치 확인

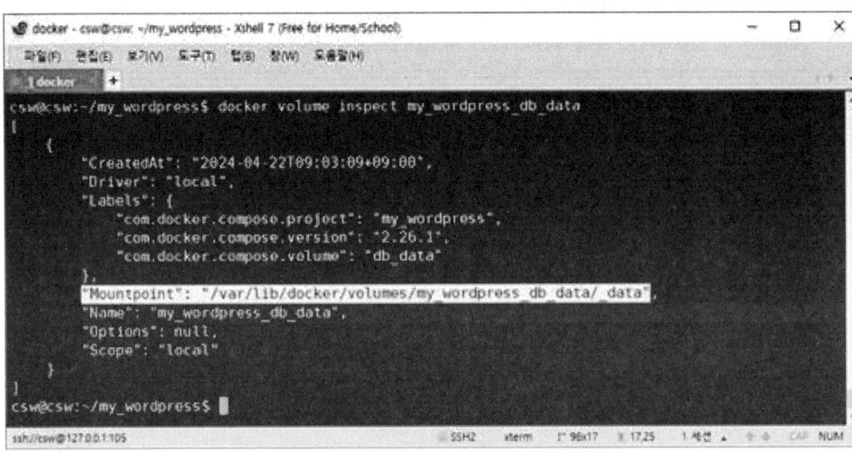

- 호스트 마운트 위치: /var/lib/docker/volumes/

· 호스트 마운트 위치 이동

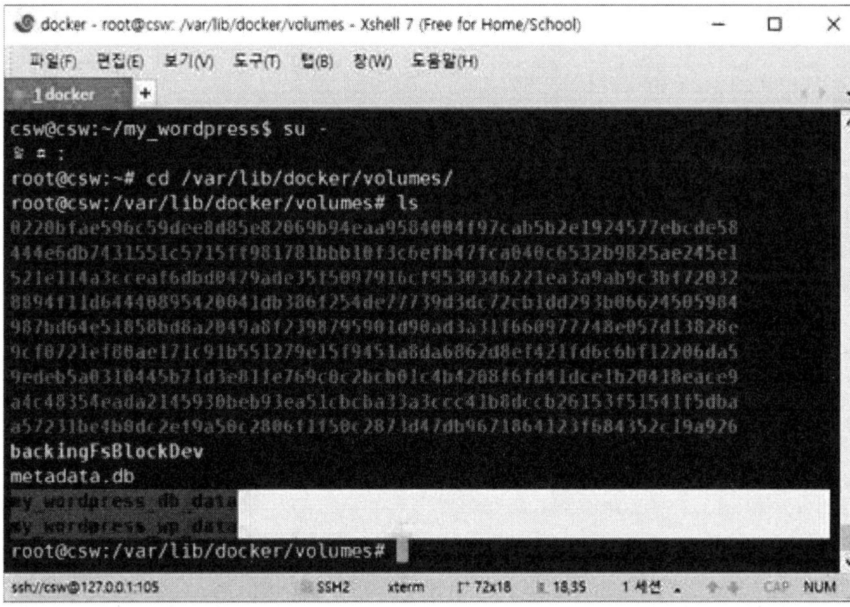
docker - root@csw: /var/lib/docker/volumes - Xshell 7 (Free for Home/School)
csw@csw:~/my_wordpress$ su -
root@csw:~# cd /var/lib/docker/volumes/
root@csw:/var/lib/docker/volumes# ls
backingFsBlockDev
metadata.db
root@csw:/var/lib/docker/volumes#

- root 사용자로 전환
- 호스트 /var/lib/docker/volumes/ 폴더에서 마운트 볼륨 확인

· 데이터베이스 데이터 저장 확인

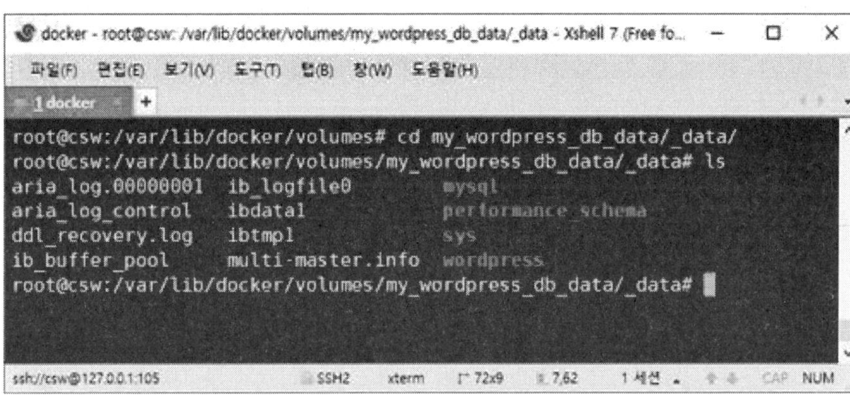
docker - root@csw: /var/lib/docker/volumes/my_wordpress_db_data/_data - Xshell 7 (Free fo...
root@csw:/var/lib/docker/volumes# cd my_wordpress_db_data/_data/
root@csw:/var/lib/docker/volumes/my_wordpress_db_data/_data# ls
aria_log.00000001 ib_logfile0 mysql
aria_log_control ibdata1 performance_schema
ddl_recovery.log ibtmp1 sys
ib_buffer_pool multi-master.info wordpress
root@csw:/var/lib/docker/volumes/my_wordpress_db_data/_data#

(1)샘플 앱 페이지 이동하기

- 컴포즈 종료 및 볼륨 삭제

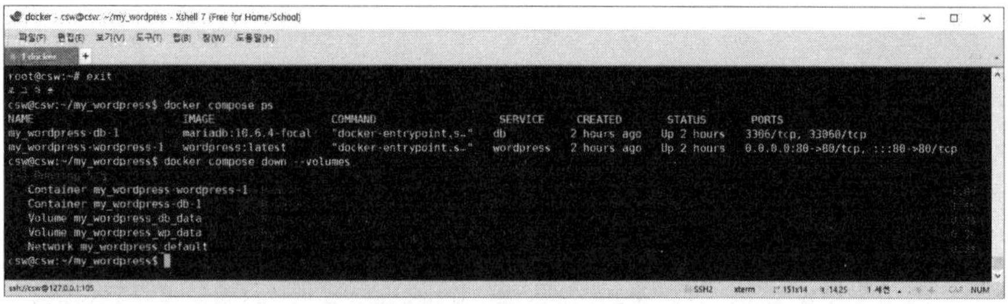
docker - csw@csw: ~/my_wordpress - Xshell 7 (Free for Home/School)
root@csw:~# exit
csw@csw:~/my_wordpress$ docker compose ps
NAME IMAGE COMMAND SERVICE CREATED STATUS PORTS
my_wordpress-db-1 mariadb:10.6.4-focal "docker-entrypoint.s…" db 2 hours ago Up 2 hours 3306/tcp, 33060/tcp
my_wordpress-wordpress-1 wordpress:latest "docker-entrypoint.s…" wordpress 2 hours ago Up 2 hours 0.0.0.0:80->80/tcp, :::80->80/tcp
csw@csw:~/my_wordpress$ docker compose down --volumes
Container my_wordpress-wordpress-1
Container my_wordpress-db-1
Volume my_wordpress_db_data
Volume my_wordpress_wp_data
Network my_wordpress_default
csw@csw:~/my_wordpress$

  - docker compose down: 도커 컴포즈로 실행된 모든 컨테이너 중지 및 삭제
  - '--volumes': 컨테이너가 생성한 모든 볼륨도 제거

- 볼륨 삭제 확인

docker - root@csw: /var/lib/docker/volumes - Xshell 7 (Free for Home/School)
csw@csw:~/my_wordpress$ su -
root@csw:~# cd /var/lib/docker/volumes/
root@csw:/var/lib/docker/volumes# ls
backingFsBlockDev
metadata.db
root@csw:/var/lib/docker/volumes# docker volume ls
DRIVER VOLUME NAME
local 9cf0721ef80ae171c91b551279e15f9451a8da6862d8ef421fd6c6bf12206da5
local 9edeb5a0310445b71d3e81fe769c0c2bcb01c4b4208f6fd41dce1b20418eace9
local 0220bfae596c59dee8d85e82069b94eaa9584004f97cab5b2e1924577ebcde58
local 444e6db7431551c5715ff981781bbb10f3c6efb47fca040c6532b9825ae245e1
local 521e114a3cceaf6dbd0479ade35f5097916cf9530346221ea3a9ab9c3bf72032
local 987bd64e51858bd8a2049a8f2398795901d90ad3a31f660977748e057d13828e
local 8894f11d6440895420041db386f254de77739d3dc72cb1dd293b06624505984
local a4c48354eada2145930beb93ea51cbcba33a3ccc41b8dccb26153f51541f5dba
local a57231be4b0dc2ef9a50c2806f1f50c2873d47db9671864123f684352c19a926
root@csw:/var/lib/docker/volumes#

  - my_wordpress_db_data 및 my_wordpress_wp_data 볼륨 제거 확인

- 이미지 삭제

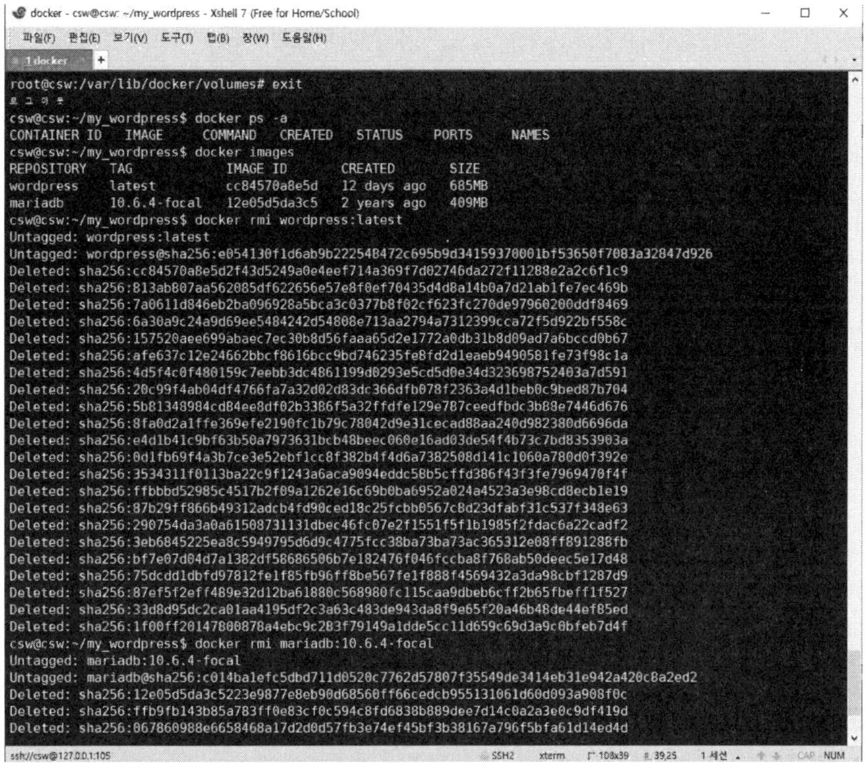

docker - csw@csw: ~/my_wordpress - Xshell 7 (Free for Home/School)
파일(F) 편집(E) 보기(V) 도구(T) 탭(B) 창(W) 도움말(H)
1 docker
root@csw:/var/lib/docker/volumes# exit
csw@csw:~/my_wordpress$ docker ps -a
CONTAINER ID   IMAGE   COMMAND   CREATED   STATUS   PORTS   NAMES
csw@csw:~/my_wordpress$ docker images
REPOSITORY   TAG   IMAGE ID   CREATED   SIZE
wordpress   latest   cc84570a8e5d   12 days ago   685MB
mariadb   10.6.4-focal   12e05d5da3c5   2 years ago   409MB
csw@csw:~/my_wordpress$ docker rmi wordpress:latest
Untagged: wordpress:latest
Untagged: wordpress@sha256:e054130f1d6ab9b222548472c695b9d34159370001bf53650f7083a32847d926
Deleted: sha256:cc84570a8e5d2f43d5249a0e4eef714a369f7d02746da272f11288e2a2c6f1c9
Deleted: sha256:813ab807aa562085df622656e57e8f0ef70435d4d8a14b0a7d21ab1fe7ec469b
Deleted: sha256:7a0611d846eb2ba096928a5bca3c0377b8f02cf623fc270de97960200ddf8469
Deleted: sha256:6a30a9c24a9d69ee5484242d54808e713aa2794a7312399cca72f5d922bf558c
Deleted: sha256:157520aee699abaec7ec30b8d56faaa65d2e1772a0db31b8d09ad7a6bccd0b67
Deleted: sha256:afe637c12e24662bbcf8616bcc9bd746235fe8fd2d1eaeb9490581fe73f98c1a
Deleted: sha256:4d5f4c0f480159c7eebb3dc4861199d0293e5cd5d0e34d323698752403a7d591
Deleted: sha256:20c99f4ab04df4766fa7a32d02d83dc366dfb078f2363a4d1beb0c9bed87b704
Deleted: sha256:5b81348984cd84ee8df02b3386f5a32ffdfe129e787ceedfbdc3b88e7446d676
Deleted: sha256:8fa0d2a1ffe369efe2190fc1b79c78042d9e31cecad88aa240d982380d6696da
Deleted: sha256:e4d1b41c9bf63b50a7973631bcb48beec060e16ad03de54f4b73c7bd8353903a
Deleted: sha256:0d1fb69f4a3b7ce3e52ebf1cc8f382b4f4d6a7382508d141c1060a780d0f392e
Deleted: sha256:3534311f0113ba22c9f1243a6aca9094eddc58b5cffd386f43f3fe7969470f4f
Deleted: sha256:ffbbbd52985c4517b2f09a1262e16c69b0ba6952a024a4523a3e98cd8ecb1e19
Deleted: sha256:87b29ff866b49312adcb4fd90ced18c25fcbb0567c8d23dfabf31c537f348e63
Deleted: sha256:290754da3a0a61508731131dbec46fc07e2f1551f5f1b1985f2fdac6a22cadf2
Deleted: sha256:3eb6845225ea8c5949795d6d9c4775fcc38ba73ba73ac365312e08ff891288fb
Deleted: sha256:bf7e07d04d7a1382df58686506b7e182476f046fccba8f768ab50deec5e17d48
Deleted: sha256:75dcdd1dbfd97812fe1f85fb96ff8be567fe1f888f4569432a3da98cbf1287d9
Deleted: sha256:87ef5f2eff489e32d12ba61880c568980fc115caa9dbeb6cff2b65fbeff1f527
Deleted: sha256:33d8d95dc2ca01aa4195df2c3a63c483de943da8f9e65f20a46b48de44ef85ed
Deleted: sha256:1f00ff20147800878a4ebc9c283f79149a1dde5cc11d659c69d3a9c0bfeb7d4f
csw@csw:~/my_wordpress$ docker rmi mariadb:10.6.4-focal
Untagged: mariadb:10.6.4-focal
Untagged: mariadb@sha256:c014ba1efc5dbd711d0520c7762d57807f35549de3414eb31e942a420c8a2ed2
Deleted: sha256:12e05d5da3c5223e9877e8eb90d68560ff66cedcb955131061d60d093a908f0c
Deleted: sha256:ffb9fb143b85a783ff0e83cf0c594c8fd6838b889dee7d14c0a2a3e0c9df419d
Deleted: sha256:067860988e6658468a17d2d0d57fb3e74ef45bf3b38167a796f5bfa61d14ed4d
ssh://csw@127.0.0.1:105
SSH2   xterm   108x39   39,25   1 세션   CAP NUM

  - wordpress 및 mariadb 이미지 삭제

11

쿠버네티스 개념

11.1 개요(Overview)

(1)쿠버네티스 객체(Objects)

- API 객체란?
  - 사용자가 원하는 상태(desired state, spec) 정의
  - YAML 파일에 컨테이너화된 애플리케이션의 실행 위치(노드),
  - 가용 리소스, 재시작 정책, 업그레이드 및 장애 극복 정책 등 포함하여 정의
  - 객체 종류: 파드, 서비스, 볼륨, 네임스페이스, 구성맵, 이벤트 등
  - kubectl: 객체 생성, 수정, 삭제를 위한 쿠버네티스 API 서버 호출 명령줄 도구
- 객체 사양(spec) 및 상태(status)
  - 사양: 사용자가 원하는 상태
  - 상태: 객체의 현재 상태
- 객체 사양(Manifest) 정의
  - 사양: 원하는 상태 설명
  - 관례적으로 YAML 형식의 매니페스트 파일에 정의
  - 배포에 필요한 필드와 객체 사양으로 구성
  - 객체 배포(생성): kubectl apply -f YAML 파일 위치
- YAML 파일 필수 입력 필드
  - apiVersion: 쿠버네티스 API 버전 지정(apps/v1, v1 등)
  - kind: 리소스 종류 지정
  - metadata: 리소스 이름, 리소스 식별 레이블 지정
  - spec: 리소스 스펙 정의(selector, template)
- 쿠버네티스 컨트롤러
  - 객체 상태 감시
  - 객체의 상태와 사양을 비교하여 상태를 사양에 맞게 조정 및 유지 노력
  - 레플리카셋, 디플로이먼트, 상태셋, 데몬셋 등 : 파드 관리, 파드 개수 유지
  - 객체 상태 감시하고 원하는 상태로 유지

(2)쿠버네티스 리소스

- 앱 실행 리소스: Pod, ReplicaSet, Deployment
- 네트워크 관리 리소스: Service, Ingress
- 앱 설정 정보 관리 리소스: ConfigMap, Secret
- 배치 잡 관리 리소스: Job, CronJob
- 기타 리소스: 볼륨, 노드, 네임스페이스, 네트워크 정책 등

(3)쿠버네티스 컴포넌트

- 클러스터(Cluster)
  - 마스터 노드(마스터)와 워커 노드(노드)로 구성된 단일 통합 시스템
  - 주요 컴포넌트: 마스터 노드(Control Plane)와 워커 노드(Worker Node)
  - 기타 추가(Add-on) 컴포넌트: DNS, Ingress, Dashboard, Monitoring 등
- 마스터
  - 클러스터 관리
  - 파드를 워커에 할당 등 클러스터 구성 및 관리(Control Plane)
  - 파드: 하나의 앱 인스턴스(앱 배포 및 실행 기본 단위)
  - 인스턴스: 하나의 인스턴스는 여러 개의 컨테이너로 구성 가능
  - 앱 관리 자동화: 앱 인스턴스를 다수 만들어 다수 파드에 자동 분산 가능
- 마스터 주요 컴포넌트
  - kube-apiserver: 클러스터의 모든 리소스 및 작업 엔드포인트, 제어의 중심
  - etcd: 클러스터의 모든 상태 정보 저장소
  - kube-scheduler: 새로운 파드(컨테이너 그룹)가 실행될 노드 선택
  - kube-controller-manager: 클러스터 노드 감시 및 관리 등 작업 수행
- 노드
  - 컨테이너(화된 응용 프로그램) 실행
  - 할당된 파드 실행 및 관리: Kubelet
- 노드 주요 컴포넌트
  - kubelet: 마스터 명령 처리, 노드 상태 보고, 파드 실행 및 관리 에이전트
  - kube-proxy: 서비스 간 네트워크 트래픽 로드 밸런싱, 파드 네트워크 관리
  - Container Runtime: 컨테이너 실행 엔진으로 containerd, CRI-O 등
- 애드온 컴포넌트(기타 추가 컴포넌트)
  - DNS: 클러스터 DNS 서버
  - Web UI(Dashboard): 클러스터에 실행중인 앱 관리를 위한 범용 웹 기반 UI
  - Monitoring: 컨테이너 리소스 사용 현황 제공
  - Logging: 컨테이너 로그 관리
  - Network Plugins: 컨테이너 네트워크 인터페이스(CNI) 구축 및 파드 IP 할당

(4)쿠버네티스 API

- API 서버
  - 마스터에 존재
  - 쿠버네티스 관리자
  - 쿠버네티스의 핵심 서버
  - API 객체 상태 조회 및 조작
  - 컨테이너 앱 효율적 운영 지원
  - HTTP API 공개하여 사용자, 클러스터 내부 및 외부 간 통신 지원
- API 서버 주요 기능
  - 객체 관리: 객체 사용하여 클러스터 상태 정의, API 통해 객체 생성, 수정, 삭제
  - 상태 조회: 객체 상태 조회하여 어플리케이션 상태 및 리소스 사용량 등 확인
  - 이벤트 및 로그 조회: 클러스터 이벤트 및 로그 조회하여 디버깅 및 모니터링 수행
  - 인증 및 권한 부여: 사용자 인증 및 권한 부여를 통해 클러스터 보안 관리
  - 확장성: 사용자 정의 API 객체 추가 등 클러스터 확장 가능

11.2 클러스터 아키텍처(Cluseter Architecture)

(1)노드

- 기능
  - 파드가 실행되는 호스트 머신(가상 또는 물리): 다수 파드 호스팅 가능
  - 컨테이너 실행 환경 제공: containerd 등 컨테이너 실행 및 관리
  - 워크로드(앱, 서비스, 작업 등) 실행: 마스터에 의해 배치된 파드에 컨테이너 앱 실행
- 구성 요소
  - kubelet: 노드 에이전트로 마스터에 노드 상태 보고, 파드 실행 및 관리 수행
  - 컨테이너 런타임: 이미지 풀링, 실행, 관리
  - kube-proxy: 파드 간 통신 관리, 서비스 외부 공개, 로드 밸런싱 수행

(2)노드와 마스터 API 서버 간 통신

- 역할
  - 노드 등록: kubelet 통해 마스터 API 서버에 등록하여 클러스터 멤버 가입
  - 노드 상태 보고: kubelet이 리소스 사용량, 파드 상태 등을 마스터에게 보고
  - 파드 할당/스케줄링: 마스터가 노드 상태 파악하고 파드 요구사항(스펙) 만족 노드 선택
  - 파드 실행 및 관리: kubelet은 마스터 지시에 따라 파드 생성하고 파드 상태 보고
  - 이벤트 및 오류 보고: 노드는 발생 이벤트나 오류를 마스터에 보고

(3)컨트롤러

- 역할
  - 클러스터 내에서 워크로드 상태 관리하고 원하는 상태로 유지
  - 컨트롤러마다 특정 유형 워크로드 관리
  - 클러스터 안정성과 자동화된 운영 지원
- 기능
  - 상태 유지: 사용자가 정의한 원하는 상태(파드 수 등) 유지
  - 확장성과 고가용성: 클러스터 확장 축소에 맞춰 자동 리소스 관리하여 상태 유지
  - 자동 복구: 클러스터 장애 자동 복구하여 원하는 상태 유지
  - 스케줄링 및 파드 관리: 파드를 노드에 스케줄링, 파드 생성 및 삭제
- 유형
  - 레플리카셋(ReplicaSet): 원하는 수의 파드 유지 관리
  - 디플로이먼트(Deployment): 앱 배포 관리하는 레플리카셋 기반 컨트롤러
  - 스테이트풀셋(StatefulSet): 순차적인 식별자 등 사용하여 파드 상태 관리
  - 데몬셋(DaemonSet): 모든 노드 로깅, 모니터링 등 백그라운드 작업 실행

(4)컨테이너 런타임 인터페이스(CRI)

- 기능
  - 쿠버네티스 kubelet과 컨테이너 런타임 간 표준 인터페이스 제공
  - kubelet과 컨테이너 런타임이 CRI에 맞추어 인터페이스 구현
  - kubelet과 컨테이너 런타임은 표준화된 CRI 인터페이스에 맞춰 대화
  - 노드에 구현
- 역할
  - 컨테이너 런타임 표준화: 다양한 컨테이너 런타임(예: containerd 등) 지원
  - 쿠버네티스 확장성: 새 런타임 추가, 기존 런타임 업그레이드 가능
  - 런타임 독립성: 쿠버네티스가 특정 컨테이너 런타임에 종속되지 않음
- 구성 요소
  - Kubelet: 노드 에이전트 프로세스로, 컨테이너의 생성, 시작, 중지 및 관리
  - Container Runtime: 실제 컨테이너 실행 프로세스로 containerd, docker 등
- 컨테이너 관리 흐름
  - 마스터 API 서버가 관리자 등으로부터 파드 생성 요청 수신: kubectl create
  - API 서버는 파드 사양(Manifest) 확인하고 노드 kubelet에게 컨테이너 생성 요청
  - kubelet은 CRI를 통해 컨테이너 런타임에게 컨테이너 실행 지시
  - 컨테이너 런타임은 받은 요청에 따라 컨테이너 생성 및 시작
  - kubelet은 파드 상태 모니터링하고 API 서버에 보고하여 클러스터 상태 유지

(5)cgroup(Control Group)

- 기능
  - 리눅스 cgroup: 프로세스 그룹 기반 리소스 관리 커널 기능(OS 수준)
  - 쿠버네티스 cgroup: 단일 컨테이너 기반 리소스 관리
  - 각 컨테이너는 자체 cgroup 내에서 실행
  - 다른 컨테이너에 영향을 주지 않고 자체 리소스 사용
- 쿠버네티스 cgroup 목적
  - 리소스 제한 및 우선 순위: 각 컨테이너에 CPU, 메모리, 디스크, I/O 등 관리
  - 모니터링: 컨테이너 리소스 사용량 모니터링, 추적, 운영자에게 알림 제공
  - 컨테이너 분리: 컨테이너 간에 리소스 분리 및 격리

11.3 컨테이너(Container)

(1)특징

- 다양한 환경에서 일관된 동작 제공
  - 컨테이너 안에 앱 실행에 필요한 모든 것 포함
  - 컴퓨터 종류 무관 앱 실행 가능
  - 독립적 앱 실행 환경 제공
- 앱을 호스트 인프라에서 분리
  - 호스트 개발환경 앱을 클라우드 운영 환경으로 쉽게 이동 및 배포 가능
- 파드(Pod)
  - 컨테이너 그룹
  - 쿠버네티스의 실행 단위
  - 파드 단위로 컨테이너 관리
  - 파드 내 컨테이너들은 동일한 노드(호스트 컴퓨터)에서 함께 실행
- 스케줄링 통해 컨테이너 또는 파드를 여러 대 컴퓨터에 분산 실행
  - 일반적으로 컨테이너 또는 파드는 하나의 호스트에서 실행
  - 현재 실행 중인 호스트 리소스 부족의 경우 타 호스트로 스케줄링

(2)컨테이너 이미지

- 실행 준비된 소프트웨어 패키지
  - 앱 실행에 필요한 모든 것 포함하고 있음: 컨테이너화된 앱
  - 코드와 필요한 런타임, 어플리케이션 및 시스템 라이브러리, 필수 설정값 등
- 특징
  - 실행 독립성: 환경에 관계없이 일관된 동작 보장
  - 확장 용이: 복사본 동시 실행, 클라우드에서 자동 스케일링 등 용이
  - 버전 관리 및 롤백: 버전 관리되고 안정적인 이전 버전으로 롤백 가능

(3)컨테이너 런타임

- 개념
  - 컨테이너화된 애플리케이션을 실행하는 데 사용되는 소프트웨어
  - 컨테이너 이미지를 가져와서 호스트 시스템에서 실행
  - 컨테이너화된 애플리케이션의 격리, 자원 관리, 네트워킹 및 보안을 관리
- 종류
  - Docker: 가장 널리 사용
  - containerd: 쿠버네티스에서 널리 사용

11.4 워크로드(Workload) - 앱 실행

(1)파드(Pods)

- 개요
  - 쿠버네티스 객체(리소스) 중 가장 작고 기본적인 실행 단위
  - 단일 애플리케이션 인스턴스로 수평 확장 가능
  - 단일 또는 멀티 컨테이너 실행 가능
- 파드
  - 하나 이상의 컨테이너 그룹
  - 하나의 IP 주소 할당: 모든 컨테이너가 파드 IP 주소 공유
  - 컨테이너 간 통신: 공유 IP 주소와 개별 포트 번호 이용
  - 컨테이너와 외부 통신: 공개 포트를 호스트 노드 포트에 매핑 통해 가능
  - 컨테이너 간 데이터 공유: 공유된 볼륨을 각 컨테이너에 마운트

(2)컨트롤러(Controllers)

- 레플리카셋
  - 파드를 하나 이상의 노드에 분산 실행: 앱 안정성 및 확장성 향상
- 디플로이먼트
  - 파드 생성 및 관리: 레플리카셋을 통해 파드 수 유지 등 관리
  - 디플로이는 파드 생성 담당, 서비스는 파드 네트워크 접속 담당
  - 롤링 업데이트: 서비스 중단 없이 새 앱 버전 업데이트
  - 자동 롤백: 롤링 업데이트 문제 시 자동으로 이전 버전으로 롤백
- 스테이풀셋
  - 데이터베이스 등 데이터의 안정적 유지가 필요한 스테이풀한 앱 관리
- 데몬셋
  - 클러스터 내 모든 노드에 특정 파드 인스턴스 실행
  - 로깅 에이전트: 모든 노드에서 로그 수집 및 로깅 시스템에 전송
  - 모니터링 에이전트: 모든 노드에서 리소스 사용량 모니터링

- 스토리지 에이전트: 모든 노드에 분산된 스토리지 관리 및 데이터 백업
- 보안 에이전트: 모든 노드에서 보안 감사 및 감시 수행
- DNS 서비스: 모든 노드에서 DNS 서비스 제공
- 에이전트: 다른 시스템이나 서비스와 상호작용(통신)하여 정보 수집 및 보고
- 서비스: 사용자나 타 시스템의 요청 처리

· 잡
  - 일회성 또는 일괄 배치 작업 관리: 한 번에 대량 데이터 또는 작업 처리

· 크론잡
  - 주기적(반복적) 실행 작업 관리

11.5 네트워크 관리(Service/Ingress)

(1)서비스

- 클러스터 내부/외부(NodePort 통해) 통신 지원
- 대규모 앱: 하나의 전체 앱(웹 앱)으로 소규모 앱 그룹
- 소규모 앱: 단위 서비스(웹 서버, DB 서버)로 파드 그룹(각각 동일 소규모 앱 실행)
- 서비스: 소규모 앱 간 통신 단위 구현(서비스 파드들에 단일 네트워크 진입점)
- 파드에 내부 접근 직접 구현 불필요: 서비스가 일치하는 파드 검색 및 연결
- 클러스터 내 타 서비스의 요청을 서비스 내 적절한 파드로 로드 밸런싱(부하 분산)

(2)인그레스

- 클러스터 외부 통신 지원
- 외부와 대규모 앱 간 단일 네트워크 진입점 제공
- 각 서비스에 외부 접근 직접 구현 불필요
- 외부의 HTTP 요청을 클러스터 내 적절한 서비스로 라우팅
- 서비스는 서비스 내 적절한 파드에 외부 요청 전달

11.6 앱 정보 저장(Storage)

(1)볼륨(Volume)

- 컨테이너 간 데이터 공유, 컨테이너 데이터 저장용 디렉토리나 파일 시스템
- 컨테이너 중지될 때까지 유지
- EmptyDir, HostPath, NFS, ConfigMap, Secret 등

(2)영구 볼륨(Persistent Volume)

- 클러스터 내 컨테이너에 지속적인 스토리지 제공
- 컨테이너 중지 및 삭제되어도 데이터 유지
- 주로 외부 스토리지(네트워크 스토리지, 클라우드 스토리지)에 연결 및 보관
- 볼륨과 달리 클러스터 노드 간에도 데이터 공유 가능
- 영구 볼륨 요청(Persistent Volume Claim, PVC) 필요

11.7 앱 설정 정보 관리(ConfigMap/Secret)

(1)컨피그맵(ConfigMap)

- 앱 설정 정보를 앱 코드 외부 컨피그맵에 분리 저장: 환경 변수, 설정 파일 등
- YAML 파일이나 명령어 사용하여 컨피그맵 생성
- 앱은 컨피크맵 참조하여 설정 값 사용
- 앱 배포 시 코드 수정 없이 컨피그맵 수정하여 설정 변경 가능

(2)시크릿(Secret)

- 앱의 민감 정보 안전 저장: 비밀 키, 패스워드, API 토큰 등
- 기본적으로 Base64 인코딩 저장
- YAML 파일이나 명령어 사용하여 시크릿 생성: 앱은 시크릿 참조하여 민감 정보 사용

11.8 리소스 사양 정의 - 매니페스트 파일

(1)개념

- 클러스터에 배포할 리소스 정의
- YAML 또는 JSON 형식의 파일 사용
- 쿠버네티스 API를 통해 앱 배포하는 데 사용

(2)필수 필드

- apiVersion: 쿠버네티스 API 버전 지정
- kind: 정의하려는 리소스 유형 지정
- metadata: 리소스 메타데이터로 리소스 이름, 네임스페이스, 레이블 등 지정
- spec: 리소스 상세 정보로 리소스의 원하는 상태 지정

(3)YAML 형식 파일

- YAML Ain't Markup Language
- 들여쓰기: 들여쓰기(공백 또는 탭, 보통 공백 두 칸)로 데이터 구조 정의
- 데이터 정의(map): 'key: value' 형식으로 정의, 콜론 뒤에 공백
- 배열 정의(array): 대시 -로 시작, 여러 항목 포함, 각 항목 들여쓰기로 구분
- 주석: '#'으로 시작
- YAML 문서 예시

```
# 주석
person:
  name: John
  age: 30
  job: Developer
pets:
  - name: Max
    type: Dog
  - name: Whiskers
    type: Cat
```

- person, pets 키: 각각 3개 값, 2개 값 가짐
- person 키 값: 세 개 키-값 쌍으로 이루어진 맵
- pets 키 값: 두 개 리스트(배열), 각 리스트는 두 개 키-값 쌍으로 이루어진 맵

11.9 kubectl 커맨드

(1)개념

- 마스터에 설치되며 클러스터 API 서버와 상호 작용하여 작업 수행
- 쿠버네티스 클러스터 관리용 커맨드 라인 인터페이스(CLI) 도구 이름
- 클러스터 내 리소스 생성, 관리, 업데이트, 삭제
- 클러스터 상태 검사 등 작업 수행`

(2)주요 기능

- 리소스 관리: 파드, 서비스, 디플로이먼트, 컨피그맵 등 생성, 관리
- 클러스터 상태 확인: 노드, 파드, 서비스 및 기타 리소스 현재 상태 확인
- 로그 및 디버깅: Pod 로그 확인, 디버깅 수행
- 스케일링: 디플로이먼트나 레플리카셋 등 리소스 통해 앱 스케일링
- 업데이트 및 롤백: 새로운 이미지로 앱 업데이트, 또는 이전 상태로 롤백

(3)사용법

- kubectl [커맨드] [타입] [네임] [플래그]
- kubectl: 클러스터 관리용 CLI 도구 이름
- [커맨드]: 리소스 대상 수행할 동작 get, create, delete, describe 등 지정
- [타입]: 리소스 타입 Pod, Service, Deployment, ConfigMap 등 지정
- [네임]: 리소스 이름 지정
- [플래그]: 옵션 -s 또는 --server 등 지정

(4)사례

- kubectl get pod -n mynamespace
- 명령: get
- 리소스: pod
- 리소스명: 생략(모든 파드 조회)
- 옵션: -n mynamespace
- kubectl이 API 서버에게 지정된 네임스페이스 내 파드만 조회(get) 요청

12

쿠버네티스 환경 구축

12.1 클러스터 환경 설계

(1)활용 도구 설정하기

도구	버전	기능
VirtualBox	7.0	노드(가상 머신) 생성 및 네트워크 관리
Xshell	7.0	노드 원격 접속
Ubuntu	22.04.4 LTS	노드 운영체제
Kubernetes	1.30.	마스터 및 워커 노드 클러스터 구성 및 관리

(2)노드 사양 설정하기

노드	자원	사양
Master, Worker1, Worker2	CPU	2 코어 이상
	MEM	4GB 이상
	Disk	25GB 이상

(3)네트워크 설정하기

- 클러스터 네트워크
  - 노드 집합
  - 이름: K8s_Network, 서브넷: 10.100.10.0/24
  - 노드 호스트 네임과 IP 주소 매핑

노드	호스트네임	IP 주소
k8s-master	k8s-master.csw.com	10.100.10.100
k8s-node1	k8s-node1.csw.com	10.100.10.101
k8s-node2	k8s-node2.csw.com	10.100.10.102

- NAT 네트워크
  - 호스트 네트워크와 클러스터 네트워크 변환

이름	프로토콜	Host(Xshell)		Guest(노드)	
		IP	Port	IP	Port
k8s-master	TCP	127.0.0.1	100	10.100.10.100	22
k8s-node1	TCP	127.0.0.1	101	10.100.10.101	22
k8s-node2	TCP	127.0.0.1	102	10.100.10.102	22

- 파드 네트워크
  - 서브넷: 192.168.0.0/16

12.2 Master 환경 구축

(1)VirtualBox NAT 네트워크 구축하기

· 클러스터 네트워크 생성

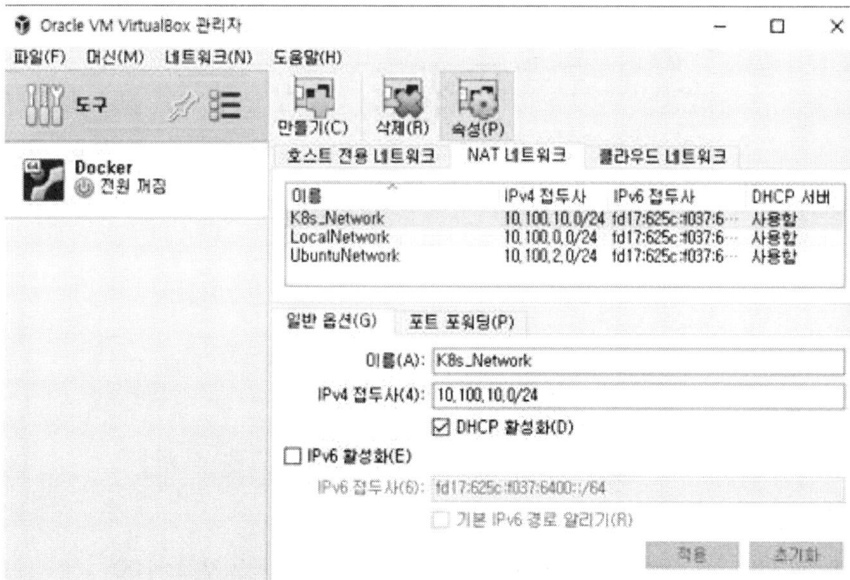

· 호스트와 노드 간 NAT 매핑

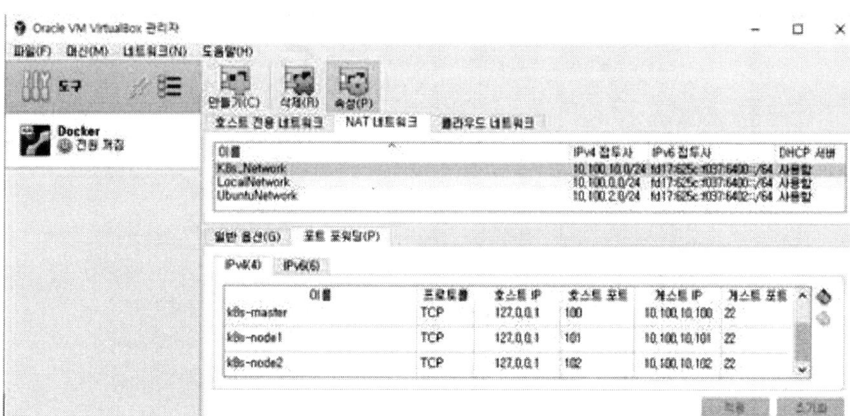

(2)호스트 Xshell 네트워크 구축하기

· Master 세션 생성

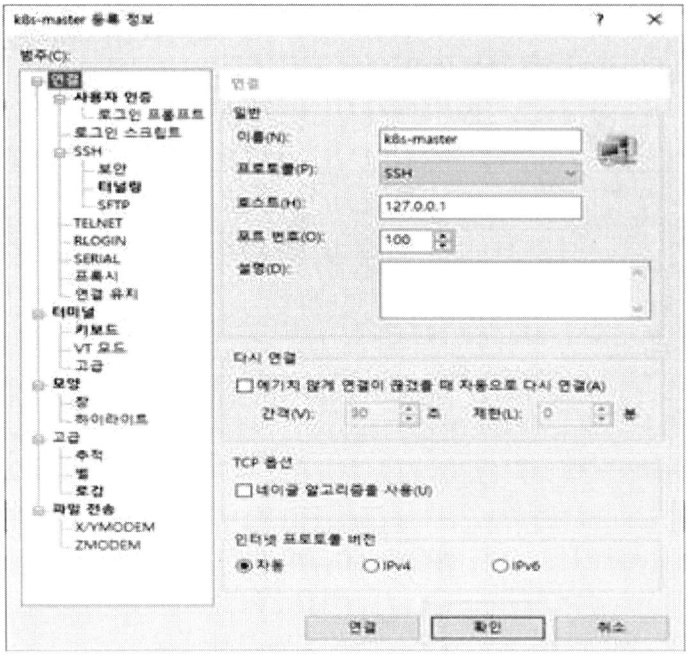

- 마스터 네트워크 정보
- 세션 이름: k8s-master, 프로토콜: ssh, 호스트: 127.0.0.1, 포트 번호: 100

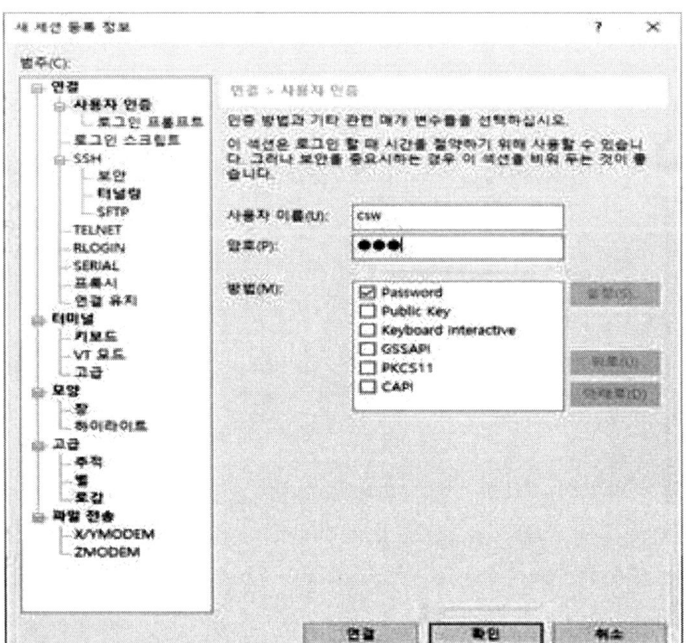

- 사용자 인증 정보
- 사용자 이름: csw, 암호: csw, 방법: Password

- k8s-node1 및 k8s-node2 세션 생성

  - Master 세션 복사 후 붙여넣기
  - 세션 이름 변경: k8s-node1, k8s-node2
  - k8s-node1 포트 변경: 101
  - k8s-node2 포트 변경: 102

(3)마스터 생성하기

· 도커 시스템 복제

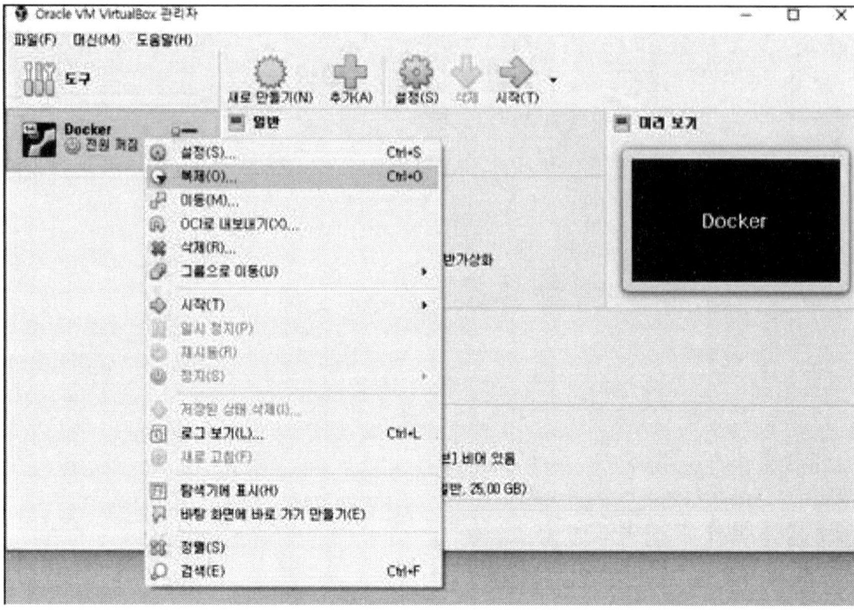

- 도커 머신 복제: Docker 머신 우클릭 - 복제

· 마스터 이름 설정

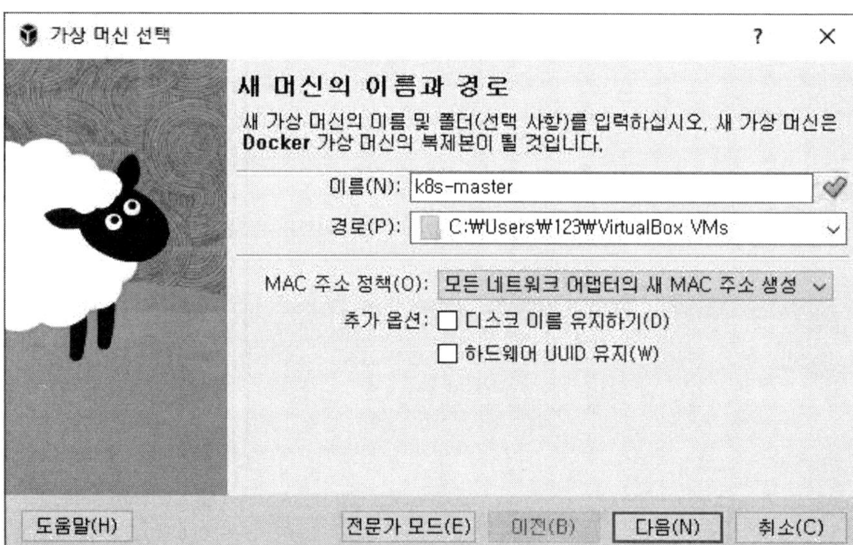

- 이름: k8s-master
- MAC 주소 정책: 모든 네트워크의 새 MAC 주소 생성

- 복제 방식 설정

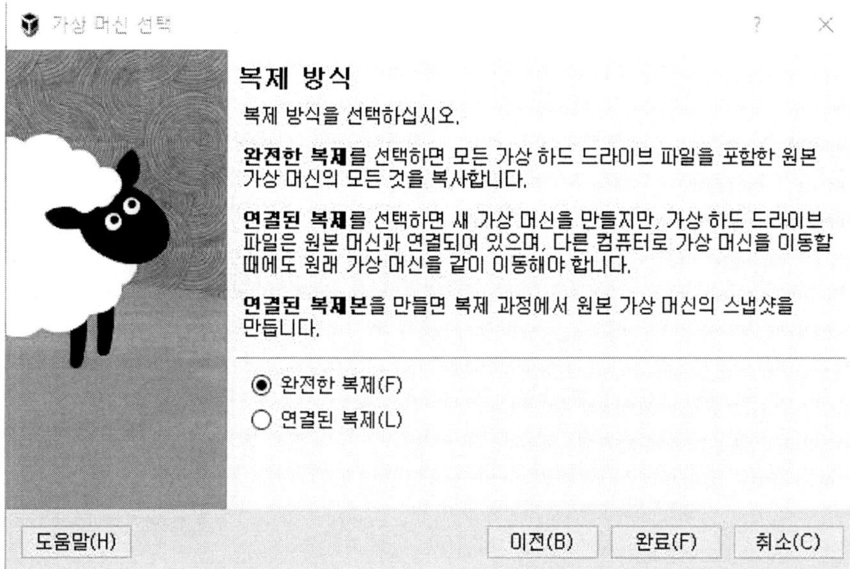

  - 복제 방식: 완전한 복제 후 완료

- 머신 복사

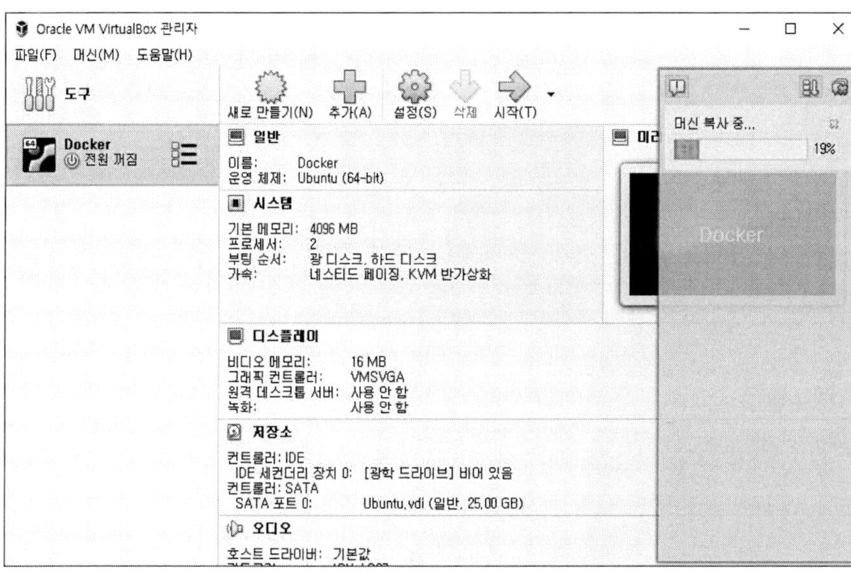

  - 머신 복사 중

· 머신 복제 완료

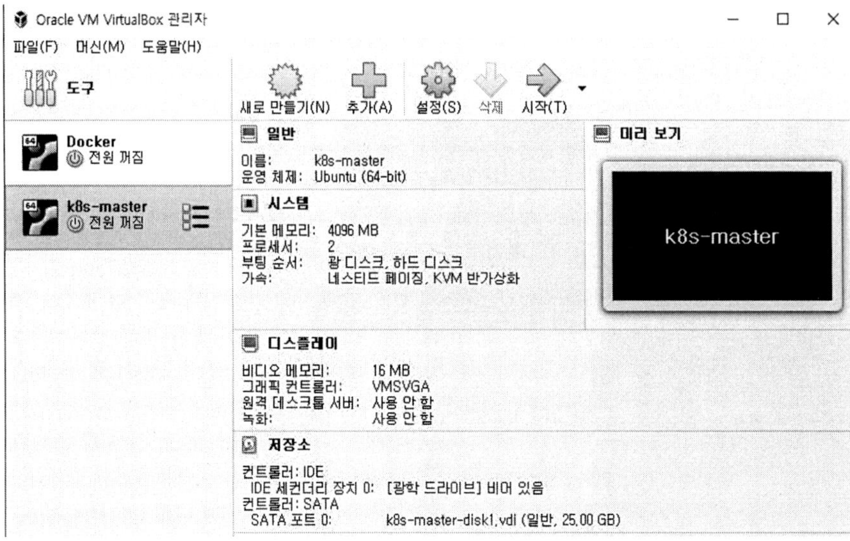

- 마스터 생성
- 운영체제: Ubuntu 64비트
- 메모리: 4GB
- 프로세서: 2 코어
- 하드디스크: 25GB

· 클러스터 네트워크 연결

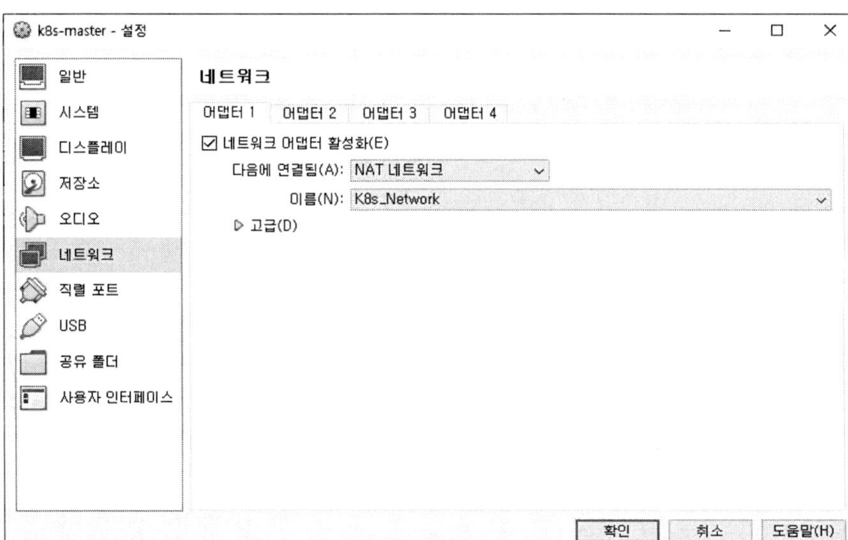

- NAT 네트워크: K8s_Network

(4)마스터 네트워크 설정하기

· 마스터 부팅

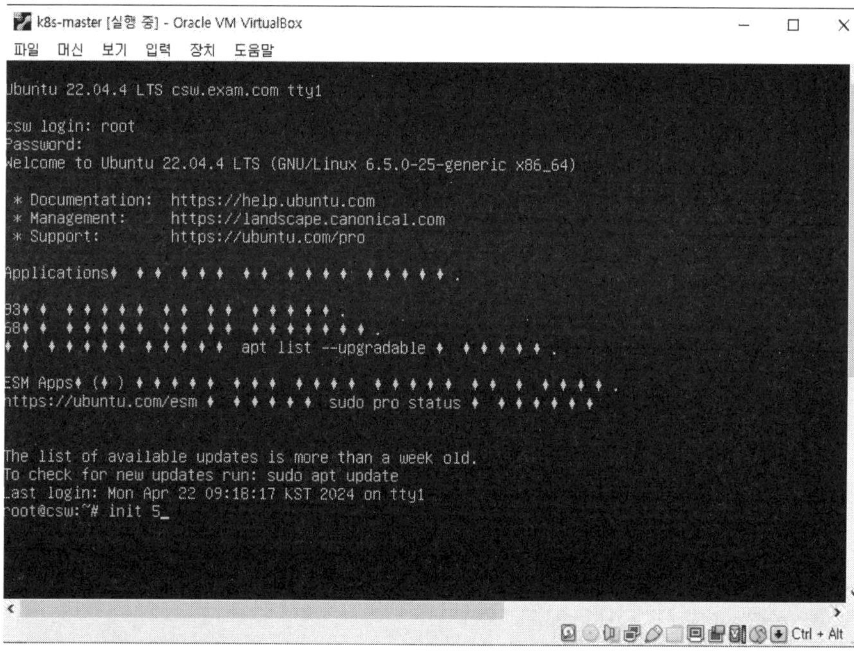
k8s-master [실행 중] - Oracle VM VirtualBox
파일 머신 보기 입력 장치 도움말
Ubuntu 22.04.4 LTS csw.exam.com tty1
csw login: root
Password:
Welcome to Ubuntu 22.04.4 LTS (GNU/Linux 6.5.0-25-generic x86_64)
* Documentation: https://help.ubuntu.com
* Management: https://landscape.canonical.com
* Support: https://ubuntu.com/pro
apt list --upgradable
sudo pro status
The list of available updates is more than a week old.
To check for new updates run: sudo apt update
Last login: Mon Apr 22 09:18:17 KST 2024 on tty1
root@csw:~# init 5_

- 마스터에 root로 로그인: password csw1234
- 그래픽 모드로 부팅: init 5
- 그래픽 모드에 csw 사용자로 로그인

· 마스터 IP 주소 설정

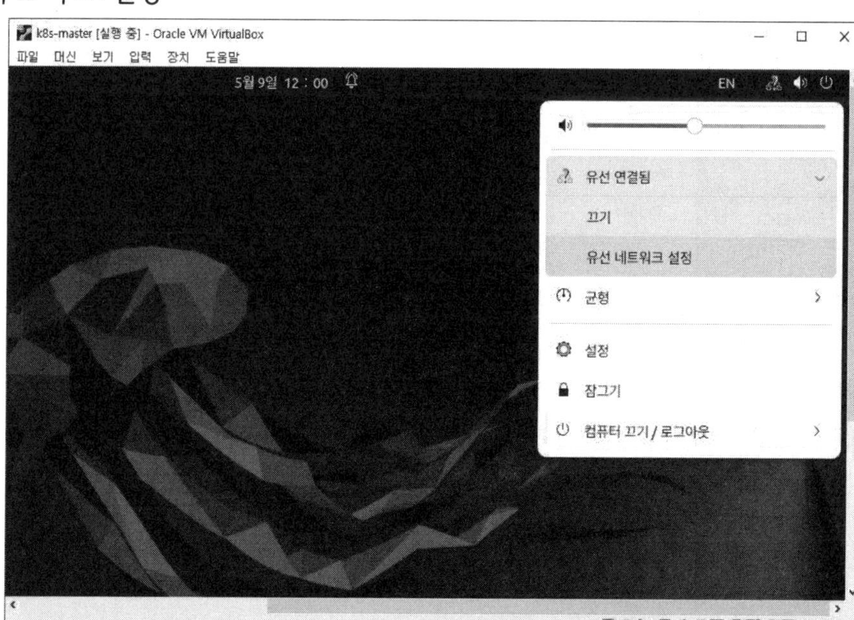
k8s-master [실행 중] - Oracle VM VirtualBox
파일 머신 보기 입력 장치 도움말
5월 9일 12 : 00
EN
유선 연결됨
끄기
유선 네트워크 설정
균형
설정
잠그기
컴퓨터 끄기 / 로그아웃

- 유선 네트워크 설정

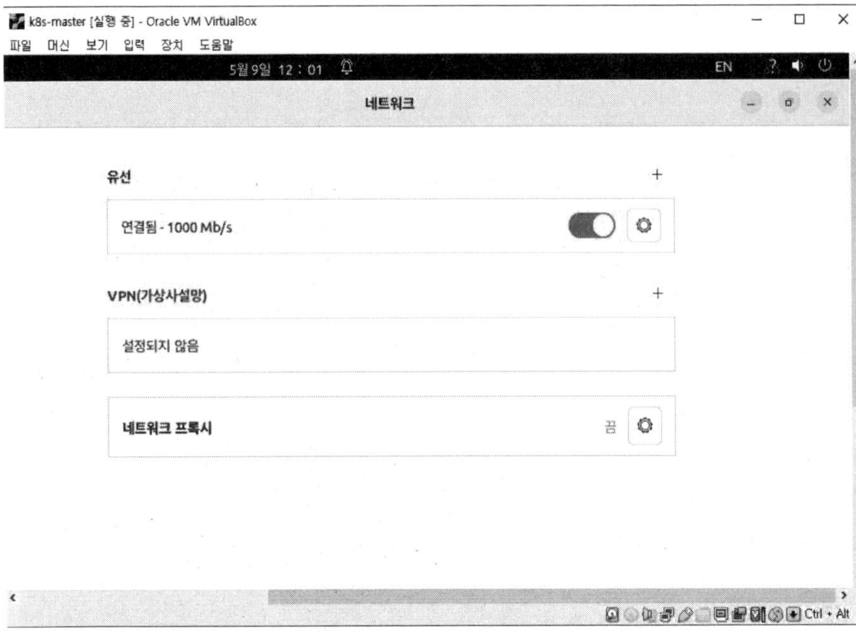

- 유선 연결됨: 설정 버튼 ⚙ 선택

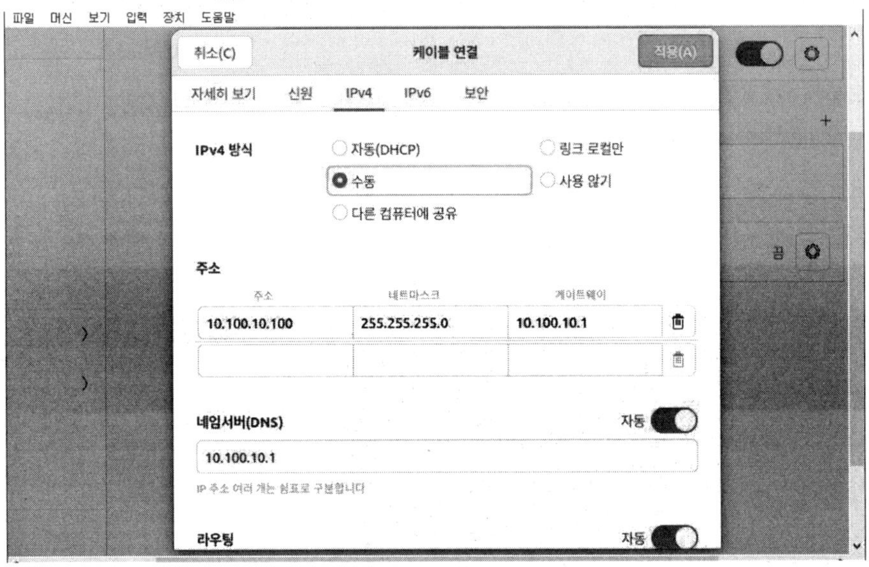

- 주소: 10.100.10.100
- 네트마스크: 255.255.255.0
- 게이트웨이 및 네임서버: 10.100.10.1 (VirtualBox NAT 기본값)
- 적용 후 유선 연결됨 On -> Off -> On

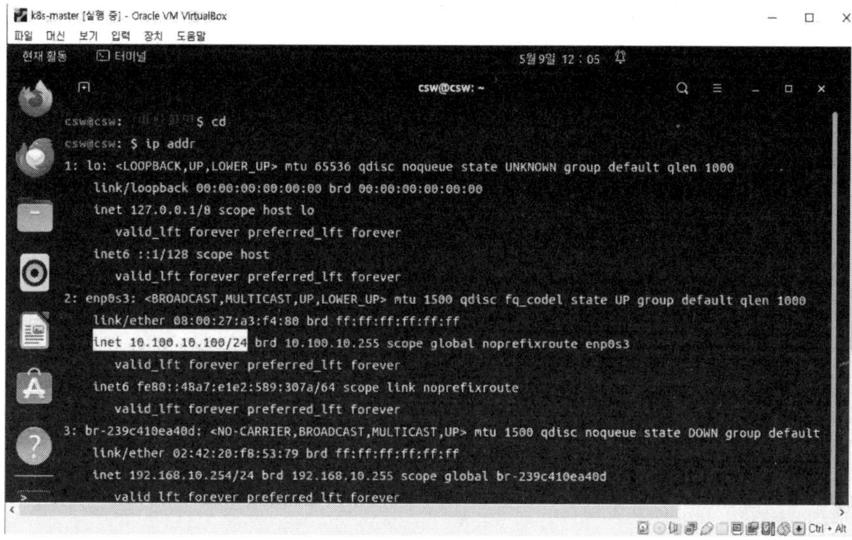
k8s-master [실행 중] - Oracle VM VirtualBox
파일 머신 보기 입력 장치 도움말
현재 활동 터미널
5월9일 12 : 05
csw@csw: ~
$ cd
csw@csw: $ ip addr
1: lo: <LOOPBACK,UP,LOWER_UP> mtu 65536 qdisc noqueue state UNKNOWN group default qlen 1000
link/loopback 00:00:00:00:00:00 brd 00:00:00:00:00:00
inet 127.0.0.1/8 scope host lo
valid_lft forever preferred_lft forever
inet6 ::1/128 scope host
valid_lft forever preferred_lft forever
2: enp0s3: <BROADCAST,MULTICAST,UP,LOWER_UP> mtu 1500 qdisc fq_codel state UP group default qlen 1000
link/ether 08:00:27:a3:f4:80 brd ff:ff:ff:ff:ff:ff
inet 10.100.10.100/24 brd 10.100.10.255 scope global noprefixroute enp0s3
valid_lft forever preferred_lft forever
inet6 fe80::48a7:e1e2:589:307a/64 scope link noprefixroute
valid_lft forever preferred_lft forever
3: br-239c410ea40d: <NO-CARRIER,BROADCAST,MULTICAST,UP> mtu 1500 qdisc noqueue state DOWN group default
link/ether 02:42:20:f8:53:79 brd ff:ff:ff:ff:ff:ff
inet 192.168.10.254/24 brd 192.168.10.255 scope global br-239c410ea40d
valid_lft forever preferred_lft forever
Ctrl + Alt

- ip addr: 마스터 IP 주소 변경 확인, 10.100.10.100/24

· 마스터 호스트 이름 설정

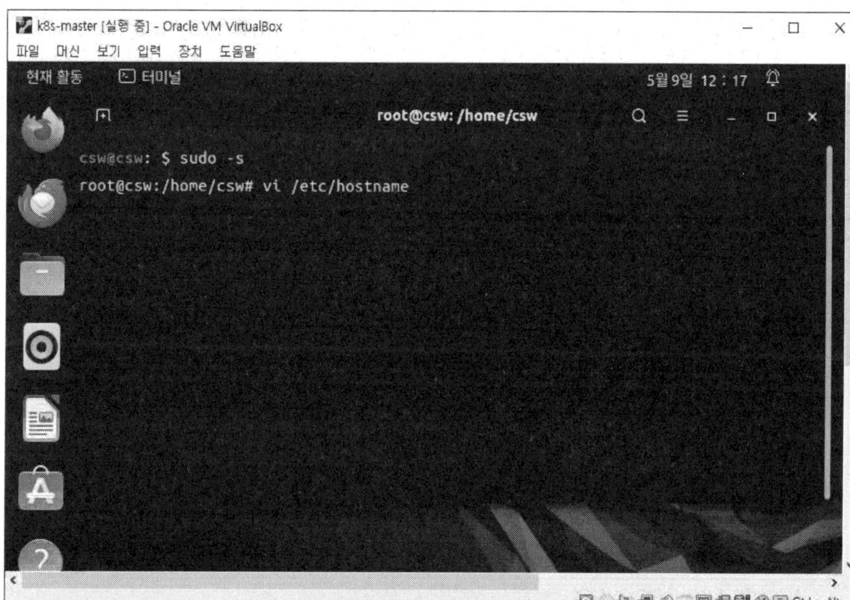
k8s-master [실행 중] - Oracle VM VirtualBox
파일 머신 보기 입력 장치 도움말
현재 활동 터미널
5월9일 12 : 17
root@csw: /home/csw
csw@csw: $ sudo -s
root@csw:/home/csw# vi /etc/hostname
Ctrl + Alt

- 현재 사용자를 슈퍼 유저(root)로 전환 후 vi /etc/hostname 편집

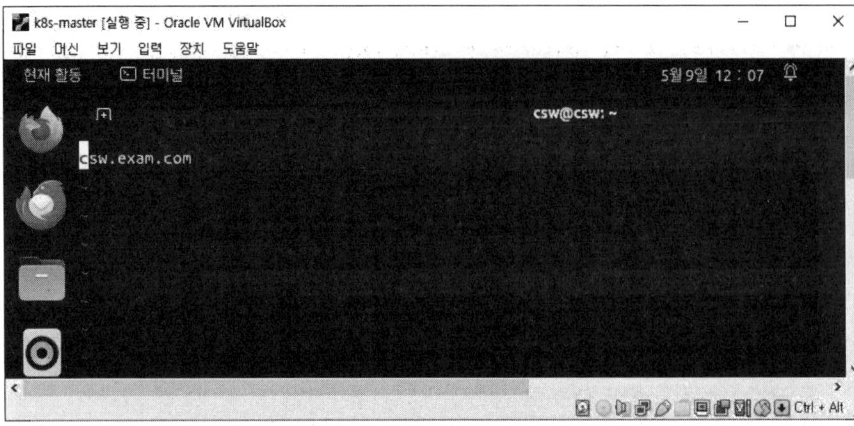

- csw.exam.com: 현재 설정 이름

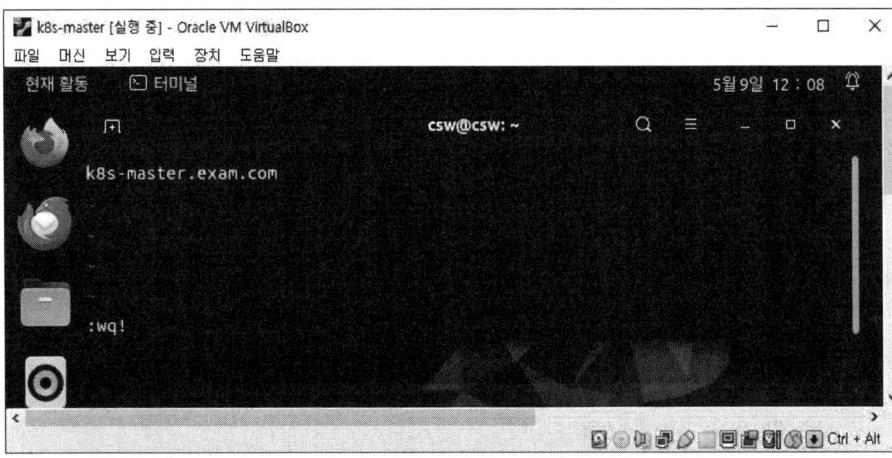

- k8s-master.exam.com: 마스터 호스트 이름

- 호스트 이름과 주소 매핑

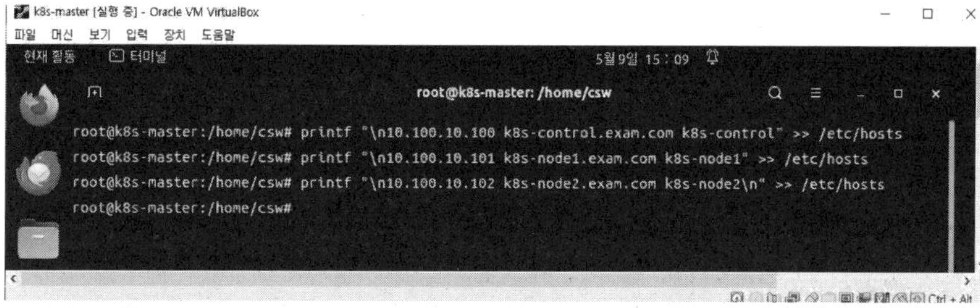
k8s-master [실행 중] - Oracle VM VirtualBox
파일 머신 보기 입력 장치 도움말
현재 활동
터미널
root@k8s-master: /home/csw
root@k8s-master:/home/csw# printf "\n10.100.10.100 k8s-control.exam.com k8s-control" >> /etc/hosts
root@k8s-master:/home/csw# printf "\n10.100.10.101 k8s-node1.exam.com k8s-node1" >> /etc/hosts
root@k8s-master:/home/csw# printf "\n10.100.10.102 k8s-node2.exam.com k8s-node2\n" >> /etc/hosts
root@k8s-master:/home/csw#

- /etc/hosts 파일에 새 호스트 엔트리 추가
- printf "\n10.100.10.100 k8s-control.exam.com k8s-control" >> /etc/hosts
- printf "\n10.100.10.101 k8s-node1.exam.com k8s-node1" >> /etc/hosts
- printf "\n10.100.10.102 k8s-node2.exam.com k8s-node2\n" >> /etc/hosts
- 'printf': 형식을 갖춘 텍스트를 생성하여 표준 출력에 표시
- '\n': 새로운 줄
- '10.100.10.100': IP 주소
- 'k8s-control.exam.com': 호스트 이름
- 'k8s-control': 호스트 별칭(alias)
- '>> /etc/hosts': 표준 출력을 '/etc/hosts' 파일 기존 내용 뒤에 추가(append)
- 마스터가 임시로 클러스터 DNS 서버 역할: 클러스터 통신 지원

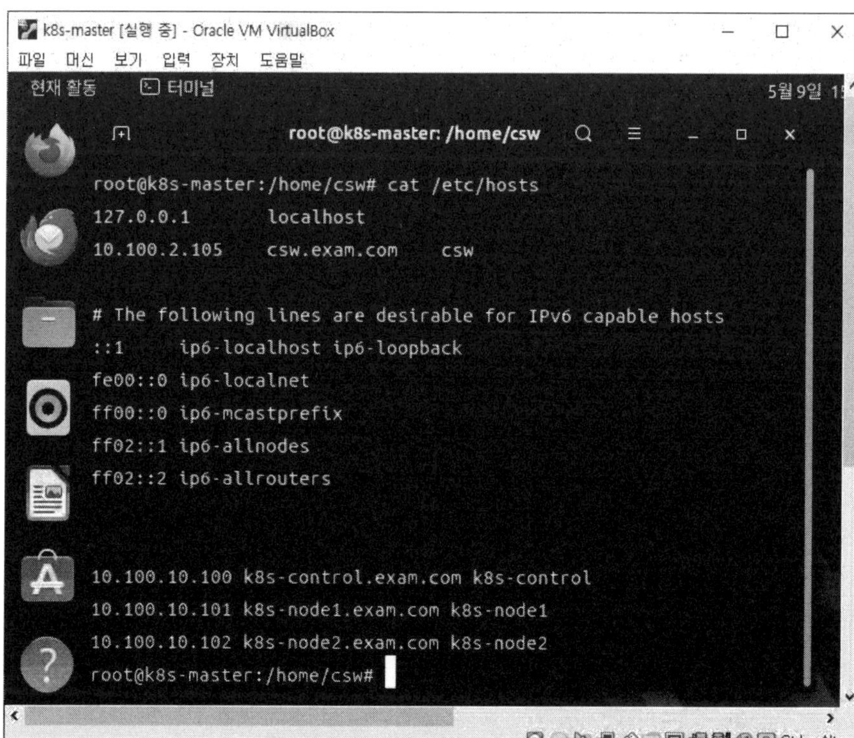
k8s-master [실행 중] - Oracle VM VirtualBox
파일 머신 보기 입력 장치 도움말
현재 활동
터미널
root@k8s-master: /home/csw
root@k8s-master:/home/csw# cat /etc/hosts
127.0.0.1 localhost
10.100.2.105 csw.exam.com csw
The following lines are desirable for IPv6 capable hosts
::1 ip6-localhost ip6-loopback
fe00::0 ip6-localnet
ff00::0 ip6-mcastprefix
ff02::1 ip6-allnodes
ff02::2 ip6-allrouters
10.100.10.100 k8s-control.exam.com k8s-control
10.100.10.101 k8s-node1.exam.com k8s-node1
10.100.10.102 k8s-node2.exam.com k8s-node2
root@k8s-master:/home/csw#
Ctrl + Alt

- 인터넷 연결 시험

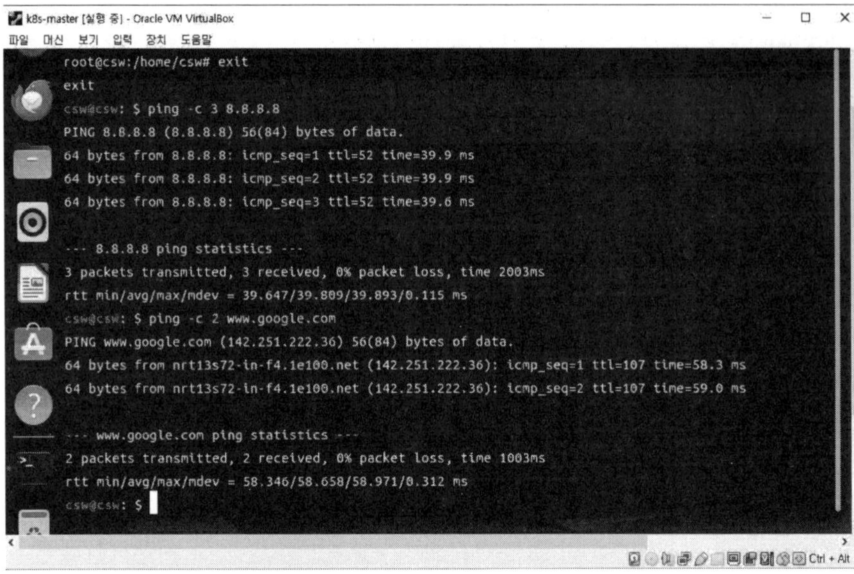

k8s-master [실행 중] - Oracle VM VirtualBox
파일 머신 보기 입력 장치 도움말
root@csw:/home/csw# exit
exit
csw@csw: $ ping -c 3 8.8.8.8
PING 8.8.8.8 (8.8.8.8) 56(84) bytes of data.
64 bytes from 8.8.8.8: icmp_seq=1 ttl=52 time=39.9 ms
64 bytes from 8.8.8.8: icmp_seq=2 ttl=52 time=39.9 ms
64 bytes from 8.8.8.8: icmp_seq=3 ttl=52 time=39.6 ms
--- 8.8.8.8 ping statistics ---
3 packets transmitted, 3 received, 0% packet loss, time 2003ms
rtt min/avg/max/mdev = 39.647/39.809/39.893/0.115 ms
csw@csw: $ ping -c 2 www.google.com
PING www.google.com (142.251.222.36) 56(84) bytes of data.
64 bytes from nrt13s72-in-f4.1e100.net (142.251.222.36): icmp_seq=1 ttl=107 time=58.3 ms
64 bytes from nrt13s72-in-f4.1e100.net (142.251.222.36): icmp_seq=2 ttl=107 time=59.0 ms
--- www.google.com ping statistics ---
2 packets transmitted, 2 received, 0% packet loss, time 1003ms
rtt min/avg/max/mdev = 58.346/58.658/58.971/0.312 ms
csw@csw: $
Ctrl + Alt

  - exit: root 사용자에서 빠져나옴
  - ping 시험 성공

- 마스터 종료

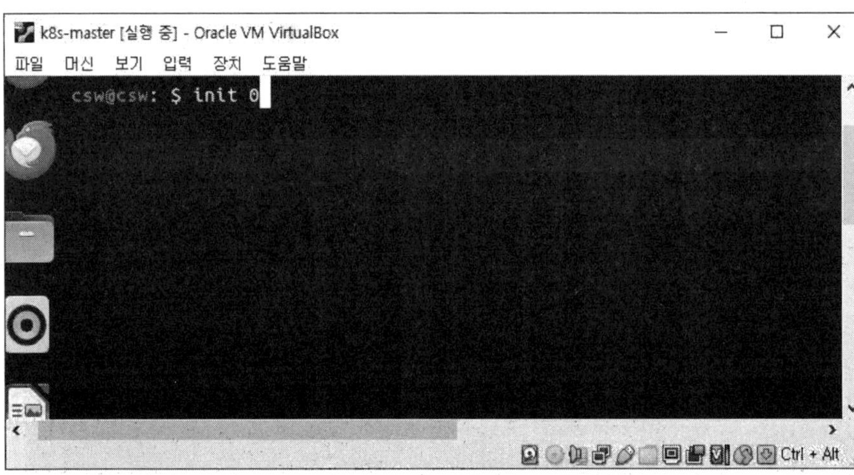

k8s-master [실행 중] - Oracle VM VirtualBox
파일 머신 보기 입력 장치 도움말
csw@csw: $ init 0
Ctrl + Alt

  - 'init 0': 시스템 종료

12.3 노드1 환경 구축

(1)노드1 생성하기

· 마스터 복제

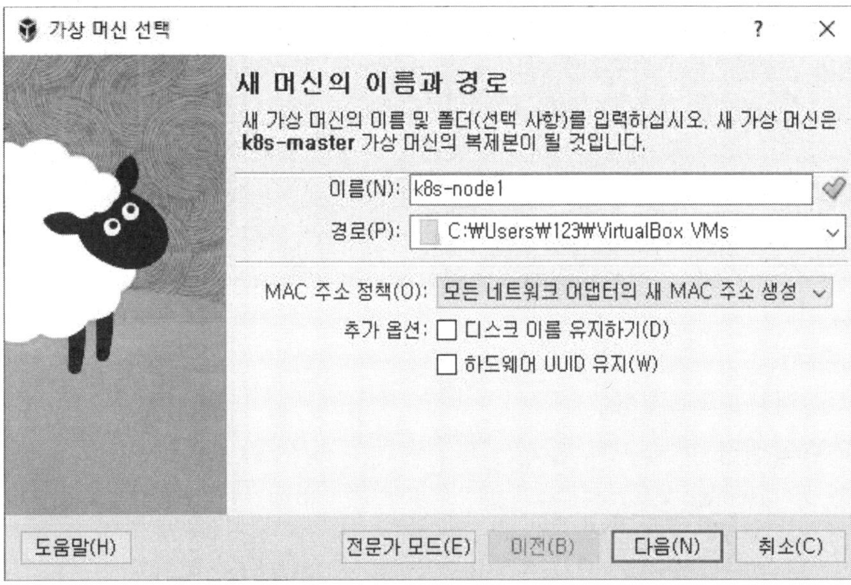

- 이름: k8s-node1
- MAC 주소 정책: 모든 네트워크 어댑터의 새 MAC 주소 생성

· 복제 완료

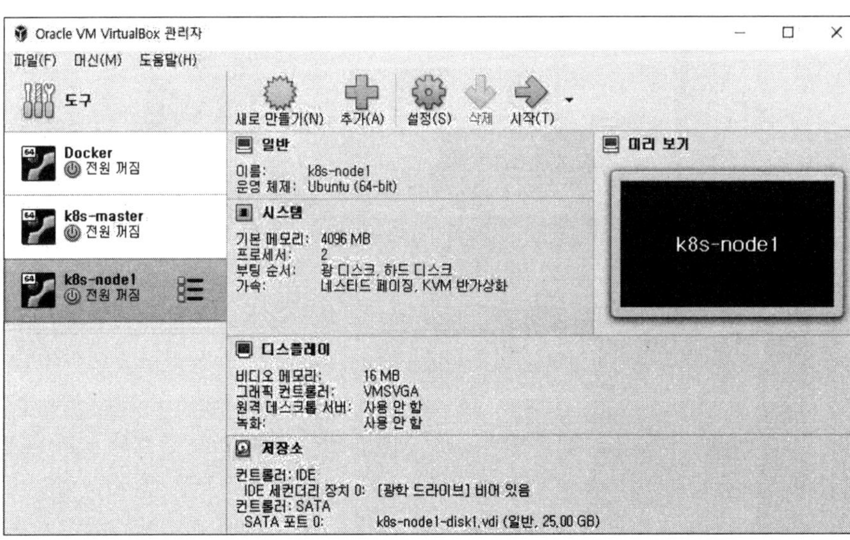

- k8s-node1 생성
- 운영체제: Ubuntu 64비트, 메모리: 4GB
- 프로세서: 2 코어, 하드디스크: 25GB

(2)노드1 네트워크 설정하기(호스트명, IP주소)

- 노드1 부팅

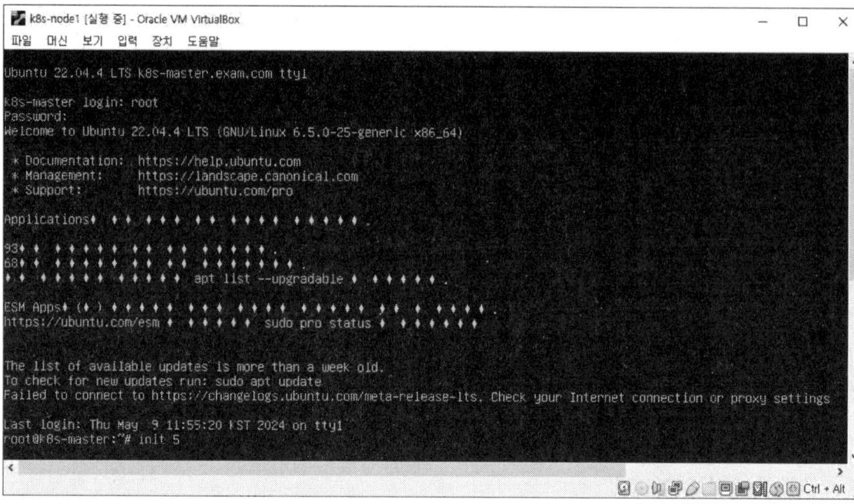
k8s-node1 [실행 중] - Oracle VM VirtualBox
파일 머신 보기 입력 장치 도움말
Ubuntu 22.04.4 LTS k8s-master.exam.com tty1
k8s-master login: root
Password:
Welcome to Ubuntu 22.04.4 LTS (GNU/Linux 6.5.0-25-generic x86_64)
* Documentation: https://help.ubuntu.com
* Management: https://landscape.canonical.com
* Support: https://ubuntu.com/pro
The list of available updates is more than a week old.
To check for new updates run: sudo apt update
Failed to connect to https://changelogs.ubuntu.com/meta-release-lts. Check your Internet connection or proxy settings
Last login: Thu May 9 11:55:20 KST 2024 on tty1
root@k8s-master:~# init 5

  - root 로그인
  - init 5: 그래픽 모드로 부팅

- 노드1 IP 주소 설정

k8s-node1 [실행 중] - Oracle VM VirtualBox
파일 머신 보기 입력 장치 도움말
유선
취소(C)
케이블 연결
적용(A)
자세히 보기
신원
IPv4
IPv6
보안
IPv4 방식
자동(DHCP)
링크 로컬만
수동
사용 않기
다른 컴퓨터에 공유
주소
10.100.10.101
255.255.255.0
10.100.10.1
네임서버(DNS)
자동
10.100.10.1
라우팅
자동

  - 주소: 10.100.10.101
  - 적용 후 유선 연결됨 On → Off → On

· 노드1 호스트 이름 설정

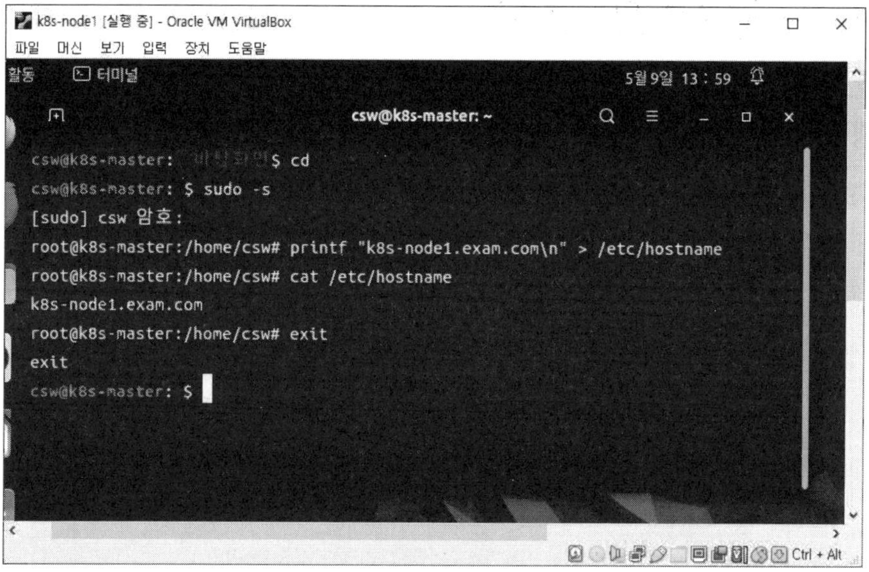
k8s-node1 [실행 중] - Oracle VM VirtualBox
파일 머신 보기 입력 장치 도움말
활동 터미널
5월 9일 13 : 59
csw@k8s-master: ~
csw@k8s-master: $ cd
csw@k8s-master: $ sudo -s
[sudo] csw 암호:
root@k8s-master:/home/csw# printf "k8s-node1.exam.com\n" > /etc/hostname
root@k8s-master:/home/csw# cat /etc/hostname
k8s-node1.exam.com
root@k8s-master:/home/csw# exit
exit
csw@k8s-master: $
Ctrl + Alt

- k8s-node1.exam.com

· 인터넷 연결 시험

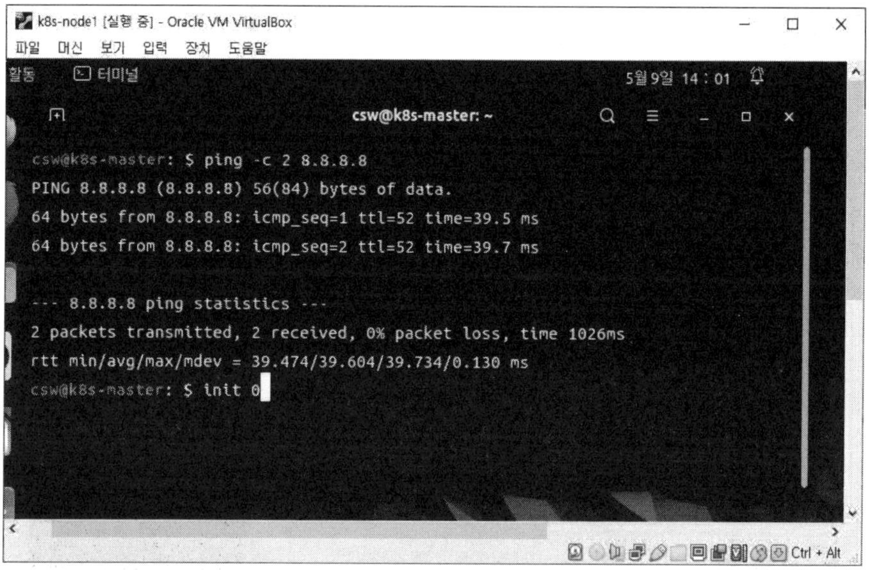
k8s-node1 [실행 중] - Oracle VM VirtualBox
파일 머신 보기 입력 장치 도움말
활동 터미널
5월 9일 14 : 01
csw@k8s-master: ~
csw@k8s-master: $ ping -c 2 8.8.8.8
PING 8.8.8.8 (8.8.8.8) 56(84) bytes of data.
64 bytes from 8.8.8.8: icmp_seq=1 ttl=52 time=39.5 ms
64 bytes from 8.8.8.8: icmp_seq=2 ttl=52 time=39.7 ms
--- 8.8.8.8 ping statistics ---
2 packets transmitted, 2 received, 0% packet loss, time 1026ms
rtt min/avg/max/mdev = 39.474/39.604/39.734/0.130 ms
csw@k8s-master: $ init 0
Ctrl + Alt

- ping 시험 후 init 0

12.4 노드2 환경 구축

(1)노드2 생성하기

· 노드1 복제

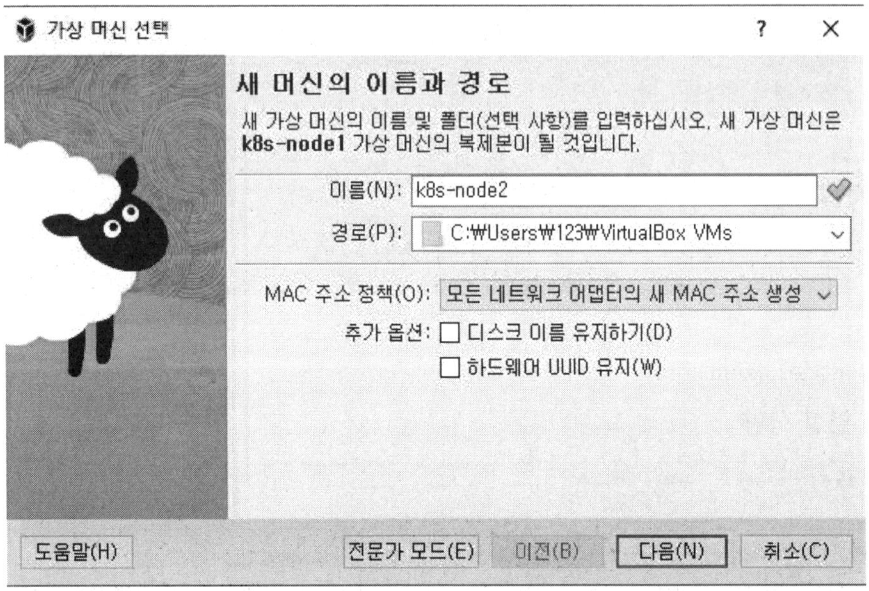

- 이름: k8s-node2
- MAC 주소 정책: 모든 네트워크 어댑터의 새 MAC 주소 생성

· 복제 완료

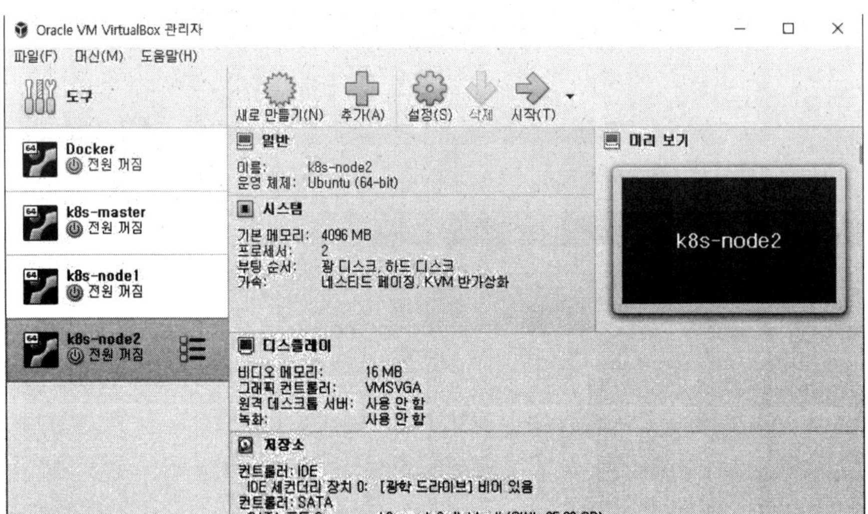

- **노드2 생성**
- **운영체제: Ubuntu 64비트, 메모리: 4GB**
- **프로세서: 2 코어, 하드디스크: 25GB**

(2)노드2 네트워크 설정하기

- 노드2 부팅

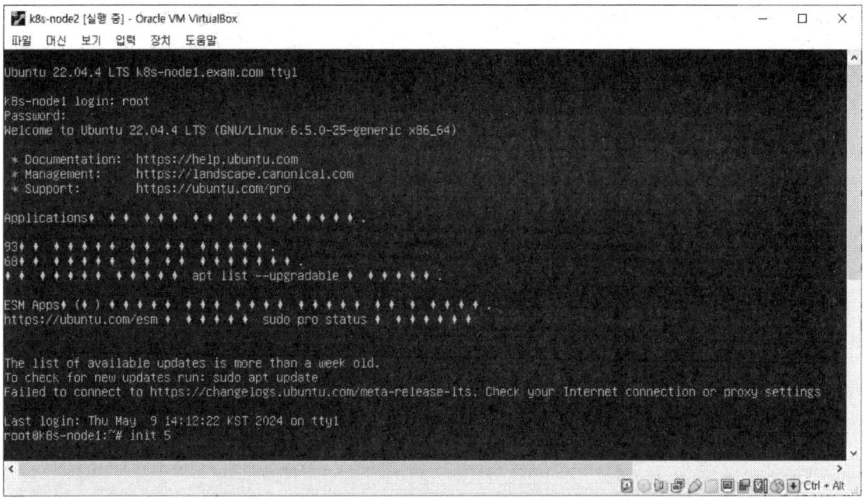

- 노드2 IP 주소 설정

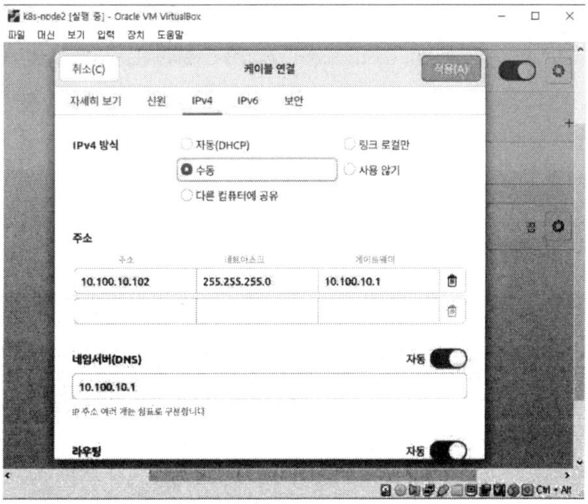

- 주소: 10.100.10.102
- - 적용 후 유선 연결됨 On → Off → On

· 노드2 호스트 이름 설정

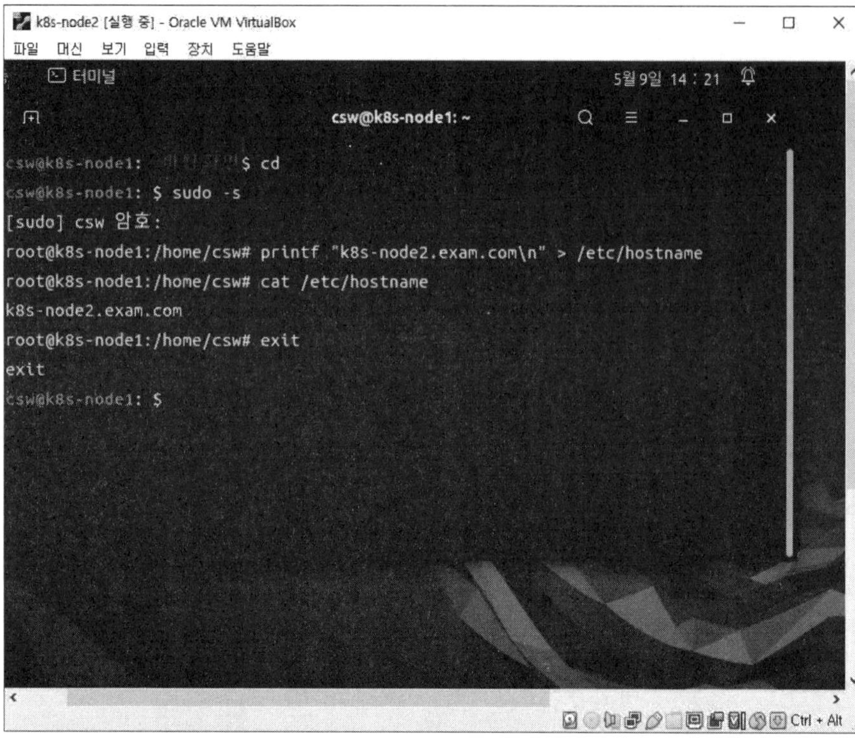
k8s-node2 [실행 중] - Oracle VM VirtualBox
파일 머신 보기 입력 장치 도움말
터미널
5월 9일 14 : 21
csw@k8s-node1: ~
$ cd
csw@k8s-node1: $ sudo -s
[sudo] csw 암호:
root@k8s-node1:/home/csw# printf "k8s-node2.exam.com\n" > /etc/hostname
root@k8s-node1:/home/csw# cat /etc/hostname
k8s-node2.exam.com
root@k8s-node1:/home/csw# exit
exit
csw@k8s-node1: $
Ctrl + Alt

- node2.exam.com

· 인터넷 연결 시험

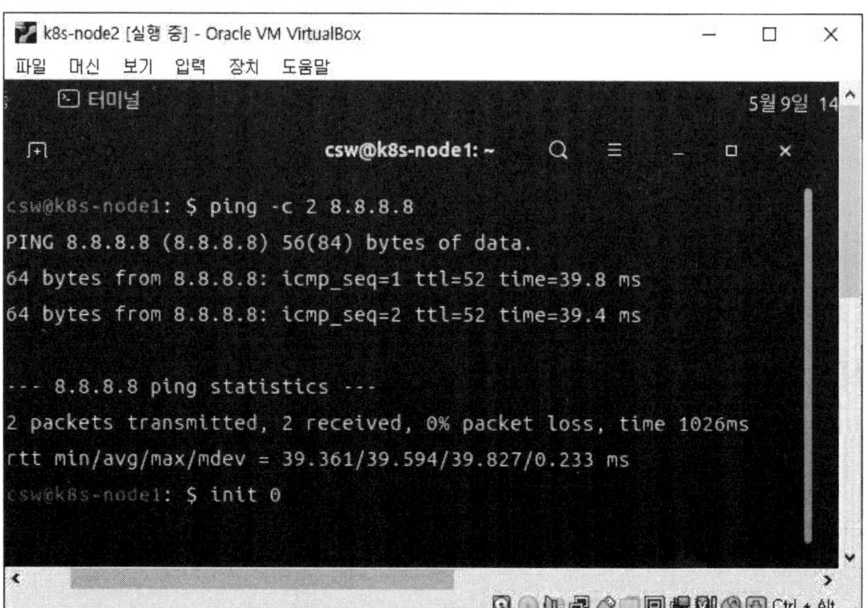
k8s-node2 [실행 중] - Oracle VM VirtualBox
파일 머신 보기 입력 장치 도움말
터미널
5월 9일 14
csw@k8s-node1: ~
csw@k8s-node1: $ ping -c 2 8.8.8.8
PING 8.8.8.8 (8.8.8.8) 56(84) bytes of data.
64 bytes from 8.8.8.8: icmp_seq=1 ttl=52 time=39.8 ms
64 bytes from 8.8.8.8: icmp_seq=2 ttl=52 time=39.4 ms
--- 8.8.8.8 ping statistics ---
2 packets transmitted, 2 received, 0% packet loss, time 1026ms
rtt min/avg/max/mdev = 39.361/39.594/39.827/0.233 ms
csw@k8s-node1: $ init 0
Ctrl + Alt

- ping 시험 후 init 0

12.5 Host 환경 구축

(1)노드 시작하기

· 마스터 시작

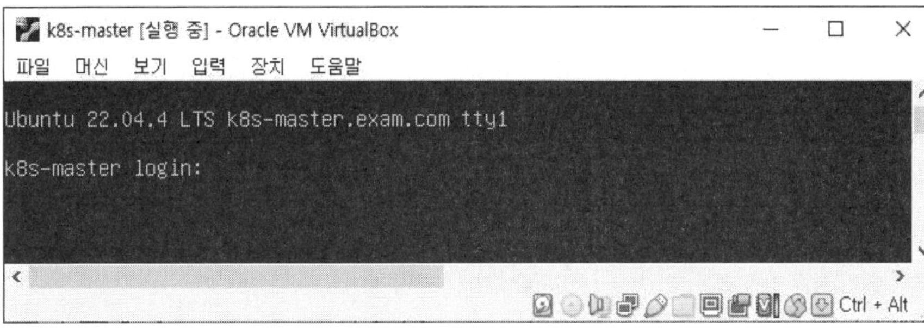
k8s-master [실행 중] - Oracle VM VirtualBox
파일 머신 보기 입력 장치 도움말
Ubuntu 22.04.4 LTS k8s-master.exam.com tty1
k8s-master login:
Ctrl + Alt

· 노드1 시작

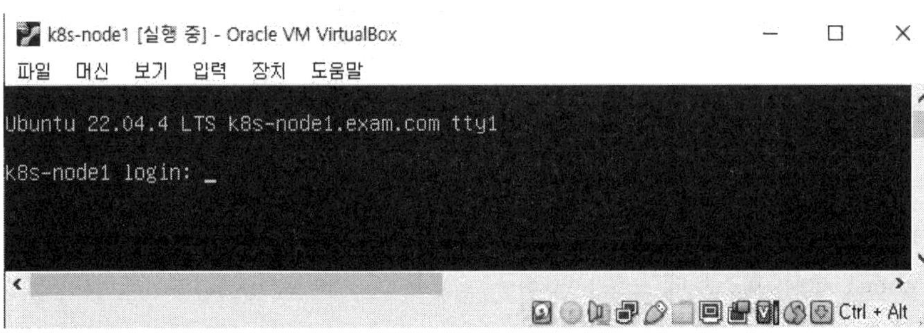
k8s-node1 [실행 중] - Oracle VM VirtualBox
파일 머신 보기 입력 장치 도움말
Ubuntu 22.04.4 LTS k8s-node1.exam.com tty1
k8s-node1 login: _
Ctrl + Alt

· 노드2 시작

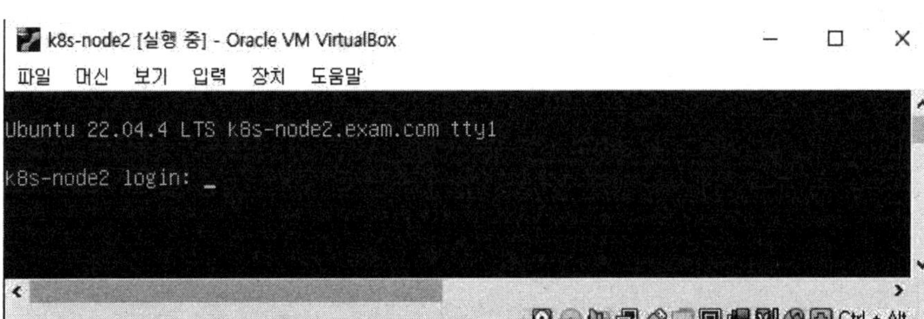
k8s-node2 [실행 중] - Oracle VM VirtualBox
파일 머신 보기 입력 장치 도움말
Ubuntu 22.04.4 LTS k8s-node2.exam.com tty1
k8s-node2 login: _
Ctrl + Alt

(2)Xshell 통해 호스트에 노드 연결하기

- Xshell 실행

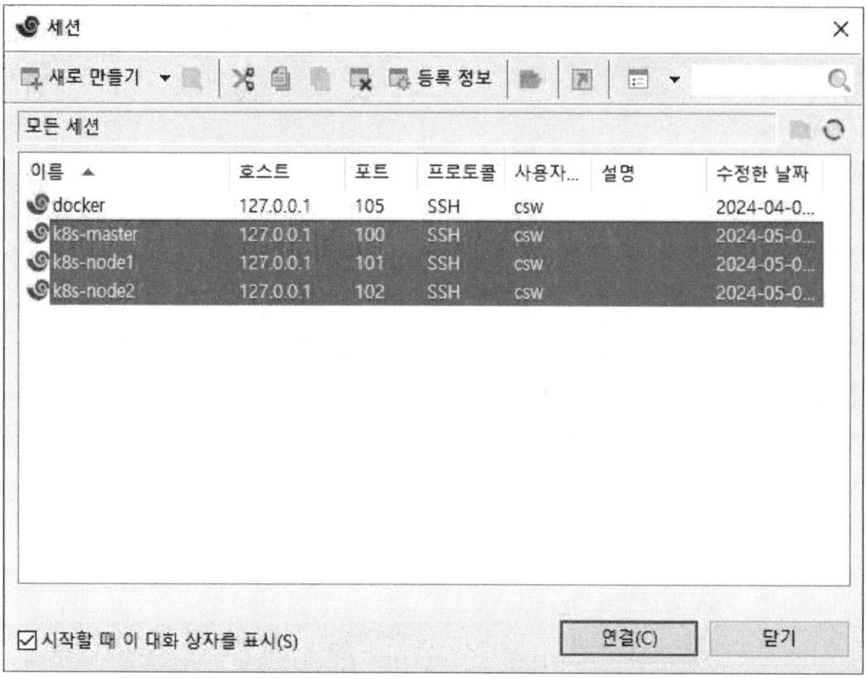

- 쿠버네티스 클러스터 네트워크 구성에 필요한 모든 노드 연결
- k8s-master 세션: 호스트에 마스터 연결
- k8s-node1 세션: 호스트에 노드1 연결
- k8s-node2 세션: 호스트에 노드2 연결

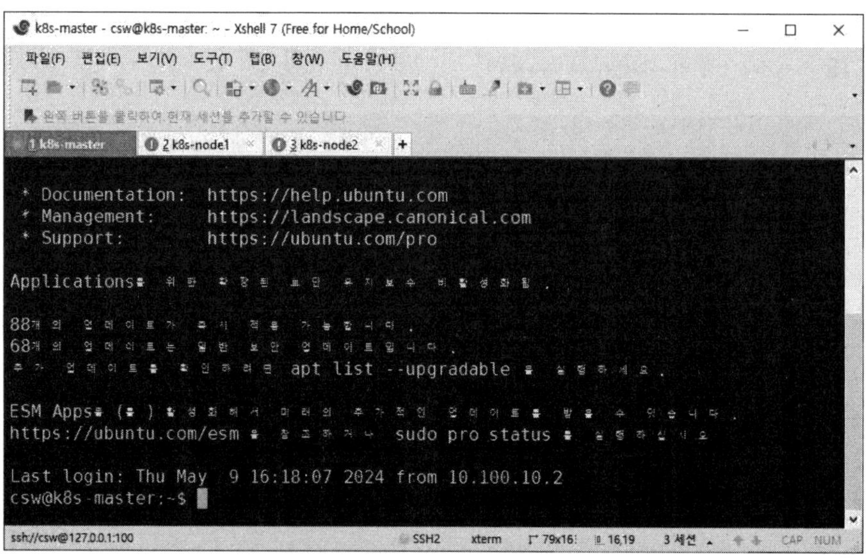

(3)노드 환경 확인하기

- IP 주소 확인

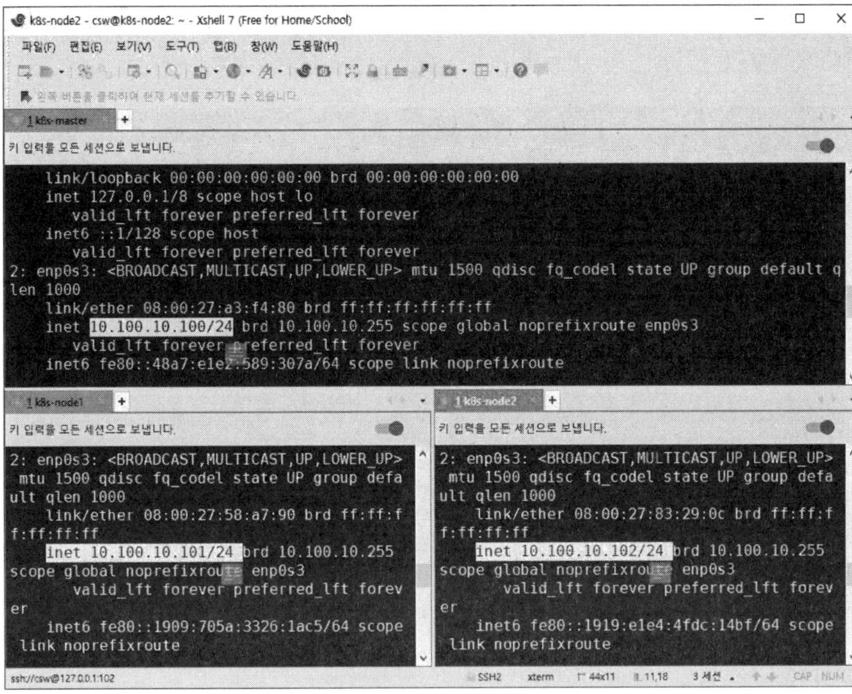

k8s-node2 - csw@k8s-node2: ~ - Xshell 7 (Free for Home/School)
1 k8s-master
키 입력을 모든 세션으로 보냅니다.
link/loopback 00:00:00:00:00:00 brd 00:00:00:00:00:00
inet 127.0.0.1/8 scope host lo
valid_lft forever preferred_lft forever
inet6 ::1/128 scope host
valid_lft forever preferred_lft forever
2: enp0s3: <BROADCAST,MULTICAST,UP,LOWER_UP> mtu 1500 qdisc fq_codel state UP group default qlen 1000
link/ether 08:00:27:a3:f4:80 brd ff:ff:ff:ff:ff:ff
inet 10.100.10.100/24 brd 10.100.10.255 scope global noprefixroute enp0s3
valid_lft forever preferred_lft forever
inet6 fe80::48a7:e1e2:589:307a/64 scope link noprefixroute
1 k8s-node1
키 입력을 모든 세션으로 보냅니다.
2: enp0s3: <BROADCAST,MULTICAST,UP,LOWER_UP> mtu 1500 qdisc fq_codel state UP group default qlen 1000
link/ether 08:00:27:58:a7:90 brd ff:ff:ff:ff:ff:ff
inet 10.100.10.101/24 brd 10.100.10.255 scope global noprefixroute enp0s3
valid_lft forever preferred_lft forever
inet6 fe80::1909:705a:3326:1ac5/64 scope link noprefixroute
1 k8s-node2
키 입력을 모든 세션으로 보냅니다.
2: enp0s3: <BROADCAST,MULTICAST,UP,LOWER_UP> mtu 1500 qdisc fq_codel state UP group default qlen 1000
link/ether 08:00:27:83:29:0c brd ff:ff:ff:ff:ff:ff
inet 10.100.10.102/24 brd 10.100.10.255 scope global noprefixroute enp0s3
valid_lft forever preferred_lft forever
inet6 fe80::1919:e1e4:4fdc:14bf/64 scope link noprefixroute
ssh://csw@127.0.0.1:102

  - 창 배열: 클릭 후 '바둑판식 정렬' 선택
  - 도구: [키 입력 보내기 - 모든 세션] 선택
  - ip addr
  - 마스터: 10.100.10.100/24
  - **노드1: 10.100.10.101/24**
  - **노드2: 10.100.10.102/24**

- 호스트 네임 확인

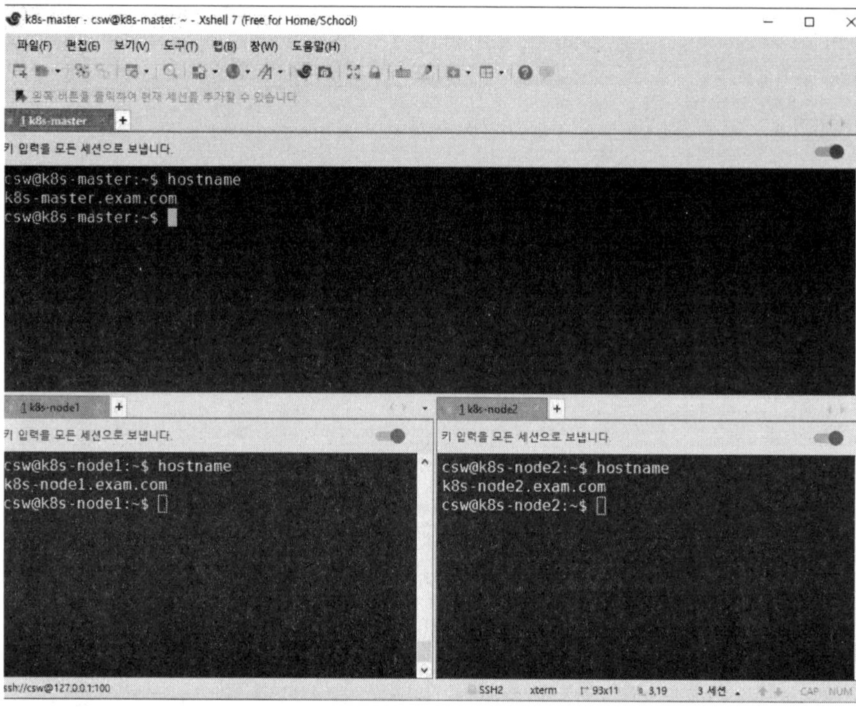

k8s-master - csw@k8s-master: ~ - Xshell 7 (Free for Home/School)
파일(F) 편집(E) 보기(V) 도구(T) 탭(B) 창(W) 도움말(H)
1 k8s-master
키 입력을 모든 세션으로 보냅니다.
csw@k8s-master:~$ hostname
k8s-master.exam.com
csw@k8s-master:~$
1 k8s-node1
키 입력을 모든 세션으로 보냅니다.
csw@k8s-node1:~$ hostname
k8s-node1.exam.com
csw@k8s-node1:~$
1 k8s-node2
키 입력을 모든 세션으로 보냅니다.
csw@k8s-node2:~$ hostname
k8s-node2.exam.com
csw@k8s-node2:~$
ssh://csw@127.0.0.1:100
SSH2
xterm
93x11
3,19
3 세션
CAP
NUM

  - hostname
  - 마스터: k8s-master.exam.com
  - 노드1: k8s-node1.exam.com
  - 노드2: k8s-node2.exam.com

- 인터넷 통신 시험

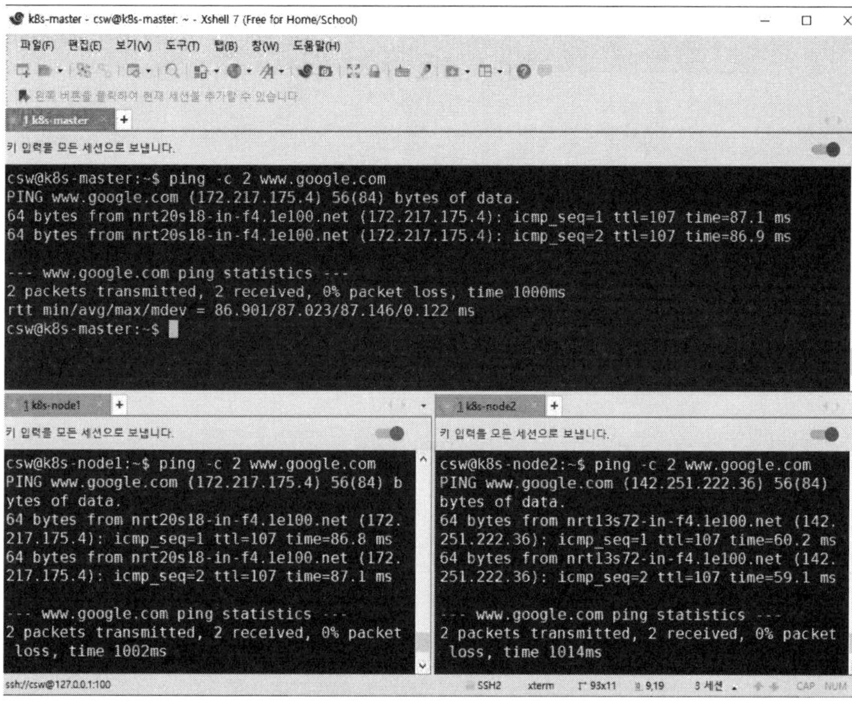
k8s-master - csw@k8s-master: ~ - Xshell 7 (Free for Home/School)
파일(F) 편집(E) 보기(V) 도구(T) 탭(B) 창(W) 도움말(H)
키 입력을 모든 세션으로 보냅니다.
csw@k8s-master:~$ ping -c 2 www.google.com
PING www.google.com (172.217.175.4) 56(84) bytes of data.
64 bytes from nrt20s18-in-f4.1e100.net (172.217.175.4): icmp_seq=1 ttl=107 time=87.1 ms
64 bytes from nrt20s18-in-f4.1e100.net (172.217.175.4): icmp_seq=2 ttl=107 time=86.9 ms
--- www.google.com ping statistics ---
2 packets transmitted, 2 received, 0% packet loss, time 1000ms
rtt min/avg/max/mdev = 86.901/87.023/87.146/0.122 ms
csw@k8s-master:~$
csw@k8s-node1:~$ ping -c 2 www.google.com
PING www.google.com (172.217.175.4) 56(84) bytes of data.
64 bytes from nrt20s18-in-f4.1e100.net (172.217.175.4): icmp_seq=1 ttl=107 time=86.8 ms
64 bytes from nrt20s18-in-f4.1e100.net (172.217.175.4): icmp_seq=2 ttl=107 time=87.1 ms
--- www.google.com ping statistics ---
2 packets transmitted, 2 received, 0% packet loss, time 1002ms
csw@k8s-node2:~$ ping -c 2 www.google.com
PING www.google.com (142.251.222.36) 56(84) bytes of data.
64 bytes from nrt13s72-in-f4.1e100.net (142.251.222.36): icmp_seq=1 ttl=107 time=60.2 ms
64 bytes from nrt13s72-in-f4.1e100.net (142.251.222.36): icmp_seq=2 ttl=107 time=59.1 ms
--- www.google.com ping statistics ---
2 packets transmitted, 2 received, 0% packet loss, time 1014ms

  - ping -c 2 www.google.com: 인터넷 통신 확인

- 노드 간 통신 시험

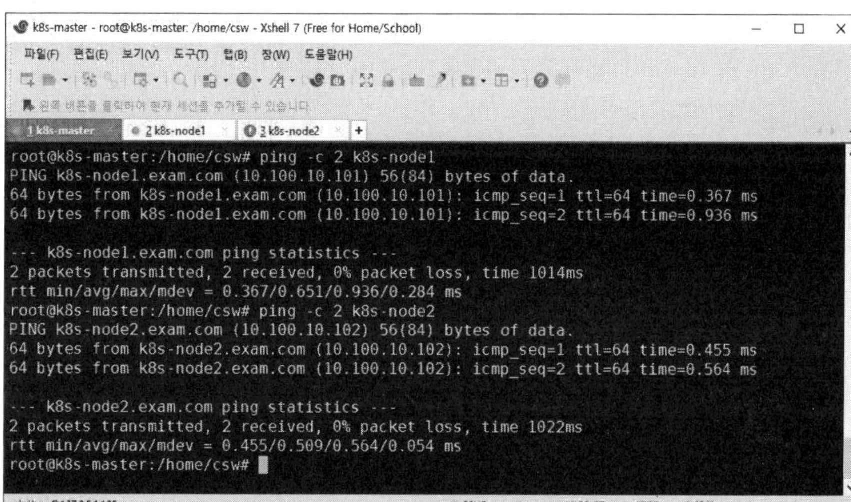
k8s-master - root@k8s-master: /home/csw - Xshell 7 (Free for Home/School)
파일(F) 편집(E) 보기(V) 도구(T) 탭(B) 창(W) 도움말(H)
root@k8s-master:/home/csw# ping -c 2 k8s-node1
PING k8s-node1.exam.com (10.100.10.101) 56(84) bytes of data.
64 bytes from k8s-node1.exam.com (10.100.10.101): icmp_seq=1 ttl=64 time=0.367 ms
64 bytes from k8s-node1.exam.com (10.100.10.101): icmp_seq=2 ttl=64 time=0.936 ms
--- k8s-node1.exam.com ping statistics ---
2 packets transmitted, 2 received, 0% packet loss, time 1014ms
rtt min/avg/max/mdev = 0.367/0.651/0.936/0.284 ms
root@k8s-master:/home/csw# ping -c 2 k8s-node2
PING k8s-node2.exam.com (10.100.10.102) 56(84) bytes of data.
64 bytes from k8s-node2.exam.com (10.100.10.102): icmp_seq=1 ttl=64 time=0.455 ms
64 bytes from k8s-node2.exam.com (10.100.10.102): icmp_seq=2 ttl=64 time=0.564 ms
--- k8s-node2.exam.com ping statistics ---
2 packets transmitted, 2 received, 0% packet loss, time 1022ms
rtt min/avg/max/mdev = 0.455/0.509/0.564/0.054 ms
root@k8s-master:/home/csw#

  - 도구: [키 입력 보내기 - 현재 세션]
  - 탭: [정렬 - 모든 탭 그룹 합치기]
  - 마스터에서 node1 및 node2로 ping 시험
  - 모든 시스템 종료

13 쿠버네티스 설치

13.1 도커 삭제

(1)도커 패키지 삭제하기

· 클러스터 시작

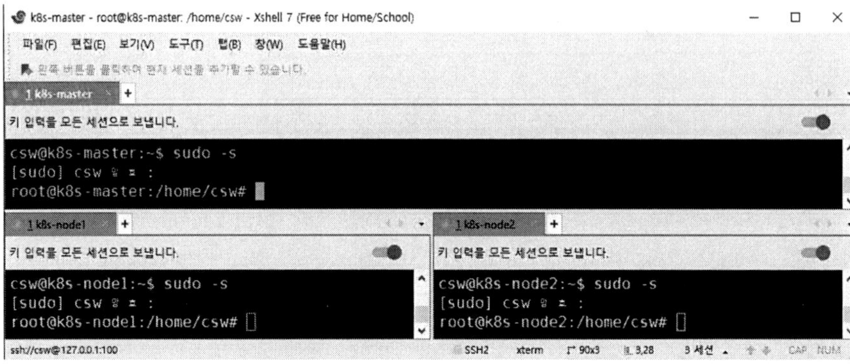
k8s-master - root@k8s-master: /home/csw - Xshell 7 (Free for Home/School)
파일(F) 편집(E) 보기(V) 도구(T) 탭(B) 창(W) 도움말(H)
1 k8s-master
키 입력을 모든 세션으로 보냅니다.
csw@k8s-master:~$ sudo -s
[sudo] csw 암호 :
root@k8s-master:/home/csw#
1 k8s-node1
키 입력을 모든 세션으로 보냅니다.
csw@k8s-node1:~$ sudo -s
[sudo] csw 암호 :
root@k8s-node1:/home/csw#
1 k8s-node2
키 입력을 모든 세션으로 보냅니다.
csw@k8s-node2:~$ sudo -s
[sudo] csw 암호 :
root@k8s-node2:/home/csw#
ssh://csw@127.0.0.1:100

- 모든 노드 부팅 후 각 세션 내부 마우스 우클릭 후 다시 연결
- 바둑판식 배열 및 키 입력 모든 세션 설정 후 root로 전환

· 도커 삭제

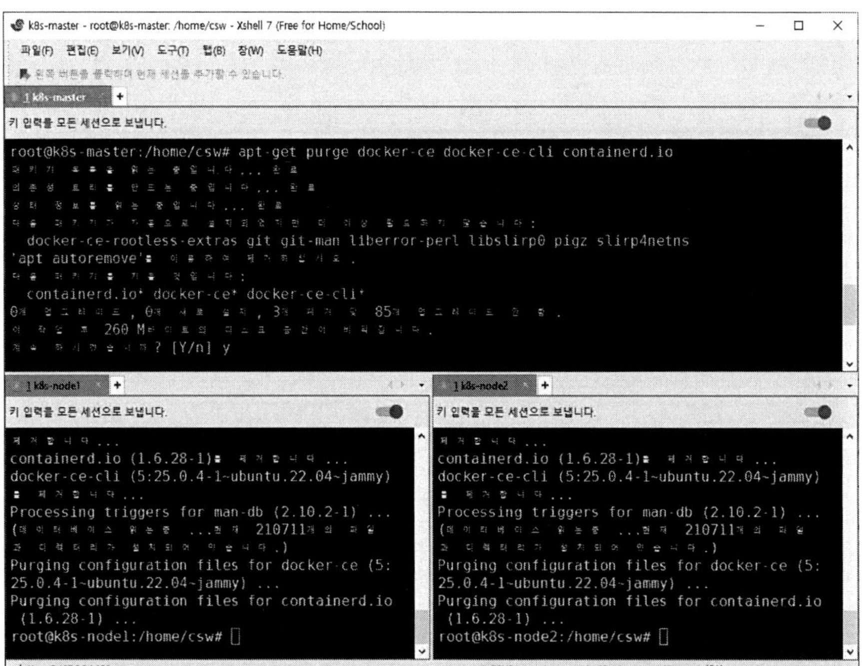
k8s-master - root@k8s-master: /home/csw - Xshell 7 (Free for Home/School)
파일(F) 편집(E) 보기(V) 도구(T) 탭(B) 창(W) 도움말(H)
1 k8s-master
키 입력을 모든 세션으로 보냅니다.
root@k8s-master:/home/csw# apt-get purge docker-ce docker-ce-cli containerd.io
docker-ce-rootless-extras git git-man liberror-perl libslirp0 pigz slirp4netns
containerd.io* docker-ce* docker-ce-cli*
1 k8s-node1
키 입력을 모든 세션으로 보냅니다.
containerd.io (1.6.28-1)
docker-ce-cli (5:25.0.4-1~ubuntu.22.04~jammy)
Processing triggers for man-db (2.10.2-1) ...
Purging configuration files for docker-ce (5:25.0.4-1~ubuntu.22.04~jammy) ...
Purging configuration files for containerd.io (1.6.28-1) ...
root@k8s-node1:/home/csw#
1 k8s-node2
키 입력을 모든 세션으로 보냅니다.
containerd.io (1.6.28-1)
docker-ce-cli (5:25.0.4-1~ubuntu.22.04~jammy)
Processing triggers for man-db (2.10.2-1) ...
Purging configuration files for docker-ce (5:25.0.4-1~ubuntu.22.04~jammy) ...
Purging configuration files for containerd.io (1.6.28-1) ...
root@k8s-node2:/home/csw#
ssh://csw@127.0.0.1:100

- 도커 패키지 삭제: apt-get purge docker-ce docker-ce-cli containerd.io

(2)도커 설정 삭제하기

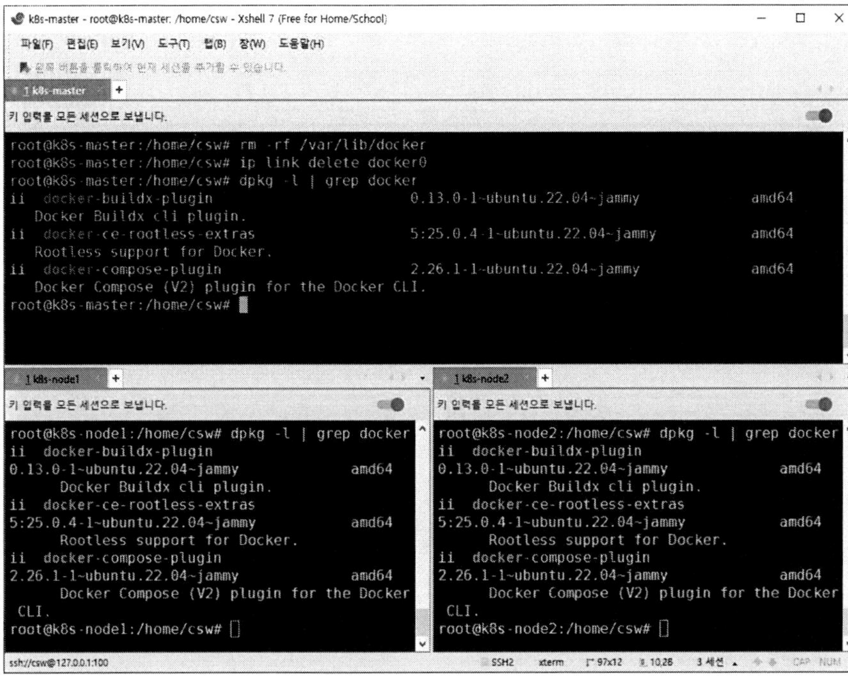

- 도커 패키지 설정 삭제: rm -rf /var/lib/docker
- 도커 네트워크 설정 삭제: ip link delete docker0
- 도커 관련 설치 패키지 확인: dpkg -l | grep docker

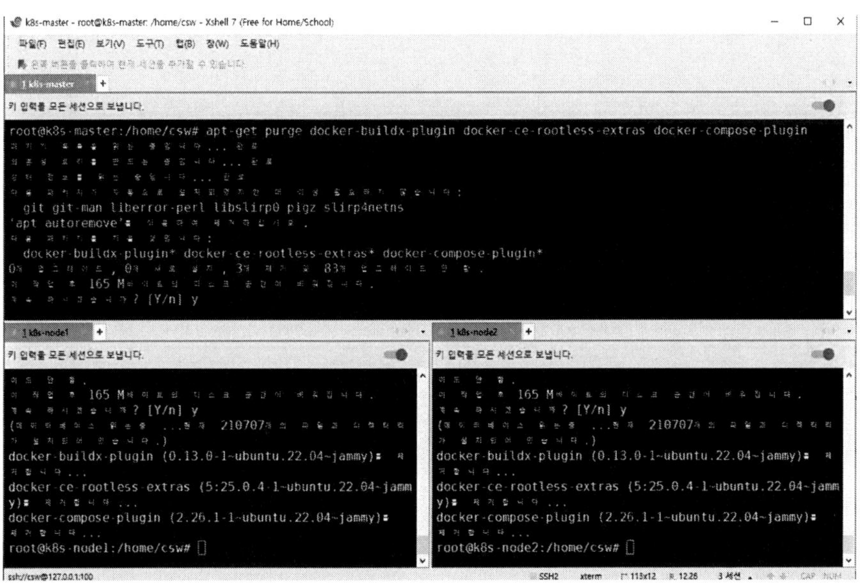

- 도커 관련 나머지 패키지 삭제
- apt-get purge docker-buildx-plugin docker-ce-rootless-extras docker-compose-plugin

(3)도커 패키지 삭제 확인하기

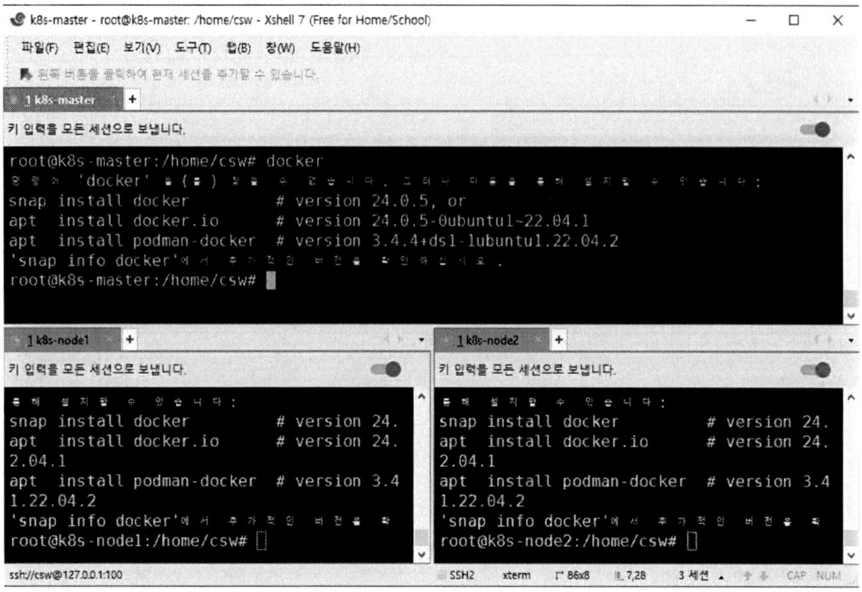
k8s-master - root@k8s-master: /home/csw - Xshell 7 (Free for Home/School)
root@k8s-master:/home/csw# docker
snap install docker   # version 24.0.5, or
apt install docker.io   # version 24.0.5-0ubuntu1~22.04.1
apt install podman-docker   # version 3.4.4+ds1-1ubuntu1.22.04.2
root@k8s-master:/home/csw#
root@k8s-node1:/home/csw#
root@k8s-node2:/home/csw#

- 도커 삭제 확인: docker 실행 불가

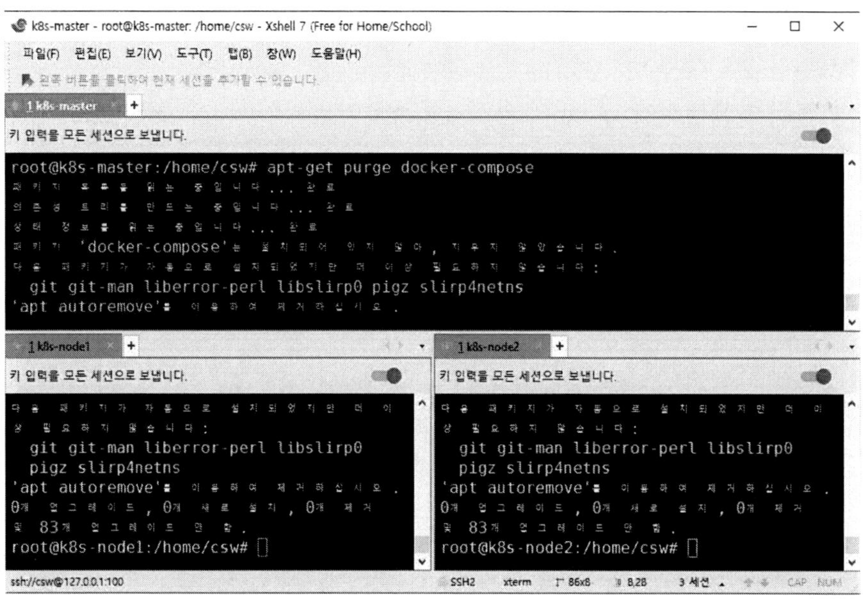
k8s-master - root@k8s-master: /home/csw - Xshell 7 (Free for Home/School)
root@k8s-master:/home/csw# apt-get purge docker-compose
'docker-compose'
git git-man liberror-perl libslirp0 pigz slirp4netns
'apt autoremove'
root@k8s-node1:/home/csw#
root@k8s-node2:/home/csw#

- 도커 컴포즈 삭제: 이미 삭제됨

13.2 쿠버네티스 설치 전 환경 설정

(1)노드 스왑 해제하기

- 클러스터 재시작

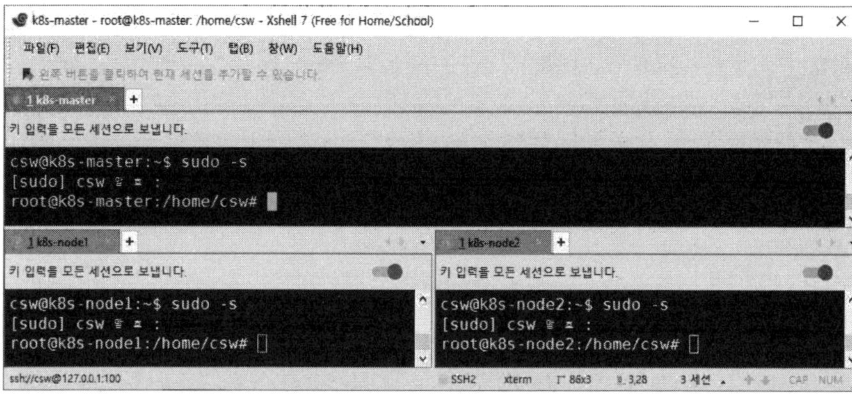
k8s-master - root@k8s-master: /home/csw - Xshell 7 (Free for Home/School)
파일(F) 편집(E) 보기(V) 도구(T) 탭(B) 창(W) 도움말(H)
1 k8s-master
키 입력을 모든 세션으로 보냅니다.
csw@k8s-master:~$ sudo -s
root@k8s-master:/home/csw#
1 k8s-node1
csw@k8s-node1:~$ sudo -s
root@k8s-node1:/home/csw#
1 k8s-node2
csw@k8s-node2:~$ sudo -s
root@k8s-node2:/home/csw#
ssh://csw@127.0.0.1:100
SSH2
xterm

  - 모든 노드 부팅 후 바둑판식 배열 및 키 입력 모든 세션 설정
  - sudo -s: 현재 로그인 사용자를 root로 전환
- 사전 요구사항 확인(Before you begin)

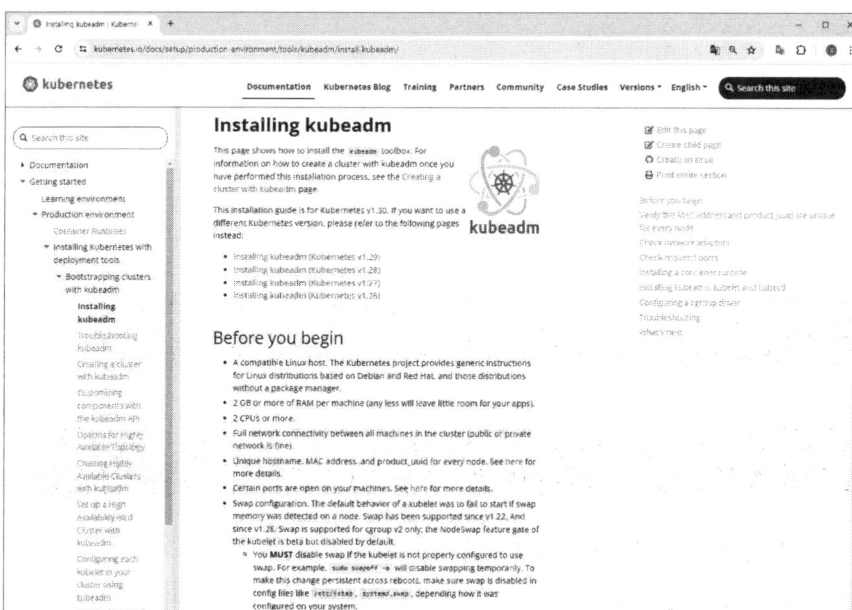
kubernetes
Documentation
Kubernetes Blog
Training
Partners
Community
Case Studies
Installing kubeadm
kubeadm
Before you begin
A compatible Linux host. The Kubernetes project provides generic instructions for Linux distributions based on Debian and Red Hat, and those distributions without a package manager.
2 GB or more of RAM per machine (any less will leave little room for your apps).
2 CPUs or more.
Full network connectivity between all machines in the cluster (public or private network is fine).
Unique hostname, MAC address, and product_uuid for every node.
Certain ports are open on your machines.

  - https://kubernetes.io/docs/setup/production-environment/tools/kubeadm/install-kubeadm/
  - Documentation

- Getting started / Production environment
- Installing Kubernetes with deployment tools
- Bootstrapping clusters with kubeadm / Installing kubeadm
- RAM 2GB 이상, CPU 2개 이상, 클러스트 네트워크 구성
- 호스트 네임 및 MAC 주소 노드별 유일, 스왑 설정 해제 등

· 스왑 해제

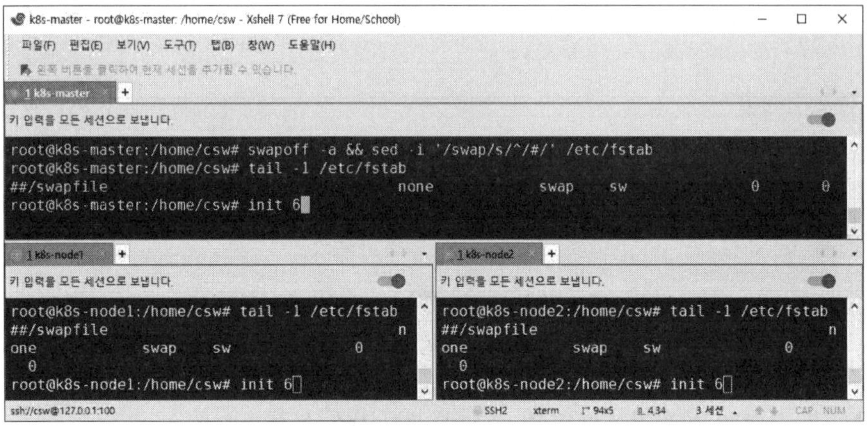
k8s-master - root@k8s-master: /home/csw - Xshell 7 (Free for Home/School)
파일(F) 편집(E) 보기(V) 도구(T) 탭(B) 창(W) 도움말(H)
1 k8s-master
키 입력을 모든 세션으로 보냅니다.
root@k8s-master:/home/csw# swapoff -a && sed -i '/swap/s/^/#/' /etc/fstab
root@k8s-master:/home/csw# tail -1 /etc/fstab
##/swapfile none swap sw 0 0
root@k8s-master:/home/csw# init 6
1 k8s-node1
root@k8s-node1:/home/csw# tail -1 /etc/fstab
##/swapfile none swap sw 0 0
root@k8s-node1:/home/csw# init 6
1 k8s-node2
root@k8s-node2:/home/csw# tail -1 /etc/fstab
##/swapfile none swap sw 0 0
root@k8s-node2:/home/csw# init 6

- 스왑 사용: 노드 간 메모리 공유 시 문제 가능성
- swapoff -a: 현재 활성화된 모든 스왑 비활성화
- sed -i '/swap/s/^/#/' /etc/fstab: /etc/fstab 파일 스왑 항목 주석 처리
- 부팅 시 스왑 자동 마운트 해제
- tail -1 /etc/fstab: /etc/fstab 파일 마지막 줄 스왑 항목 주석 처리 확인
- init 6: 시스템 재부팅하여 새 설정 및 변경 사항 적용

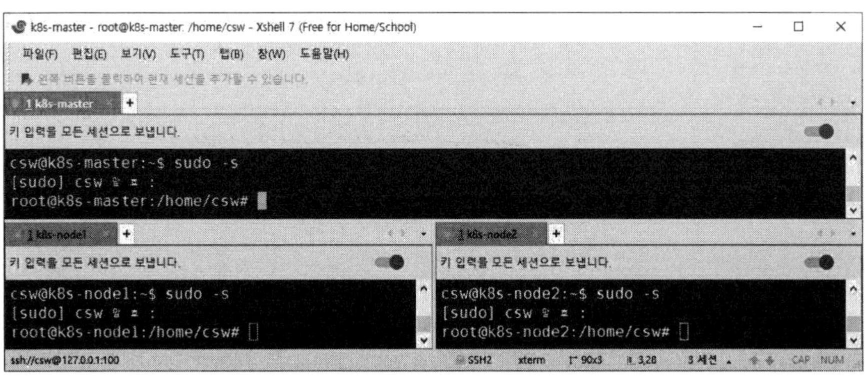
k8s-master - root@k8s-master: /home/csw - Xshell 7 (Free for Home/School)
파일(F) 편집(E) 보기(V) 도구(T) 탭(B) 창(W) 도움말(H)
1 k8s-master
키 입력을 모든 세션으로 보냅니다.
csw@k8s-master:~$ sudo -s
root@k8s-master:/home/csw#
1 k8s-node1
csw@k8s-node1:~$ sudo -s
root@k8s-node1:/home/csw#
1 k8s-node2
csw@k8s-node2:~$ sudo -s
root@k8s-node2:/home/csw#

- 모든 노드 부팅 후 각 세션 내부 마우스 우클릭 후 다시 연결
- 바둑판식 배열 및 키 입력 모든 세션 설정 후 root로 전환

(2)컨테이너 런타임 구성 확인하기

- 쿠버네티스 1.30.0에 필요한 컨테이너 런타임 도구(구글 제미나이 참조)
  - Containerd:
    * 권장 버전: 1.7.0
    * 최소 지원 버전: 1.6.0
  - rnc:
    * 권장 버전: 1.0.0
    * 최소 지원 버전: 0.12.0
  - CNI 플러그인:
    * Flannel: 0.12.0 이상
    * Calico: 3.21.0 이상
    * Weave: 2.7.0 이상
    * Antrea: 2.7.0 이상
- 참고
  - 위 버전들은 쿠버네티스 버전 1.30과 공식적으로 테스트되고 지원되는 버전
  - 최신 버전을 사용하는 것이 일반적으로 권장
  - 사용하려는 CNI 플러그인의 버전 호환성 요구 사항도 확인 필요
- 추가 정보
  - 쿠버네티스 버전 1.30 릴리스 노트: https://kubernetes.io/releases/
  - containerd 버전 정보: https://containerd.io/releases/
  - rnc 버전 정보: https://github.com/djc/rnc2rng/blob/main/test.py
  - Flannel 버전 정보: https://github.com/flannel-io/flannel/releases
  - Calico 버전 정보: https://github.com/projectcalico/calico/releases
  - Weave 버전 정보: https://github.com/weaveworks/weave/releases
  - Antrea 버전 정보: https://github.com/antrea-io/antrea/releases

- 컨테이너 런타임 정보 확인

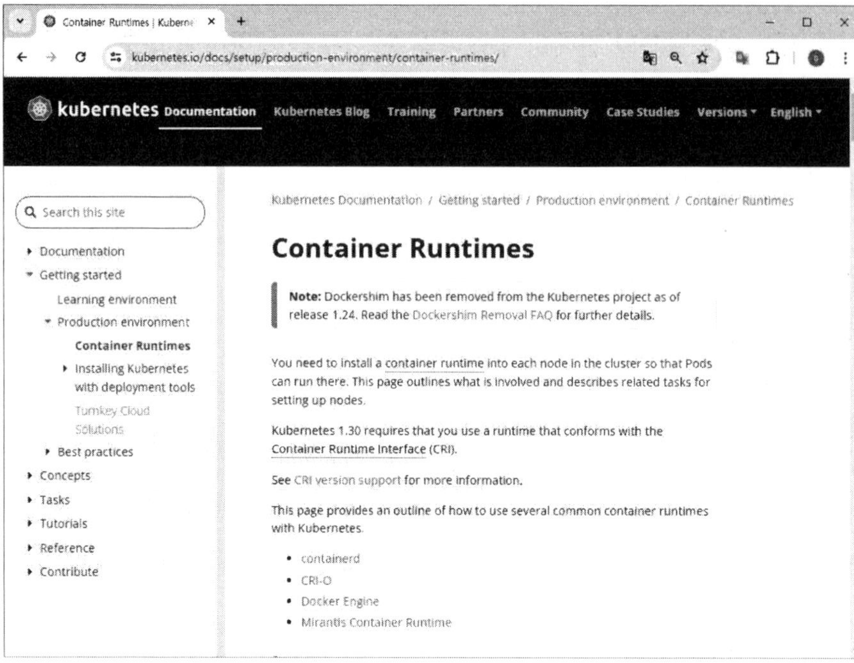
Container Runtimes | Kubernetes
kubernetes.io/docs/setup/production-environment/container-runtimes/
kubernetes Documentation Kubernetes Blog Training Partners Community Case Studies Versions English
Search this site
Documentation
Getting started
Learning environment
Production environment
Container Runtimes
Installing Kubernetes with deployment tools
Turnkey Cloud Solutions
Best practices
Concepts
Tasks
Tutorials
Reference
Contribute
Kubernetes Documentation / Getting started / Production environment / Container Runtimes
Container Runtimes
Note: Dockershim has been removed from the Kubernetes project as of release 1.24. Read the Dockershim Removal FAQ for further details.
You need to install a container runtime into each node in the cluster so that Pods can run there. This page outlines what is involved and describes related tasks for setting up nodes.
Kubernetes 1.30 requires that you use a runtime that conforms with the Container Runtime Interface (CRI).
See CRI version support for more information.
This page provides an outline of how to use several common container runtimes with Kubernetes.
containerd
CRI-O
Docker Engine
Mirantis Container Runtime

- 컨테이너 런타임: 쿠버네티스 독립적 컨테이너 실행 및 관리 엔진 플랫폼
- containerd: OCI(Open Container Initiative) 표준 준수 컨테이너 런타임, CRI 지원
- CRI-O: 쿠버네티스 기본 컨테이너 런타임, CRI 지원
- Docker Engine: 컨테이너 런타임 중 하나, CRI 지원

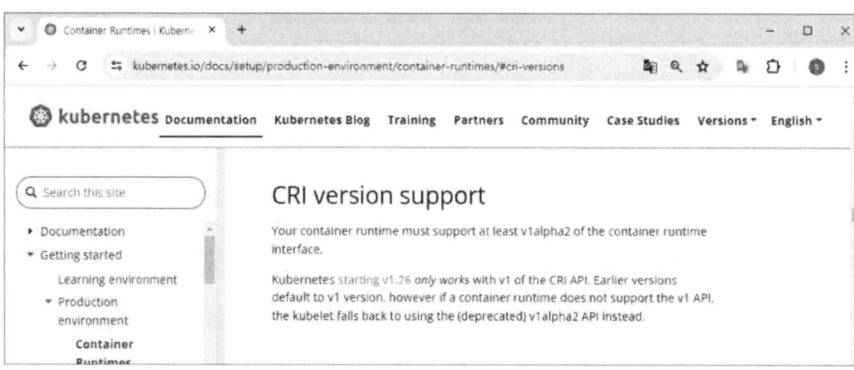
Container Runtimes | Kubernetes
kubernetes.io/docs/setup/production-environment/container-runtimes/#cri-versions
kubernetes Documentation Kubernetes Blog Training Partners Community Case Studies Versions English
Search this site
Documentation
Getting started
Learning environment
Production environment
Container
CRI version support
Your container runtime must support at least v1alpha2 of the container runtime interface.
Kubernetes starting v1.26 only works with v1 of the CRI API. Earlier versions default to v1 version, however if a container runtime does not support the v1 API, the kubelet falls back to using the (deprecated) v1alpha2 API instead.

- CRI: 컨테이너 런타임과 쿠버네티스 간 상호 작용 표준화 API
- 쿠버네티스가 컨테이너 런타임 종류 무관하게 상호 작용 가능

- 오버레이 및 브릿지 커널 모듈 등록

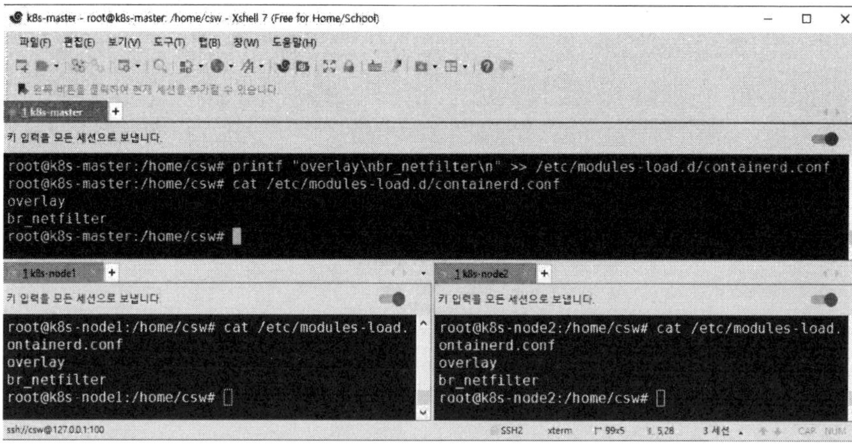
k8s-master - root@k8s-master: /home/csw - Xshell 7 (Free for Home/School)
파일(F) 편집(E) 보기(V) 도구(T) 탭(B) 창(W) 도움말(H)
1 k8s-master
키 입력을 모든 세션으로 보냅니다.
root@k8s-master:/home/csw# printf "overlay\nbr_netfilter\n" >> /etc/modules-load.d/containerd.conf
root@k8s-master:/home/csw# cat /etc/modules-load.d/containerd.conf
overlay
br_netfilter
root@k8s-master:/home/csw#
1 k8s-node1
키 입력을 모든 세션으로 보냅니다.
root@k8s-node1:/home/csw# cat /etc/modules-load.
ontainerd.conf
overlay
br_netfilter
root@k8s-node1:/home/csw#
1 k8s-node2
키 입력을 모든 세션으로 보냅니다.
root@k8s-node2:/home/csw# cat /etc/modules-load.
ontainerd.conf
overlay
br_netfilter
root@k8s-node2:/home/csw#
SSH2
xterm
3 세션

- 시스템 부팅 시 overlay 및 br_netfilter 커널 모듈 자동 로드되도록 설정
- overlay 커널 모듈: 컨테이너 이미지 레이어들(기본 운영 체제, 응용 프로그램, 설정 등)을 하나의 파일 시스템으로 결합하여 컨테이너 생성 및 실행에 사용
- br_netfilter 커널 모듈: 브리지 인터페이스 통과 네트워크 트래픽 필터링
- /etc/modules-load.d: 커널 모듈 로드를 위한 설정 파일 저장 디렉토리
- containerd.conf: containerd 서비스에 필요한 커널 모듈 목록 설정 파일

· IPv4 패킷 전달 활성화

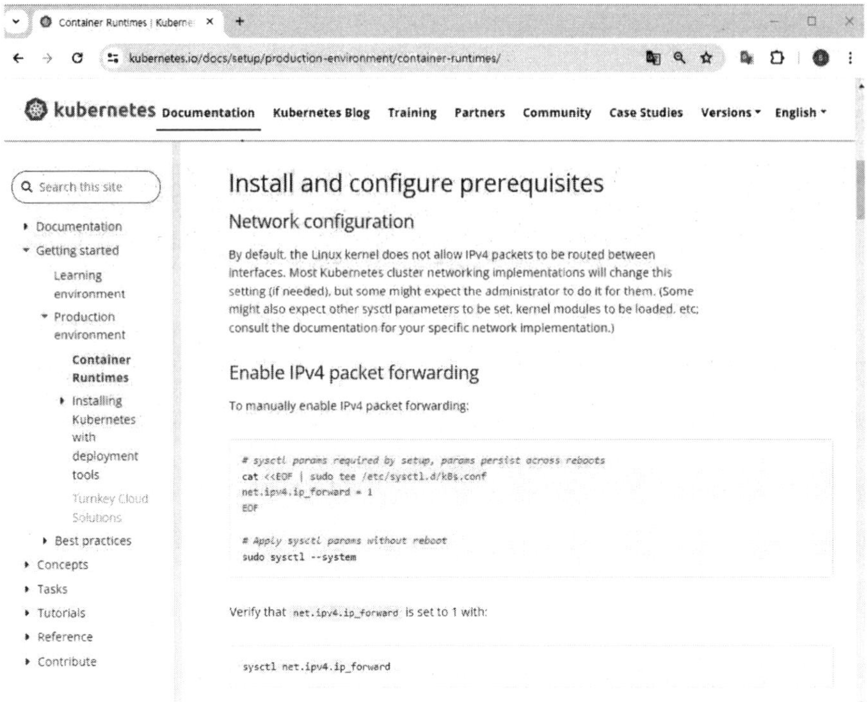

- https://kubernetes.io/
- Documentation
- Getting started / Production environment / Container Runtimes
- Linux: 기본적으로 네트워크 인터페이스 간 IPv4 패킷 전달 차단
- 쿠버네티스 클러스터 컨테이너 간 통신 방해
- 'net.ipv4.ip_forward = 1': 매개 변수 파라미터 net.ipv4.ip_forward 설정
- 패킷 전달 활성화
- /etc/sysctl.d/: 커널 파라미터 설정 파일 저장, 부팅 후 자동 적용
- k8s.conf: 쿠버네티스 API 서버 설정 파일(서버 주소, 인증 토큰, 클러스터 이름)
- 99-kubernetes-cri.conf: 일반적인 CRI 설정 파일(네트워크, CRI 드라이버(containerd, docekr 등))
- CRI 관련 설정이므로 99-kubernetes-cri.conf 파일 사용 적절

- iptables의 브릿지 트래픽 검사 활성화

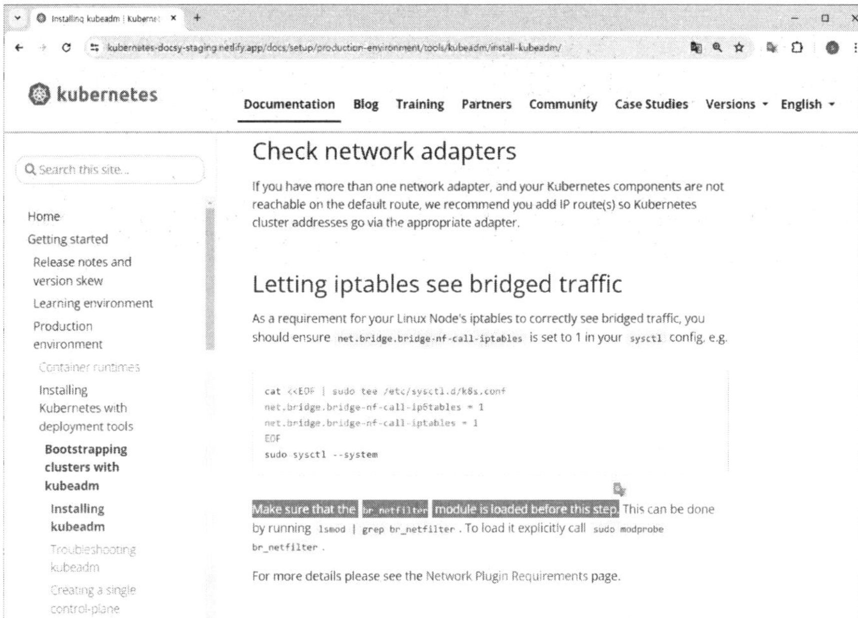

Installing kubeadm | Kubernetes
kubernetes-docsy-staging.netlify.app/docs/setup/production-environment/tools/kubeadm/install-kubeadm/
kubernetes
Documentation Blog Training Partners Community Case Studies Versions English
Search this site...
Home
Getting started
Release notes and version skew
Learning environment
Production environment
Container runtimes
Installing Kubernetes with deployment tools
Bootstrapping clusters with kubeadm
Installing kubeadm
Troubleshooting kubeadm
Creating a single control-plane
Check network adapters
If you have more than one network adapter, and your Kubernetes components are not reachable on the default route, we recommend you add IP route(s) so Kubernetes cluster addresses go via the appropriate adapter.
Letting iptables see bridged traffic
As a requirement for your Linux Node's iptables to correctly see bridged traffic, you should ensure net.bridge.bridge-nf-call-iptables is set to 1 in your sysctl config, e.g.
cat <<EOF | sudo tee /etc/sysctl.d/k8s.conf
net.bridge.bridge-nf-call-ip6tables = 1
net.bridge.bridge-nf-call-iptables = 1
EOF
sudo sysctl --system
Make sure that the br_netfilter module is loaded before this step. This can be done by running lsmod | grep br_netfilter. To load it explicitly call sudo modprobe br_netfilter.
For more details please see the Network Plugin Requirements page.

- https://kubernetes-docsy-staging.netlify.app/
- Documentation / Getting started / Production environment
- Installing Kubernetes with deployment tools
- Bootstrapping clusters with kubeadm / Installing kubeadm
- 사전에 br_netfilter 모듈 로드 필요
- 'net.bridge.bridge-nf-call-ip6tables = 1':
- 브리지 인터페이스에서 Netfilter IPv6 트래픽 검사 활성화
- 'net.bridge.bridge-nf-call-iptables = 1':
- 브리지 인터페이스에서 Netfilter IPv4 트래픽 검사 활성화
- iptables: Netfilter 내부 모듈, 커널 외부의 사용자 공간 도구, 사용자 정의 규칙(방화벽 규칙 등)을 Netfilter가 이해하도록 커널 수준 지침으로 변환
- br_netfilter: Netfilter 내부 모듈, 브리지 네트워크
- Netfilter 프레임워크: 커널 내장 구성 요소로
- 'sysctl --system': 커널 파라미터 설정을 시스템 설정 파일에 적용
- 리눅스 시스템의 iptables가 브리지 인터페이스에서 Netfilter 검사 활성화
- 쿠버네티스 클러스터 내 컨테이너 네트워크 트래픽(IPv4 및 IPv6) 통신 보장
- CRI 관련 설정이므로 99-kubernetes-cri.conf 파일 사용 적절

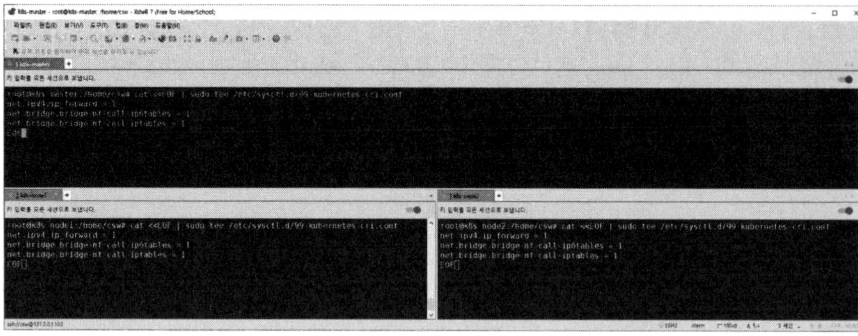

- cat <<EOF | sudo tee /etc/sysctl.d/99-kubernetes-cri.conf
- net.ipv4.ip_forward = 1
- net.bridge.bridge-nf-call-ip6tables = 1
- net.bridge.bridge-nf-call-iptables = 1
- EOF

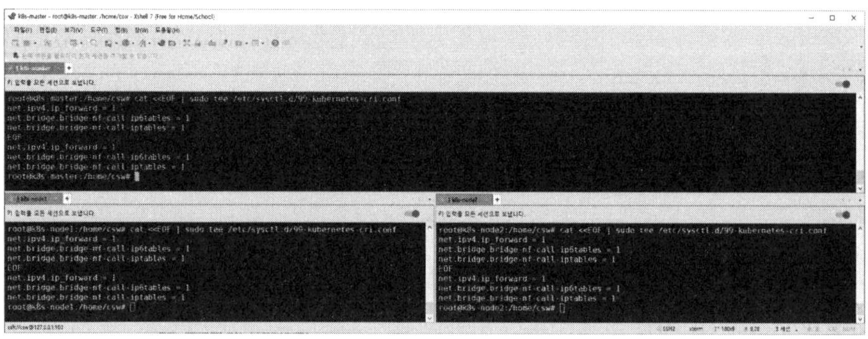

- 스왑 사용: 노드 간 메모리 공유 시 문제 가능성
- swapoff -a: 현재 활성화된 모든 스왑 비활성화
- sed -i '/swap/s/^/#/' /etc/fstab: /etc/fstab 파일 스왑 항목 주석 처리
- 부팅 시 스왑 자동 마운트 해제
- tail -1 /etc/fstab: /etc/fstab 파일 마지막 줄 스왑 항목 주석 처리 확인
- init 6: 시스템 재부팅하여 새 설정 및 변경 사항 적용

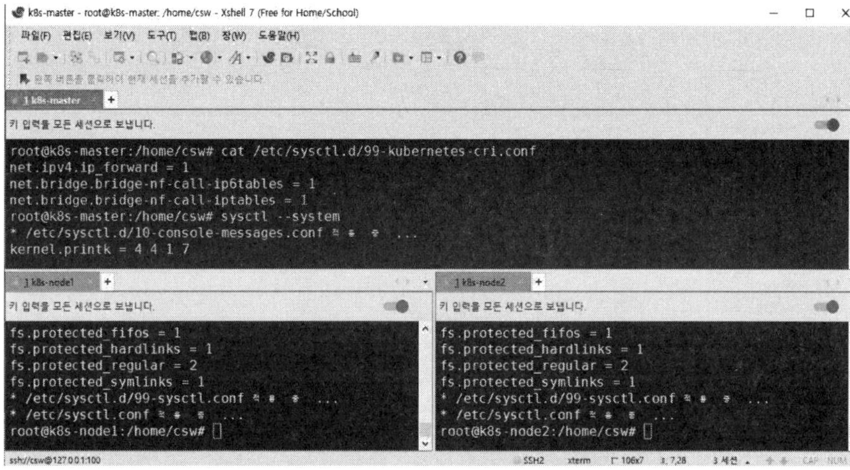
k8s-master - root@k8s-master: /home/csw - Xshell 7 (Free for Home/School)
root@k8s-master:/home/csw# cat /etc/sysctl.d/99-kubernetes-cri.conf
net.ipv4.ip_forward = 1
net.bridge.bridge-nf-call-ip6tables = 1
net.bridge.bridge-nf-call-iptables = 1
root@k8s-master:/home/csw# sysctl --system
kernel.printk = 4 4 1 7
fs.protected_fifos = 1
fs.protected_hardlinks = 1
fs.protected_regular = 2
fs.protected_symlinks = 1
root@k8s-node1:/home/csw#
root@k8s-node2:/home/csw#

- 'cat /etc/sysctl.d/99-kubernetes-cri.conf': 설정 확인
- sysctl --system: 시스템에 설정 적용
- 쿠버네티스 클러스터 네트워크 환경 구성 완료

· 방화벽 해제

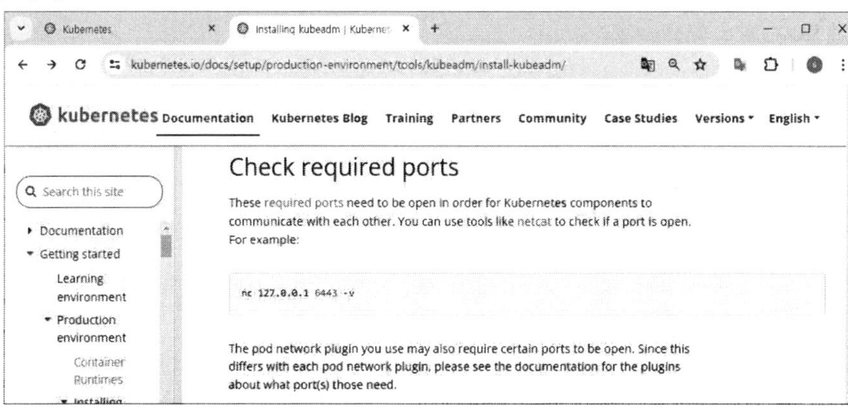
kubernetes.io/docs/setup/production-environment/tools/kubeadm/install-kubeadm/
kubernetes Documentation Kubernetes Blog Training Partners Community Case Studies Versions English
Check required ports
These required ports need to be open in order for Kubernetes components to communicate with each other. You can use tools like netcat to check if a port is open. For example:
nc 127.0.0.1 6443 -v
The pod network plugin you use may also require certain ports to be open. Since this differs with each pod network plugin, please see the documentation for the plugins about what port(s) those need.

- **포트 요구사항 확인하여 방화벽 설정 필요**
- **온프레미스 환경 실습으로 방화벽 해제**

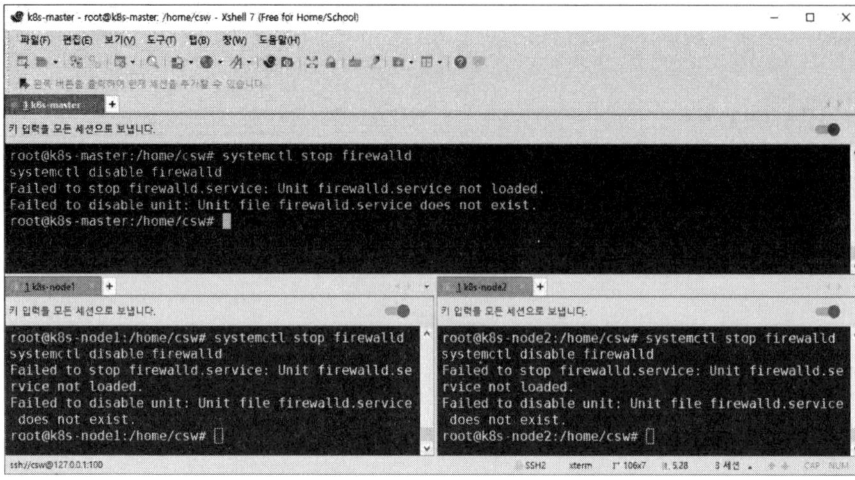
k8s-master - root@k8s-master: /home/csw - Xshell 7 (Free for Home/School)
root@k8s-master:/home/csw# systemctl stop firewalld
systemctl disable firewalld
Failed to stop firewalld.service: Unit firewalld.service not loaded.
Failed to disable unit: Unit file firewalld.service does not exist.
root@k8s-master:/home/csw#
root@k8s-node1:/home/csw# systemctl stop firewalld
systemctl disable firewalld
Failed to stop firewalld.service: Unit firewalld.se
rvice not loaded.
Failed to disable unit: Unit file firewalld.service
does not exist.
root@k8s-node1:/home/csw#
root@k8s-node2:/home/csw# systemctl stop firewalld
systemctl disable firewalld
Failed to stop firewalld.service: Unit firewalld.se
rvice not loaded.
Failed to disable unit: Unit file firewalld.service
does not exist.
root@k8s-node2:/home/csw#

- 우분투는 기본적으로 방화벽 서비스 로드하지 않음
- 간단한 방화벽 설정은 UFW 도구 활용 가능
- 복잡한 설정에 iptables 도구 사용 가능
- firewalld.service 방화벽 서비스 로드되지 않았기 때문에
- 방화벽 중지 및 비활성화 불가

13.3 컨테이너 런타임 설치

(1)containerd 설치하기

- containerd 설치 시작

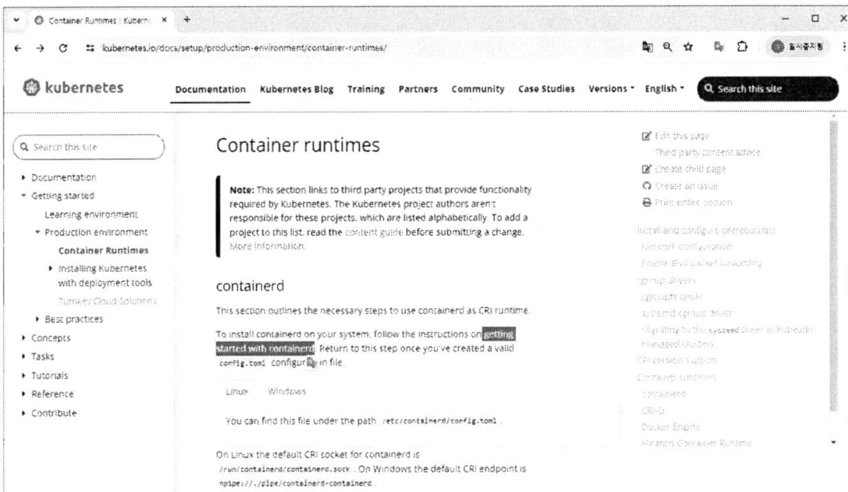

  - https://kubernetes.io/docs/setup/production-environment/container-runtimes/
  - Getting started with containerd

- 공식 바이너리 containerd 다운로드

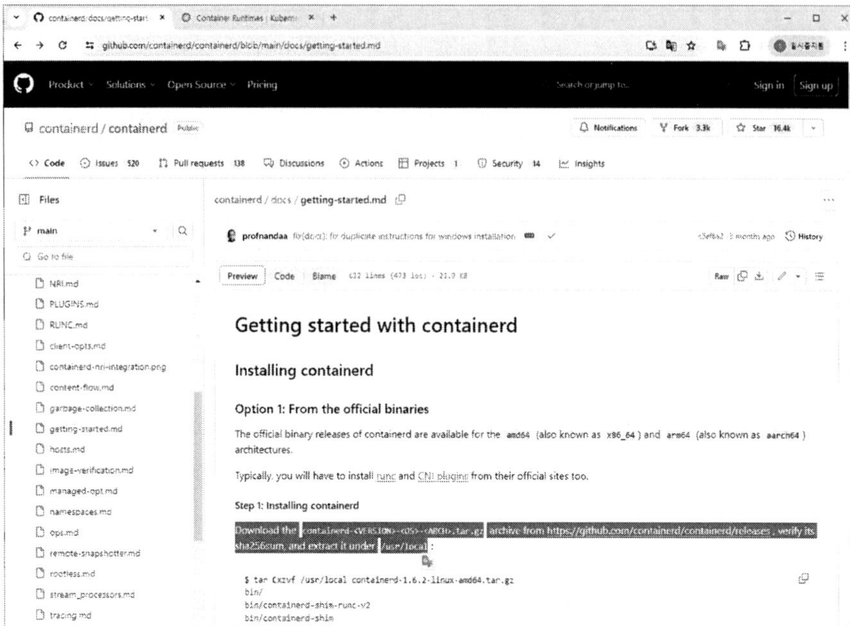
github.com/containerd/containerd/blob/main/docs/getting-started.md
containerd / containerd
Getting started with containerd
Installing containerd
Option 1: From the official binaries
The official binary releases of containerd are available for the amd64 (also known as x86_64) and arm64 (also known as aarch64) architectures.
Typically, you will have to install runc and CNI plugins from their official sites too.
Step 1: Installing containerd
$ tar Cxzvf /usr/local containerd-1.6.2-linux-amd64.tar.gz
bin/
bin/containerd-shim-runc-v2
bin/containerd-shim

  - https://github.com/containerd/containerd/blob/main/docs/getting-started.md
  - 공식 바이너리를 사용하여 containerd-1.7.16 버전 설치

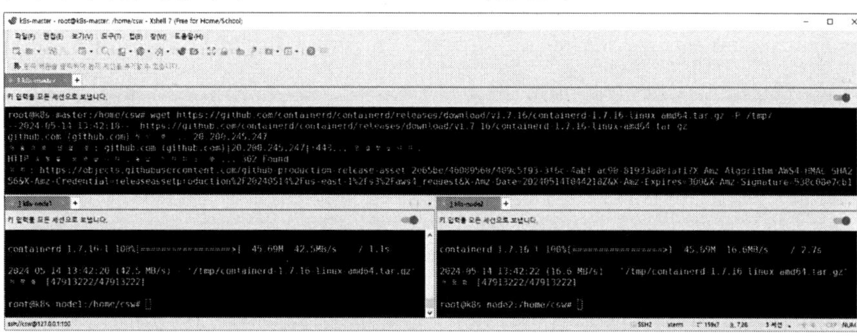

  - wget https://github.com/containerd/containerd/releases/download/v1.7.16/containerd-1.7.16-linux-amd64.tar.gz -P /tmp/
  - wget: 커맨드 라인을 통해 인터넷에서 파일 다운로드
  - containerd 프로젝트의 v1.7.16 릴리스에서
  - containerd-1.7.16-linux-amd64.tar.gz 바이너리 파일을 다운로드하고
  - 로컬 /tmp/ 디렉토리에 저장

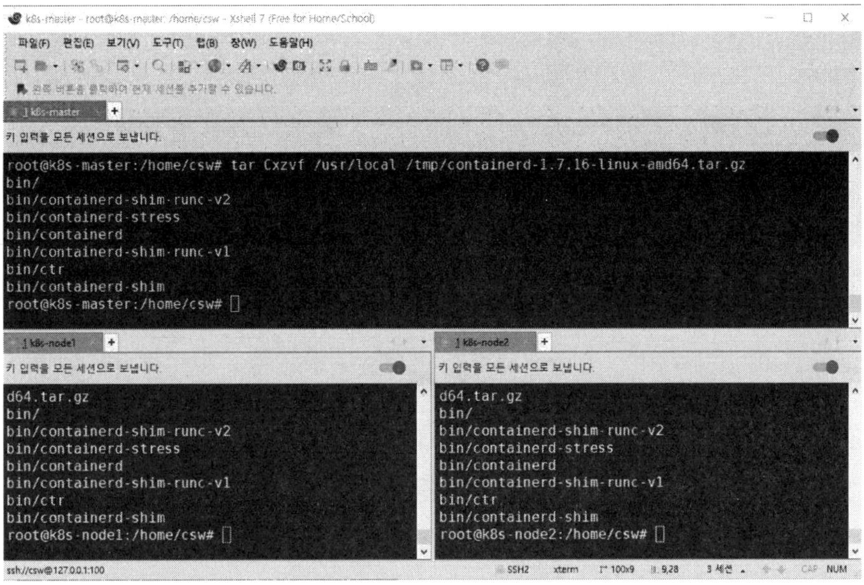
root@k8s-master:/home/csw# tar Cxzvf /usr/local /tmp/containerd-1.7.16-linux-amd64.tar.gz
bin/
bin/containerd-shim-runc-v2
bin/containerd-stress
bin/containerd
bin/containerd-shim-runc-v1
bin/ctr
bin/containerd-shim
root@k8s-master:/home/csw#
root@k8s-node1:/home/csw#
root@k8s-node2:/home/csw#

- /tmp/containerd-1.7.16-linux-amd64.tar.gz 파일을
- 디렉토리 변경하여(C 옵션)
- /usr/local 디렉토리에 압축 해제(xz 옵션)

· containerd 서비스 다운로드

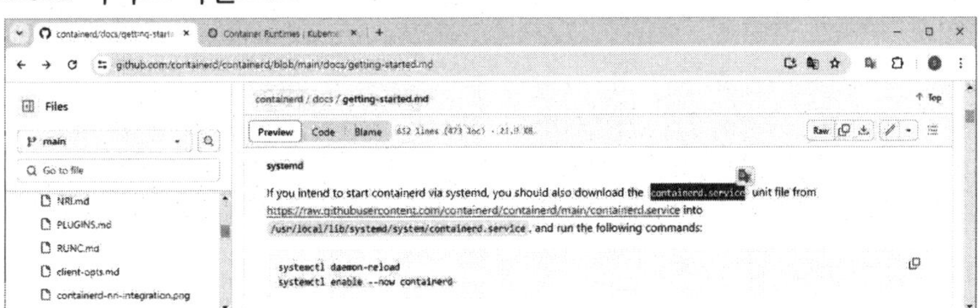
systemd
If you intend to start containerd via systemd, you should also download the containerd.service unit file from https://raw.githubusercontent.com/containerd/containerd/main/containerd.service into /usr/local/lib/systemd/system/containerd.service, and run the following commands:
systemctl daemon-reload
systemctl enable --now containerd

- containerd.service: containerd를 systemd에서 관리하기 위한 서비스 유닛 파일
- systemd: 우분투 최초 프로세스로 부팅, 서비스, 로그인 등 관리

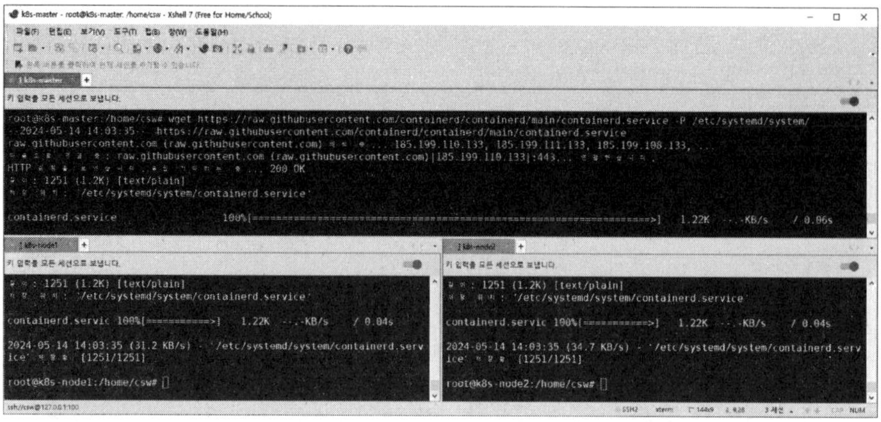
root@k8s-master:/home/csw# wget https://raw.githubusercontent.com/containerd/containerd/main/containerd.service -P /etc/systemd/system/
containerd.service 100%[=====>] 1.22K --.-KB/s / 0.06s
root@k8s-node1:/home/csw#
root@k8s-node2:/home/csw#

- cotainerd.service를 다운로드하여 /etc/systemd/system/ 디렉토리에 저장
- /etc/systemd/system/: 시스템 부팅 시 자동 실행 서비스들 저장 디렉토리
- 시스템 부팅 시 systemd는 containerd.service를 통해 containerd 시작

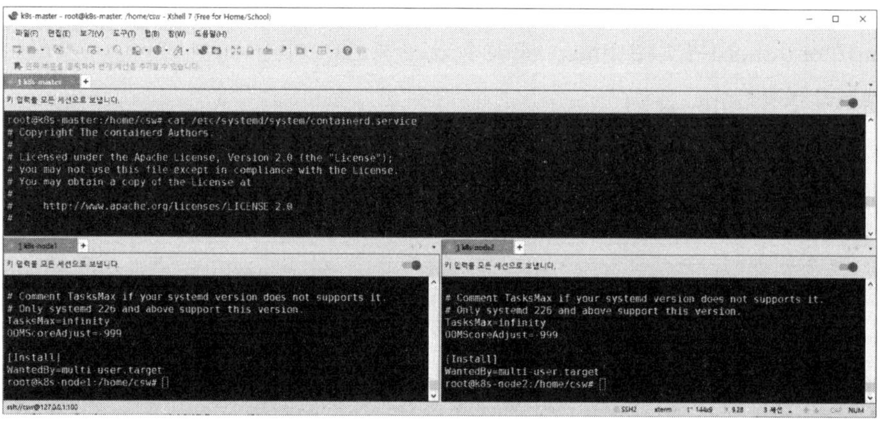
root@k8s-master:/home/csw# cat /etc/systemd/system/containerd.service
# Copyright The containerd Authors.
# Licensed under the Apache License, Version 2.0 (the "License");
# you may not use this file except in compliance with the License.
# You may obtain a copy of the License at
# http://www.apache.org/licenses/LICENSE-2.0
# Comment TasksMax if your systemd version does not supports it.
# Only systemd 226 and above support this version.
TasksMax=infinity
OOMScoreAdjust=-999
[Install]
WantedBy=multi-user.target

- containerd.service 파일 확인

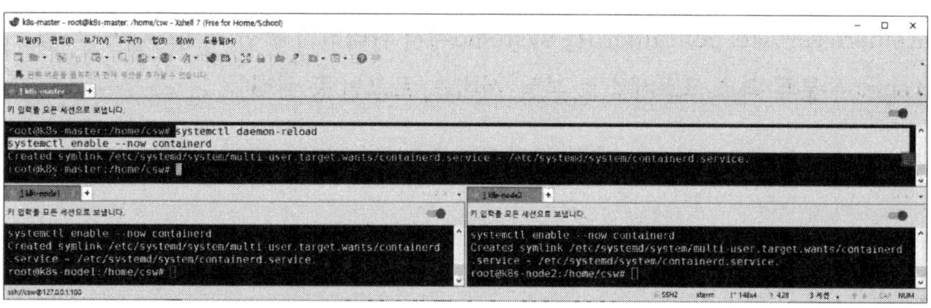
root@k8s-master:/home/csw# systemctl daemon-reload
systemctl enable --now containerd
Created symlink /etc/systemd/system/multi-user.target.wants/containerd.service → /etc/systemd/system/containerd.service.

- systemctl daemon-reload: systemd 설정 다시 로드하여 새 구성 적용
- systemctl enable --now containerd: containerd 부팅 시 자동 시작 및 지금 시작

(2)runc 설치하기

- runc 설치

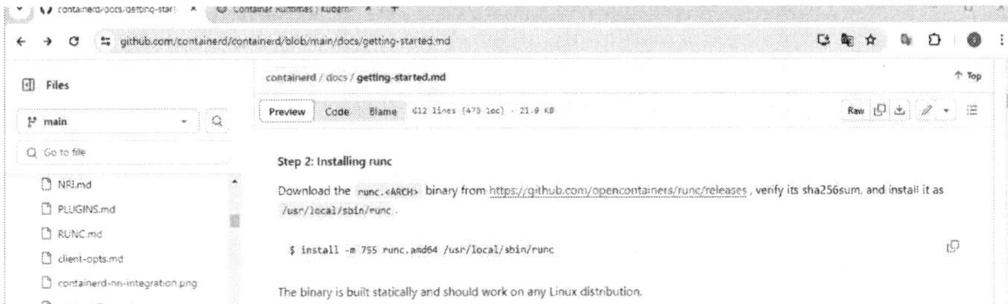

- runc: 컨테이너 실행 및 관리 도구

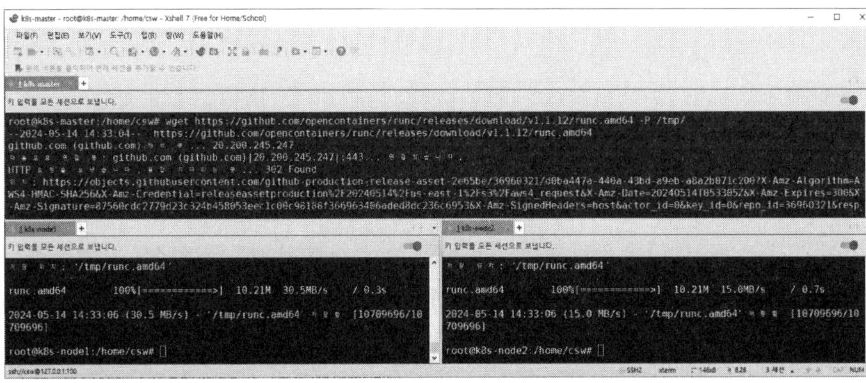

- runc v1.1.12 다운로드

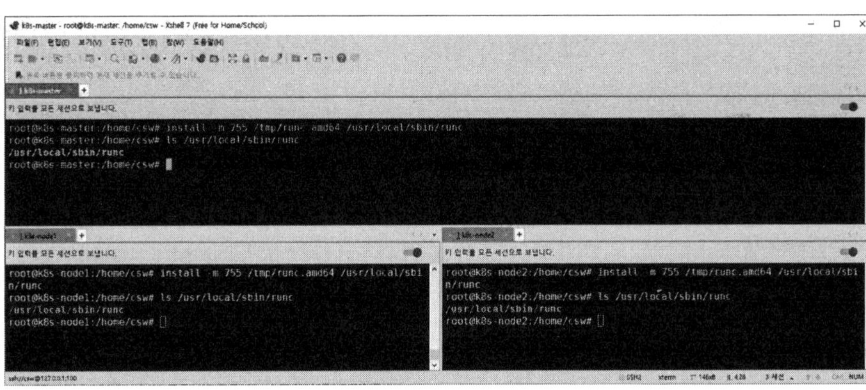

- install: runc 설치, 파일 복사, 권한 설정
- /tmp/runc.amd64 파일을 /usr/local/sbin/ 디렉토리로 복사,
- 권한을 755로 설정하여 실행할 수 있도록 준비

(3)CNI 설치하기

- CNI(Container Network Interface) 플러그인 설치

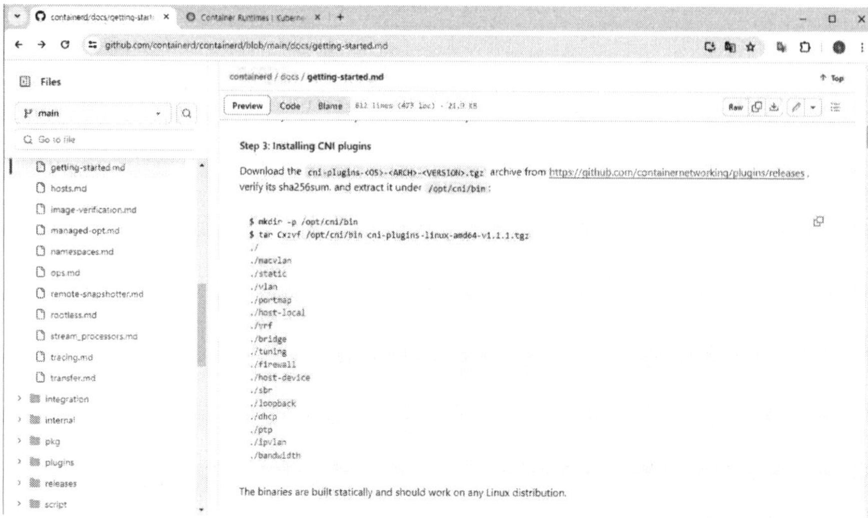

- CNI 플러그인: 쿠버네티스에서 컨테이너 네트워킹 관리 도구
- 컨테이너를 호스트 및 다른 컨테이너와 통신할 수 있도록 네트워크 설정
- 각 컨테이너에 대한 IP 주소를 할당하고, 라우팅 테이블을 설정
- 특정 포트 또는 IP 주소에 대한 접근을 제한하거나 트래픽을 필터링

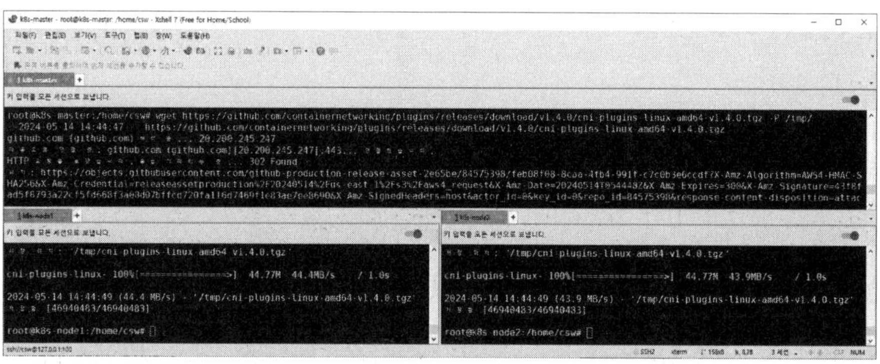

- CNI 플러그인 v1.4.0 다운로드

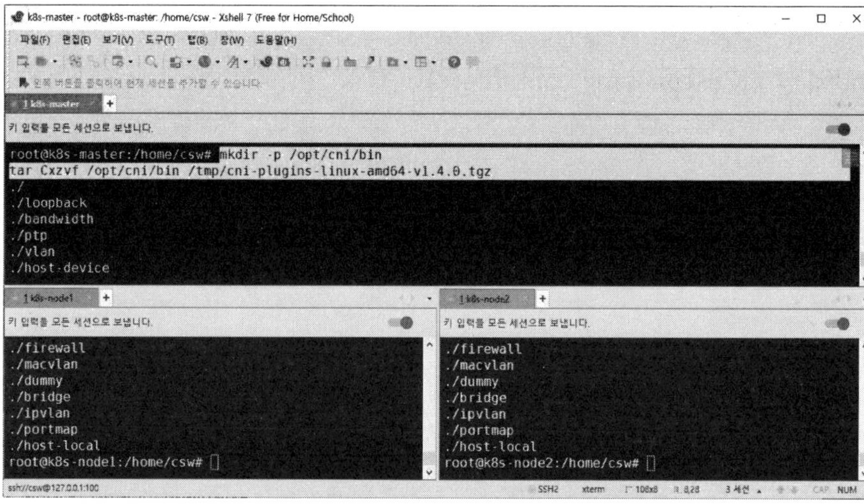
k8s-master - root@k8s-master: /home/csw - Xshell 7 (Free for Home/School)
root@k8s-master:/home/csw# mkdir -p /opt/cni/bin
tar Cxzvf /opt/cni/bin /tmp/cni-plugins-linux-amd64-v1.4.0.tgz
./
./loopback
./bandwidth
./ptp
./vlan
./host-device
./firewall
./macvlan
./dummy
./bridge
./ipvlan
./portmap
./host-local
root@k8s-node1:/home/csw#
root@k8s-node2:/home/csw#

- /opt/cni/bin 폴더 생성 후 여기에 CNI 플러그인 압축 해제

(4)containerd 설정하기

- containerd 설정(Customizing containerd)

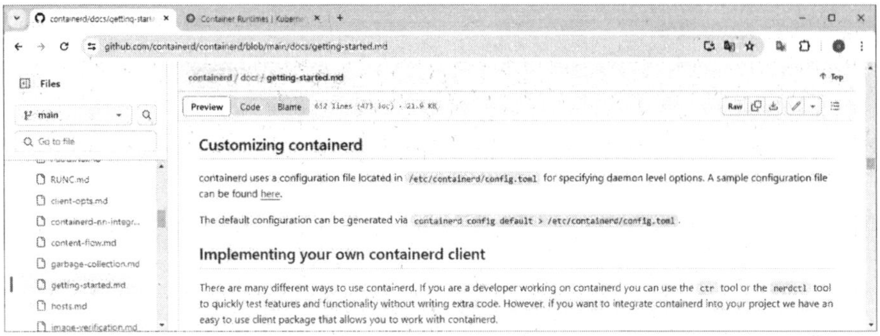

  - /etc/containerd/config.toml: containerd 설정 파일
  - containerd 동작 구성

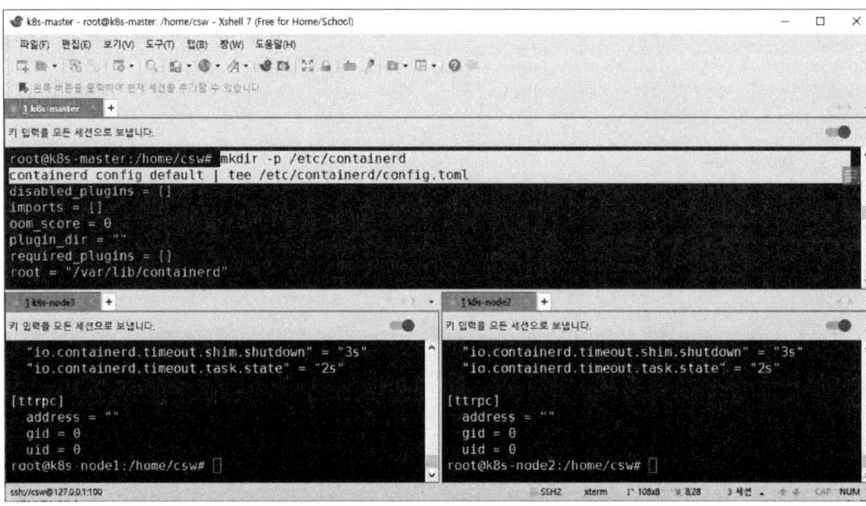

  - containerd config default: containerd의 기본 구성을 화면 출력
  - tee /etc/containerd/config.toml: 화면 출력을
  - /etc/containerd/config.toml 파일에 쓰고 동시에 화면에도 출력

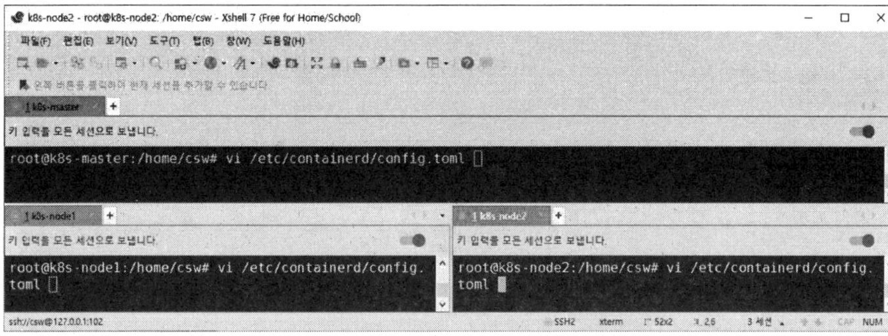
k8s-node2 - root@k8s-node2: /home/csw - Xshell 7 (Free for Home/School)
키 입력을 모든 세션으로 보냅니다.
root@k8s-master:/home/csw# vi /etc/containerd/config.toml
root@k8s-node1:/home/csw# vi /etc/containerd/config.toml
root@k8s-node2:/home/csw# vi /etc/containerd/config.toml

- /etc/containerd/config.toml 파일 수정
- SystemdCgroup = false -> true
- containerd가 systemd의 cgroup을 사용하여 컨테이너 관리하도록 허용

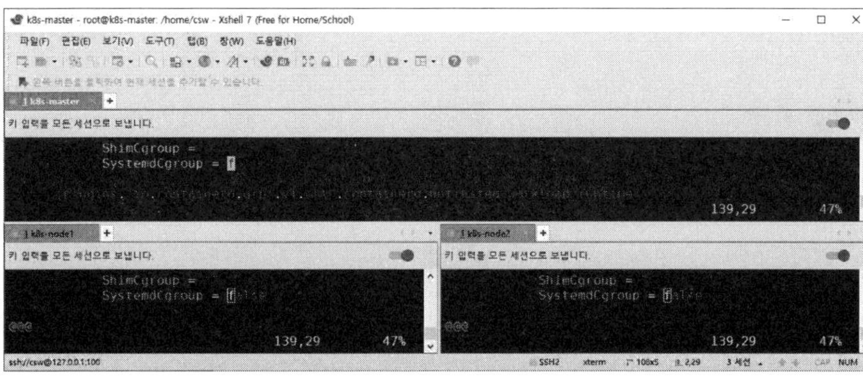
k8s-master - root@k8s-master: /home/csw - Xshell 7 (Free for Home/School)
키 입력을 모든 세션으로 보냅니다.
ShimCgroup =
SystemdCgroup =
139,29 47%

- SystemdCgroup = false

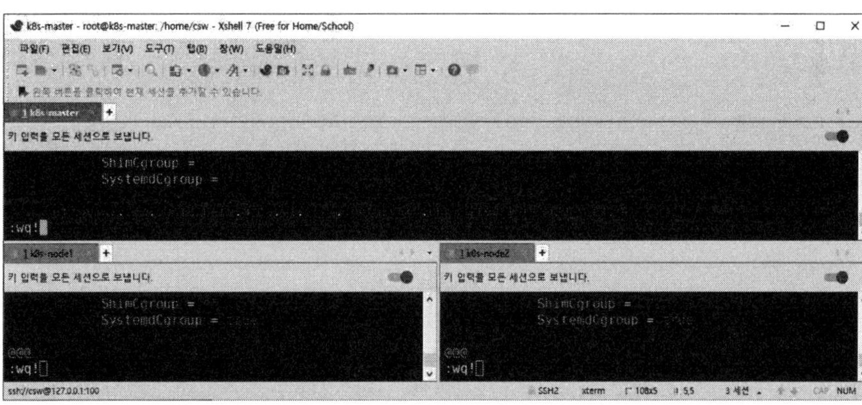
k8s-master - root@k8s-master: /home/csw - Xshell 7 (Free for Home/School)
키 입력을 모든 세션으로 보냅니다.
ShimCgroup =
SystemdCgroup =
:wq!

- SystemdCgroup = true

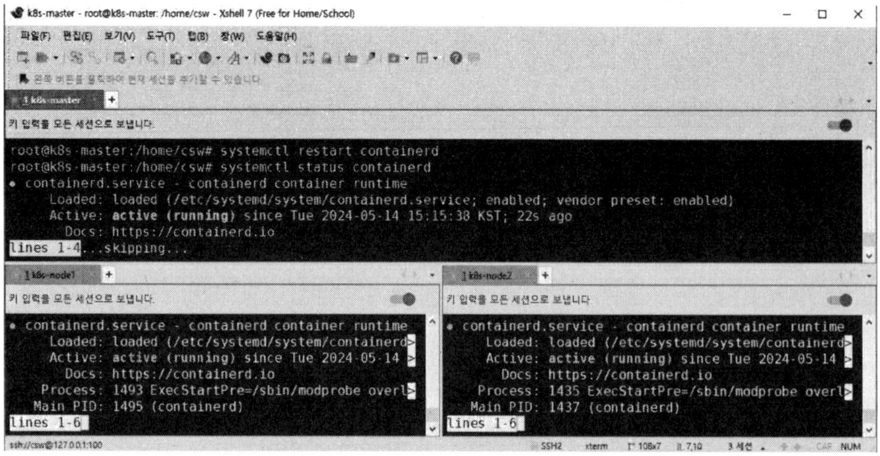
k8s-master - root@k8s-master: /home/csw - Xshell 7 (Free for Home/School)
root@k8s-master:/home/csw# systemctl restart containerd
root@k8s-master:/home/csw# systemctl status containerd
● containerd.service - containerd container runtime
Loaded: loaded (/etc/systemd/system/containerd.service; enabled; vendor preset: enabled)
Active: active (running) since Tue 2024-05-14 15:15:38 KST; 22s ago
Docs: https://containerd.io
lines 1-4...skipping...
● containerd.service - containerd container runtime
Loaded: loaded (/etc/systemd/system/containerd
Active: active (running) since Tue 2024-05-14
Docs: https://containerd.io
Process: 1493 ExecStartPre=/sbin/modprobe overl
Main PID: 1495 (containerd)
lines 1-6
● containerd.service - containerd container runtime
Loaded: loaded (/etc/systemd/system/containerd
Active: active (running) since Tue 2024-05-14
Docs: https://containerd.io
Process: 1435 ExecStartPre=/sbin/modprobe overl
Main PID: 1437 (containerd)
lines 1-6

- containerd 재시작 및 상태 확인

13.4 쿠버네티스 설치

(1)필요 패키지 설치하기

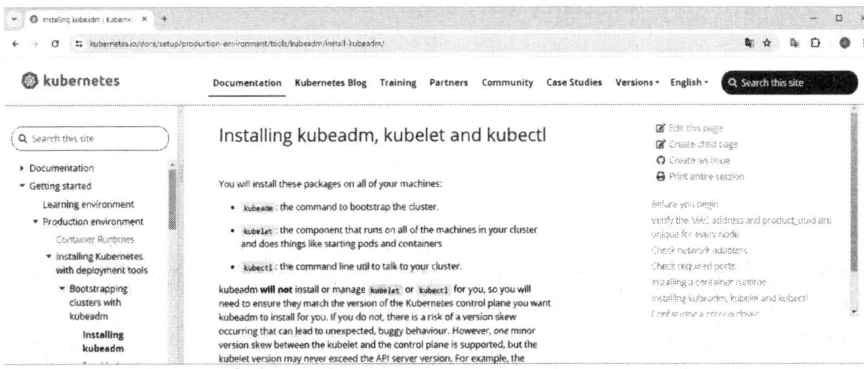
kubernetes
Documentation
Kubernetes Blog
Training
Partners
Community
Case Studies
Versions
English
Search this site
Installing kubeadm, kubelet and kubectl
You will install these packages on all of your machines:
kubeadm: the command to bootstrap the cluster.
kubelet: the component that runs on all of the machines in your cluster and does things like starting pods and containers.
kubectl: the command line util to talk to your cluster.
kubeadm will not install or manage kubelet or kubectl for you, so you will need to ensure they match the version of the Kubernetes control plane you want kubeadm to install for you. If you do not, there is a risk of a version skew occurring that can lead to unexpected, buggy behaviour. However, one minor version skew between the kubelet and the control plane is supported, but the kubelet version may never exceed the API server version. For example, the
Documentation
Getting started
Learning environment
Production environment
Container Runtimes
Installing Kubernetes with deployment tools
Bootstrapping clusters with kubeadm
Installing kubeadm

- kubeadm: 마스터의 클러스터 부트스트랩(설정 및 초기화) 명령어
- kubelet: 모든 노드에서 실행되며 파드 및 컨테이너 시작 등 작업 수행
- kubectl: 마스터의 클러스터 관리(노드, 파드, 네트워크, 저장소 등) 명령줄 도구

· apt 패키지 목록 갱신 및 apt 저장소 이용에 필요한 패키지 설치

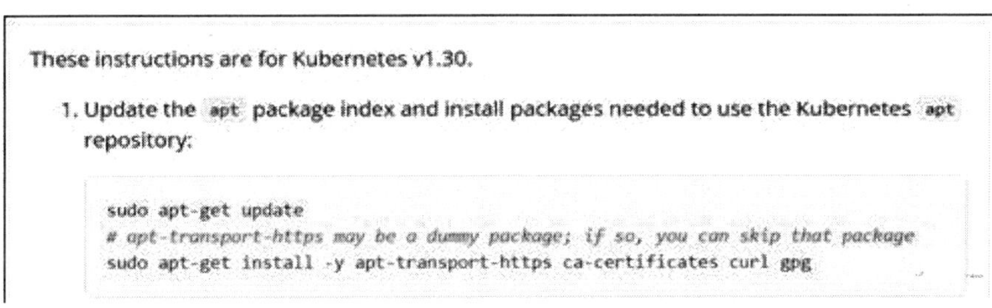
These instructions are for Kubernetes v1.30.
1. Update the apt package index and install packages needed to use the Kubernetes apt repository:
sudo apt-get update
# apt-transport-https may be a dummy package; if so, you can skip that package
sudo apt-get install -y apt-transport-https ca-certificates curl gpg

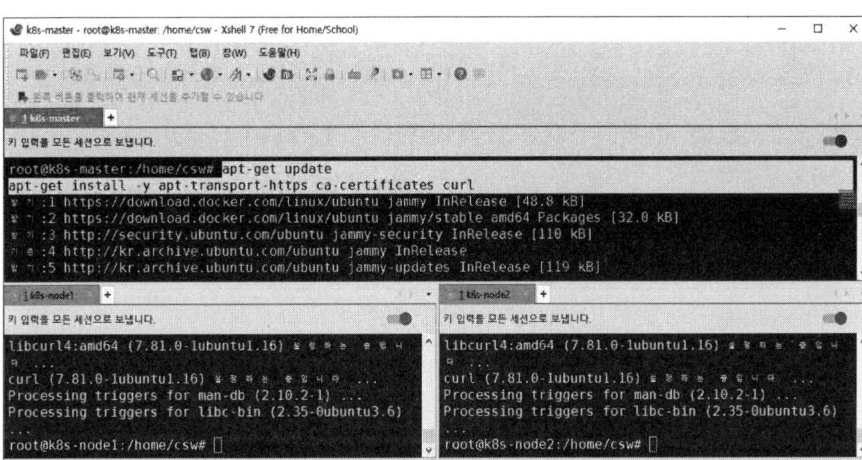
k8s-master - root@k8s-master: /home/csw - Xshell 7 (Free for Home/School)
1 k8s-master
키 입력을 모든 세션으로 보냅니다.
root@k8s-master:/home/csw# apt-get update
apt-get install -y apt-transport-https ca-certificates curl
:1 https://download.docker.com/linux/ubuntu jammy InRelease [48.8 kB]
:2 https://download.docker.com/linux/ubuntu jammy/stable amd64 Packages [32.0 kB]
:3 http://security.ubuntu.com/ubuntu jammy-security InRelease [110 kB]
:4 http://kr.archive.ubuntu.com/ubuntu jammy InRelease
:5 http://kr.archive.ubuntu.com/ubuntu jammy-updates InRelease [119 kB]
1 k8s-node1
키 입력을 모든 세션으로 보냅니다.
libcurl4:amd64 (7.81.0-1ubuntu1.16)
curl (7.81.0-1ubuntu1.16)
Processing triggers for man-db (2.10.2-1) ...
Processing triggers for libc-bin (2.35-0ubuntu3.6) ...
root@k8s-node1:/home/csw#
1 k8s-node2
키 입력을 모든 세션으로 보냅니다.
libcurl4:amd64 (7.81.0-1ubuntu1.16)
curl (7.81.0-1ubuntu1.16)
Processing triggers for man-db (2.10.2-1) ...
Processing triggers for libc-bin (2.35-0ubuntu3.6) ...
root@k8s-node2:/home/csw#

- APT 패키지 관리자, 인증서 목록, curl, 서명 처리 패키지 설치

- 공개 키 다운로드 및 저장

> 2. Download the public signing key for the Kubernetes package repositories. The same signing key is used for all repositories so you can disregard the version in the URL:
>
> ```
> # If the directory `/etc/apt/keyrings` does not exist, it should be created before
> # sudo mkdir -p -m 755 /etc/apt/keyrings
> curl -fsSL https://pkgs.k8s.io/core:/stable:/v1.30/deb/Release.key | sudo gpg --dea
> ```

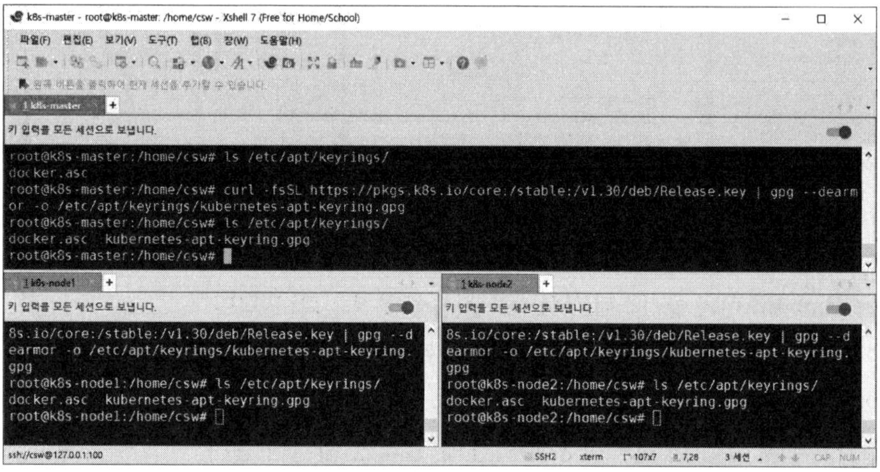

k8s-master - root@k8s-master: /home/csw - Xshell 7 (Free for Home/School)
키 입력을 모든 세션으로 보냅니다.
root@k8s-master:/home/csw# ls /etc/apt/keyrings/
docker.asc
root@k8s-master:/home/csw# curl -fsSL https://pkgs.k8s.io/core:/stable:/v1.30/deb/Release.key | gpg --dearmor -o /etc/apt/keyrings/kubernetes-apt-keyring.gpg
root@k8s-master:/home/csw# ls /etc/apt/keyrings/
docker.asc kubernetes-apt-keyring.gpg
root@k8s-master:/home/csw#
8s.io/core:/stable:/v1.30/deb/Release.key | gpg --dearmor -o /etc/apt/keyrings/kubernetes-apt-keyring.gpg
root@k8s-node1:/home/csw# ls /etc/apt/keyrings/
docker.asc kubernetes-apt-keyring.gpg
root@k8s-node1:/home/csw#
8s.io/core:/stable:/v1.30/deb/Release.key | gpg --dearmor -o /etc/apt/keyrings/kubernetes-apt-keyring.gpg
root@k8s-node2:/home/csw# ls /etc/apt/keyrings/
docker.asc kubernetes-apt-keyring.gpg
root@k8s-node2:/home/csw#

  - curl -fsSL https://pkgs.k8s.io/core:/stable:/v1.30/deb/Release.key
  - 쿠버네티스 버전 1.30의 공식 apt 저장소 키 다운로드 및 설치
  - gpg --dearmor -o /etc/apt/keyrings/kubernetes-apt-keyring.gpg
  - apt 저장소 키를 GPG로 이진 형식 디코딩하여 파일에 저장

- 쿠버네티스 APT 저장소 추가

> 3. Add the appropriate Kubernetes `apt` repository. Please note that this repository have packages only for Kubernetes 1.30; for other Kubernetes minor versions, you need to change the Kubernetes minor version in the URL to match your desired minor version (you should also check that you are reading the documentation for the version of Kubernetes that you plan to install).
>
> ```
> # This overwrites any existing configuration in /etc/apt/sources.list.d/kubernetes.
> echo 'deb [signed-by=/etc/apt/keyrings/kubernetes-apt-keyring.gpg] https://pkgs.k8s
> ```

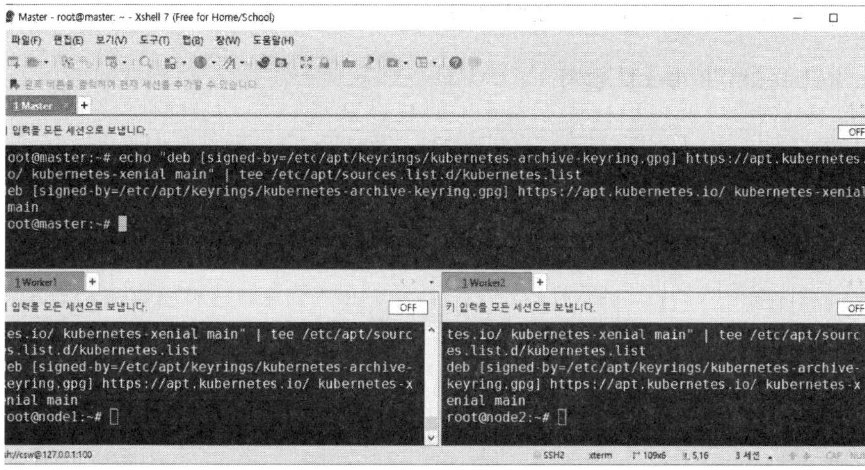
Master - root@master: ~ - Xshell 7 (Free for Home/School)
oot@master:~# echo "deb [signed-by=/etc/apt/keyrings/kubernetes-archive-keyring.gpg] https://apt.kubernetes.
o/ kubernetes-xenial main" | tee /etc/apt/sources.list.d/kubernetes.list
eb [signed-by=/etc/apt/keyrings/kubernetes-archive-keyring.gpg] https://apt.kubernetes.io/ kubernetes-xenial
main
oot@master:~#
es.io/ kubernetes-xenial main" | tee /etc/apt/sourc
s.list.d/kubernetes.list
eb [signed-by=/etc/apt/keyrings/kubernetes-archive-
eyring.gpg] https://apt.kubernetes.io/ kubernetes-x
nial main
oot@node1:~#
tes.io/ kubernetes-xenial main" | tee /etc/apt/sourc
es.list.d/kubernetes.list
deb [signed-by=/etc/apt/keyrings/kubernetes-archive-
keyring.gpg] https://apt.kubernetes.io/ kubernetes-x
enial main
root@node2:~#

- echo 'deb [signed-by=/etc/apt/keyrings/kubernetes-apt-keyring.gpg] https://pkgs.k8s.io/core:/stable:/v1.30/deb/ /' | tee /etc/apt/sources.list.d/kubernetes.list
- 쿠버네티스 APT 저장소 정보 출력
- tee /etc/apt/sources.list.d/kubernetes.list: 파일에 쿠버네티스 APT 저장소 정보 추가
- APT 패키지 관리자가 apt-get 통해 쿠버네티스 패키지 설치 가능

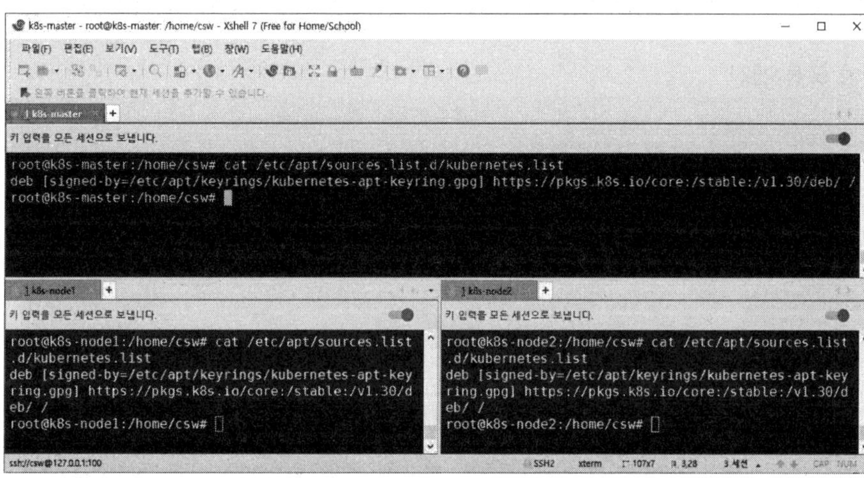
k8s-master - root@k8s-master: /home/csw - Xshell 7 (Free for Home/School)
root@k8s-master:/home/csw# cat /etc/apt/sources.list.d/kubernetes.list
deb [signed-by=/etc/apt/keyrings/kubernetes-apt-keyring.gpg] https://pkgs.k8s.io/core:/stable:/v1.30/deb/ /
root@k8s-master:/home/csw#
root@k8s-node1:/home/csw# cat /etc/apt/sources.list
.d/kubernetes.list
deb [signed-by=/etc/apt/keyrings/kubernetes-apt-key
ring.gpg] https://pkgs.k8s.io/core:/stable:/v1.30/d
eb/ /
root@k8s-node1:/home/csw#
root@k8s-node2:/home/csw# cat /etc/apt/sources.list
.d/kubernetes.list
deb [signed-by=/etc/apt/keyrings/kubernetes-apt-key
ring.gpg] https://pkgs.k8s.io/core:/stable:/v1.30/d
eb/ /
root@k8s-node2:/home/csw#

(2)kubelet, kubeadm, kubectl 설치하기

- kubelet, kubeadm, kubectl 설치

4. Update the `apt` package index, install kubelet, kubeadm and kubectl, and pin their version:

```
sudo apt-get update
sudo apt-get install -y kubelet kubeadm kubectl
sudo apt-mark hold kubelet kubeadm kubectl
```

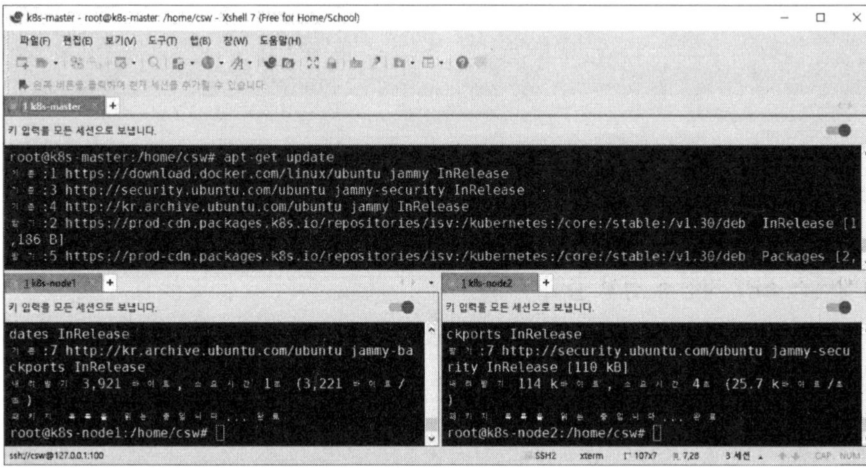

root@k8s-master:/home/csw# apt-get update
:1 https://download.docker.com/linux/ubuntu jammy InRelease
:3 http://security.ubuntu.com/ubuntu jammy-security InRelease
:4 http://kr.archive.ubuntu.com/ubuntu jammy InRelease
:2 https://prod-cdn.packages.k8s.io/repositories/isv:/kubernetes:/core:/stable:/v1.30/deb InRelease
root@k8s-node1:/home/csw#
root@k8s-node2:/home/csw#

  - 패키지 목록 갱신

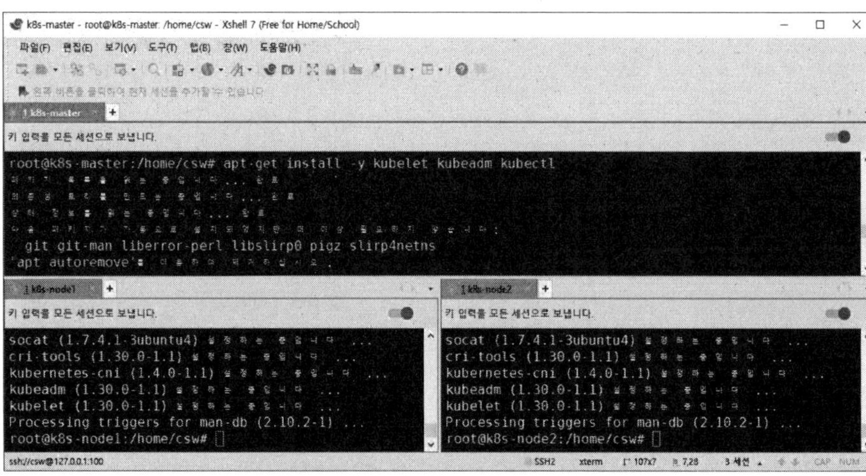

root@k8s-master:/home/csw# apt-get install -y kubelet kubeadm kubectl
git git-man liberror-perl libslirp0 pigz slirp4netns
socat (1.7.4.1-3ubuntu4)
cri-tools (1.30.0-1.1)
kubernetes-cni (1.4.0-1.1)
kubeadm (1.30.0-1.1)
kubelet (1.30.0-1.1)
Processing triggers for man-db (2.10.2-1) ...
root@k8s-node1:/home/csw#
root@k8s-node2:/home/csw#

  - 쿠버네티스 버전 1.30.0-1.1 설치

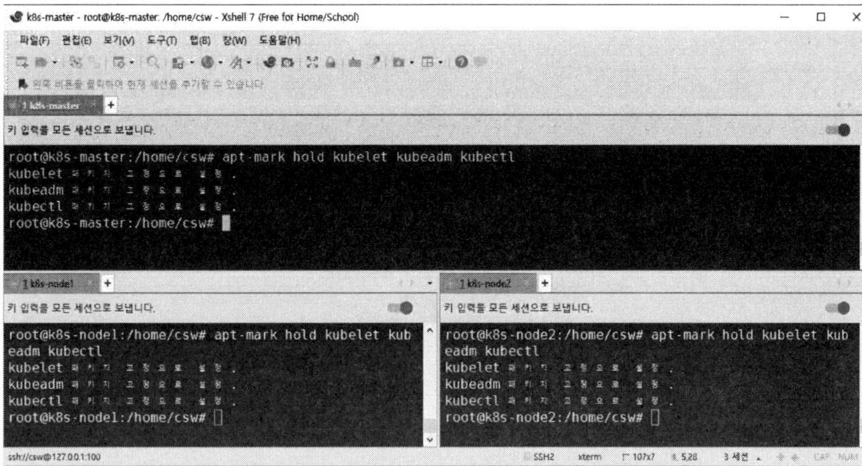

- 패키지 고정

(3)쿠버네티스 클러스터 초기화하기

- kubeadm 사용하여 클러스터 생성

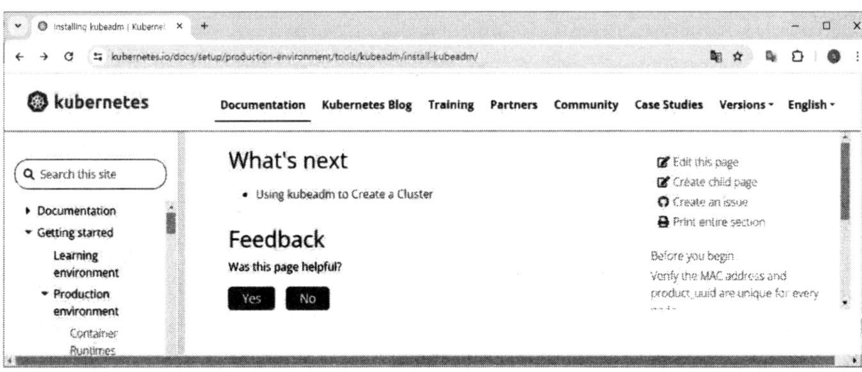

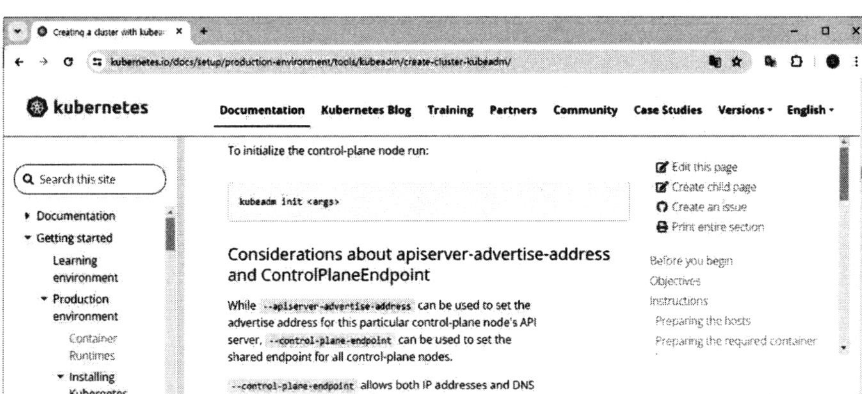

- kubeadm init: 제어-플레인 노드(마스터) 초기화

- kubeadm init 옵션

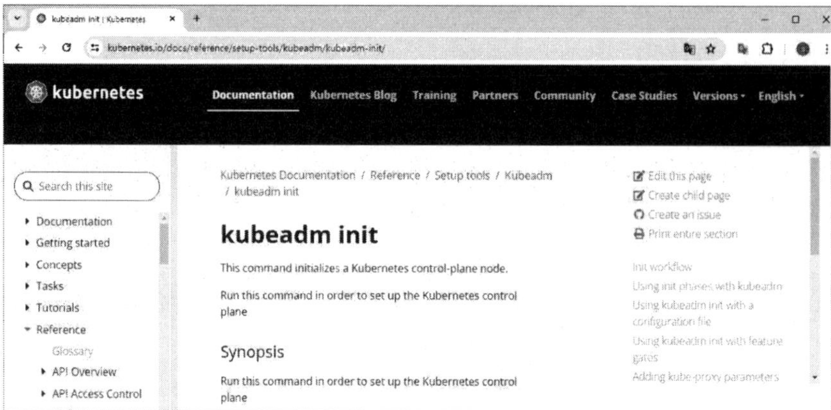

  - Kubernetes Documentation / Reference / Setup tools /
  - Kubeadm / kubeadm init

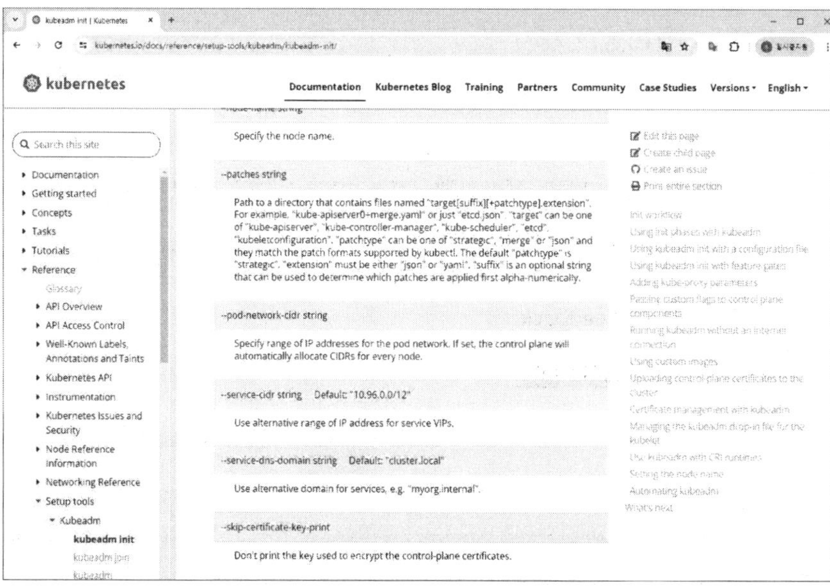

  - pod-network-cidr 옵션: 파드 서브넷 설정

- kubeadm init 실행

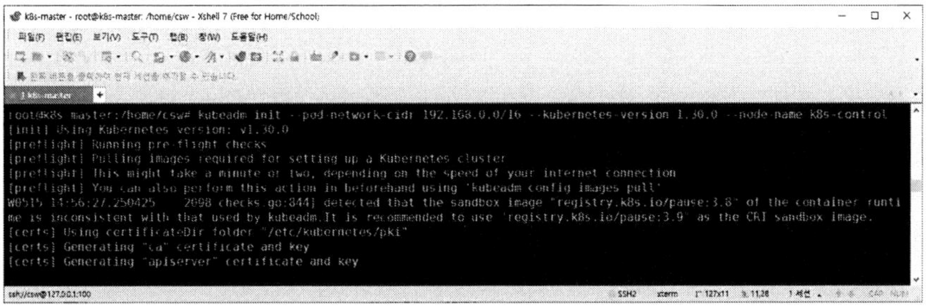
root@k8s-master:/home/csw# kubeadm init --pod-network-cidr 192.168.0.0/16 --kubernetes-version 1.30.0 --node-name k8s-control
[init] Using Kubernetes version: v1.30.0
[preflight] Running pre-flight checks
[preflight] Pulling images required for setting up a Kubernetes cluster
[preflight] This might take a minute or two, depending on the speed of your internet connection
[preflight] You can also perform this action in beforehand using 'kubeadm config images pull'
[certs] Using certificateDir folder "/etc/kubernetes/pki"
[certs] Generating "ca" certificate and key
[certs] Generating "apiserver" certificate and key

  - 마스터만 부팅
  - kubeadm init: 마스터에서만 실행

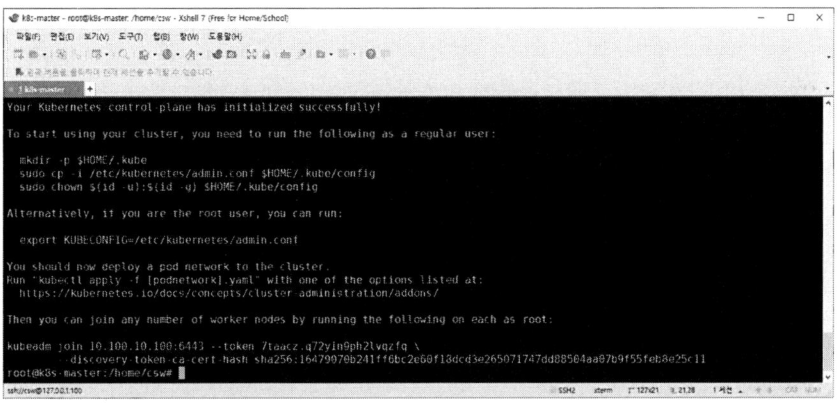
Your Kubernetes control-plane has initialized successfully!
To start using your cluster, you need to run the following as a regular user:
mkdir -p $HOME/.kube
sudo cp -i /etc/kubernetes/admin.conf $HOME/.kube/config
sudo chown $(id -u):$(id -g) $HOME/.kube/config
Alternatively, if you are the root user, you can run:
export KUBECONFIG=/etc/kubernetes/admin.conf
You should now deploy a pod network to the cluster.
Run "kubectl apply -f [podnetwork].yaml" with one of the options listed at:
https://kubernetes.io/docs/concepts/cluster-administration/addons/
Then you can join any number of worker nodes by running the following on each as root:
root@k8s-master:/home/csw#

  - 제어 플레인 초기화 성공
  - 일반 사용자의 클러스터 사용 설정
    * mkdir -p $HOME/.kube
    * sudo cp -i /etc/kubernetes/admin.conf $HOME/.kube/config
    * sudo chown $(id -u):$(id -g) $HOME/.kube/config
  - kubectl apply -f [podnetwork].yaml: 클러스터에 파드 네트워크 구성 정의 YAML 파일 적용
  - kubeadm join: 워커 노드 조인 명령(워커에서 실행)

- 일반 사용자에게 kubectl 사용 권한 부여

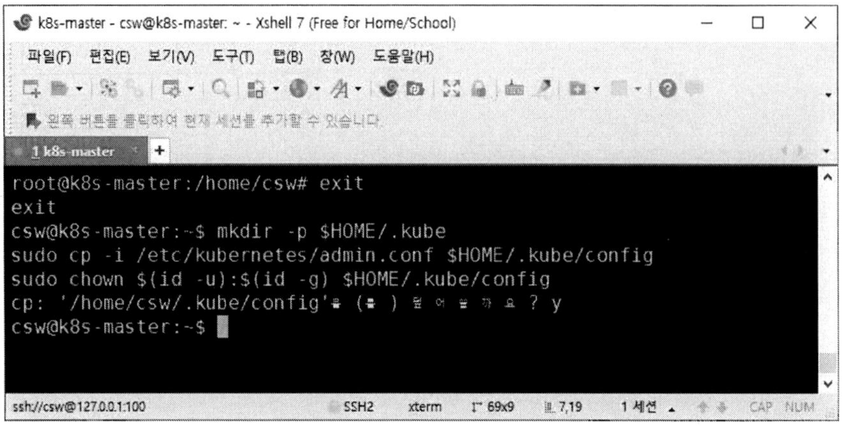
k8s-master - csw@k8s-master: ~ - Xshell 7 (Free for Home/School)
파일(F) 편집(E) 보기(V) 도구(T) 탭(B) 창(W) 도움말(H)
1 k8s-master
root@k8s-master:/home/csw# exit
exit
csw@k8s-master:~$ mkdir -p $HOME/.kube
sudo cp -i /etc/kubernetes/admin.conf $HOME/.kube/config
sudo chown $(id -u):$(id -g) $HOME/.kube/config
csw@k8s-master:~$
ssh://csw@127.0.0.1:100 SSH2 xterm 69x9 7,19 1 세션 CAP NUM

  - mkdir -p $HOME/.kube: 사용자 홈 디렉토리에 .kube 디렉토리 생성
  - sudo cp -i /etc/kubernetes/admin.conf $HOME/.kube/config
  - Kubernetes 클러스터 관리자 설정 파일을 사용자 홈 디렉토리의 .kube/config 파일로 복사
  - sudo chown $(id -u):$(id -g) $HOME/.kube/config
  - 방금 복사한 config 파일의 소유권을 현재 사용자의 소유권으로 변경
  - 일반 사용자에게 kubectl 명령 실행 권한 부여

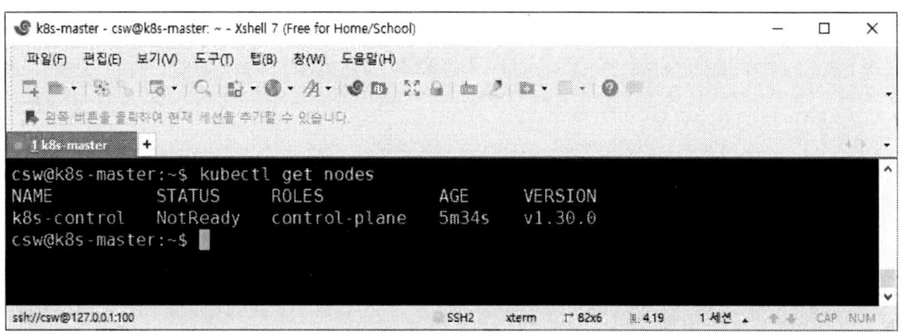
k8s-master - csw@k8s-master: ~ - Xshell 7 (Free for Home/School)
파일(F) 편집(E) 보기(V) 도구(T) 탭(B) 창(W) 도움말(H)
1 k8s-master
csw@k8s-master:~$ kubectl get nodes
NAME STATUS ROLES AGE VERSION
k8s-control NotReady control-plane 5m34s v1.30.0
csw@k8s-master:~$
ssh://csw@127.0.0.1:100 SSH2 xterm 82x6 4,19 1 세션 CAP NUM

  - 제어 플레인 NotReady 상태

(4)쿠버네티스 클러스터 구성하기

- Calico 설치

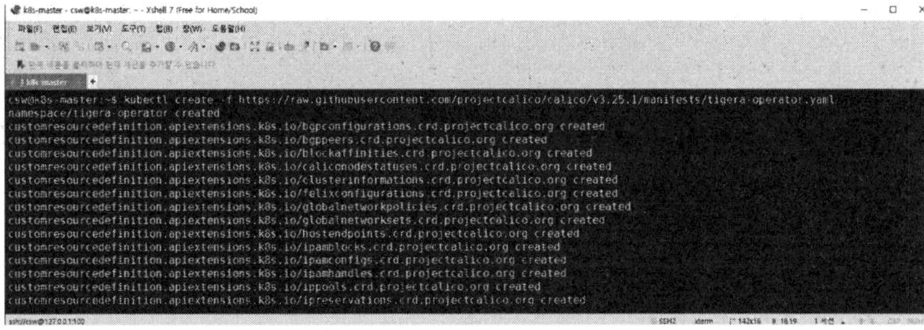

  - kubectl create -f https://raw.githubusercontent.com/projectcalico/calico/v3.25.1/manifests/tigera-operator.yaml
  - Calico의 Tigera Operator를 Kubernetes 클러스터에 배포

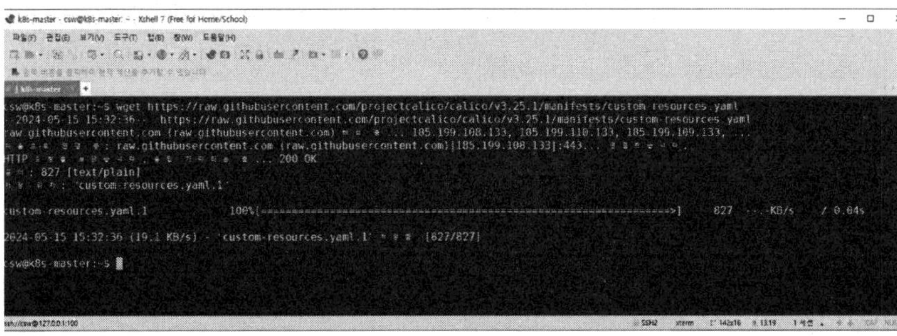

  - wget https://raw.githubusercontent.com/projectcalico/calico/v3.25.1/manifests/custom-resources.yaml
  - Calico의 사용자 정의 리소스 파일을 다운로드

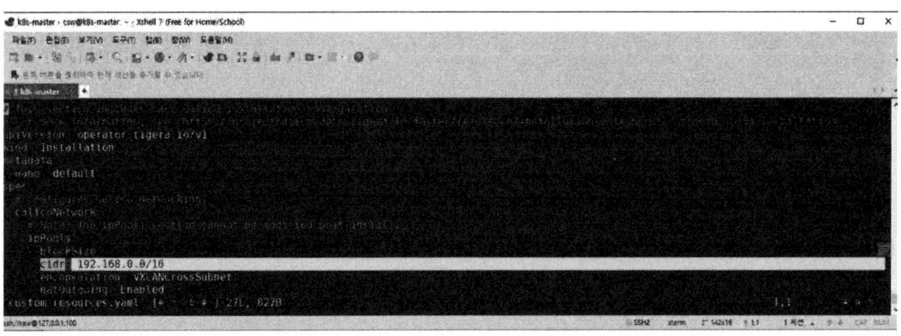

  - vi custom-resources.yaml
  - cidr 수정 불필요

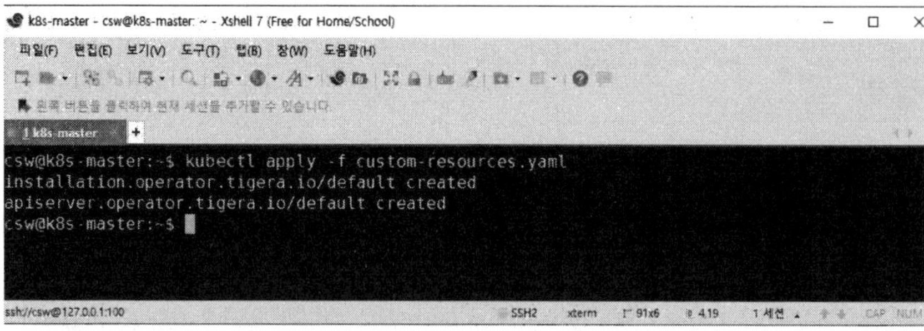
k8s-master - csw@k8s-master: ~ - Xshell 7 (Free for Home/School)
csw@k8s-master:~$ kubectl apply -f custom-resources.yaml
installation.operator.tigera.io/default created
apiserver.operator.tigera.io/default created
csw@k8s-master:~$

- Kubernetes 클러스터에 YAML 파일에 정의된 사용자 정의 리소스 적용

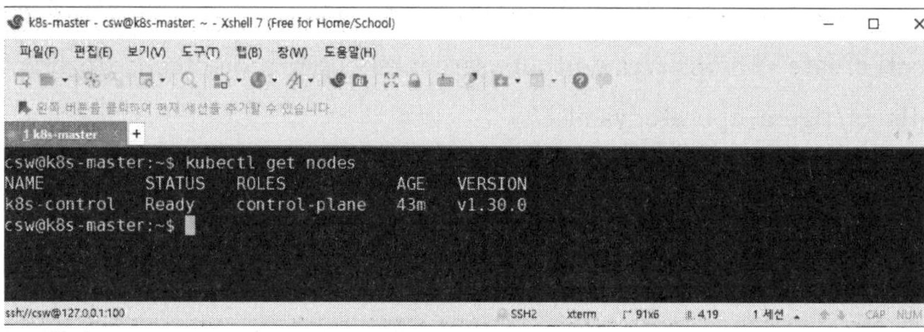
k8s-master - csw@k8s-master: ~ - Xshell 7 (Free for Home/School)
csw@k8s-master:~$ kubectl get nodes
NAME STATUS ROLES AGE VERSION
k8s-control Ready control-plane 43m v1.30.0
csw@k8s-master:~$

- 제어 플레인 준비 완료

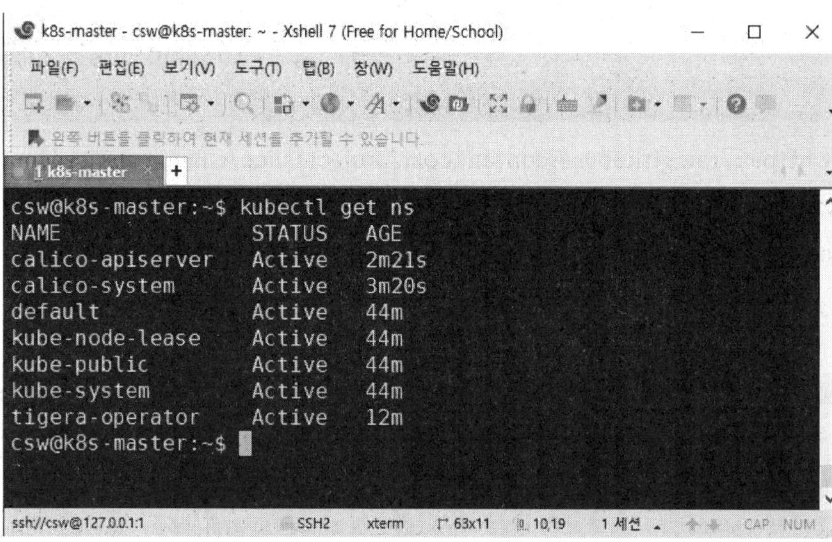
k8s-master - csw@k8s-master: ~ - Xshell 7 (Free for Home/School)
csw@k8s-master:~$ kubectl get ns
NAME STATUS AGE
calico-apiserver Active 2m21s
calico-system Active 3m20s
default Active 44m
kube-node-lease Active 44m
kube-public Active 44m
kube-system Active 44m
tigera-operator Active 12m
csw@k8s-master:~$

- Kubernetes 클러스터에서 현재 사용 가능한 모든 네임스페이스(namespace)조회

· 쿠버네티스 클러스터 구성

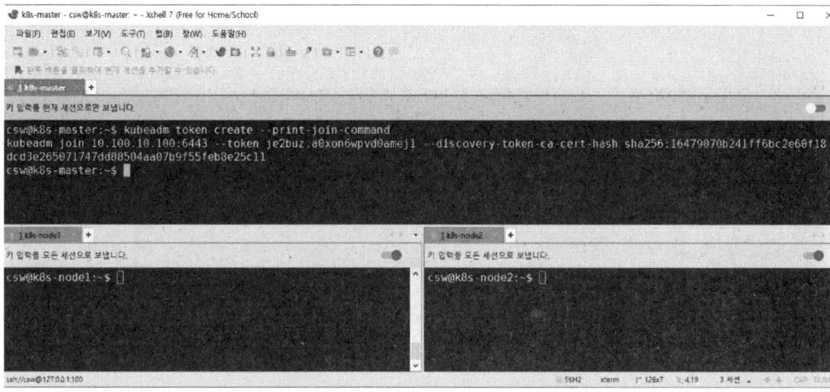
csw@k8s-master:~$ kubeadm token create --print-join-command
kubeadm join 10.100.10.100:6443 --token je2buz.a0xon6wpvd0amej1 --discovery-token-ca-cert-hash sha256:16479070b241ff6bc2e60f18dcd3e265071747dd88504aa07b9f55feb8e25c11
csw@k8s-master:~$
csw@k8s-node1:~$
csw@k8s-node2:~$

- 새로운 노드를 클러스터에 가입(join)시키기 위한 명령 생성

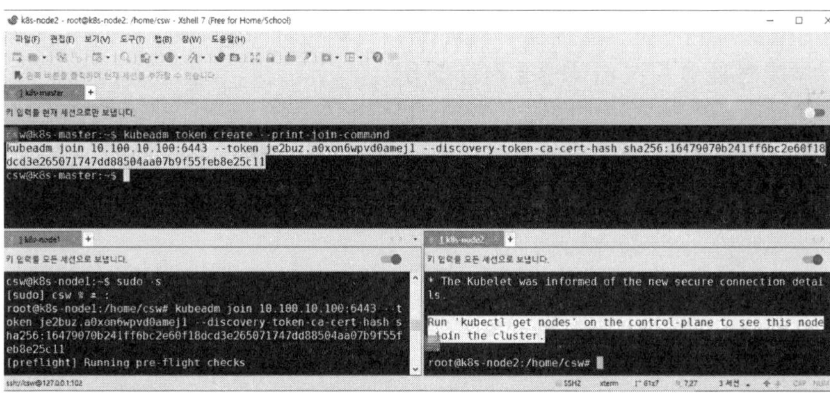
csw@k8s-master:~$ kubeadm token create --print-join-command
kubeadm join 10.100.10.100:6443 --token je2buz.a0xon6wpvd0amej1 --discovery-token-ca-cert-hash sha256:16479070b241ff6bc2e60f18dcd3e265071747dd88504aa07b9f55feb8e25c11
csw@k8s-master:~$
csw@k8s-node1:~$ sudo -s
root@k8s-node1:/home/csw# kubeadm join 10.100.10.100:6443 --token je2buz.a0xon6wpvd0amej1 --discovery-token-ca-cert-hash sha256:16479070b241ff6bc2e60f18dcd3e265071747dd88504aa07b9f55feb8e25c11
[preflight] Running pre-flight checks
* The Kubelet was informed of the new secure connection details.
Run 'kubectl get nodes' on the control-plane to see this node join the cluster.
root@k8s-node2:/home/csw#

- 워커 루트로 전환 후 마스터의 kubeam join 명령을 워커에 복사

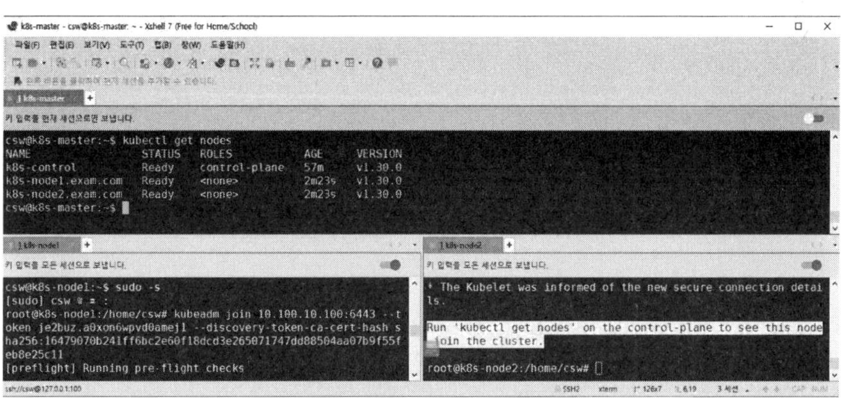
csw@k8s-master:~$ kubectl get nodes
NAME STATUS ROLES AGE VERSION
k8s-control Ready control-plane 57m v1.30.0
k8s-node1.exam.com Ready <none> 2m23s v1.30.0
k8s-node2.exam.com Ready <none> 2m23s v1.30.0
csw@k8s-master:~$

- 마스터에서 워커들 준비(Ready) 상태 확인

- kubectl 자동 완성 기능 활성화

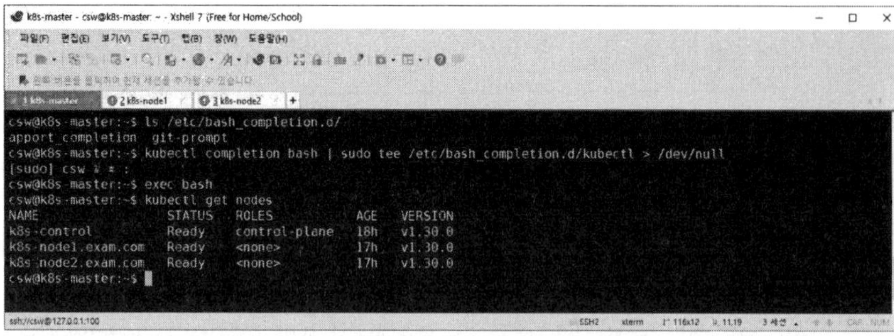
csw@k8s-master:~$ ls /etc/bash_completion.d/
apport_completion git-prompt
csw@k8s-master:~$ kubectl completion bash | sudo tee /etc/bash_completion.d/kubectl > /dev/null
csw@k8s-master:~$ exec bash
csw@k8s-master:~$ kubectl get nodes
NAME STATUS ROLES AGE VERSION
k8s-control Ready control-plane 18h v1.30.0
k8s-node1.exam.com Ready <none> 17h v1.30.0
k8s-node2.exam.com Ready <none> 17h v1.30.0
csw@k8s-master:~$

  - kubectl completion bash: kubectl 명령어의 Bash 자동 완성 스크립트 생성
  - Bash 셸에서 탭을 사용하여 kubectl 명령어 및 옵션 자동 완성
  - sudo tee /etc/bash_completion.d/kubectl: 스크립트를 kubectl 파일에 저장
  - '> /dev/null': 표준 출력을 화면에 표시하지 않음
  - kubectl 명령어의 Bash 자동 완성 기능을 모든 사용자에게 활성화
  - exec bash: 현재 쉘 다시 시작(변경 사항 적용)

(5)튜토리얼: 쿠버네티스 클러스터에 Nginx 앱 배포(Deployment)하기

- Nginx 컨테이너 앱 설정 my-nginx.yaml 작성

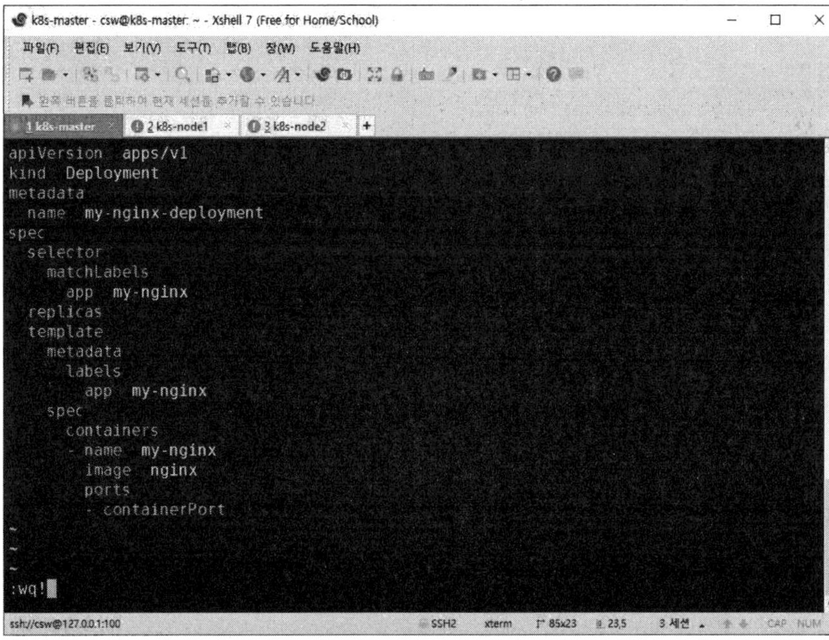
k8s-master - csw@k8s-master: ~ - Xshell 7 (Free for Home/School)
파일(F) 편집(E) 보기(V) 도구(T) 탭(B) 창(W) 도움말(H)
1 k8s-master
2 k8s-node1
3 k8s-node2
apiVersion apps/v1
kind Deployment
metadata
name my-nginx-deployment
spec
selector
matchLabels
app my-nginx
replicas
template
metadata
labels
app my-nginx
spec
containers
- name my-nginx
image nginx
ports
- containerPort
:wq!
ssh://csw@127.0.0.1:100
SSH2
xterm
85x23
23,5
3 세션
CAP NUM

  - Kubernetes 클러스터에 Nginx 앱 배포를 위한 Deployment 리소스 정의
  - metadata.name: 디플로이 고유 이름(my-nginx-deployment)
  - selector.matchLabels: 디플로이의 Pod 식별 라벨 셀렉터(my-nginx)
  - replicas: 배포되는 Pod의 복제본 개수 지정(파드 1개)
  - template.metadata.labels: Pod 라벨로 Selector와 일치해야 함(my-nginx)
  - containers: Pod에 포함될 컨테이너 정의(my-nginx)
  - image: 컨테이너에 사용할 이미지로 도커 허브(기본)에 있는 nginx로 지정
  - ports: 컨테이너가 열어둘 포트 지정(80)

- Nginx 컨테이너 앱 배포(디플로이)

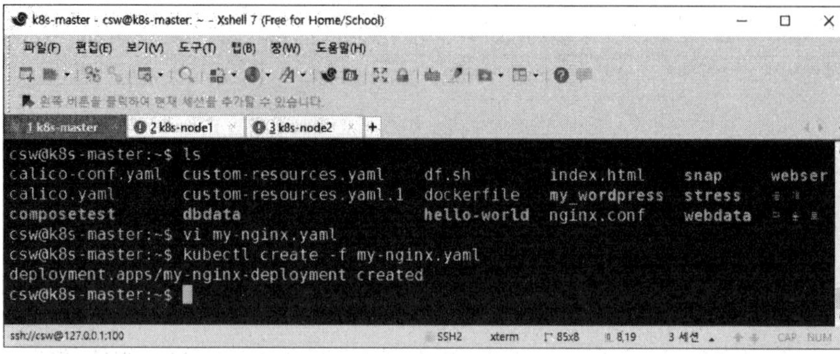
csw@k8s-master:~$ ls
calico-conf.yaml custom-resources.yaml df.sh index.html snap webser
calico.yaml custom-resources.yaml.1 dockerfile my_wordpress stress
composetest dbdata hello-world nginx.conf webdata
csw@k8s-master:~$ vi my-nginx.yaml
csw@k8s-master:~$ kubectl create -f my-nginx.yaml
deployment.apps/my-nginx-deployment created
csw@k8s-master:~$

  - kubectl create -f my-nginx.yaml: 디플로이, 파드, 레플리카, 컨테이너 생성
  - 클러스터에 파드 디플로이

- 앱 배포 확인

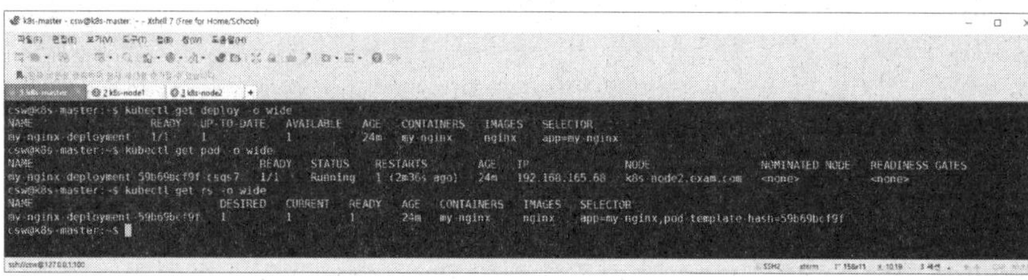

  - 디플로이, 파드, 레플리카 등 쿠버네티스 클러스터 리소스 확인
  - 디플로이 리소스를 사용하여 nginx 컨테이너 배포
  - 하나의 파드가 node2에서 실행중임
  - 시스템 멈춤 시 재시작 후 위 배포 확인 명령들 실행

- 앱 접속을 위한 서비스 설정 my-nginx-service.yaml 작성

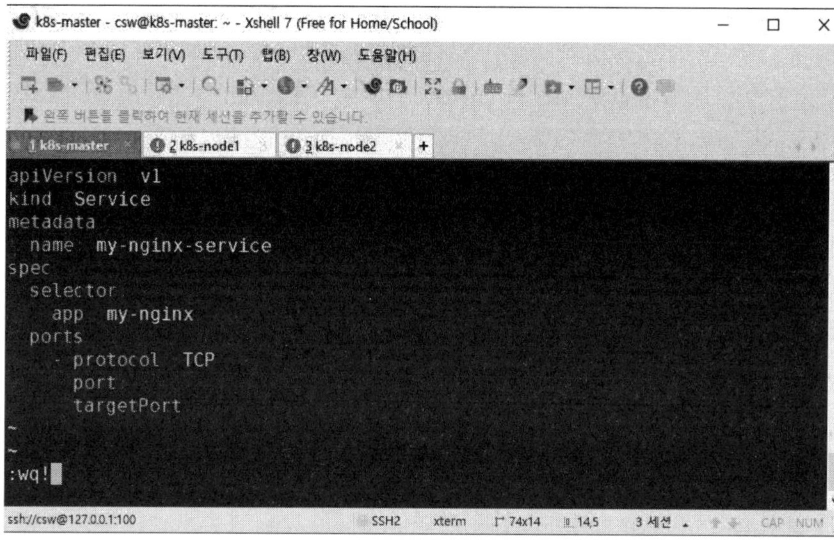
k8s-master - csw@k8s-master: ~ - Xshell 7 (Free for Home/School)
파일(F) 편집(E) 보기(V) 도구(T) 탭(B) 창(W) 도움말(H)
1 k8s-master
2 k8s-node1
3 k8s-node2
apiVersion v1
kind Service
metadata
name my-nginx-service
spec
selector
app my-nginx
ports
- protocol TCP
port
targetPort
:wq!
ssh://csw@127.0.0.1:100
SSH2 xterm 74x14 14,5 3 세션

  - 쿠버네티스 서비스: 컨테이너 앱 접속 방법 정의 리소스: 포트 번호, 프로토콜 등
  - 클라이언트에서 쿠버네티스 파드 Nginx 접속을 위한 Service 리소스 정의
  - apiVersion: 사용할 Kubernetes API 버전을 v1으로 지정
  - kind: 생성할 리소스의 종류를 Service로 지정
  - metadata.name: 서비스의 이름을 my-nginx-service로 지정
  - spec.selector: 서비스가 연결할 Pod로 "app: my-nginx" 라벨 Pod 지정
  - spec.ports: 서비스 TCP 80번 열고 이 포트를 Pod 내 컨테이너 80번에 포워딩
- 서비스 공개

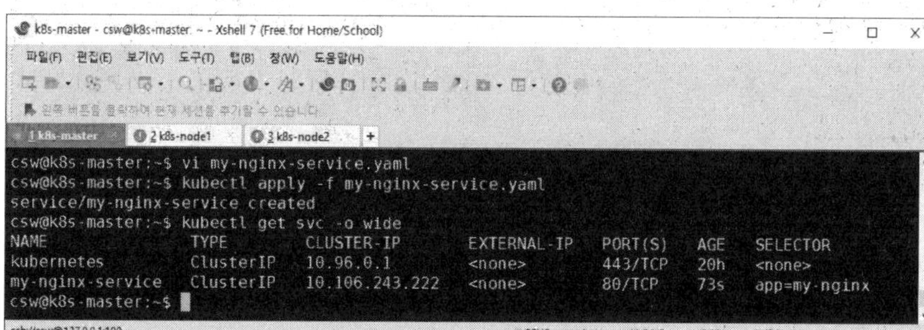
k8s-master - csw@k8s-master: ~ - Xshell 7 (Free for Home/School)
csw@k8s-master:~$ vi my-nginx-service.yaml
csw@k8s-master:~$ kubectl apply -f my-nginx-service.yaml
service/my-nginx-service created
csw@k8s-master:~$ kubectl get svc -o wide
NAME TYPE CLUSTER-IP EXTERNAL-IP PORT(S) AGE SELECTOR
kubernetes ClusterIP 10.96.0.1 <none> 443/TCP 20h <none>
my-nginx-service ClusterIP 10.106.243.222 <none> 80/TCP 73s app=my-nginx
csw@k8s-master:~$

  - my-nginx-service 서비스에 연결된 파드: my-nginx
  - my-nginx-service 서비스의 클러스터 IP: 10.106.243.222
  - 외부에서 my-nginx-service 서비스의 접근 포트: 80

- 앱 서비스 동작 확인

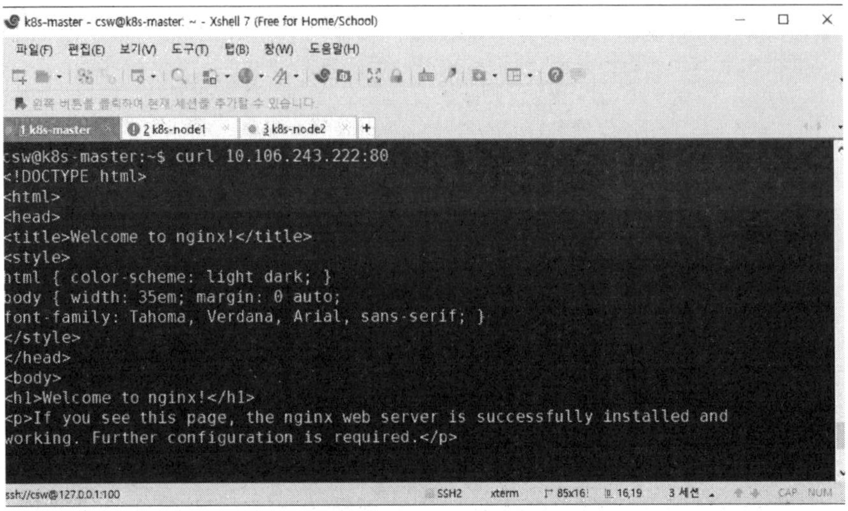
k8s-master - csw@k8s-master: ~ - Xshell 7 (Free for Home/School)
파일(F) 편집(E) 보기(V) 도구(T) 탭(B) 창(W) 도움말(H)
1 k8s-master
2 k8s-node1
3 k8s-node2
csw@k8s-master:~$ curl 10.106.243.222:80
<!DOCTYPE html>
<html>
<head>
<title>Welcome to nginx!</title>
<style>
html { color-scheme: light dark; }
body { width: 35em; margin: 0 auto;
font-family: Tahoma, Verdana, Arial, sans-serif; }
</style>
</head>
<body>
<h1>Welcome to nginx!</h1>
<p>If you see this page, the nginx web server is successfully installed and
working. Further configuration is required.</p>
ssh://csw@127.0.0.1:100
SSH2
xterm
85x16
16,19
3 세션

  - 공개된 클러스터 내 Nginx 서비스 접속 확인

- 앱 서비스 종료하기

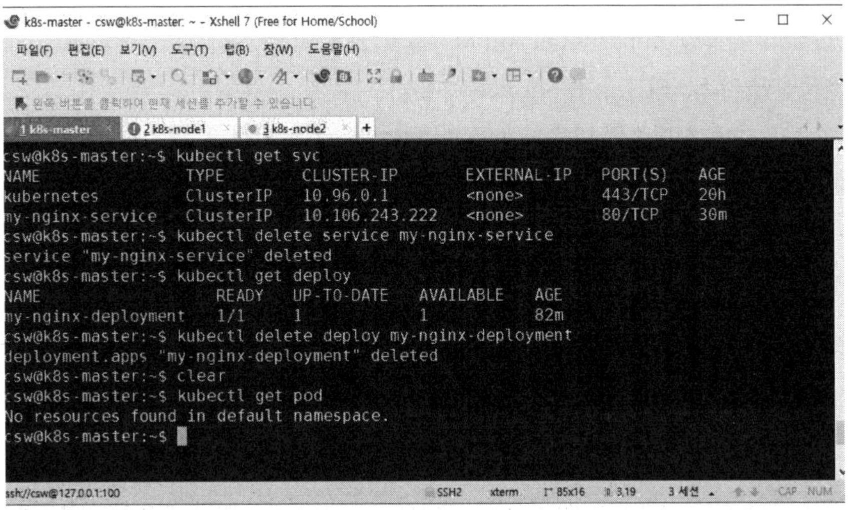
k8s-master - csw@k8s-master: ~ - Xshell 7 (Free for Home/School)
파일(F) 편집(E) 보기(V) 도구(T) 탭(B) 창(W) 도움말(H)
1 k8s-master
2 k8s-node1
3 k8s-node2
csw@k8s-master:~$ kubectl get svc
NAME TYPE CLUSTER-IP EXTERNAL-IP PORT(S) AGE
kubernetes ClusterIP 10.96.0.1 <none> 443/TCP 20h
my-nginx-service ClusterIP 10.106.243.222 <none> 80/TCP 30m
csw@k8s-master:~$ kubectl delete service my-nginx-service
service "my-nginx-service" deleted
csw@k8s-master:~$ kubectl get deploy
NAME READY UP-TO-DATE AVAILABLE AGE
my-nginx-deployment 1/1 1 1 82m
csw@k8s-master:~$ kubectl delete deploy my-nginx-deployment
deployment.apps "my-nginx-deployment" deleted
csw@k8s-master:~$ clear
csw@k8s-master:~$ kubectl get pod
No resources found in default namespace.
csw@k8s-master:~$
ssh://csw@127.0.0.1:100
SSH2
xterm
85x16
3,19
3 세션

  - 서비스 확인 및 삭제
  - 디플로이 확인 및 삭제
  - 파드 자동 삭제 됨

14

kubectl 명령어 사용법

14.1 kubectl 도움말

(1)클러스터 시작

- 마스터, 노드 시작

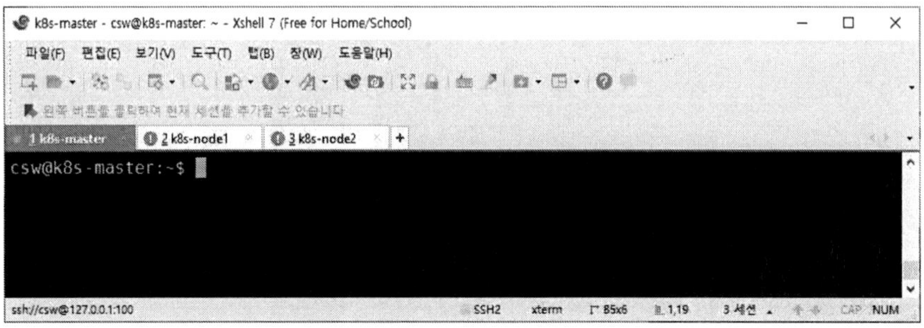

k8s-master - csw@k8s-master: ~ - Xshell 7 (Free for Home/School)
파일(F) 편집(E) 보기(V) 도구(T) 탭(B) 창(W) 도움말(H)
1 k8s-master
2 k8s-node1
3 k8s-node2
csw@k8s-master:~$
ssh://csw@127.0.0.1:100
SSH2
xterm
85x6
1,19
3 세션
CAP
NUM

(2)kubeclt 도움말

- 'kubectl --help' 또는 'kubectl -h'

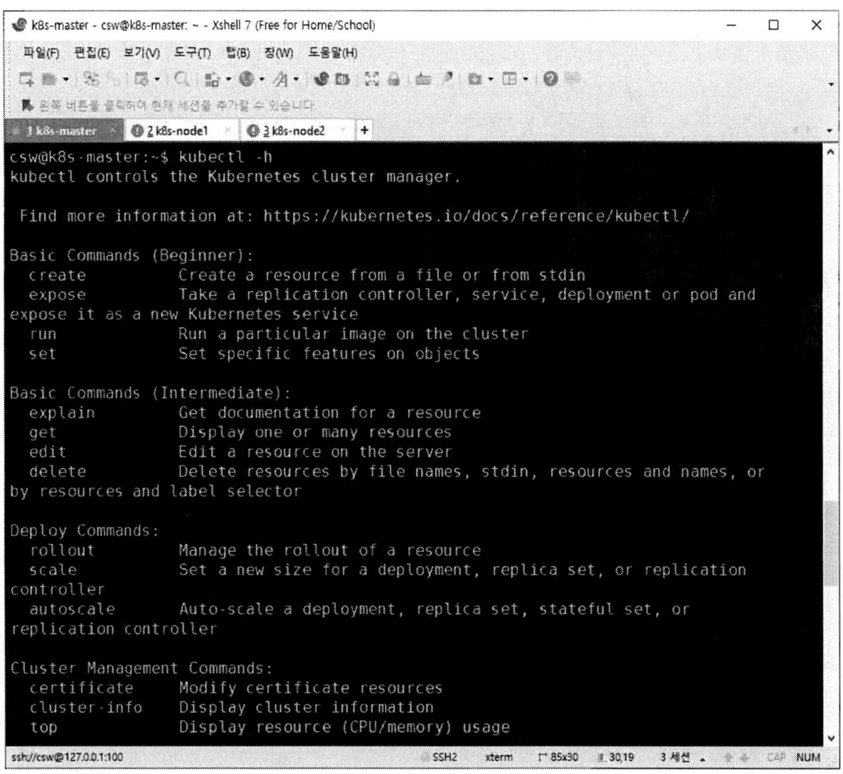

k8s-master - csw@k8s-master: ~ - Xshell 7 (Free for Home/School)
파일(F) 편집(E) 보기(V) 도구(T) 탭(B) 창(W) 도움말(H)
1 k8s-master
2 k8s-node1
3 k8s-node2
csw@k8s-master:~$ kubectl -h
kubectl controls the Kubernetes cluster manager.
Find more information at: https://kubernetes.io/docs/reference/kubectl/
Basic Commands (Beginner):
create Create a resource from a file or from stdin
expose Take a replication controller, service, deployment or pod and expose it as a new Kubernetes service
run Run a particular image on the cluster
set Set specific features on objects
Basic Commands (Intermediate):
explain Get documentation for a resource
get Display one or many resources
edit Edit a resource on the server
delete Delete resources by file names, stdin, resources and names, or by resources and label selector
Deploy Commands:
rollout Manage the rollout of a resource
scale Set a new size for a deployment, replica set, or replication controller
autoscale Auto-scale a deployment, replica set, stateful set, or replication controller
Cluster Management Commands:
certificate Modify certificate resources
cluster-info Display cluster information
top Display resource (CPU/memory) usage
ssh://csw@127.0.0.1:100
SSH2
xterm
85x30
30,19
3 세션
CAP
NUM

(3)kubeclt [명령어] 도움말

- kubectl [명령어] -h

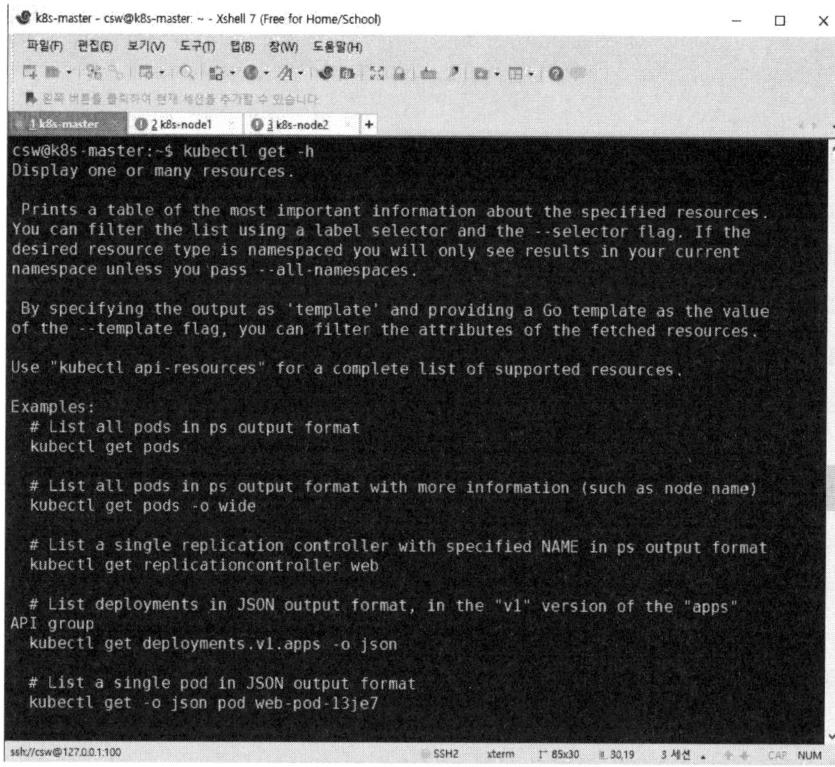
k8s-master - csw@k8s-master: ~ - Xshell 7 (Free for Home/School)
파일(F) 편집(E) 보기(V) 도구(T) 탭(B) 창(W) 도움말(H)
1 k8s-master
2 k8s-node1
3 k8s-node2
csw@k8s-master:~$ kubectl get -h
Display one or many resources.
Prints a table of the most important information about the specified resources.
You can filter the list using a label selector and the --selector flag. If the
desired resource type is namespaced you will only see results in your current
namespace unless you pass --all-namespaces.
By specifying the output as 'template' and providing a Go template as the value
of the --template flag, you can filter the attributes of the fetched resources.
Use "kubectl api-resources" for a complete list of supported resources.
Examples:
List all pods in ps output format
kubectl get pods
List all pods in ps output format with more information (such as node name)
kubectl get pods -o wide
List a single replication controller with specified NAME in ps output format
kubectl get replicationcontroller web
List deployments in JSON output format, in the "v1" version of the "apps"
API group
kubectl get deployments.v1.apps -o json
List a single pod in JSON output format
kubectl get -o json pod web-pod-13je7
ssh://csw@127.0.0.1:100
SSH2
xterm
85x30
30,19
3 세션
NUM

14.2 워드프레스 웹 앱

(1)앱 정의

- 앱
  - 워드프레스 웹 사이트 앱: 4개 리소스의 그룹(2개 서비스와 2개 디플로이)
  - MariaDB 기반 mysql 데이터베이스: 워드프레스에 데이터 저장소 제공
  - WordPress 기반 웹 앱: 사용자에 아파치 웹 서버 기반 웹 서비스 제공
- 구성 리소스
  - mysql 디플로이: MySQL 파드 생성 및 관리
  - mysql 서비스: MySQL 파드 네트워크 연결
  - wordpress 디플로이: 워드프레스 파드 생성 및 관리
  - wordpress 서비스: 워드프레스 파드 네트워크 연결
- 앱-리소스 연결
  - app 레이블: 리소스의 앱 정의
  - 'app: myapp': 리소스는 myapp 앱에 포함되게 됨
  - 4개 리소스 모두 동일
- 서비스-파드 연결
  - 서비스 셀렉터에 일치하는 파드를 디플로이에서 검색 연결
  - 서비스 스펙 셀렉터: 서비스가 노출(연결)할 파드
  - 디플로이 스펙 셀렉터 매치레이블: 디플로이가 관리할(매칭) 파드
  - 디플로이 스펙 템플릿 메타데이터 레이블: 디플로이가 생성할 파드
- 앱의 4개 리소스 정의 파일 이름
  - 쿠버네티스 버전: 1.30
  - mysql-deployment.yaml
  - mysql-service.yaml
  - wordpress-deployment.yaml
  - wordpress-service.yaml

(2)리소스 정의

- mysql-deployment.yaml
  - mysql 디플로이 정의

```
apiVersion: apps/v1          # 리소스의 쿠버네티스 API 버전 지정
kind: Deployment             # 리소스 유형 디플로이(파드 배포)
metadata:                    # 디플로이 부가정보(메타데이터) 지정
  name: mysql                # 디플로이 이름 mysql
  labels:
    app: myapp               # app 레이블: 리소스 그룹화(디플로이가 속한 앱)
    tier: mysql              # 추가 tier 레이블: 앱에서 디플로이 역할 표시
spec:                        # 디플로이 실제동작(스펙) 지정
  selector:                  # 디플로이가 관리할 파드 선택기
    matchLabels:             # 일치레이블 선택방식 지정
      app: myapp
      tier: mysql
  template:                  # 생성 및 실행할 파드 정의
    metadata:
      labels:           # 생성할 파드에 부여할 레이블
        app: myapp
        tier: mysql
    spec:                    # 파드가 생성할 컨테이너 스펙 지정
      containers:            # 파드가 생성할 컨테이너
        - image: mariadb:10.8 # 베이스 이미지
          name: mysql        # 컨테이너 이름
          env:               # 컨테이너 환경 설정
            - name: MYSQL_DATABASE
              value: wordpress         # 데이터베이스 이름
            - name: MYSQL_ROOT_PASSWORD
              value: password          # 루트 사용자 암호
          ports:
            - containerPort: 3306      # 컨테이너 공개 포트
              name: mysql              # 포트 이름
```

- mysql-service.yaml
    - mysql 서비스 정의

```
apiVersion: v1
kind: Service                  # 리소스 유형 서비스(파드 집합 대표)
metadata:
  name: mysql                  # wordpress-mysql 서비스
  labels:
    app: myapp                 # 리소스 그룹화(리소스가 속한 앱 myapp)
spec:
  ports:
    - port: 3306               # 서비스 공개 포트
  selector:                    # 서비스가 검색하여 노출할 파드 선택
    app: myapp
    tier: mysql
```

- mysql 디플로이
    - MariaDB 실행: 이미지 버전 10.8
    - MYSQL_DATABASE: 데이터베이스 wordpress
    - MYSQL_ROOT_PASSWORD: 루트 사용자 암호 passowrd
    - MySQL 컨테이너: 포트 3306에서 실행
- mysql 서비스
    - mysql 디플로이 네트워크 연결점
    - Selector 설정: mysql 디플로이 내 일치 파드 검색
    - 포트 3306 노출: MariaDB 요청 트래픽을 mysql 디플로이로 라우팅
    - 내부적으로만 공개: 외부 공개하지 않음

- wordpress-deployment.yaml
    - wordpress 디플로이 정의

```
apiVersion: apps/v1
kind: Deployment
metadata:
  name: wordpress              # 디플로이 이름
  labels:
    app: myapp                 # 리소스 그룹화
    tier: frontend             # 디플로이 frontend 역할 지정
spec:
  selector:
    matchLabels:
      app: myapp
      tier: frontend
  template:
    metadata:
      labels:
        app: myapp
        tier: frontend
    spec:
      containers:
        - image: wordpress:latest
          name: wordpress
          env:
            - name: WORDPRESS_DB_HOST
              value: mysql.default.svc.cluster.local       #mysql 서비스의 전체 DNS 이름
            - name: WORDPRESS_DB_NAME
              value: wordpress             # 데이터베이스 이름
            - name: WORDPRESS_DB_USER
              value: root                  # 데이터베이스 접속 사용자 이름
            - name: WORDPRESS_DB_PASSWORD
              value: password              # 사용자 암호
          ports:
            - containerPort: 80
              name: wordpress
```

- wordpress-service.yaml
  - wordpress 서비스 정의

```
apiVersion: v1
kind: Service
metadata:
  name: wordpress
  labels:
    app: myapp
spec:
  type: NodePort                    # 노드포트 타입 서비스 - 외부 접속 허용
  ports:
    - port: 80
  selector:
    app: myapp
    tier: frontend
```

- wordpress 디플로이
  - wordpress 실행: 이미지 버전 최신(latest)
  - wordpress 컨테이너는 mysql 서비스 사용
  - DB 호스트 주소 및 관련된 환경 변수들 설정
  - 'default', 'cluster.local': 기본 네임스페이스, 기본 도메인 이름
  - wordpress 컨테이너: 포트 80에서 실행
- wordpress 서비스
  - wordpress 디플로이 네트워크 연결점
  - NodePort 유형 서비스: 외부에 포트 80을 통해 wordpress 서비스 공개
  - 포트 80 노출: HTTP 요청 트래픽을 wordpress 디플로이로 라우팅
- 전체 요약
  - app: myapp 앱의 서비스 wordpress는 포트 80에 들어오는 요청을 셀렉터app: myapp, tier:frontend에 일치하는 파드에 전달하고,
  - app: myapp, tier: frontend 파드는 wordpress 컨테이너의 환경 변수 설정에 따라 DB 호스트 mysql, DB 네임 wordpress, DB 사용자 root, DB 루트 사용자 암호 password를 가지고 mysql 서비스 3306 포트에 접속하고,
  - mysql 서비스는 3306 포트에 들어오는 요청을 셀렉터 app: myapp, tier:mysql에 일치하는 파드에 전달하고,
  - app: myapp, tier:mysql 파드는 mysql 컨테이너 환경 변수 설정을 통과하는 컨테이너 포트 3306에 들어오는 요청을 데이터베이스 mysql에 연결

(3)리소스 정의 파일 작성

- mysql-deployment.yaml

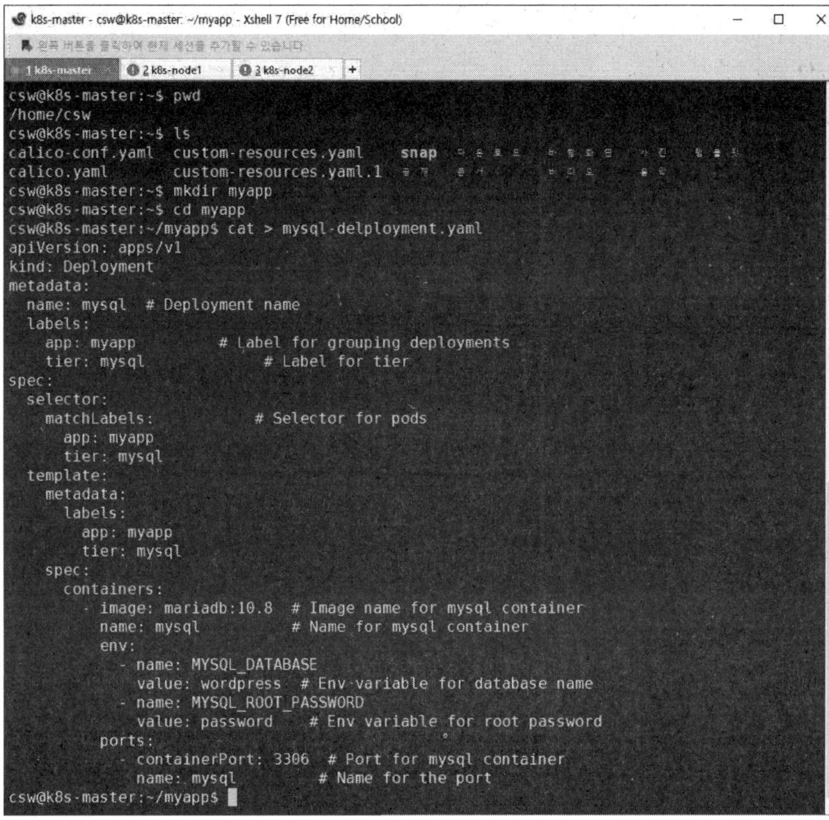

```
csw@k8s-master:~$ pwd
/home/csw
csw@k8s-master:~$ ls
calico-conf.yaml  custom-resources.yaml    snap
calico.yaml       custom-resources.yaml.1
csw@k8s-master:~$ mkdir myapp
csw@k8s-master:~$ cd myapp
csw@k8s-master:~/myapp$ cat > mysql-delployment.yaml
apiVersion: apps/v1
kind: Deployment
metadata:
  name: mysql  # Deployment name
  labels:
    app: myapp          # Label for grouping deployments
    tier: mysql              # Label for tier
spec:
  selector:
    matchLabels:              # Selector for pods
      app: myapp
      tier: mysql
  template:
    metadata:
      labels:
        app: myapp
        tier: mysql
    spec:
      containers:
        - image: mariadb:10.8  # Image name for mysql container
          name: mysql          # Name for mysql container
          env:
            - name: MYSQL_DATABASE
              value: wordpress  # Env variable for database name
            - name: MYSQL_ROOT_PASSWORD
              value: password    # Env variable for root password
          ports:
            - containerPort: 3306  # Port for mysql container
              name: mysql          # Name for the port
csw@k8s-master:~/myapp$
```

- mysql-service.yaml

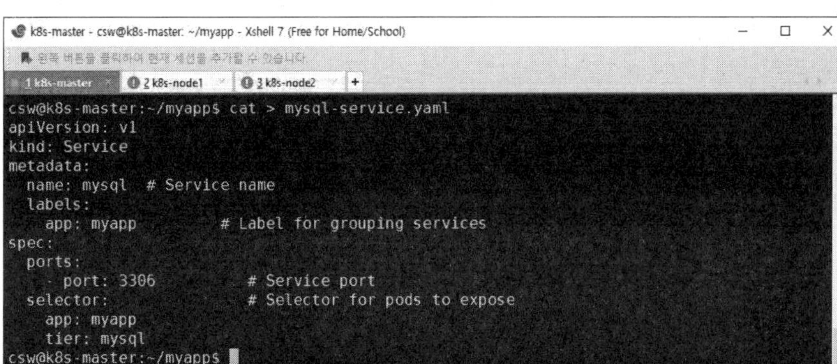

```
csw@k8s-master:~/myapp$ cat > mysql-service.yaml
apiVersion: v1
kind: Service
metadata:
  name: mysql  # Service name
  labels:
    app: myapp          # Label for grouping services
spec:
  ports:
    - port: 3306          # Service port
  selector:               # Selector for pods to expose
    app: myapp
    tier: mysql
csw@k8s-master:~/myapp$
```

- wordpress-deployment.yaml

```
csw@k8s-master:~/myapp$ cat > wordpress-deployment.yaml
apiVersion: apps/v1
kind: Deployment
metadata:
  name: wordpress  # Deployment name
  labels:
    app: myapp  # Label for grouping deployments
    tier: frontend  # Label for tier
spec:
  selector:
    matchLabels:     # Selector for pods
      app: myapp
      tier: frontend
  template:
    metadata:
      labels:
        app: myapp
        tier: frontend
    spec:
      containers:
        - image: wordpress:latest  # Image name for wordpress container
          name: wordpress          # Name for wordpress container
          env:
            - name: WORDPRESS_DB_HOST
              value: mysql.default.svc.cluster.local  # Service DNS name for mysql
            - name: WORDPRESS_DB_NAME
              value: wordpress                 # Env variable for database name
            - name: WORDPRESS_DB_USER
              value: root                       # Env variable for database user
            - name: WORDPRESS_DB_PASSWORD
              value: password                  # Env variable for database password
          ports:
            - containerPort: 80  # Port for wordpress container
              name: wordpress     # Name for the port
csw@k8s-master:~/myapp$
```

- mysql-service.yaml

```
csw@k8s-master:~/myapp$ cat > wordpress-service.yaml
apiVersion: v1
kind: Service
metadata:
  name: wordpress  # Service name
  labels:
    app: myapp  # Label for grouping services
spec:
  type: NodePort  # Service type
  ports:
    - port: 80        # Service port
  selector:          # Selector for pods to expose
    app: myapp
    tier: frontend
csw@k8s-master:~/myapp$
```

14.3 기본 명령어

(1)api-resources

- 클러스터의 모든 API 리소스 확인

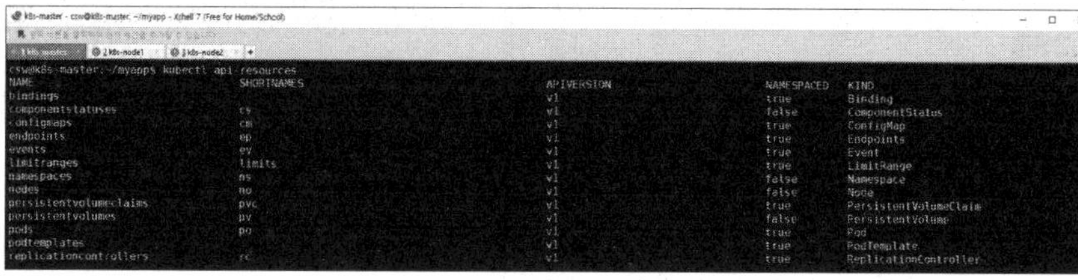
k8s-master - csw@k8s-master: ~/myapp - Xshell 7 (Free for Home/School)
2 k8s-node1
3 k8s-node2
csw@k8s-master:~/myapps kubectl api-resources
NAME SHORTNAMES APIVERSION NAMESPACED KIND
bindings v1 true Binding
componentstatuses cs v1 false ComponentStatus
configmaps cm v1 true ConfigMap
endpoints ep v1 true Endpoints
events ev v1 true Event
limitranges limits v1 true LimitRange
namespaces ns v1 false Namespace
nodes no v1 false Node
persistentvolumeclaims pvc v1 true PersistentVolumeClaim
persistentvolumes pv v1 false PersistentVolume
pods po v1 true Pod
podtemplates v1 true PodTemplate
replicationcontrollers rc v1 true ReplicationController

- NAME: 리소스 이름 "pods", "services", "deployments" 등
- NAMESPACED: 'true'면 네임스페이스 내, 'false'면 클러스터 전체에서 사용
- KIND: 리소스 종류 "Pod", "Service", "Deployment" 등

(2)apply

- kubectl apply -f <리소스 정의 파일이나 디렉토리 경로>
  - 쿠버네티스 클러스터에 리소스 배포

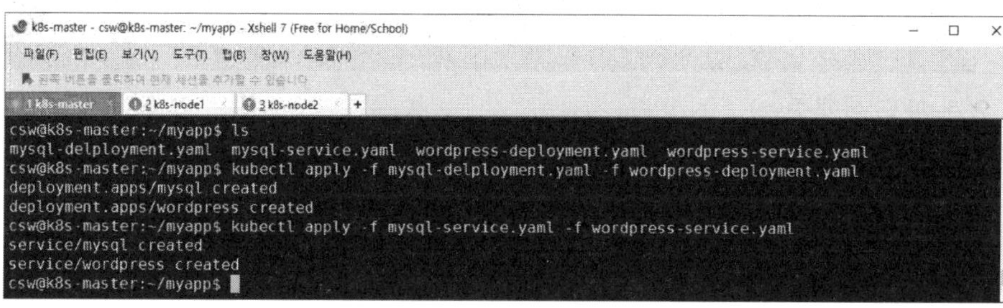
k8s-master - csw@k8s-master: ~/myapp - Xshell 7 (Free for Home/School)
파일(F) 편집(E) 보기(V) 도구(T) 탭(B) 창(W) 도움말(H)
1 k8s-master
2 k8s-node1
3 k8s-node2
csw@k8s-master:~/myapp$ ls
mysql-delployment.yaml mysql-service.yaml wordpress-deployment.yaml wordpress-service.yaml
csw@k8s-master:~/myapp$ kubectl apply -f mysql-delployment.yaml -f wordpress-deployment.yaml
deployment.apps/mysql created
deployment.apps/wordpress created
csw@k8s-master:~/myapp$ kubectl apply -f mysql-service.yaml -f wordpress-service.yaml
service/mysql created
service/wordpress created
csw@k8s-master:~/myapp$

  - 디플로이 2개 및 서비스 2개 배포

(3)get

- kubectl get node
  - 클러스터의 모든 노드 목록 조회

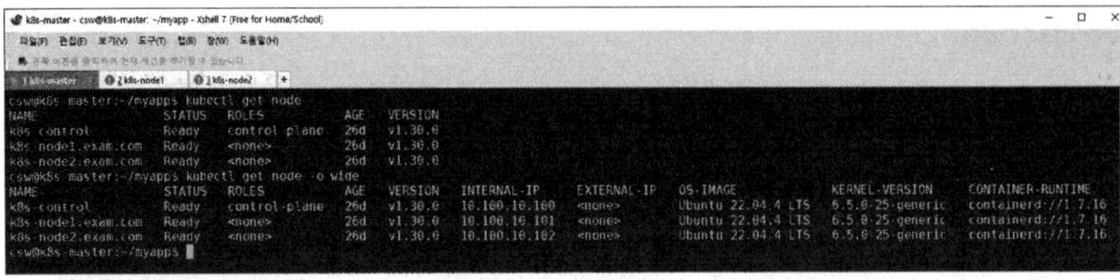
k8s-master - csw@k8s-master: ~/myapp - Xshell 7 (Free for Home/School)
csw@k8s-master:~/myapp$ kubectl get node
NAME STATUS ROLES AGE VERSION
k8s-control Ready control-plane 26d v1.30.0
k8s-node1.exam.com Ready <none> 26d v1.30.0
k8s-node2.exam.com Ready <none> 26d v1.30.0
csw@k8s-master:~/myapp$ kubectl get node -o wide
NAME STATUS ROLES AGE VERSION INTERNAL-IP EXTERNAL-IP OS-IMAGE KERNEL-VERSION CONTAINER-RUNTIME
k8s-control Ready control-plane 26d v1.30.0 10.100.10.100 <none> Ubuntu 22.04.4 LTS 6.5.0-25-generic containerd://1.7.16
k8s-node1.exam.com Ready <none> 26d v1.30.0 10.100.10.101 <none> Ubuntu 22.04.4 LTS 6.5.0-25-generic containerd://1.7.16
k8s-node2.exam.com Ready <none> 26d v1.30.0 10.100.10.102 <none> Ubuntu 22.04.4 LTS 6.5.0-25-generic containerd://1.7.16
csw@k8s-master:~/myapp$

  - 3 개 노드 준비 상태
  - k8s-control 노드: 제어 중심(control-plane) 역할
  - node1, node2: 워커 노드로 앱 컨테이너 실행
  - '-o wide': 출력을 넓게하여 노드 IP 주소, OS 이미지 등 추가 정보 표시
- kubectl get pod
  - 실행 중인 모든 파드 목록 표시

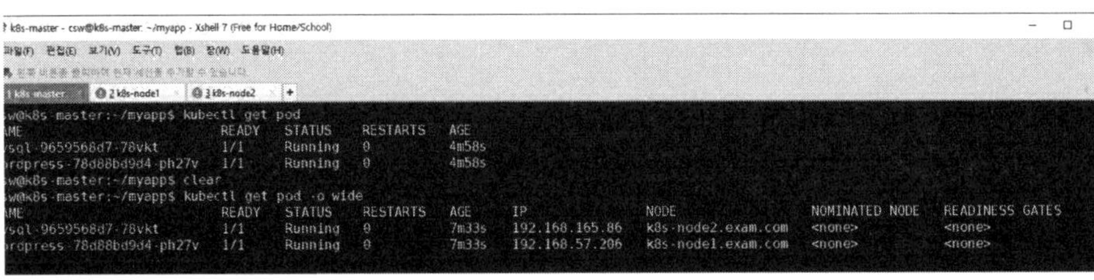
k8s-master - csw@k8s-master: ~/myapp - Xshell 7 (Free for Home/School)
w@k8s-master:~/myapp$ kubectl get pod
AME READY STATUS RESTARTS AGE
sql-9659568d7-78vkt 1/1 Running 0 4m58s
rdpress-78d88bd9d4-ph27v 1/1 Running 0 4m58s
w@k8s-master:~/myapp$ clear
w@k8s-master:~/myapp$ kubectl get pod -o wide
AME READY STATUS RESTARTS AGE IP NODE NOMINATED NODE READINESS GATES
sql-9659568d7-78vkt 1/1 Running 0 7m33s 192.168.165.86 k8s-node2.exam.com <none> <none>
rdpress-78d88bd9d4-ph27v 1/1 Running 0 7m33s 192.168.57.206 k8s-node1.exam.com <none> <none>

  - 2 개 파드 실행중
  - '-o wide': 파드 IP 주소, 실행 노드 등 추가 정보 표시
- kubectl get deploy
  - 실행중인 모든 디플로이 목록 표시

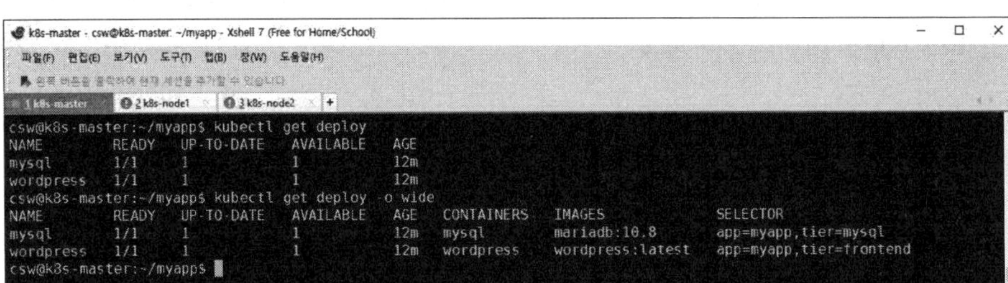
k8s-master - csw@k8s-master: ~/myapp - Xshell 7 (Free for Home/School)
csw@k8s-master:~/myapp$ kubectl get deploy
NAME READY UP-TO-DATE AVAILABLE AGE
mysql 1/1 1 1 12m
wordpress 1/1 1 1 12m
csw@k8s-master:~/myapp$ kubectl get deploy -o wide
NAME READY UP-TO-DATE AVAILABLE AGE CONTAINERS IMAGES SELECTOR
mysql 1/1 1 1 12m mysql mariadb:10.8 app=myapp,tier=mysql
wordpress 1/1 1 1 12m wordpress wordpress:latest app=myapp,tier=frontend
csw@k8s-master:~/myapp$

  - 2 개 디플로이 실행중
  - '-o wide': 디플로이 컨테이너, 이미지, 셀렉터 등 추가 정보 표시

- kubectl get svc
  - 실행중인 모든 서비스 목록 표시

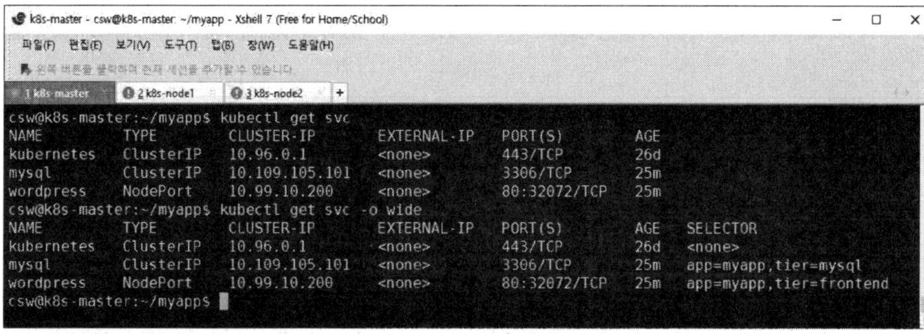
k8s-master - csw@k8s-master: ~/myapp - Xshell 7 (Free for Home/School)
csw@k8s-master:~/myapp$ kubectl get svc
NAME TYPE CLUSTER-IP EXTERNAL-IP PORT(S) AGE
kubernetes ClusterIP 10.96.0.1 <none> 443/TCP 26d
mysql ClusterIP 10.109.105.101 <none> 3306/TCP 25m
wordpress NodePort 10.99.10.200 <none> 80:32072/TCP 25m
csw@k8s-master:~/myapp$ kubectl get svc -o wide
NAME TYPE CLUSTER-IP EXTERNAL-IP PORT(S) AGE SELECTOR
kubernetes ClusterIP 10.96.0.1 <none> 443/TCP 26d <none>
mysql ClusterIP 10.109.105.101 <none> 3306/TCP 25m app=myapp,tier=mysql
wordpress NodePort 10.99.10.200 <none> 80:32072/TCP 25m app=myapp,tier=frontend
csw@k8s-master:~/myapp$

  - 2 개 서비스 실행중
  - '-o wide': 서비스 타입, IP 주소, 포트, 셀렉터 등 표시
  - wordpress: 노드포트 타입 서비스로 80번 공개 포트를 통해 외부 접속 가능
- kubectl get pod,svc
  - 2 개 리소스 조회

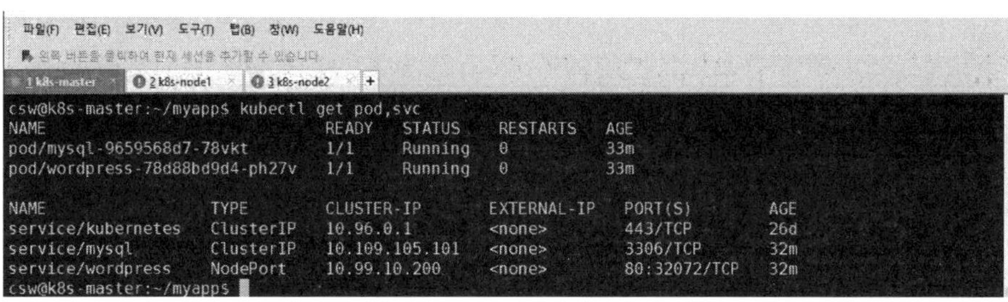
csw@k8s-master:~/myapp$ kubectl get pod,svc
NAME READY STATUS RESTARTS AGE
pod/mysql-9659568d7-78vkt 1/1 Running 0 33m
pod/wordpress-78d88bd9d4-ph27v 1/1 Running 0 33m
NAME TYPE CLUSTER-IP EXTERNAL-IP PORT(S) AGE
service/kubernetes ClusterIP 10.96.0.1 <none> 443/TCP 26d
service/mysql ClusterIP 10.109.105.101 <none> 3306/TCP 32m
service/wordpress NodePort 10.99.10.200 <none> 80:32072/TCP 32m
csw@k8s-master:~/myapp$

- kubectl get all
  - 모든 리소스 조회: 파드, 서비스, 디플로이, 레플리카셋, 잡 등

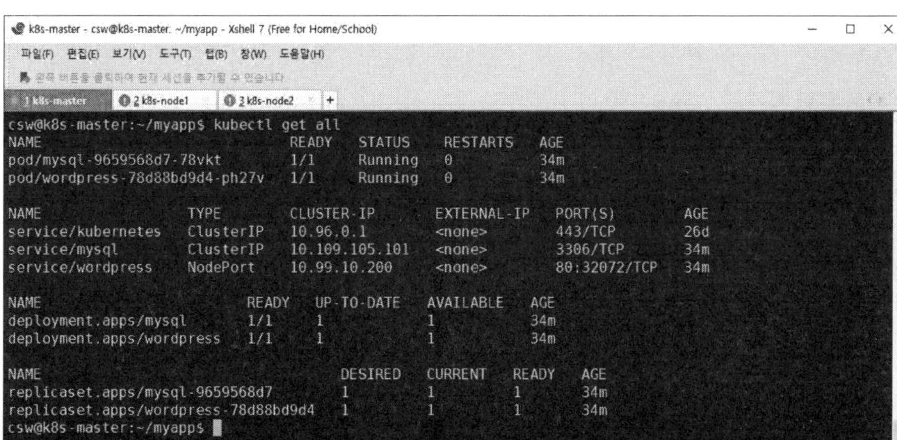
k8s-master - csw@k8s-master: ~/myapp - Xshell 7 (Free for Home/School)
csw@k8s-master:~/myapp$ kubectl get all
NAME READY STATUS RESTARTS AGE
pod/mysql-9659568d7-78vkt 1/1 Running 0 34m
pod/wordpress-78d88bd9d4-ph27v 1/1 Running 0 34m
NAME TYPE CLUSTER-IP EXTERNAL-IP PORT(S) AGE
service/kubernetes ClusterIP 10.96.0.1 <none> 443/TCP 26d
service/mysql ClusterIP 10.109.105.101 <none> 3306/TCP 34m
service/wordpress NodePort 10.99.10.200 <none> 80:32072/TCP 34m
NAME READY UP-TO-DATE AVAILABLE AGE
deployment.apps/mysql 1/1 1 1 34m
deployment.apps/wordpress 1/1 1 1 34m
NAME DESIRED CURRENT READY AGE
replicaset.apps/mysql-9659568d7 1 1 1 34m
replicaset.apps/wordpress-78d88bd9d4 1 1 1 34m
csw@k8s-master:~/myapp$

- kubectl get pod -o yaml
  - 파드 목록을 야물 형식으로 출력

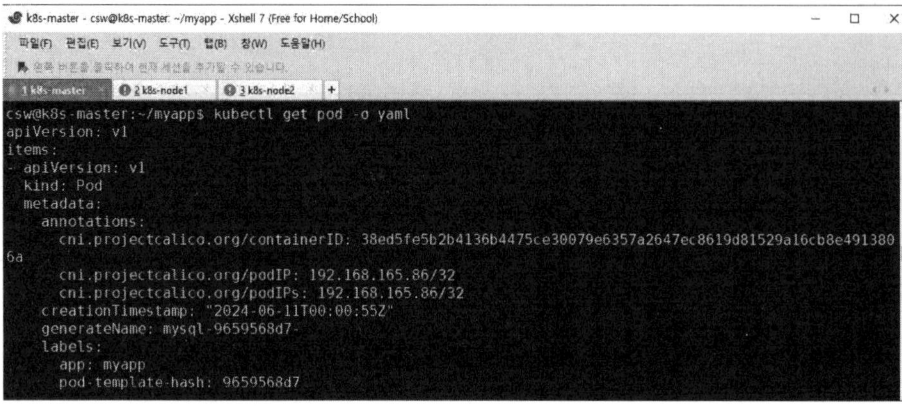

k8s-master - csw@k8s-master: ~/myapp - Xshell 7 (Free for Home/School)
csw@k8s-master:~/myapp$ kubectl get pod -o yaml
apiVersion: v1
items:
- apiVersion: v1
kind: Pod
metadata:
annotations:
cni.projectcalico.org/containerID: 38ed5fe5b2b4136b4475ce30079e6357a2647ec8619d81529a16cb8e491380
6a
cni.projectcalico.org/podIP: 192.168.165.86/32
cni.projectcalico.org/podIPs: 192.168.165.86/32
creationTimestamp: "2024-06-11T00:00:55Z"
generateName: mysql-9659568d7-
labels:
app: myapp
pod-template-hash: 9659568d7

- kubectl get pod --show-labels
  - 파드 목록을 파드 라벨과 함께 출력

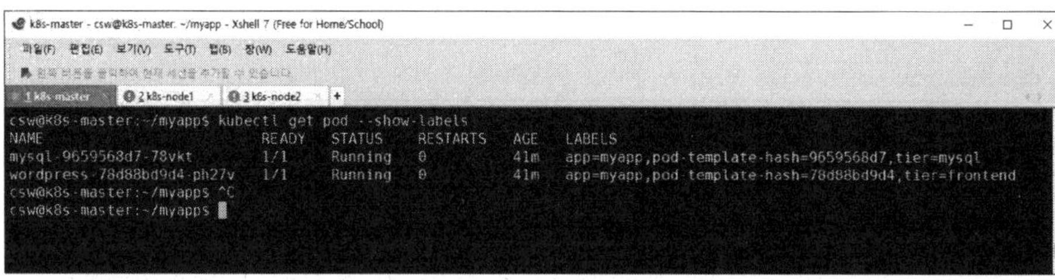

k8s-master - csw@k8s-master: ~/myapp - Xshell 7 (Free for Home/School)
csw@k8s-master:~/myapp$ kubectl get pod --show-labels
NAME READY STATUS RESTARTS AGE LABELS
mysql-9659568d7-78vkt 1/1 Running 0 41m app=myapp,pod-template-hash=9659568d7,tier=mysql
wordpress-78d88bd9d4-ph27v 1/1 Running 0 41m app=myapp,pod-template-hash=78d88bd9d4,tier=frontend
csw@k8s-master:~/myapp$ ^C
csw@k8s-master:~/myapp$

(4)describe

- kubectl describe node [노드명]
  - 특정 노드 세부 정보 표시: 노드의 자원 할당, 레이블, 조건 등

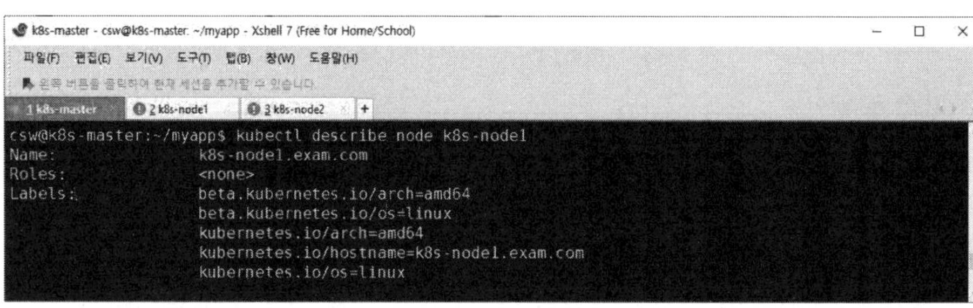

k8s-master - csw@k8s-master: ~/myapp - Xshell 7 (Free for Home/School)
csw@k8s-master:~/myapp$ kubectl describe node k8s-node1
Name: k8s-node1.exam.com
Roles: <none>
Labels: beta.kubernetes.io/arch=amd64
beta.kubernetes.io/os=linux
kubernetes.io/arch=amd64
kubernetes.io/hostname=k8s-node1.exam.com
kubernetes.io/os=linux

- kubectl describe pod [파드명]
  - 특정 파드 세부 정보 표시: 파드의 네임스페이스, 서비스 계정, 레이블 등

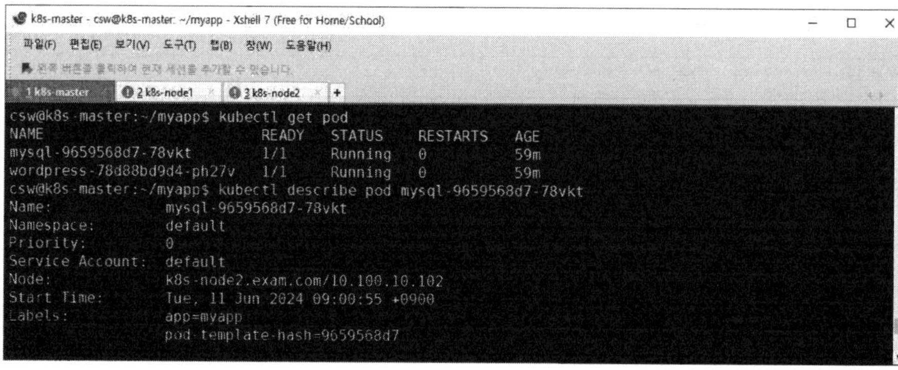

k8s-master - csw@k8s-master: ~/myapp - Xshell 7 (Free for Home/School)
csw@k8s-master:~/myapp$ kubectl get pod
NAME READY STATUS RESTARTS AGE
mysql-9659568d7-78vkt 1/1 Running 0 59m
wordpress-78d88bd9d4-ph27v 1/1 Running 0 59m
csw@k8s-master:~/myapp$ kubectl describe pod mysql-9659568d7-78vkt
Name: mysql-9659568d7-78vkt
Namespace: default
Priority: 0
Service Account: default
Node: k8s-node2.exam.com/10.100.10.102
Start Time: Tue, 11 Jun 2024 09:00:55 +0900
Labels: app=myapp
pod-template-hash=9659568d7

(5)logs

- kubectl logs 파드명
  - 특정 파드의 로그 확인: 파드에서 실행 중인 컨테이너의 로그 확인

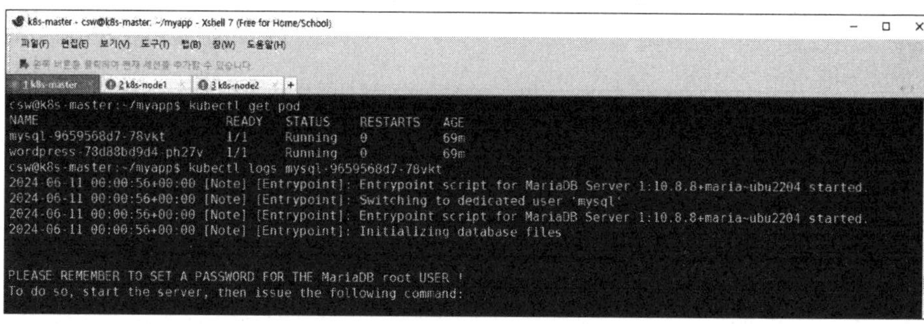

k8s-master - csw@k8s-master: ~/myapp - Xshell 7 (Free for Home/School)
csw@k8s-master:~/myapp$ kubectl get pod
NAME READY STATUS RESTARTS AGE
mysql-9659568d7-78vkt 1/1 Running 0 69m
wordpress-78d88bd9d4-ph27v 1/1 Running 0 69m
csw@k8s-master:~/myapp$ kubectl logs mysql-9659568d7-78vkt
2024-06-11 00:00:56+00:00 [Note] [Entrypoint]: Entrypoint script for MariaDB Server 1:10.8.8+maria~ubu2204 started.
2024-06-11 00:00:56+00:00 [Note] [Entrypoint]: Switching to dedicated user 'mysql'
2024-06-11 00:00:56+00:00 [Note] [Entrypoint]: Entrypoint script for MariaDB Server 1:10.8.8+maria~ubu2204 started.
2024-06-11 00:00:56+00:00 [Note] [Entrypoint]: Initializing database files
PLEASE REMEMBER TO SET A PASSWORD FOR THE MariaDB root USER !
To do so, start the server, then issue the following command:

(6)exec

- kubectl exec -it <파드명> -- <명령>
  - 실행 중인 파드 내 컨테이너에서 명령 실행

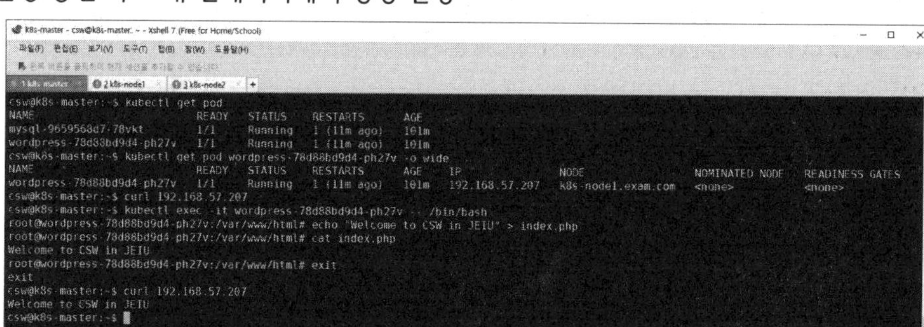

csw@k8s-master:~$ kubectl get pod
NAME READY STATUS RESTARTS AGE
mysql-9659568d7-78vkt 1/1 Running 1 (11m ago) 101m
wordpress-78d88bd9d4-ph27v 1/1 Running 1 (11m ago) 101m
csw@k8s-master:~$ kubectl get pod wordpress-78d88bd9d4-ph27v -o wide
NAME READY STATUS RESTARTS AGE IP NODE NOMINATED NODE READINESS GATES
wordpress-78d88bd9d4-ph27v 1/1 Running 1 (11m ago) 101m 192.168.57.207 k8s-node1.exam.com <none> <none>
csw@k8s-master:~$ curl 192.168.57.207
csw@k8s-master:~$ kubectl exec -it wordpress-78d88bd9d4-ph27v -- /bin/bash
root@wordpress-78d88bd9d4-ph27v:/var/www/html# echo 'Welcome to CSW in JEIU' > index.php
root@wordpress-78d88bd9d4-ph27v:/var/www/html# cat index.php
Welcome to CSW in JEIU
root@wordpress-78d88bd9d4-ph27v:/var/www/html# exit
exit
csw@k8s-master:~$ curl 192.168.57.207
Welcome to CSW in JEIU
csw@k8s-master:~$

  - '-it': 터미널과 컨테이너 간 상호작용 가능
  - wordpress 파드 내 컨테이너에서 /bin/bash 명령 실행
  - 실행 중인 컨테이너의 index.php 수정
  - curl 명령으로 파드 접속 및 웹 페이지 확인

(7)explain

- kubectl explain 리소스명
  - 리소스의 API 버번 확인

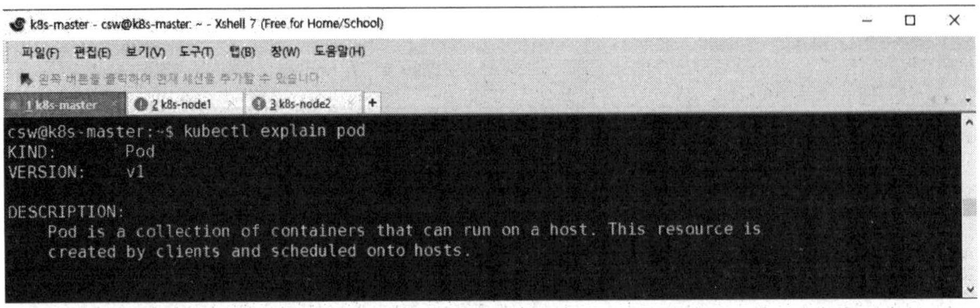
k8s-master - csw@k8s-master: ~ - Xshell 7 (Free for Home/School)
파일(F) 편집(E) 보기(V) 도구(T) 탭(B) 창(W) 도움말(H)
1 k8s-master
2 k8s-node1
3 k8s-node2
csw@k8s-master:~$ kubectl explain pod
KIND: Pod
VERSION: v1
DESCRIPTION:
Pod is a collection of containers that can run on a host. This resource is
created by clients and scheduled onto hosts.

(8)delete

- kubectl delete 리소스타입 리소스명1 리소스명2 ...
  - 실행 중인 리소스 삭제
  - 파드를 완전히 삭제하려면 상위 디플로이 먼저 삭제

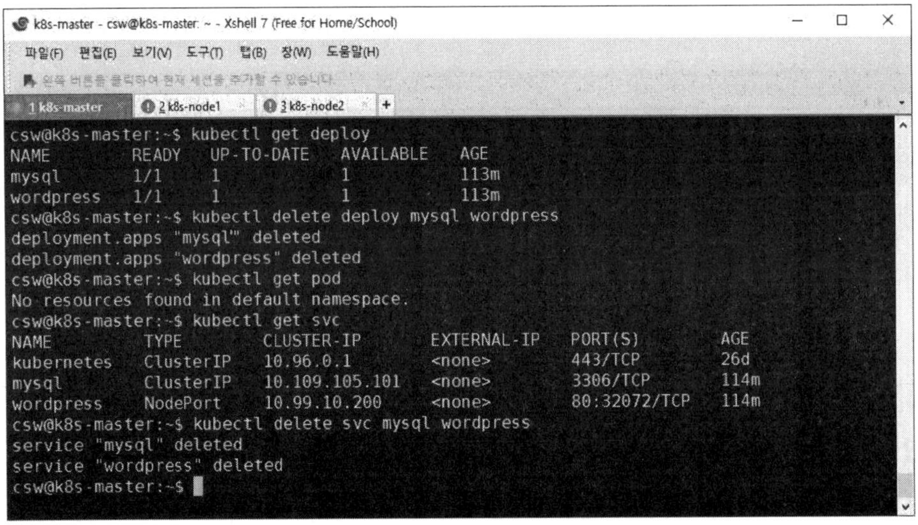
k8s-master - csw@k8s-master: ~ - Xshell 7 (Free for Home/School)
파일(F) 편집(E) 보기(V) 도구(T) 탭(B) 창(W) 도움말(H)
1 k8s-master
2 k8s-node1
3 k8s-node2
csw@k8s-master:~$ kubectl get deploy
NAME READY UP-TO-DATE AVAILABLE AGE
mysql 1/1 1 1 113m
wordpress 1/1 1 1 113m
csw@k8s-master:~$ kubectl delete deploy mysql wordpress
deployment.apps "mysql" deleted
deployment.apps "wordpress" deleted
csw@k8s-master:~$ kubectl get pod
No resources found in default namespace.
csw@k8s-master:~$ kubectl get svc
NAME TYPE CLUSTER-IP EXTERNAL-IP PORT(S) AGE
kubernetes ClusterIP 10.96.0.1 <none> 443/TCP 26d
mysql ClusterIP 10.109.105.101 <none> 3306/TCP 114m
wordpress NodePort 10.99.10.200 <none> 80:32072/TCP 114m
csw@k8s-master:~$ kubectl delete svc mysql wordpress
service "mysql" deleted
service "wordpress" deleted
csw@k8s-master:~$

- kubectl delete -f 리소스정의파일
  - 파일에 정의된 모든 리소스를 클러스터에서 삭제
  - 파일 자체는 삭제되지 않음

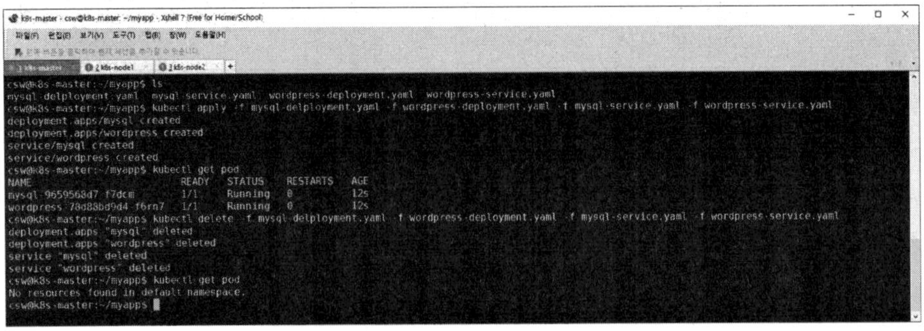
k8s-master - csw@k8s-master: ~/myapp - Xshell 7 (Free for Home/School)
2 k8s-node1
3 k8s-node2
csw@k8s-master:~/myapp$ ls
mysql-delployment.yaml mysql-service.yaml wordpress-deployment.yaml wordpress-service.yaml
csw@k8s-master:~/myapp$ kubectl apply -f mysql-delployment.yaml -f wordpress-deployment.yaml -f mysql-service.yaml -f wordpress-service.yaml
deployment.apps/mysql created
deployment.apps/wordpress created
service/mysql created
service/wordpress created
csw@k8s-master:~/myapp$ kubectl get pod
NAME READY STATUS RESTARTS AGE
mysql-9659568d7-f7dcm 1/1 Running 0 12s
wordpress-78d88bd9d4-f6rn7 1/1 Running 0 12s
csw@k8s-master:~/myapp$ kubectl delete -f mysql-delployment.yaml -f wordpress-deployment.yaml -f mysql-service.yaml -f wordpress-service.yaml
deployment.apps "mysql" deleted
deployment.apps "wordpress" deleted
service "mysql" deleted
service "wordpress" deleted
csw@k8s-master:~/myapp$ kubectl get pod
No resources found in default namespace.
csw@k8s-master:~/myapp$

15

네임스페이스와 템플릿

15.1 네임스페이스

(1)네임스페이스 개념

- 네임스페이스란?
  - 클러스터를 목적에 따라 논리적으로 분리한 가상 클러스터
- 네임스페이스 목적
  - 리소스 분리: 프로젝트별 네임스페이스를 생성하여 독립적으로 관리
  - 권한 제어: 네임스페이스별 액세스 권한 설정하여 프로젝트 접근 권한 부여
  - 환경 분리: 개발, 테스트, 프로덕션 등 환경별 네임스페이스 사용
  - 모니터링 및 로깅: 네임스페이스별 리소스 사용량 모니터링 및 로그 수집
- 기본 네임스페이스
  - default 네임스페이스: 클러스터의 기본 네임스페이스
  - 리소스의 기본 위치: kubectl apply 명령에서 네임스페이스 지정 생략
  - 관리 및 사용: 관리자와 일반 사용자 모두 사용 가능
  - 삭제 가능

(2)네임스페이스 조회

- kubectl get namespaces
  - 클러스터의 모든 네임스페이스 표시

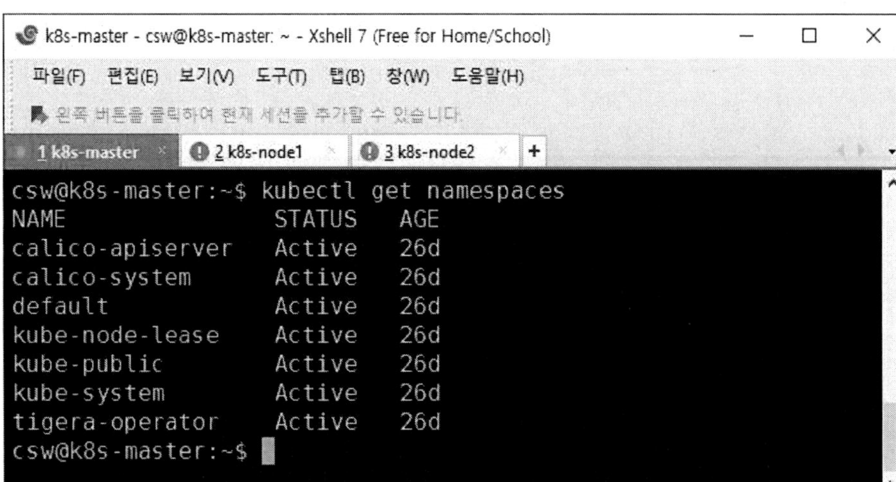
k8s-master - csw@k8s-master: ~ - Xshell 7 (Free for Home/School)
파일(F) 편집(E) 보기(V) 도구(T) 탭(B) 창(W) 도움말(H)
1 k8s-master
2 k8s-node1
3 k8s-node2
csw@k8s-master:~$ kubectl get namespaces
NAME STATUS AGE
calico-apiserver Active 26d
calico-system Active 26d
default Active 26d
kube-node-lease Active 26d
kube-public Active 26d
kube-system Active 26d
tigera-operator Active 26d
csw@k8s-master:~$

  - default: 기본 네임스페이스
  - kube-system: kube-apiserver 등 컨트롤 플레인 컴포넌트 리소스
  - kube-public: 컨피그맵 등 클러스터 관련 정보 저장 리소스

- kubectl get pod -n default

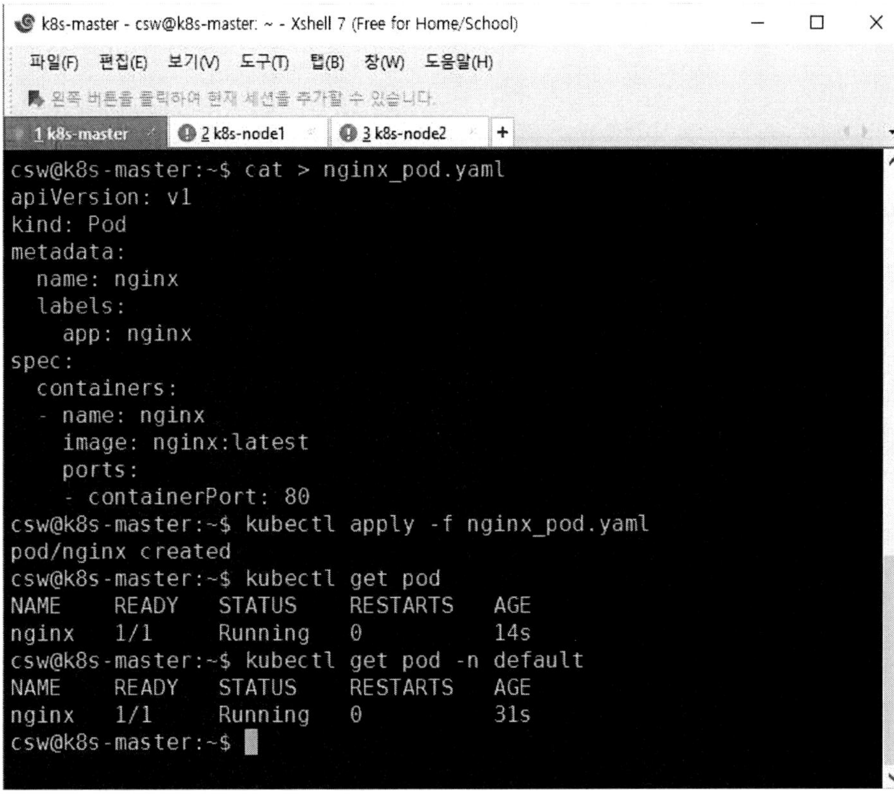
k8s-master - csw@k8s-master: ~ - Xshell 7 (Free for Home/School)
파일(F) 편집(E) 보기(V) 도구(T) 탭(B) 창(W) 도움말(H)
1 k8s-master
2 k8s-node1
3 k8s-node2
csw@k8s-master:~$ cat > nginx_pod.yaml
apiVersion: v1
kind: Pod
metadata:
  name: nginx
  labels:
    app: nginx
spec:
  containers:
  - name: nginx
    image: nginx:latest
    ports:
    - containerPort: 80
csw@k8s-master:~$ kubectl apply -f nginx_pod.yaml
pod/nginx created
csw@k8s-master:~$ kubectl get pod
NAME READY STATUS RESTARTS AGE
nginx 1/1 Running 0 14s
csw@k8s-master:~$ kubectl get pod -n default
NAME READY STATUS RESTARTS AGE
nginx 1/1 Running 0 31s
csw@k8s-master:~$

  - 디폴트 네임스페이스에서 실행 중인 파드 확인

- kubectl get pod --all-namespaces

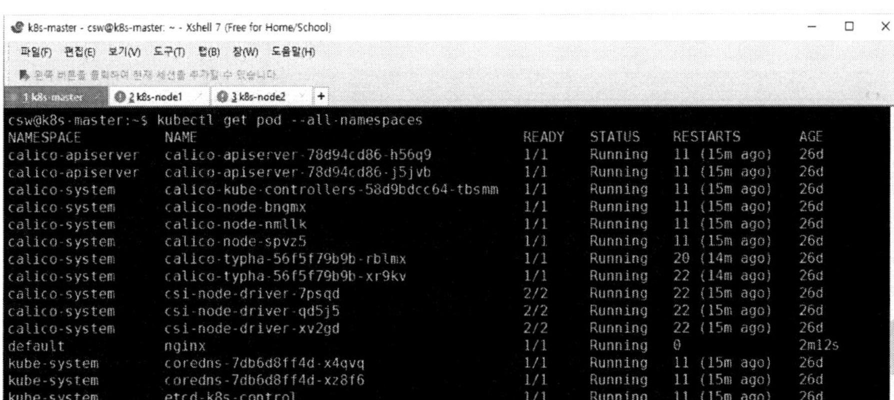
k8s-master - csw@k8s-master: ~ - Xshell 7 (Free for Home/School)
파일(F) 편집(E) 보기(V) 도구(T) 탭(B) 창(W) 도움말(H)
1 k8s-master
2 k8s-node1
3 k8s-node2
csw@k8s-master:~$ kubectl get pod --all-namespaces
NAMESPACE NAME READY STATUS RESTARTS AGE
calico-apiserver calico-apiserver-78d94cd86-h56q9 1/1 Running 11 (15m ago) 26d
calico-apiserver calico-apiserver-78d94cd86-j5jvb 1/1 Running 11 (15m ago) 26d
calico-system calico-kube-controllers-58d9bdcc64-tbsmm 1/1 Running 11 (15m ago) 26d
calico-system calico-node-bngmx 1/1 Running 11 (15m ago) 26d
calico-system calico-node-nmllk 1/1 Running 11 (15m ago) 26d
calico-system calico-node-spvz5 1/1 Running 11 (15m ago) 26d
calico-system calico-typha-56f5f79b9b-rblmx 1/1 Running 20 (14m ago) 26d
calico-system calico-typha-56f5f79b9b-xr9kv 1/1 Running 22 (14m ago) 26d
calico-system csi-node-driver-7psqd 2/2 Running 22 (15m ago) 26d
calico-system csi-node-driver-qd5j5 2/2 Running 22 (15m ago) 26d
calico-system csi-node-driver-xv2gd 2/2 Running 22 (15m ago) 26d
default nginx 1/1 Running 0 2m12s
kube-system coredns-7db6d8ff4d-x4qvq 1/1 Running 11 (15m ago) 26d
kube-system coredns-7db6d8ff4d-xz8f6 1/1 Running 11 (15m ago) 26d
kube-system etcd-k8s-control 1/1 Running 11 (15m ago) 26d

  - 모든 네임스페이스에서 실행 중인 파드 확인

(3)새로운 네임스페이스 생성

- CLI
  - kubectl create namespace 네임스페이스명

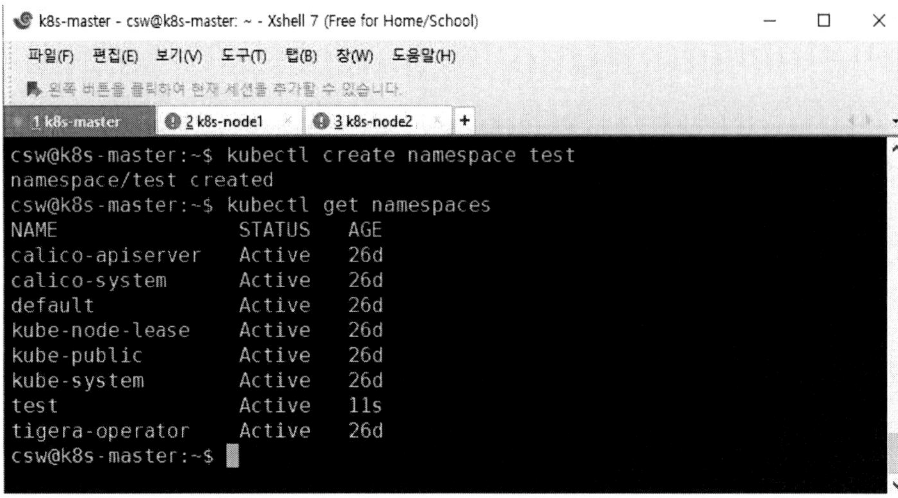
k8s-master - csw@k8s-master: ~ - Xshell 7 (Free for Home/School)
파일(F) 편집(E) 보기(V) 도구(T) 탭(B) 창(W) 도움말(H)
1 k8s-master
2 k8s-node1
3 k8s-node2
csw@k8s-master:~$ kubectl create namespace test
namespace/test created
csw@k8s-master:~$ kubectl get namespaces
NAME STATUS AGE
calico-apiserver Active 26d
calico-system Active 26d
default Active 26d
kube-node-lease Active 26d
kube-public Active 26d
kube-system Active 26d
test Active 11s
tigera-operator Active 26d
csw@k8s-master:~$

  - 신규 test 네임스페이스 생성
- YAML
  - kubectl create namespace development --dry-run=client -o yaml
  - 클라이언트에서만 시뮬레이션 모드로 동작: API 서버에 트래픽 발생하지 않음
  - 네임스페이스 만들지 않고 YAML 형식으로 출력

k8s-master - csw@k8s-master: ~ - Xshell 7 (Free for Home/School)
파일(F) 편집(E) 보기(V) 도구(T) 탭(B) 창(W) 도움말(H)
1 k8s-master
2 k8s-node1
3 k8s-node2
csw@k8s-master:~$ kubectl create namespace development --dry-run=client -o yaml
apiVersion: v1
kind: Namespace
metadata:
  creationTimestamp: null
  name: development
spec: {}
status: {}
csw@k8s-master:~$ kubectl create namespace development --dry-run=client -o yaml > development-namespace.yaml
csw@k8s-master:~$ kubectl apply -f development-namespace.yaml
namespace/development created
csw@k8s-master:~$

  - 리디렉션(>) 통해 네임스페이스 생성용 development-ns.yaml 파일 작성
  - kubectl apply -f development-ns.yaml
  - 새로운 development 네임스페이스 생성

(4)네임스페이스 지정

- CLI
  - kubectl apply -f nginx_pod.yaml -n test

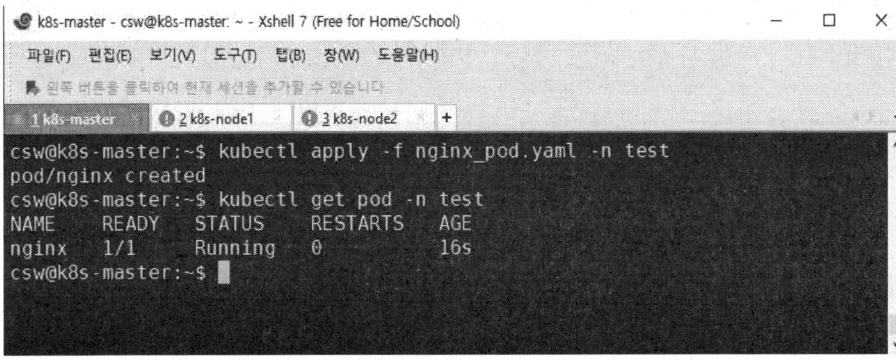

k8s-master - csw@k8s-master: ~ - Xshell 7 (Free for Home/School)
파일(F) 편집(E) 보기(V) 도구(T) 탭(B) 창(W) 도움말(H)
1 k8s-master
2 k8s-node1
3 k8s-node2
csw@k8s-master:~$ kubectl apply -f nginx_pod.yaml -n test
pod/nginx created
csw@k8s-master:~$ kubectl get pod -n test
NAME READY STATUS RESTARTS AGE
nginx 1/1 Running 0 16s
csw@k8s-master:~$

  - 네임스페이스 test에서 파드 nginx 실행
- YAML

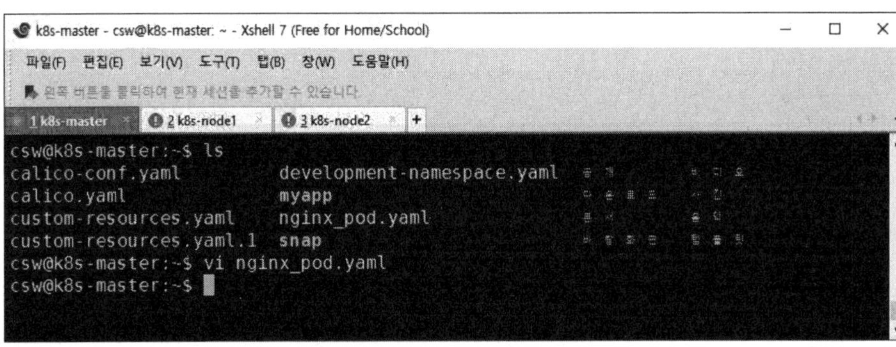

k8s-master - csw@k8s-master: ~ - Xshell 7 (Free for Home/School)
파일(F) 편집(E) 보기(V) 도구(T) 탭(B) 창(W) 도움말(H)
1 k8s-master
2 k8s-node1
3 k8s-node2
csw@k8s-master:~$ ls
calico-conf.yaml development-namespace.yaml
calico.yaml myapp
custom-resources.yaml nginx_pod.yaml
custom-resources.yaml.1 snap
csw@k8s-master:~$ vi nginx_pod.yaml
csw@k8s-master:~$

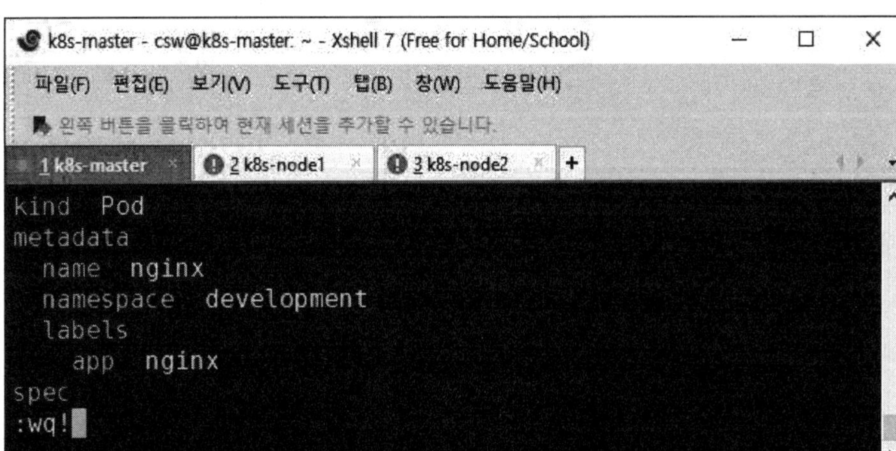

k8s-master - csw@k8s-master: ~ - Xshell 7 (Free for Home/School)
파일(F) 편집(E) 보기(V) 도구(T) 탭(B) 창(W) 도움말(H)
왼쪽 버튼을 클릭하여 현재 세션을 추가할 수 있습니다.
1 k8s-master
2 k8s-node1
3 k8s-node2
kind Pod
metadata
name nginx
namespace development
labels
app nginx
spec
:wq!

  - 파드 nginx 정의 파일에서 메타데이터 네임스페이스를 development로 설정

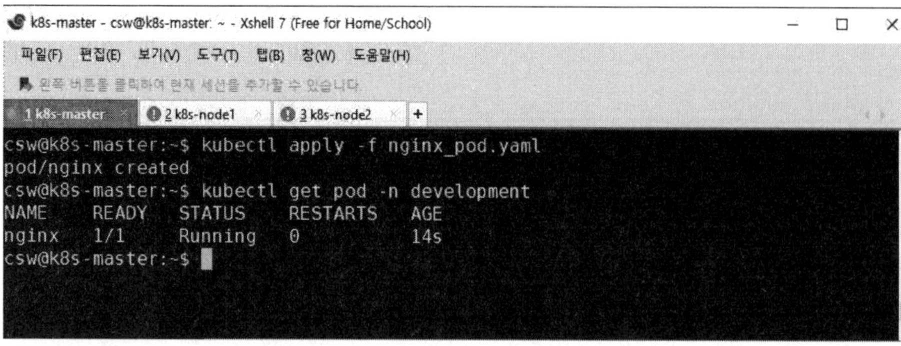
k8s-master - csw@k8s-master: ~ - Xshell 7 (Free for Home/School)
파일(F) 편집(E) 보기(V) 도구(T) 탭(B) 창(W) 도움말(H)
1 k8s-master
2 k8s-node1
3 k8s-node2
csw@k8s-master:~$ kubectl apply -f nginx_pod.yaml
pod/nginx created
csw@k8s-master:~$ kubectl get pod -n development
NAME READY STATUS RESTARTS AGE
nginx 1/1 Running 0 14s
csw@k8s-master:~$

- 파드 nginx가 네임스페이스 development에서 실행 중임

(5)기본 네임스페이스 변경

- 클러스터 컨피그(설정) 정보 확인
  - kubectl config view

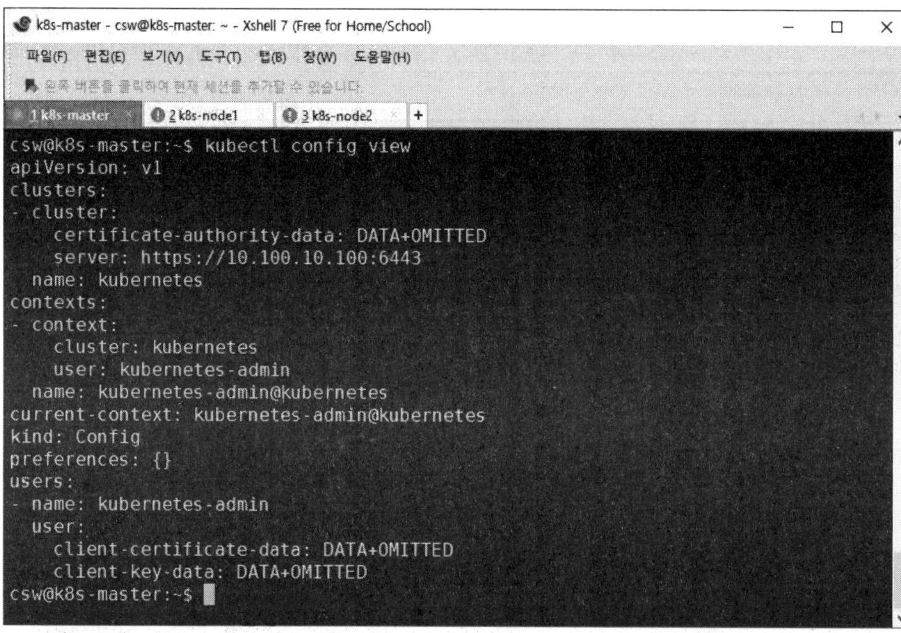
k8s-master - csw@k8s-master: ~ - Xshell 7 (Free for Home/School)
파일(F) 편집(E) 보기(V) 도구(T) 탭(B) 창(W) 도움말(H)
1 k8s-master
2 k8s-node1
3 k8s-node2
csw@k8s-master:~$ kubectl config view
apiVersion: v1
clusters:
- cluster:
certificate-authority-data: DATA+OMITTED
server: https://10.100.10.100:6443
name: kubernetes
contexts:
- context:
cluster: kubernetes
user: kubernetes-admin
name: kubernetes-admin@kubernetes
current-context: kubernetes-admin@kubernetes
kind: Config
preferences: {}
users:
- name: kubernetes-admin
user:
client-certificate-data: DATA+OMITTED
client-key-data: DATA+OMITTED
csw@k8s-master:~$

  - 현재 설정된 kubeconfig 파일 내용 조회

- 컨피그에 새로운 컨텍스트 추가
  - kubectl config set-context
  - 새로운 컨텍스트 추가

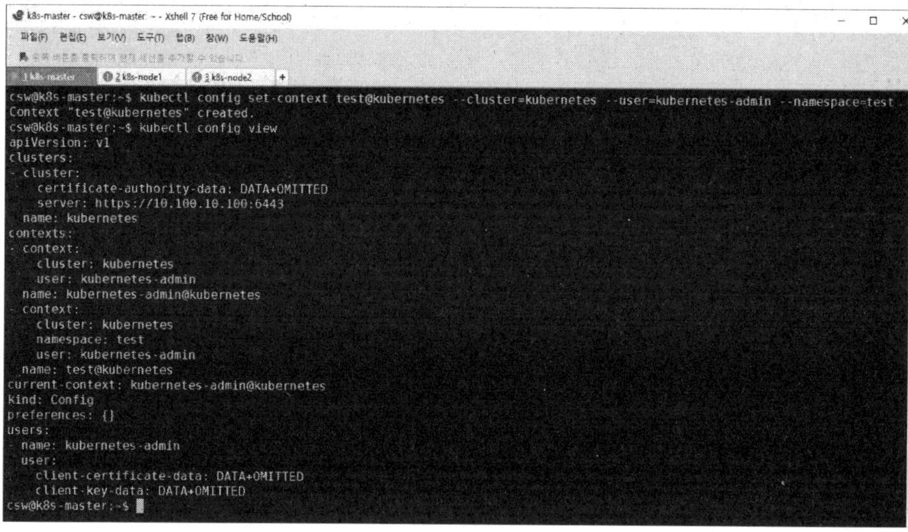

k8s-master - csw@k8s-master: ~ - Xshell 7 (Free for Home/School)
파일(F) 편집(E) 보기(V) 도구(T) 탭(B) 창(W) 도움말(H)
1 k8s-master
2 k8s-node1
3 k8s-node2
csw@k8s-master:~$ kubectl config set-context test@kubernetes --cluster=kubernetes --user=kubernetes-admin --namespace=test
Context "test@kubernetes" created.
csw@k8s-master:~$ kubectl config view
apiVersion: v1
clusters:
- cluster:
certificate-authority-data: DATA+OMITTED
server: https://10.100.10.100:6443
name: kubernetes
contexts:
- context:
cluster: kubernetes
user: kubernetes-admin
name: kubernetes-admin@kubernetes
- context:
cluster: kubernetes
namespace: test
user: kubernetes-admin
name: test@kubernetes
current-context: kubernetes-admin@kubernetes
kind: Config
preferences: {}
users:
- name: kubernetes-admin
user:
client-certificate-data: DATA+OMITTED
client-key-data: DATA+OMITTED
csw@k8s-master:~$

  - '--cluster=kubernetes': 컨텍스트에서 사용할 클러스터를 kubernetes로 설정
  - '--user=kubernetes-admin': 사용자를 kubernetes-admin로 지정
  - '--namespace=test': 네임스페이스를 test로 지정
- 컨텍스트 전환(Switch)
  - kubectl config use-context test@kubernetes

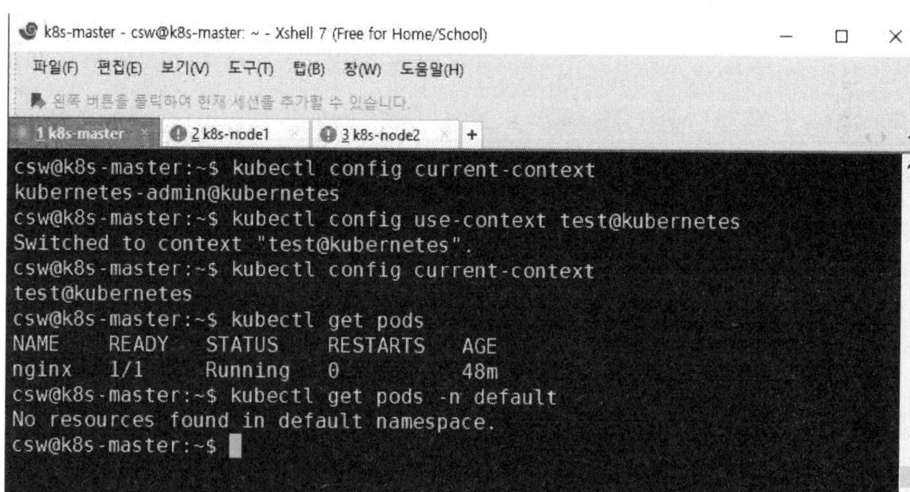

k8s-master - csw@k8s-master: ~ - Xshell 7 (Free for Home/School)
파일(F) 편집(E) 보기(V) 도구(T) 탭(B) 창(W) 도움말(H)
왼쪽 버튼을 클릭하여 현재 세션을 추가할 수 있습니다.
1 k8s-master
2 k8s-node1
3 k8s-node2
csw@k8s-master:~$ kubectl config current-context
kubernetes-admin@kubernetes
csw@k8s-master:~$ kubectl config use-context test@kubernetes
Switched to context "test@kubernetes".
csw@k8s-master:~$ kubectl config current-context
test@kubernetes
csw@k8s-master:~$ kubectl get pods
NAME READY STATUS RESTARTS AGE
nginx 1/1 Running 0 48m
csw@k8s-master:~$ kubectl get pods -n default
No resources found in default namespace.
csw@k8s-master:~$

  - 클러스터의 현재 작업 환경을 컨텍스트 test@kubernetes로 변경
  - 지정 컨텍스트로 전환하여 해당 클러스터와 네임스페이스에서 작업
  - 이후 kubectl 명령들은 해당 컨텍스트에 설정된 클러스터와 네임스페이스에서 실행

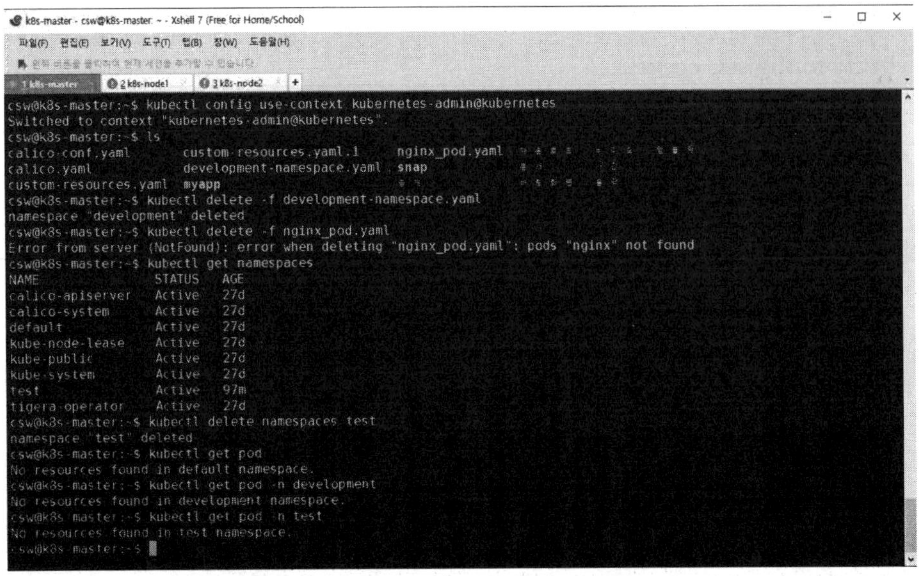
k8s-master - csw@k8s-master: ~ - Xshell 7 (Free for Home/School)
파일(F) 편집(E) 보기(V) 도구(T) 탭(B) 창(W) 도움말(H)
1 k8s-master
2 k8s-node1
3 k8s-node2
csw@k8s-master:~$ kubectl config use-context kubernetes-admin@kubernetes
Switched to context "kubernetes-admin@kubernetes".
csw@k8s-master:~$ ls
calico-conf.yaml custom-resources.yaml.1 nginx_pod.yaml
calico.yaml development-namespace.yaml snap
custom-resources.yaml myapp
csw@k8s-master:~$ kubectl delete -f development-namespace.yaml
namespace "development" deleted
csw@k8s-master:~$ kubectl delete -f nginx_pod.yaml
Error from server (NotFound): error when deleting "nginx_pod.yaml": pods "nginx" not found
csw@k8s-master:~$ kubectl get namespaces
NAME STATUS AGE
calico-apiserver Active 27d
calico-system Active 27d
default Active 27d
kube-node-lease Active 27d
kube-public Active 27d
kube-system Active 27d
test Active 97m
tigera-operator Active 27d
csw@k8s-master:~$ kubectl delete namespaces test
namespace "test" deleted
csw@k8s-master:~$ kubectl get pod
No resources found in default namespace.
csw@k8s-master:~$ kubectl get pod -n development
No resources found in development namespace.
csw@k8s-master:~$ kubectl get pod -n test
No resources found in test namespace.
csw@k8s-master:~$

- 클러스터 작업 환경을 기본 컨텍스트 kubernetes-admin@kubernetes로 변경
- development-namespace.yaml 파일 삭제하여 네임스페이스 development 삭제
- kubectl delete namespace test 명령으로 네임스페이스 test 삭제
- 네임스페이스 삭제 시 내부 파드, 서비스 등 모든 리소스 삭제

15.2 템플릿(Template)

(1)템플릿 개념

- 템플릿이란?
  - 리소스 정의
  - YAML 또는 JSON 형식으로 작성
- 템플릿 목적
  - 애플리케이션 정의: 파드, 서비스, 볼륨, 컨피그맵 등 앱 구성 리소스 정의
  - 재사용성: 비슷한 종류의 앱을 반복적으로 배포 가능
  - 표준화 및 관리 용이성: 앱 구성 표준화하여 일관된 방식으로 앱 관리
  - 파라미터화 및 다양한 환경 지원: 개발, 테스트, 프로덕션 환경별 설정 가능

(2)YAML 형식 템플릿

- 기본 구조

```
apiVersion: [API 버전]
kind: [리소스 유형]
metadata: #리소스 이름, 라벨 정의
spec:
  [리소스 구성]
```

  - apiVersion: 사용할 쿠버네티스 API 버전 "v1", "apps/v1" 등 지정
  - kind: "Pod", "Service", "Deployment" 등 리소스 타입 지정
  - metadata: 리소스의 이름과 라벨 등 메타데이터 정의
  - spec: 파드는 컨테이너, 디플로이는 레플리카 수 등 리소스 세부사항 정의

- YAML 데이터 구조

```yaml
name: Chun    #스칼라
fruits:       #시퀀스
  - apple
  - banana
  - orange
person:       #맵
  name: Chun
  age: 30
  city: Incheon
```

- YAML 데이터 형식: 키-값
- 스칼라 name: 단일 값 Chun
- 시퀀스 fruits: 순서가 있는 값들 목록 [apple, banana, orange]
- 맵 person: 키-값들 집합 [name: Chun, age: 30, city: Incheon]

16

파드(Pod)

16.1 단일 컨테이너 파드

(1)파드 정의

- 요구사항
  - 아래 조건을 만족하는 MariaDB 컨테이너 실행

키	값
파드 이름	mariadb-pod
파드 라벨	app: mariadb
컨테이너 이름	mariadb-container
컨테이너 이미지	mariadb
컨테이너 환경 변수 (변수명 name: 설정값 value)	MYSQL_ROOT_PASSWORD: rootpassword MYSQL_DATABASE: shopping_db MYSQL_USER: csw MYSQL_PASSWORD: j1234
컨테이너 공개 포트	containerPort: 3306

- YAML 파일 작성
  - mariabdb-pod.yaml

```
csw@k8s-master:~$ cat > mariadb-pod.yaml
apiVersion: v1
kind: Pod
metadata:
  name: mariadb-pod
  labels:
    app: mariadb
spec:
  containers:
  - name: mariadb-container
    image: mariadb
    env:
    - name: MYSQL_ROOT_PASSWORD
      value: rootpassword
    - name: MYSQL_DATABASE
      value: shopping_db
    - name: MYSQL_USER
      value: csw
    - name: MYSQL_PASSWORD
      value: j1234
    ports:
    - containerPort: 3306
csw@k8s-master:~$
```

  - MYSQL_ROOT_PASSWORD: 데이터베이스 루트 사용자 암호 설정(필수적)
  - containerPort: 파드 내부 및 외부에서 MariaDB에 연결용 노출 포트

(2)파드 실행

- 파드 생성
  - kubectl apply -f mariadb-pod.yaml

k8s-master - csw@k8s-master: ~ - Xshell 7 (Free for Home/School)
파일(F) 편집(E) 보기(V) 도구(T) 탭(B) 창(W) 도움말(H)
1 k8s-master
csw@k8s-master:~$ kubectl apply -f mariadb-pod.yaml
pod/mariadb-pod created
csw@k8s-master:~$ kubectl get pod mariadb-pod
NAME READY STATUS RESTARTS AGE
mariadb-pod 1/1 Running 0 40s
csw@k8s-master:~$

- 파드 접속
  - kubectl exec -it mariadb-pod -- /bin/bash

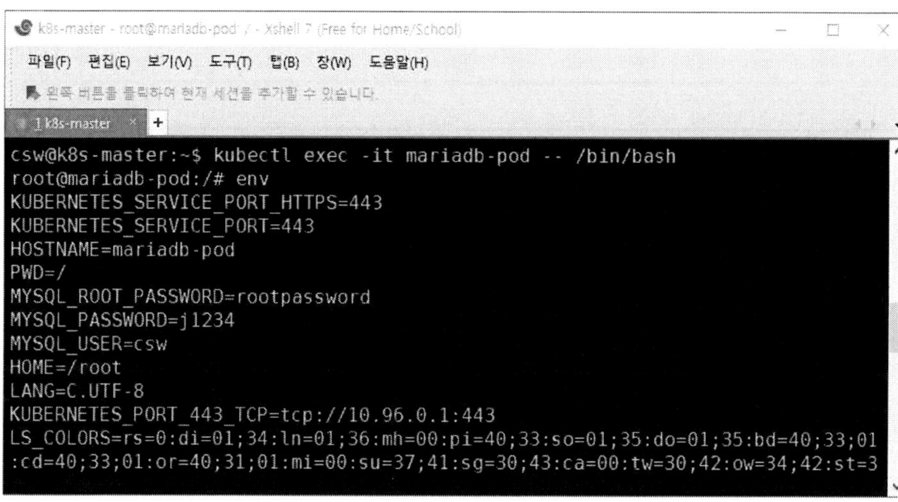

k8s-master - root@mariadb-pod: / - Xshell 7 (Free for Home/School)
파일(F) 편집(E) 보기(V) 도구(T) 탭(B) 창(W) 도움말(H)
1 k8s-master
csw@k8s-master:~$ kubectl exec -it mariadb-pod -- /bin/bash
root@mariadb-pod:/# env
KUBERNETES_SERVICE_PORT_HTTPS=443
KUBERNETES_SERVICE_PORT=443
HOSTNAME=mariadb-pod
PWD=/
MYSQL_ROOT_PASSWORD=rootpassword
MYSQL_PASSWORD=j1234
MYSQL_USER=csw
HOME=/root
LANG=C.UTF-8
KUBERNETES_PORT_443_TCP=tcp://10.96.0.1:443
LS_COLORS=rs=0:di=01;34:ln=01;36:mh=00:pi=40;33:so=01;35:do=01;35:bd=40;33;01
:cd=40;33;01:or=40;31;01:mi=00:su=37;41:sg=30;43:ca=00:tw=30;42:ow=34;42:st=3

  - env: 컨테이너 환경 변수 설정 확인
- 파드 삭제
  - kubectl delete -f mariadb-pod.yaml

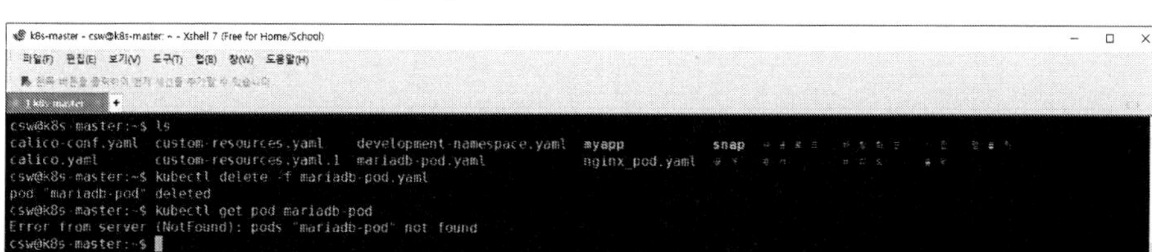

k8s-master - csw@k8s-master: ~ - Xshell 7 (Free for Home/School)
파일(F) 편집(E) 보기(V) 도구(T) 탭(B) 창(W) 도움말(H)
csw@k8s-master:~$ ls
calico-conf.yaml custom-resources.yaml development-namespace.yaml myapp snap
calico.yaml custom-resources.yaml.1 mariadb-pod.yaml nginx_pod.yaml
csw@k8s-master:~$ kubectl delete -f mariadb-pod.yaml
pod "mariadb-pod" deleted
csw@k8s-master:~$ kubectl get pod mariadb-pod
Error from server (NotFound): pods "mariadb-pod" not found
csw@k8s-master:~$

16.2 다중 컨테이너 파드

(1)파드 정의

- 요구사항
  - 아래 조건을 만족하는 web-db 파드 실행

키	값
파드 이름	web-db-pod
파드 라벨	app: web-db
웹 컨테이너 이름	web-server
웹 컨테이너 이미지	nginx
웹 컨테이너 공개 포트	containerPort: 80
DB 컨테이너 이름	db-server
DB 컨테이너 이미지	postgres
DB 컨테이너 환경 변수	POSTGRES_DB: app_db POSTGRES_USER: postgres POSTGRES_PASSWORD: password

- YAML 파일 작성
  - web-db-pod.yaml

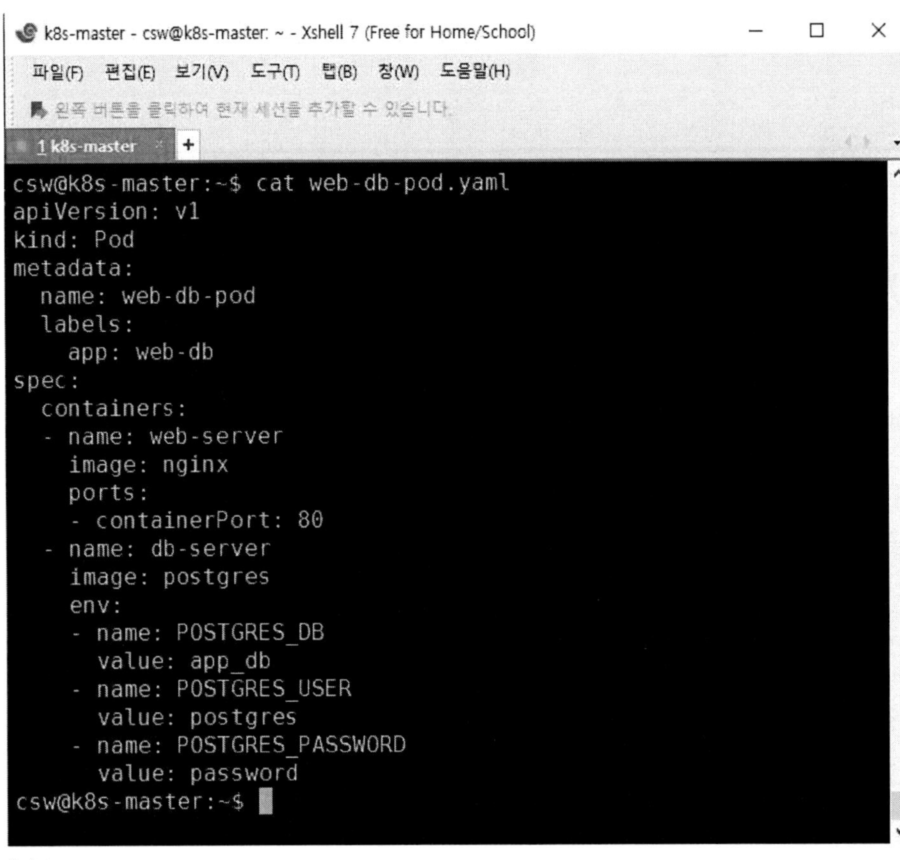
k8s-master - csw@k8s-master: ~ - Xshell 7 (Free for Home/School)
파일(F) 편집(E) 보기(V) 도구(T) 탭(B) 창(W) 도움말(H)
1 k8s-master
csw@k8s-master:~$ cat web-db-pod.yaml
apiVersion: v1
kind: Pod
metadata:
  name: web-db-pod
  labels:
    app: web-db
spec:
  containers:
  - name: web-server
    image: nginx
    ports:
    - containerPort: 80
  - name: db-server
    image: postgres
    env:
    - name: POSTGRES_DB
      value: app_db
    - name: POSTGRES_USER
      value: postgres
    - name: POSTGRES_PASSWORD
      value: password
csw@k8s-master:~$

(2)파드 실행

- 파드 생성 및 확인
  - kubectl apply -f web-db-pod.yaml
  - kubectl get pod web-db-pod

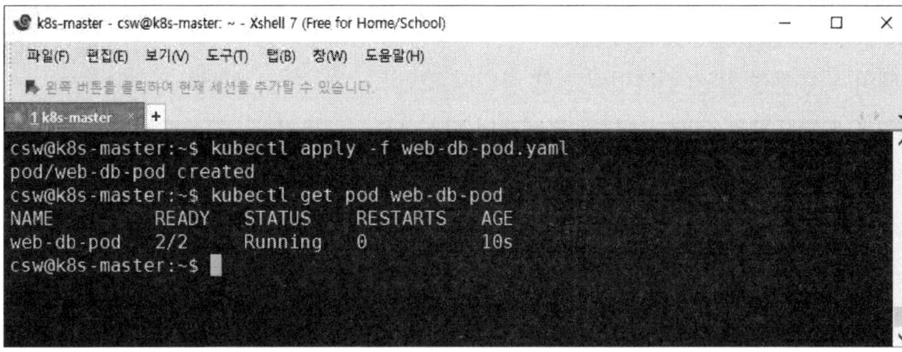
k8s-master - csw@k8s-master: ~ - Xshell 7 (Free for Home/School)
파일(F) 편집(E) 보기(V) 도구(T) 탭(B) 창(W) 도움말(H)
1 k8s-master
csw@k8s-master:~$ kubectl apply -f web-db-pod.yaml
pod/web-db-pod created
csw@k8s-master:~$ kubectl get pod web-db-pod
NAME READY STATUS RESTARTS AGE
web-db-pod 2/2 Running 0 10s
csw@k8s-master:~$

  - READY 2/2: 컨테이너 2개 중에서 2개 실행 중
  - STATUS Running: 정상 동작 중
  - RESTARTS 0: 문제로 인한 재시작 없음
- 파드 삭제
  - kubectl delete -f web-db-pod.yaml

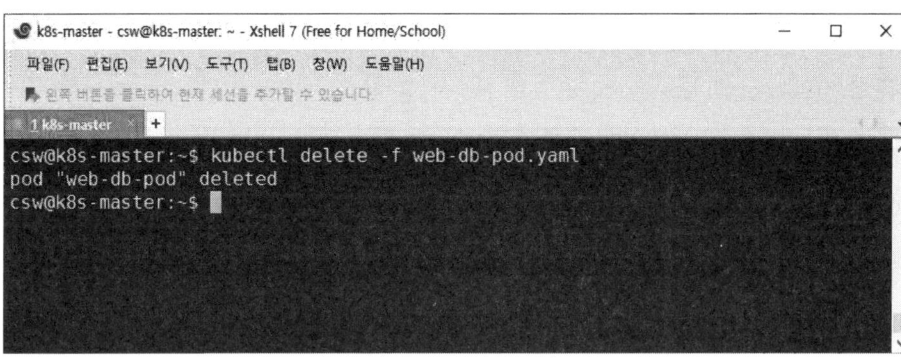
k8s-master - csw@k8s-master: ~ - Xshell 7 (Free for Home/School)
파일(F) 편집(E) 보기(V) 도구(T) 탭(B) 창(W) 도움말(H)
1 k8s-master
csw@k8s-master:~$ kubectl delete -f web-db-pod.yaml
pod "web-db-pod" deleted
csw@k8s-master:~$

16.3 컨테이너 모니터링

(1)프로브(Probe)

- 라이브니스 프로브(livenessProbe)
  - 컨테이너 생존성 확인: 컨테이너 실행 중인지 확인
  - 라이브니스 프로브 실패 시: 해당 컨테이너 다시 시작 등 조치
  - 웹 서버 라이브니스 프로브: HTTP 요청 보내 웹 서버 응답 확인
  - 웹 서버 무응답 시: 컨테이너 다시 시작
- 레디니스 프로브(readinessProbe)
  - 컨테이너 준비성 확인: 컨테이너 실행 중이고 실제 트래픽 처리 준비 확인
  - 레디니스 프로브 실패 시: 해당 컨테이너로의 트래픽 중단 등 다른 조치
  - 데이터베이스 서버 레디니스 프로브: 쿼리 보내 준비 상태 확인
  - 쿼리 수행 준비 부족 시: 새로운 연결 수락 거부
- 프로브 매개변수
  - 초기 대기 시간(Initial Delay Seconds): 프로브 시작 대기 시간
  - 주기(Period Seconds): 프로브 반복 실행 주기
  - 타임아웃 시간(Timeout Seconds): 프로브 응답 대기 최대 시간
  - 성공 조건(Success Threshold): 프로브 연속 성공 횟수
  - 실패 조건(Failure Threshold): 프로브 연속 실패 횟수

(2)파드 정의

- 다중 컨테이너 모니터링 요구사항

<table>
<tr><th>컨테이너</th><th>값</th></tr>
<tr><td rowspan="6">web-server</td><td>livenessProbe</td></tr>
<tr><td>컨테이너 모니링 방법: httpGet 요청 전송</td></tr>
<tr><td>컨테이너 접근 포트: 80</td></tr>
<tr><td>문제 상황: 존재하지 않는 디렉토리에 접근</td></tr>
<tr><td>초기 대기 시간: 5초</td></tr>
<tr><td>프로브 실행 주기: 5초</td></tr>
<tr><td rowspan="5">db-server</td><td>readinessProbe</td></tr>
<tr><td>컨테이너 모니터링 방법: exec 트래픽 발생</td></tr>
<tr><td>컨테이너 내부 실행 명령: 'SELECT 1' 쿼리 실행</td></tr>
<tr><td>초기 대기 시간: 5초</td></tr>
<tr><td>프로브 실행 주기: 5초</td></tr>
</table>

- YAML 파일 작성
  - web-db-probe-pod.yaml

```
csw@k8s-master:~$ cat web-db-probe-pod.yaml
apiVersion: v1
kind: Pod
metadata:
  name: web-db-probe-pod
  labels:
    app: web-db
spec:
  containers:
  - name: web-server
    image: nginx
    ports:
    - containerPort: 80
    livenessProbe:
      httpGet:
        path: /not/exist
        port: 80
      initialDelaySeconds: 5
      periodSeconds: 5
  - name: db-server
    image: postgres
    env:
    - name: POSTGRES_DB
      value: app_db
    - name: POSTGRES_USER
      value: postgres
    - name: POSTGRES_PASSWORD
      value: password
    readinessProbe:
      exec:
        command:
        - /bin/sh
        - -c
        - psql -h localhost -U postgres -c "SELECT 1"
      initialDelaySeconds: 5
      periodSeconds: 5
csw@k8s-master:~$
```

- 라이브니스 프로브
  - 웹 서버 상태 확인용 HTTP GET 요청을 /not/exist 경로로 전송
  - 80번 포트에서 응답 대기
  - 초기 대기 시간 5초, 그 후 5초마다 주기적으로 확인
- 레디니스 프로브
  - 데이터베이스 서버 상태 확인용 psql 명령 실행
  - 데이터베이스에 연결 시도하여 서버 준비 상태 확인
  - 초기 대기 시간 5초, 그 후 5초마다 주기적으로 확인

(3)파드 실행

- 파드 생성 및 확인

```
csw@k8s-master:~$ kubectl apply -f web-db-probe-pod.yaml
pod/web-db-probe-pod created
csw@k8s-master:~$ kubectl get pod
NAME               READY   STATUS    RESTARTS   AGE
web-db-probe-pod   2/2     Running   0          18s
csw@k8s-master:~$ kubectl get pod
NAME               READY   STATUS    RESTARTS      AGE
web-db-probe-pod   2/2     Running   2 (16s ago)   56s
csw@k8s-master:~$
```

  - RESTARTS 2: 웹 서버 컨테이너 재시작 2회

```
csw@k8s-master:~$ kubectl describe pod web-db-probe-pod
Name:             web-db-probe-pod
Namespace:        default
Priority:         0
Service Account:  default
Node:             k8s-node2.exam.com/10.100.10.102
Start Time:       Thu, 13 Jun 2024 14:03:51 +0900
Labels:           app=web-db
Annotations:      cni.projectcalico.org/containerID: 82fa38e93dafebe5463d942abaa44e1296ac0861c56eca21223383c1e65c7
c3e
                  cni.projectcalico.org/podIP: 192.168.165.112/32
                  cni.projectcalico.org/podIPs: 192.168.165.112/32
Status:           Running
IP:               192.168.165.112
IPs:
  IP:  192.168.165.112
Containers:
  web-server:
    Container ID:   containerd://e6787511f66260ea0d92b53021047f28c8c5807c32912be56d4ab6bf6e9ba484
    Image:          nginx
    Image ID:       docker.io/library/nginx@sha256:0f04e4f646a3f14bf31d8bc8d885b6c951fdcf42589d06845f64d18aec6a3c4
d
    Port:           80/TCP
    Host Port:      0/TCP
    State:          Waiting
      Reason:       CrashLoopBackOff
    Last State:     Terminated
      Reason:       Completed
      Exit Code:    0
      Started:      Thu, 13 Jun 2024 14:06:13 +0900
      Finished:     Thu, 13 Jun 2024 14:06:31 +0900
    Ready:          False
    Restart Count:  5
    Liveness:       http-get http://:80/not/exist delay=5s timeout=1s period=5s #success=1 #failure=3
```

  - CrashLoopBackOff: Pod 지속적 실패로 계속 재시작되는 상태

- 컨테이너 db-server 연결

k8s-master - csw@k8s-master: ~ - Xshell 7 (Free for Home/School)
파일(F) 편집(E) 보기(V) 도구(T) 탭(B) 창(W) 도움말(H)
1 k8s-master
csw@k8s-master:~$ kubectl exec -it web-db-probe-pod -c db-server -- psql -U postgres app_db
psql (16.3 (Debian 16.3-1.pgdg120+1))
Type "help" for help.
app_db=# \dt
Did not find any relations.
app_db=# SELECT current_database();
current_database
----
app_db
(1 row)
app_db=# exit
csw@k8s-master:~$

  - 사용자 postgres로 데이터베이스 app_db에 연결 확인
- 컨테이너 web-server 로그 확인
  - kubectl logs web-db-probe-pod -c web-server

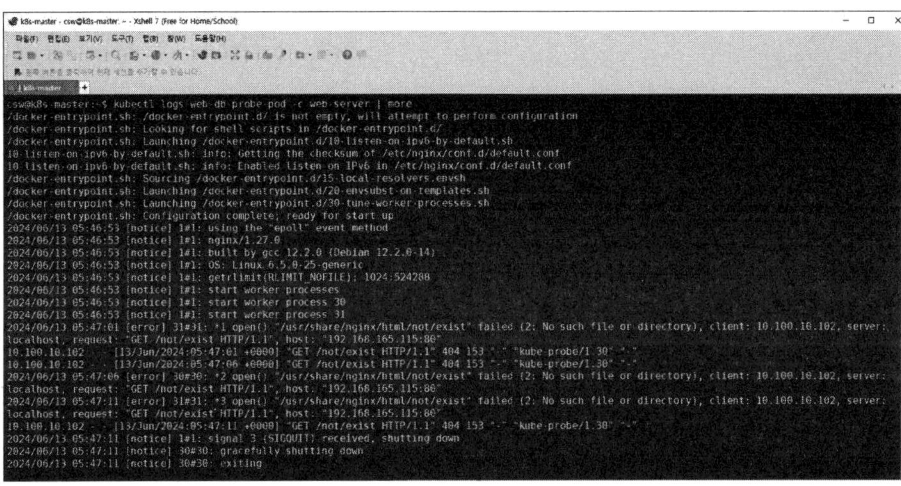
k8s-master - csw@k8s-master: ~ - Xshell 7 (Free for Home/School)
csw@k8s-master:~$ kubectl logs web-db-probe-pod -c web-server | more
/docker-entrypoint.sh: /docker-entrypoint.d/ is not empty, will attempt to perform configuration
/docker-entrypoint.sh: Looking for shell scripts in /docker-entrypoint.d/
/docker-entrypoint.sh: Launching /docker-entrypoint.d/10-listen-on-ipv6-by-default.sh
10-listen-on-ipv6-by-default.sh: info: Getting the checksum of /etc/nginx/conf.d/default.conf
10-listen-on-ipv6-by-default.sh: info: Enabled listen on IPv6 in /etc/nginx/conf.d/default.conf
/docker-entrypoint.sh: Sourcing /docker-entrypoint.d/15-local-resolvers.envsh
/docker-entrypoint.sh: Launching /docker-entrypoint.d/20-envsubst-on-templates.sh
/docker-entrypoint.sh: Launching /docker-entrypoint.d/30-tune-worker-processes.sh
/docker-entrypoint.sh: Configuration complete; ready for start up
2024/06/13 05:46:53 [notice] 1#1: using the "epoll" event method
2024/06/13 05:46:53 [notice] 1#1: nginx/1.27.0
2024/06/13 05:46:53 [notice] 1#1: built by gcc 12.2.0 (Debian 12.2.0-14)
2024/06/13 05:46:53 [notice] 1#1: OS: Linux 6.5.0-25-generic
2024/06/13 05:46:53 [notice] 1#1: getrlimit(RLIMIT_NOFILE): 1024:524288
2024/06/13 05:46:53 [notice] 1#1: start worker processes
2024/06/13 05:46:53 [notice] 1#1: start worker process 30
2024/06/13 05:46:53 [notice] 1#1: start worker process 31
2024/06/13 05:47:01 [error] 31#31: *1 open() "/usr/share/nginx/html/not/exist" failed (2: No such file or directory), client: 10.100.10.102, server: localhost, request: "GET /not/exist HTTP/1.1", host: "192.168.165.115:80"
10.100.10.102 - - [13/Jun/2024:05:47:01 +0000] "GET /not/exist HTTP/1.1" 404 153 "-" "kube-probe/1.30" "-"
10.100.10.102 - - [13/Jun/2024:05:47:06 +0000] "GET /not/exist HTTP/1.1" 404 153 "-" "kube-probe/1.30" "-"
2024/06/13 05:47:06 [error] 30#30: *2 open() "/usr/share/nginx/html/not/exist" failed (2: No such file or directory), client: 10.100.10.102, server: localhost, request: "GET /not/exist HTTP/1.1", host: "192.168.165.115:80"
2024/06/13 05:47:11 [error] 31#31: *3 open() "/usr/share/nginx/html/not/exist" failed (2: No such file or directory), client: 10.100.10.102, server: localhost, request: "GET /not/exist HTTP/1.1", host: "192.168.165.115:80"
10.100.10.102 - - [13/Jun/2024:05:47:11 +0000] "GET /not/exist HTTP/1.1" 404 153 "-" "kube-probe/1.30" "-"
2024/06/13 05:47:11 [notice] 1#1: signal 3 (SIGQUIT) received, shutting down
2024/06/13 05:47:11 [notice] 30#30: gracefully shutting down
2024/06/13 05:47:11 [notice] 30#30: exiting

  - 웹 서버에 대한 요청 실패
- 파드 삭제
  - kubectl delete -f web-db-probe-pod.yaml

Deployment)

17

17.1 디플로이 기본

(1)디플로이 기능

- 앱 배포
  - 클러스터에 앱 신규 버전 배포: 실행 중인 앱 버전 업데이트
- 롤링 업데이트
  - 서서히 배포: 서비스 중단 최소화
  - 한 번에 파드 하나씩 업데이트
- 자동 롤백
  - 배포 중 문제 발생 시 이전 버전으로 자동 롤백
- 복제 관리
  - 지정된 수의 파드 복제본 유지
- 스케일링
  - 앱 인스턴스(파드) 수 증감 조정: 앱에 대한 트래픽 증감에 대응

(2)디플로이 생성

- 디플로이 nginx 정의

```
csw@k8s-master:~$ cat > nginx-deployment.yaml
apiVersion: apps/v1
kind: Deployment
metadata:
  name: nginx-deployment
  labels:
    app: nginx
spec:
  replicas: 3
  selector:
    matchLabels:
      app: nginx
  template:
    metadata:
      labels:
        app: nginx
    spec:
      containers:
      - name: nginx
        image: nginx:1.14
        ports:
        - containerPort: 80
csw@k8s-master:~$
```

  - 'replicas: 3': 디플로이가 관리할 파드 복제본 수(동일한 파드 세 개 유지)
  - nginx 버전 1.14

- 디플로이 실행 및 확인
  - kubectl apply -f nginx-deployment.yaml
  - kubectl get deploy,pod,rs

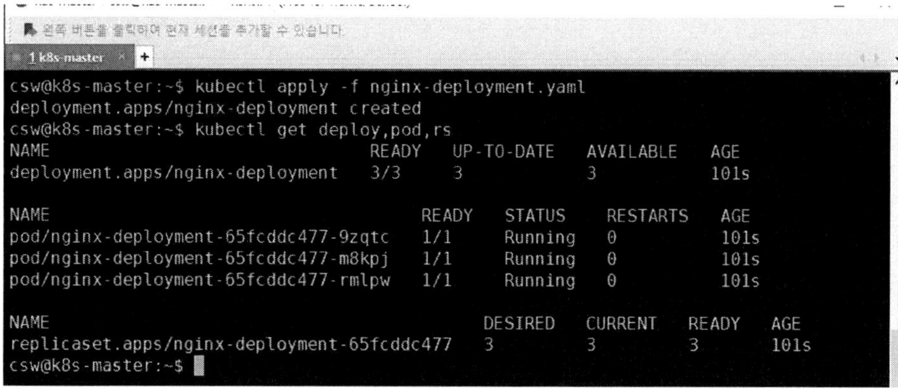
왼쪽 버튼을 클릭하여 현재 세션을 추가할 수 있습니다
1 k8s-master
csw@k8s-master:~$ kubectl apply -f nginx-deployment.yaml
deployment.apps/nginx-deployment created
csw@k8s-master:~$ kubectl get deploy,pod,rs
NAME READY UP-TO-DATE AVAILABLE AGE
deployment.apps/nginx-deployment 3/3 3 3 101s
NAME READY STATUS RESTARTS AGE
pod/nginx-deployment-65fcddc477-9zqtc 1/1 Running 0 101s
pod/nginx-deployment-65fcddc477-m8kpj 1/1 Running 0 101s
pod/nginx-deployment-65fcddc477-rmlpw 1/1 Running 0 101s
NAME DESIRED CURRENT READY AGE
replicaset.apps/nginx-deployment-65fcddc477 3 3 3 101s
csw@k8s-master:~$

  - 디플로이 nginx-deployment 생성
  - 디플로이가 관리하는 레플리카셋 nginx-deployment-65fcddc477 생성
  - 레플리카셋이 관리하는 파드 nginx-deployment-65fcddc477-9zqtc 등 생성
- 디플로이 업데이트
  - vi nginx-deployment.yaml

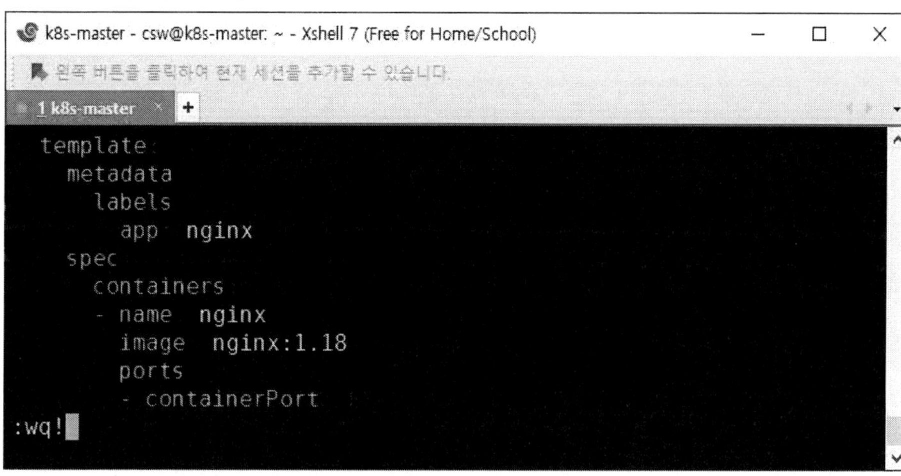
k8s-master - csw@k8s-master: ~ - Xshell 7 (Free for Home/School)
왼쪽 버튼을 클릭하여 현재 세션을 추가할 수 있습니다
1 k8s-master
template
metadata
labels
app nginx
spec
containers
- name nginx
image nginx:1.18
ports
- containerPort
:wq!

  - kubectl apply -f nginx-deployment.yaml
  - kubectl get deploy,rs,pod

```
csw@k8s-master:~$ kubectl apply -f nginx-deployment.yaml
deployment.apps/nginx-deployment configured
csw@k8s-master:~$ kubectl get deploy,rs,pod
NAME                               READY   UP-TO-DATE   AVAILABLE   AGE
deployment.apps/nginx-deployment   3/3     3            3           14m

NAME                                          DESIRED   CURRENT   READY   AGE
replicaset.apps/nginx-deployment-65fcddc477   0         0         0       14m
replicaset.apps/nginx-deployment-76664f7bf7   3         3         3       23s

NAME                                    READY   STATUS    RESTARTS   AGE
pod/nginx-deployment-76664f7bf7-6jh2k   1/1     Running   0          14s
pod/nginx-deployment-76664f7bf7-wnhsc   1/1     Running   0          23s
pod/nginx-deployment-76664f7bf7-xdmqj   1/1     Running   0          6s
csw@k8s-master:~$
```

- 새로운 레플리카셋 nginx-deployment-76664f7bf7 생성
- 신규 레플리카셋이 관리하는 새로운 파드들 생성

(3)디플로이 버전 관리(rollout)

- 디플로이 롤아웃 이력(history) 확인
  - kubectl rollout history deploy nginx-deployment

```
csw@k8s-master:~$ kubectl rollout history deploy nginx-deployment
deployment.apps/nginx-deployment
REVISION  CHANGE-CAUSE
1         <none>
2         <none>

csw@k8s-master:~$ kubectl rollout history deploy nginx-deployment --revision=2
deployment.apps/nginx-deployment with revision #2
Pod Template:
  Labels:       app=nginx
        pod-template-hash=76664f7bf7
  Containers:
   nginx:
    Image:      nginx:1.18
    Port:       80/TCP
    Host Port:  0/TCP
    Environment:        <none>
    Mounts:     <none>
  Volumes:      <none>
  Node-Selectors:       <none>
  Tolerations:  <none>

csw@k8s-master:~$
```

  - 리비전 2개: 현재 리비전 2
  - '--revision=2': 리비전 2 상세 이력 확인

- 바로 이전 버전으로 롤백
  - kubectl rollout undo deploy nginx-deployment

```
csw@k8s-master:~$ kubectl rollout undo deploy nginx-deployment
deployment.apps/nginx-deployment rolled back
csw@k8s-master:~$ kubectl get deploy,rs,pod
NAME                               READY   UP-TO-DATE   AVAILABLE   AGE
deployment.apps/nginx-deployment   3/3     3            3           38m

NAME                                          DESIRED   CURRENT   READY   AGE
replicaset.apps/nginx-deployment-65fcddc477   3         3         3       38m
replicaset.apps/nginx-deployment-76664f7bf7   0         0         0       24m

NAME                                    READY   STATUS    RESTARTS   AGE
pod/nginx-deployment-65fcddc477-9k9bk   1/1     Running   0          17s
pod/nginx-deployment-65fcddc477-dgxmx   1/1     Running   0          15s
pod/nginx-deployment-65fcddc477-mf2vj   1/1     Running   0          18s
csw@k8s-master:~$
```

  - 레플리카셋 nginx-deployment-65fcddc477로 복귀
- 실행 중인 디플로이 설정 확인
  - kubectl edit deploy nginx-deployment

```
    creationTimestamp:
    labels:
      app: nginx
  spec:
    containers:
    - image: nginx:1.14
      imagePullPolicy: IfNotPresent
      name: nginx
      ports:
      - containerPort:
        protocol: TCP
      resources:
      terminationMessagePath: /dev/termination-log
      terminationMessagePolicy: File
                                                          42,1          57%
```

  - nginx 버전 1.14로 복귀
  - ':q!'
- 실행 중인 파드 삭제
  - kubectl delete -f nginx-deployment.yaml

17.2 디플로이 업데이트 전략

(1)롤링 업데이트

- 요구사항

키	값
디플로이 배포 전략 유형(type)	RollingUpdate
최대 기존 파드 종료 개수(maxUnavailable)	2
최대 신규 파드 생성 개수(maxSurge)	2
리비전 이력 최대 개수(revisionHistoryLimit)	5

  - maxUnavailable: 최대로 한 번에 종료할 수 있는 기존 파드 개수
  - maxSurge: 최대로 한 번에 생성할 수 있는 신규 파드 개수
  - revisionHistoryLimit: 최대로 디플로이가 관리하는 리비전(이전 버전) 개수

- 롤링 업데이트 전략 반영: nginx-rollupdate-deployment.yaml

```
csw@k8s-master:~$ cat > nginx-rollupdate-deployment.yaml
apiVersion: apps/v1
kind: Deployment
metadata:
  name: nginx-deployment
  labels:
    app: nginx
spec:
  replicas: 3
  selector:
    matchLabels:
      app: nginx
  strategy:
    type: RollingUpdate
    rollingUpdate:
      maxUnavailable: 2
      maxSurge: 2
  template:
    metadata:
      labels:
        app: nginx
    spec:
      containers:
      - name: nginx
        image: nginx:1.14
        ports:
        - containerPort: 80
  revisionHistoryLimit: 5
csw@k8s-master:~$
```

(2)nginx 디플로이 실행

- 디플로이 실행 및 확인

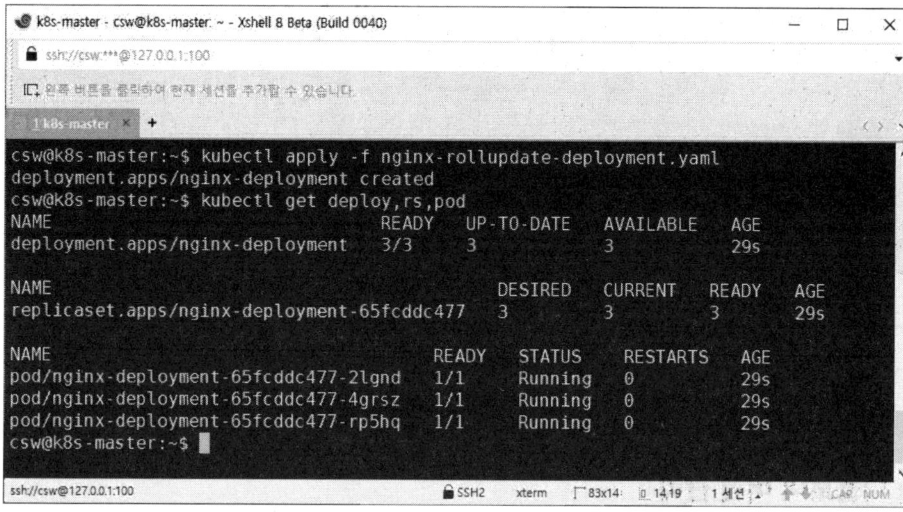
k8s-master - csw@k8s-master: ~ - Xshell 8 Beta (Build 0040)
ssh://csw:***@127.0.0.1:100
1 k8s-master
csw@k8s-master:~$ kubectl apply -f nginx-rollupdate-deployment.yaml
deployment.apps/nginx-deployment created
csw@k8s-master:~$ kubectl get deploy,rs,pod
NAME READY UP-TO-DATE AVAILABLE AGE
deployment.apps/nginx-deployment 3/3 3 3 29s
NAME DESIRED CURRENT READY AGE
replicaset.apps/nginx-deployment-65fcddc477 3 3 3 29s
NAME READY STATUS RESTARTS AGE
pod/nginx-deployment-65fcddc477-2lgnd 1/1 Running 0 29s
pod/nginx-deployment-65fcddc477-4grsz 1/1 Running 0 29s
pod/nginx-deployment-65fcddc477-rp5hq 1/1 Running 0 29s
csw@k8s-master:~$
ssh://csw@127.0.0.1:100
SSH2 xterm 83x14 14,19 1 세션

  - 디플로이 nginx-deployment 생성
  - 디플로이가 관리하는 레플리카셋 nginx-deployment-65fcddc477 생성
  - 레플리카셋이 관리하는 파드 nginx-deployment-65fcddc477-2lgnd 등 생성
- 디플로이 업데이트
  - kubectl set image deployment/nginx-deployment nginx=nginx:latest
  - 컨테이너 이미지 버전 업데이트
  - set의 경우 디플로이 재시작없이 즉시 반영

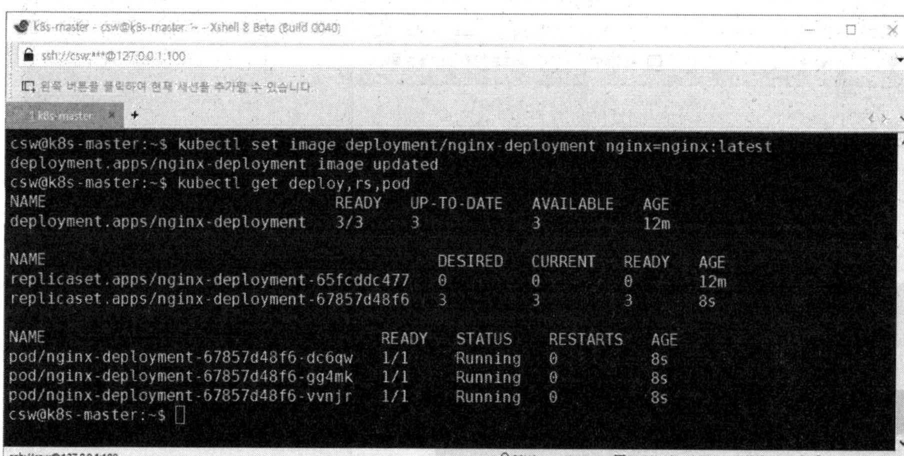
k8s-master - csw@k8s-master: ~ - Xshell 8 Beta (Build 0040)
ssh://csw:***@127.0.0.1:100
1 k8s-master
csw@k8s-master:~$ kubectl set image deployment/nginx-deployment nginx=nginx:latest
deployment.apps/nginx-deployment image updated
csw@k8s-master:~$ kubectl get deploy,rs,pod
NAME READY UP-TO-DATE AVAILABLE AGE
deployment.apps/nginx-deployment 3/3 3 3 12m
NAME DESIRED CURRENT READY AGE
replicaset.apps/nginx-deployment-65fcddc477 0 0 0 12m
replicaset.apps/nginx-deployment-67857d48f6 3 3 3 8s
NAME READY STATUS RESTARTS AGE
pod/nginx-deployment-67857d48f6-dc6qw 1/1 Running 0 8s
pod/nginx-deployment-67857d48f6-gg4mk 1/1 Running 0 8s
pod/nginx-deployment-67857d48f6-vvnjr 1/1 Running 0 8s
csw@k8s-master:~$
ssh://csw@127.0.0.1:100
SSH2 xterm 94x15 15,19 1 세션

  - 새로운 레플리카셋 nginx-deployment-67857d48f6 생성
  - kubectl get events --field-selector involvedObject.kind=Deployment,involvedObject.name=nginx-deployment

sw@k8s-master:~$ kubectl get events --field-selector involvedObject.kind=Deployment,involvedObject.name=nginx-deployment
LAST SEEN TYPE REASON OBJECT MESSAGE
Normal ScalingReplicaSet deployment/nginx-deployment Scaled up replica set nginx-deployment-65fcddc477 to 3
Normal ScalingReplicaSet deployment/nginx-deployment Scaled up replica set nginx-deployment-76664f7bf7 to 1
Normal ScalingReplicaSet deployment/nginx-deployment Scaled down replica set nginx-deployment-65fcddc477 to 2 from 3
Normal ScalingReplicaSet deployment/nginx-deployment Scaled up replica set nginx-deployment-76664f7bf7 to 2 from 1
Normal ScalingReplicaSet deployment/nginx-deployment Scaled down replica set nginx-deployment-65fcddc477 to 1 from 2
Normal ScalingReplicaSet deployment/nginx-deployment Scaled up replica set nginx-deployment-76664f7bf7 to 3 from 2
Normal ScalingReplicaSet deployment/nginx-deployment Scaled down replica set nginx-deployment-65fcddc477 to 0 from 1
Normal ScalingReplicaSet deployment/nginx-deployment Scaled up replica set nginx-deployment-65fcddc477 to 1 from 0
Normal ScalingReplicaSet deployment/nginx-deployment Scaled down replica set nginx-deployment-76664f7bf7 to 2 from 3
Normal ScalingReplicaSet deployment/nginx-deployment Scaled up replica set nginx-deployment-65fcddc477 to 2 from 1
Normal ScalingReplicaSet deployment/nginx-deployment Scaled down replica set nginx-deployment-76664f7bf7 to 1 from 2
Normal ScalingReplicaSet deployment/nginx-deployment Scaled up replica set nginx-deployment-65fcddc477 to 3 from 2
Normal ScalingReplicaSet deployment/nginx-deployment Scaled down replica set nginx-deployment-76664f7bf7 to 0 from 1
Normal ScalingReplicaSet deployment/nginx-deployment Scaled up replica set nginx-deployment-65fcddc477 to 3

- 결과에서 마지막 5줄 참고
- 기존 레플리카셋 nginx-deployment-65fcddc477 파드 3개 중에서 한 번에
- 신규 레플리카셋 nginx-deployment-67857d48f6로 파드 2개 업데이트

(3)nginx 디플로이 버전 관리

- 디플로이 롤아웃 이력(history) 확인

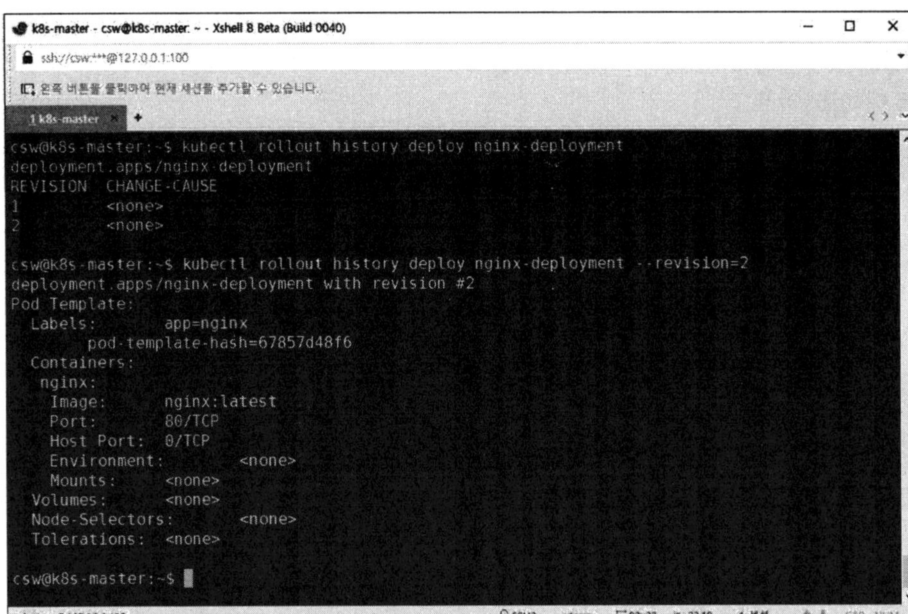
k8s-master - csw@k8s-master: ~ - Xshell 8 Beta (Build 0040)
ssh://csw:***@127.0.0.1:100
1 k8s-master
csw@k8s-master:~$ kubectl rollout history deploy nginx-deployment
deployment.apps/nginx-deployment
REVISION CHANGE-CAUSE
1 <none>
2 <none>
csw@k8s-master:~$ kubectl rollout history deploy nginx-deployment --revision=2
deployment.apps/nginx-deployment with revision #2
Pod Template:
Labels: app=nginx
pod-template-hash=67857d48f6
Containers:
nginx:
Image: nginx:latest
Port: 80/TCP
Host Port: 0/TCP
Environment: <none>
Mounts: <none>
Volumes: <none>
Node-Selectors: <none>
Tolerations: <none>
csw@k8s-master:~$
ssh://csw@127.0.0.1:100
SSH2 xterm 93x23 23,19 1 세션 CAP NUM

- nginx:latest 버전 업데이트 확인

- 바로 이전 버전으로 롤백
  - kubectl rollout undo deploy nginx-deployment

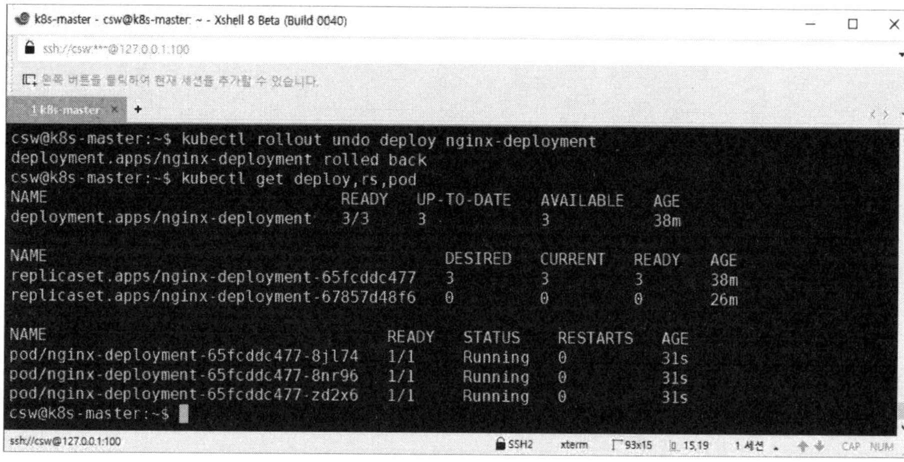
k8s-master - csw@k8s-master: ~ - Xshell 8 Beta (Build 0040)
csw@k8s-master:~$ kubectl rollout undo deploy nginx-deployment
deployment.apps/nginx-deployment rolled back
csw@k8s-master:~$ kubectl get deploy,rs,pod
NAME READY UP-TO-DATE AVAILABLE AGE
deployment.apps/nginx-deployment 3/3 3 3 38m
NAME DESIRED CURRENT READY AGE
replicaset.apps/nginx-deployment-65fcddc477 3 3 3 38m
replicaset.apps/nginx-deployment-67857d48f6 0 0 0 26m
NAME READY STATUS RESTARTS AGE
pod/nginx-deployment-65fcddc477-8jl74 1/1 Running 0 31s
pod/nginx-deployment-65fcddc477-8nr96 1/1 Running 0 31s
pod/nginx-deployment-65fcddc477-zd2x6 1/1 Running 0 31s
csw@k8s-master:~$

  - 레플리카셋 xxxx-67857d48f6에서 yyyy-65fcddc477로 복귀
- 실행 중인 디플로이 설정 확인
  - kubectl edit deploy nginx-deployment

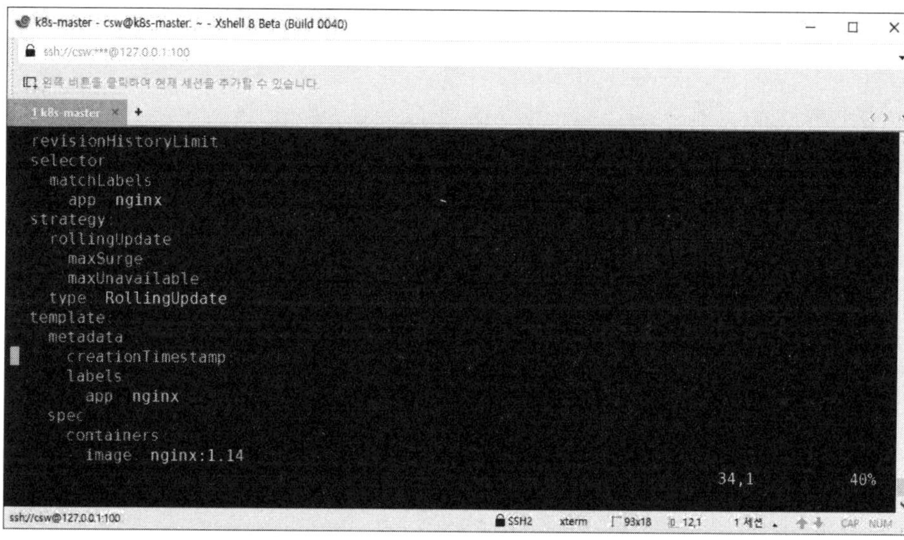
k8s-master - csw@k8s-master: ~ - Xshell 8 Beta (Build 0040)
revisionHistoryLimit
selector
matchLabels
app nginx
strategy
rollingUpdate
maxSurge
maxUnavailable
type RollingUpdate
template
metadata
creationTimestamp
labels
app nginx
spec
containers
image nginx:1.14
34,1 40%

  - nginx 버전 1.14로 복귀
  - ':q!'
- 실행 중인 파드 삭제
  - kubectl delete -f nginx-deployment.yaml

스(Service)

18

18.1 쿠버네티스 서비스 기본 개념

(1)서비스 개념

- 파드 생성 및 삭제 유동적 특성으로 직접 통신 방식 부적절
- 동일한 파드들 집합 대변
- 파드 집합 내외부 단일 통신 창구
- 서비스에 가상 IP 할당: ClusterIP
- 서비스를 통해 파드 접근

(2)서비스 유형

- ClusterIP 서비스
  - 기본 타입: 쿠버네티스의 기본 서비스 타입
  - 내부 접근: 클러스터 내에서만 접근 가능
  - 가상 IP: 할당받은 가상 IP 주소를 통해 내부 파드들이 서비스에 접근
- NodePort 서비스
  - 외부 접근: 클러스터 외부에서 특정 포트로 접근 가능
  - 고정 포트: 30000-32767 범위 포트 사용
  - 노드 IP 주소와 포트 사용하여 서비스에 접근
  - 외부에서 임의 노드로 접근하여도 파드가 실행 중인 노드로 라우팅

(3)선택자 및 레이블

- 파드를 서비스에 연결하는 방법
- 레이블 기반 매칭 및 선택적 파드 노출
- 특정 라벨 가진 파드를 선택
- 서비스가 연결할 파드 집합 결정

(4)포트 매핑

- 서비스 포트와 파드 포트 간 연결 설정
- 외부 트래픽을 파드 포트로 전달

18.2 클러스터IP 서비스(CluserIP)

(1)리소스 정의

- 요구사항
  - 기본적인 클러스터IP 방식의 레디스 서비스: 서비스 이름으로 내부 통신

리소스	설정
레디스 디플로이	레디스 데이터베이스 서버 실행
레디스 서비스	기본적인 클러스터IP 서비스로 레디스 디플로이 연결
비지박스 디플로이	레디스 서비스 이름 통해 레디스 데이터베이스 접근

- 레디스 디플로이 및 서비스 정의

```
csw@k8s-master:~$ cat > clusterip-redis.yaml
apiVersion: apps/v1
kind: Deployment
metadata:
  name: redis-deployment
spec:
  replicas: 1
  selector:
    matchLabels:
      app: redis
  template:
    metadata:
      labels:
        app: redis
    spec:
      containers:
      - name: redis
        image: redis:6.0.5
        ports:
        - containerPort: 6379
---
apiVersion: v1
kind: Service
metadata:
  name: redis-service
spec:
  selector:
    app: redis
  ports:
  - protocol: TCP
    port: 6379
    targetPort: 6379
csw@k8s-master:~$
```

- 레디스 디플로이: 레디스 DB 서버 실행, 단일 인스턴스, 6379 포트 공개
- 레디스 서비스: 6379 포트 노출, 타겟포트 6379 통해 app: redis 파드 연결

· 비지박스 디플로이 정의

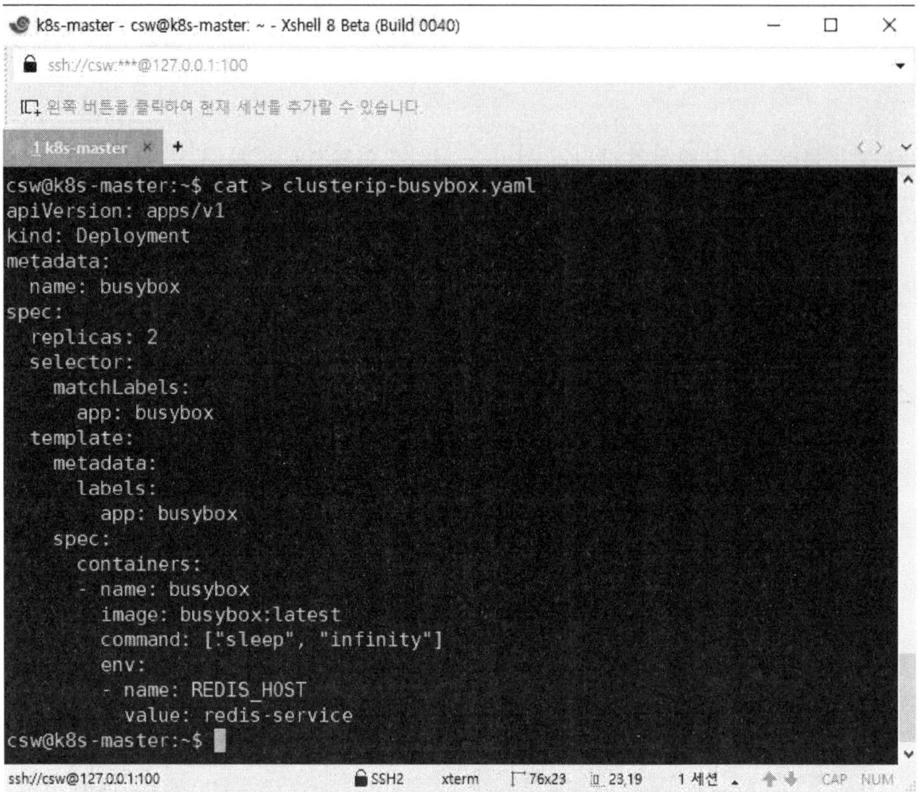
k8s-master - csw@k8s-master: ~ - Xshell 8 Beta (Build 0040)
ssh://csw:***@127.0.0.1:100
왼쪽 버튼을 클릭하여 현재 세션을 추가할 수 있습니다.
1 k8s-master
csw@k8s-master:~$ cat > clusterip-busybox.yaml
apiVersion: apps/v1
kind: Deployment
metadata:
  name: busybox
spec:
  replicas: 2
  selector:
    matchLabels:
      app: busybox
  template:
    metadata:
      labels:
        app: busybox
    spec:
      containers:
      - name: busybox
        image: busybox:latest
        command: ["sleep", "infinity"]
        env:
        - name: REDIS_HOST
          value: redis-service
csw@k8s-master:~$
ssh://csw@127.0.0.1:100
SSH2
xterm
76x23
23,19
1 세션
CAP NUM

- 컨테이너 비지박스 실행, sleep infinity 명령으로 파드 계속 실행
- REDIS_HOST 환경 변수에 redis-service 서비스 이름 설정
- 서비스의 클러스터 내부 DNS 이름: 서비스명.네임스페이스.svc.cluster.local
- 서비스명: 서비스 리소스의 'metada.name'에 해당
- 네임스페이스: 서비스가 배포된 네임스페이스, 기본은 default
- 'svc.cluster.local': 쿠버네티스 클러스터 내부 도메인
- 파드에서 'redis-service' 서비스에 접속하려면
- redis-service.default.svc.cluster.local이라는 DNS 이름으로 조회

(2)디플로이 및 서비스 실행

· 레디스 및 비지박스 실행

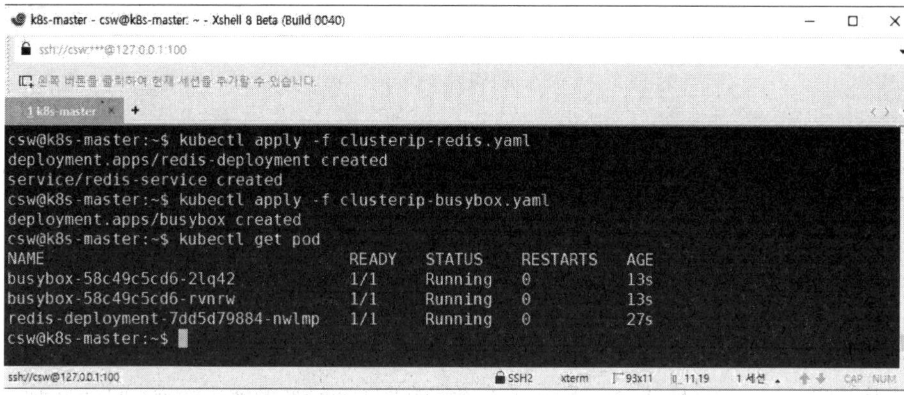
k8s-master - csw@k8s-master: ~ - Xshell 8 Beta (Build 0040)
csw@k8s-master:~$ kubectl apply -f clusterip-redis.yaml
deployment.apps/redis-deployment created
service/redis-service created
csw@k8s-master:~$ kubectl apply -f clusterip-busybox.yaml
deployment.apps/busybox created
csw@k8s-master:~$ kubectl get pod
NAME READY STATUS RESTARTS AGE
busybox-58c49c5cd6-2lq42 1/1 Running 0 13s
busybox-58c49c5cd6-rvnrw 1/1 Running 0 13s
redis-deployment-7dd5d79884-nwlmp 1/1 Running 0 27s
csw@k8s-master:~$

- 비지박스 파드 2개 및 레디스 파드 1개 실행

· 내부 파드 간 연결

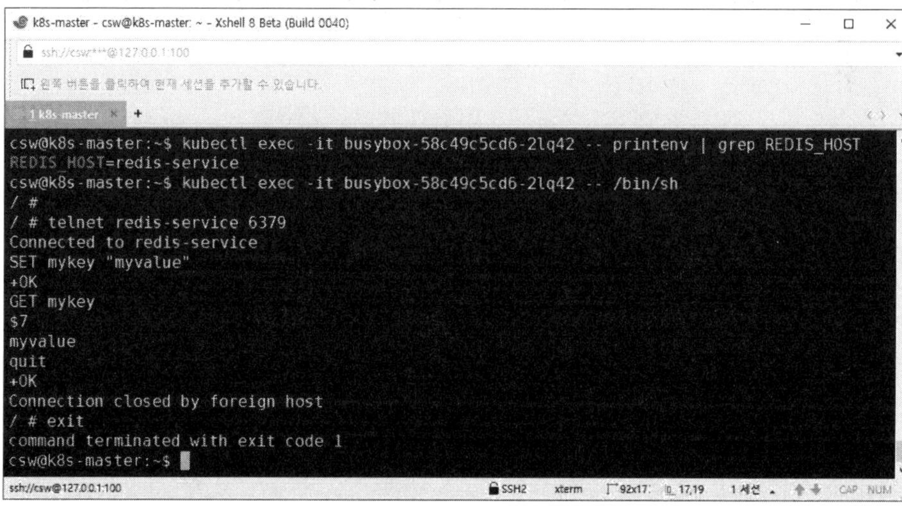
k8s-master - csw@k8s-master: ~ - Xshell 8 Beta (Build 0040)
csw@k8s-master:~$ kubectl exec -it busybox-58c49c5cd6-2lq42 -- printenv | grep REDIS_HOST
REDIS_HOST=redis-service
csw@k8s-master:~$ kubectl exec -it busybox-58c49c5cd6-2lq42 -- /bin/sh
/ #
/ # telnet redis-service 6379
Connected to redis-service
SET mykey "myvalue"
+OK
GET mykey
$7
myvalue
quit
+OK
Connection closed by foreign host
/ # exit
command terminated with exit code 1
csw@k8s-master:~$

- 비지박스 디플로이 REDIS_HOST 환경변수 설정 확인: 서비스 redis-service
- 'xxxx -- /bin/sh': 비지박스 디플로이 파드 컨테이너에서 /bin/sh 실행
- telnet redis-service 6379: 텔넷으로 redis-service 6379포트에 원격접속
- 원격접속 후 SET, GET 작업

· 디플로이 및 서비스 삭제

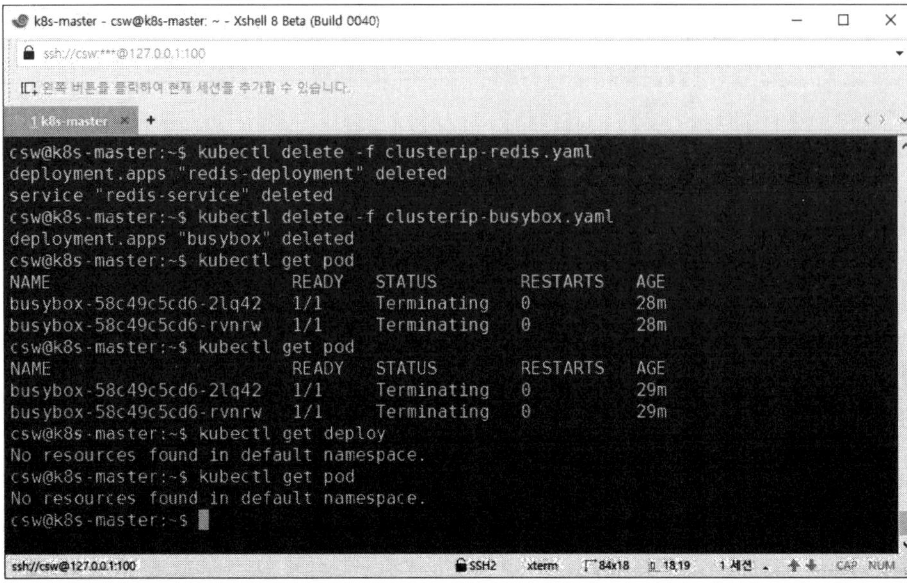
k8s-master - csw@k8s-master: ~ - Xshell 8 Beta (Build 0040)
ssh://csw:***@127.0.0.1:100
1 k8s-master
csw@k8s-master:~$ kubectl delete -f clusterip-redis.yaml
deployment.apps "redis-deployment" deleted
service "redis-service" deleted
csw@k8s-master:~$ kubectl delete -f clusterip-busybox.yaml
deployment.apps "busybox" deleted
csw@k8s-master:~$ kubectl get pod
NAME READY STATUS RESTARTS AGE
busybox-58c49c5cd6-2lq42 1/1 Terminating 0 28m
busybox-58c49c5cd6-rvnrw 1/1 Terminating 0 28m
csw@k8s-master:~$ kubectl get pod
NAME READY STATUS RESTARTS AGE
busybox-58c49c5cd6-2lq42 1/1 Terminating 0 29m
busybox-58c49c5cd6-rvnrw 1/1 Terminating 0 29m
csw@k8s-master:~$ kubectl get deploy
No resources found in default namespace.
csw@k8s-master:~$ kubectl get pod
No resources found in default namespace.
csw@k8s-master:~$
ssh://csw@127.0.0.1:100
SSH2
xterm
84x18
18,19
1 세션
CAP NUM

18.3 노드포트 서비스(NodePort)

(1)리소스 정의

- 요구사항
  - 엔진엑스 디플로이에 노드포트 서비스 통해 외부에서 접근

리소스	설정
엔진엑스 디플로이	최신 엔진엑스 이미지 사용, 컨테이너 포트 80 공개
엔진엑스 서비스	노드포트 30009를 외부에 공개하여 라우팅

- 노드포트 엔진엑스 정의

```
csw@k8s-master:~$ cat nodeport-nginx.yaml
apiVersion: apps/v1
kind: Deployment
metadata:
  name: nginx-deployment
spec:
  replicas: 1
  selector:
    matchLabels:
      app: nginx
  template:
    metadata:
      labels:
        app: nginx
    spec:
      containers:
      - name: nginx
        image: nginx:latest
        ports:
        - containerPort: 80
---
apiVersion: v1
kind: Service
metadata:
  name: nginx-service
spec:
  type: NodePort
  selector:
    app: nginx
  ports:
  - protocol: TCP
    port: 80
    targetPort: 80
    nodePort: 30009  # 사용할 NodePort 번호 (30000-32767 사이의 값)
csw@k8s-master:~$
```

  - 포트 80을 내부에 공개
  - 타겟포트 80 통해 app: nginx 파드의 컨테이너에 연결
  - 외부에서 노드 포트 30009 통해 엔진엑스 서비스에 접근

(2)노드포트 엔진엑스 실행

- 엔진엑스 디플로이 및 노트포트 엔진엑스 서비스 실행

```
csw@k8s-master:~$ kubectl apply -f nodeport-nginx.yaml
deployment.apps/nginx-deployment created
service/nginx-service created
csw@k8s-master:~$ kubectl get svc
NAME            TYPE        CLUSTER-IP      EXTERNAL-IP   PORT(S)        AGE
kubernetes      ClusterIP   10.96.0.1       <none>        443/TCP        32d
nginx-service   NodePort    10.109.88.180   <none>        80:30009/TCP   5s
csw@k8s-master:~$ kubectl get node -o wide
NAME                STATUS   ROLES           AGE   VERSION   INTERNAL-IP     EXTERNAL-IP   OS-I
k8s-control         Ready    control-plane   32d   v1.30.0   10.100.10.100   <none>        Ubun
k8s-node1.exam.com  Ready    <none>          32d   v1.30.0   10.100.10.101   <none>        Ubun
k8s-node2.exam.com  Ready    <none>          32d   v1.30.0   10.100.10.102   <none>        Ubun
csw@k8s-master:~$ curl http://10.100.10.101:30009
<!DOCTYPE html>
<html>
<head>
<title>Welcome to nginx!</title>
<style>
html { color-scheme: light dark; }
body { width: 35em; margin: 0 auto;
font-family: Tahoma, Verdana, Arial, sans-serif; }
</style>
</head>
<body>
```

- 노드포트 타입 엔진엑스 서비스 생성 확인
- 노드포트 80:30009/TCP 확인
- 엔진엑스 서비스는 클러스터 내부에서 80번 포트로 접근 가능
- 엔진엑스 서비스는 클러스터 외부에서 30009번 포트로 접근 가능
- curl 통해 외부에서 노드1 30009 포트로 서비스 연결 확인

```
csw@k8s-master:~$ curl http://10.100.10.102:30009
<!DOCTYPE html>
<html>
<head>
<title>Welcome to nginx!</title>
<style>
html { color-scheme: light dark; }
body { width: 35em; margin: 0 auto;
font-family: Tahoma, Verdana, Arial, sans-serif; }
</style>
</head>
```

- curl 통해 외부에서 노드2 30009 포트로도 서비스 연결 확인

그레스(Ingress)

19

19.1 쿠버네티스 인그레스 기본 개념

(1)인스레스 기능

- 라우팅: 외부 요청을 URL이나 경로에 기반하여 여러 서비스에 라우팅

(2)인그레스 구성 요소

- 루트 경로(Root Path): 외부 요청에 대한 라우팅 URL 패턴 정의
- 인그레스 리소스: 서비스를 관리하는 리소스
- 인그레스 컨트롤러: 인그레스 리소스를 처리하고 라우팅 로직 구현

(3)엔진엑스 인그레스 컨트롤러

- 가장 널리 사용되는 인그레스 컨트롤러
- 베어 메탈 환경에 설치 가능
- https://kubernetes.github.io/ingress-nginx/deploy/#bare-metal-clusters

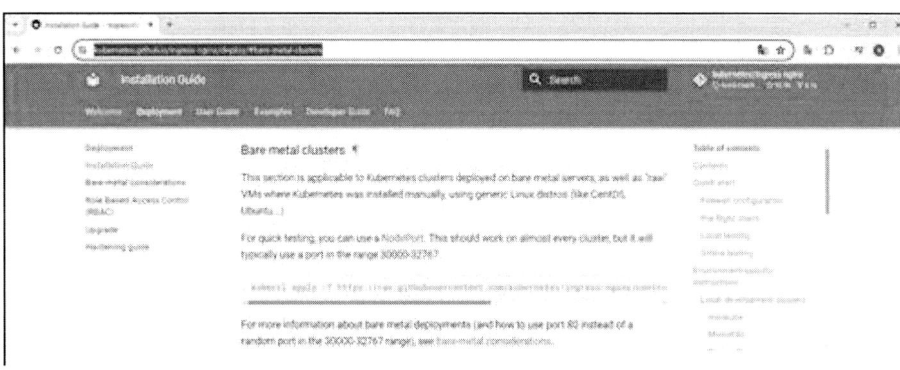

Installation Guide
Bare metal clusters

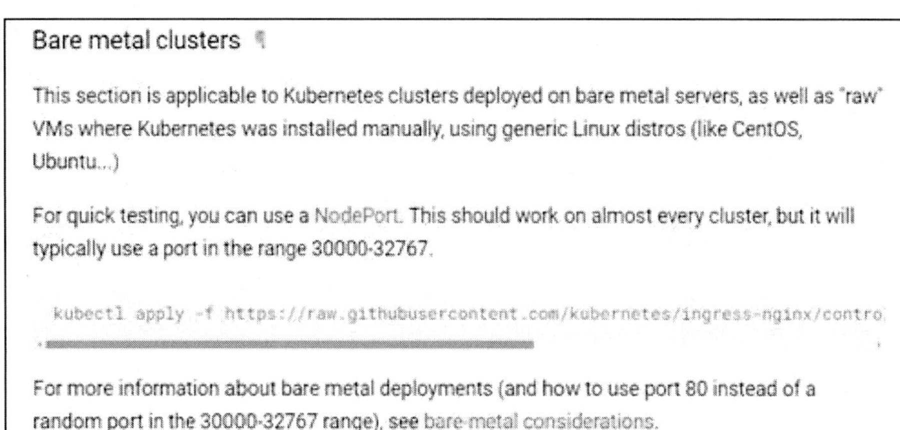

Bare metal clusters
This section is applicable to Kubernetes clusters deployed on bare metal servers, as well as "raw" VMs where Kubernetes was installed manually, using generic Linux distros (like CentOS, Ubuntu...)
For quick testing, you can use a NodePort. This should work on almost every cluster, but it will typically use a port in the range 30000-32767.
kubectl apply -f https://raw.githubusercontent.com/kubernetes/ingress-nginx/contro
For more information about bare metal deployments (and how to use port 80 instead of a random port in the 30000-32767 range), see bare-metal considerations.

19.2 엔진엑스 인그레스 컨트롤러 설치

(1)엔진엑스 인그레스 컨트롤러 다운로드

· 베어-메탈 엔진엑스 인그레스 컨트롤러 다운로드

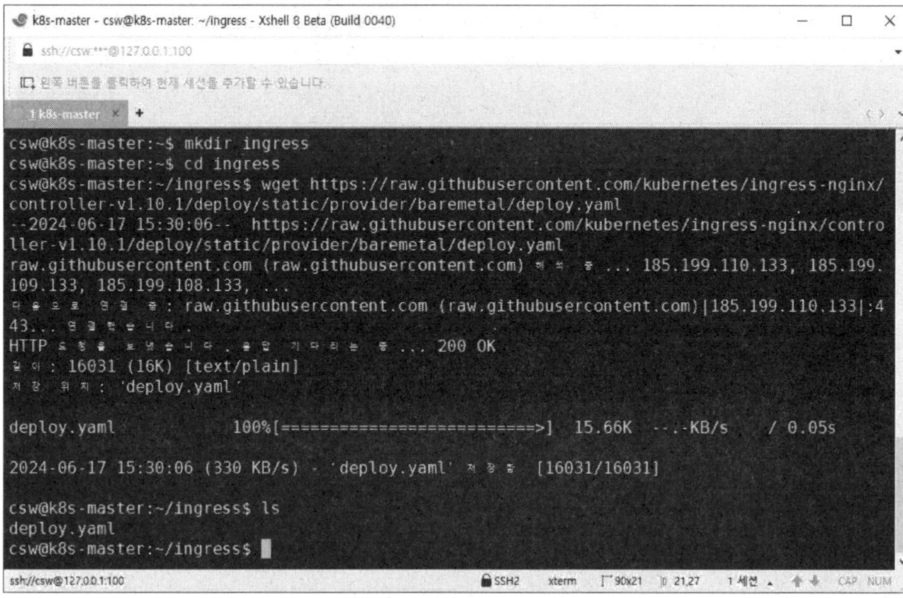

k8s-master - csw@k8s-master: ~/ingress - Xshell 8 Beta (Build 0040)
csw@k8s-master:~$ mkdir ingress
csw@k8s-master:~$ cd ingress
csw@k8s-master:~/ingress$ wget https://raw.githubusercontent.com/kubernetes/ingress-nginx/controller-v1.10.1/deploy/static/provider/baremetal/deploy.yaml
--2024-06-17 15:30:06-- https://raw.githubusercontent.com/kubernetes/ingress-nginx/controller-v1.10.1/deploy/static/provider/baremetal/deploy.yaml
raw.githubusercontent.com (raw.githubusercontent.com) 185.199.110.133, 185.199.109.133, 185.199.108.133, ...
raw.githubusercontent.com (raw.githubusercontent.com)|185.199.110.133|:443...
HTTP ... 200 OK
16031 (16K) [text/plain]
'deploy.yaml'
deploy.yaml 100%[==========================>] 15.66K --.-KB/s / 0.05s
2024-06-17 15:30:06 (330 KB/s) - 'deploy.yaml' [16031/16031]
csw@k8s-master:~/ingress$ ls
deploy.yaml
csw@k8s-master:~/ingress$

- wget https://raw.githubusercontent.com/kubernetes/ingress-nginx/controller-v1.10.1/deploy/static/provider/baremetal/deploy.yaml

· 네임스페이스 생성

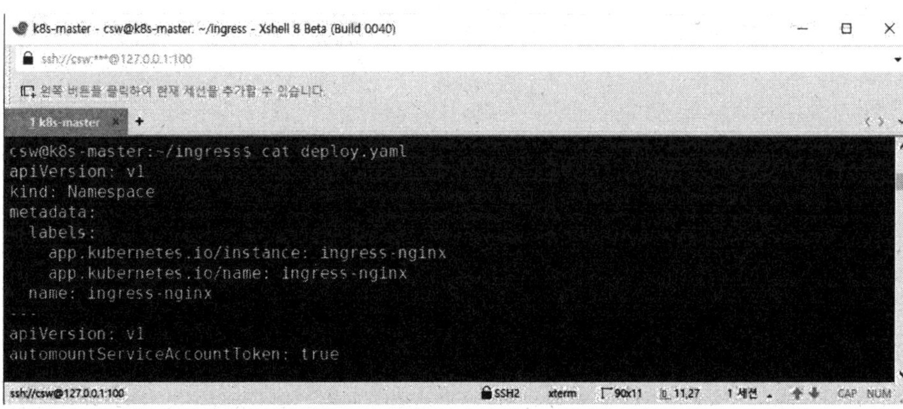

k8s-master - csw@k8s-master: ~/ingress - Xshell 8 Beta (Build 0040)
csw@k8s-master:~/ingress$ cat deploy.yaml
apiVersion: v1
kind: Namespace
metadata:
labels:
app.kubernetes.io/instance: ingress-nginx
app.kubernetes.io/name: ingress-nginx
name: ingress-nginx
---
apiVersion: v1
automountServiceAccountToken: true

- ingress-nginx 네임스페이스 생성

- ingress-nginx-controller 디플로이 생성

```yaml
---
apiVersion: apps/v1
kind: Deployment
metadata:
  labels:
    app.kubernetes.io/component: controller
    app.kubernetes.io/instance: ingress-nginx
    app.kubernetes.io/name: ingress-nginx
    app.kubernetes.io/part-of: ingress-nginx
    app.kubernetes.io/version: 1.10.1
  name: ingress-nginx-controller
  namespace: ingress-nginx
spec:
  minReadySeconds: 0
```

- ingress-nginx-controller 서비스 생성

```yaml
  namespace: ingress-nginx
---
apiVersion: v1
kind: Service
metadata:
  labels:
    app.kubernetes.io/component: controller
    app.kubernetes.io/instance: ingress-nginx
    app.kubernetes.io/name: ingress-nginx
    app.kubernetes.io/part-of: ingress-nginx
    app.kubernetes.io/version: 1.10.1
  name: ingress-nginx-controller
  namespace: ingress-nginx
spec:
  ipFamilies:
  - IPv4
  ipFamilyPolicy: SingleStack
  ports:
  - appProtocol: http
    name: http
    port: 80
    protocol: TCP
    targetPort: http
  - appProtocol: https
    name: https
    port: 443
    protocol: TCP
    targetPort: https
  selector:
    app.kubernetes.io/component: controller
    app.kubernetes.io/instance: ingress-nginx
    app.kubernetes.io/name: ingress-nginx
  type: NodePort
---
```

  - 서비스 타입: 노드포트

(2)진엑스 인그레스 컨트롤러 활용

- 엔진엑스 인그레스 컨트롤러 실행
  - kubectl apply -f deploy.yaml

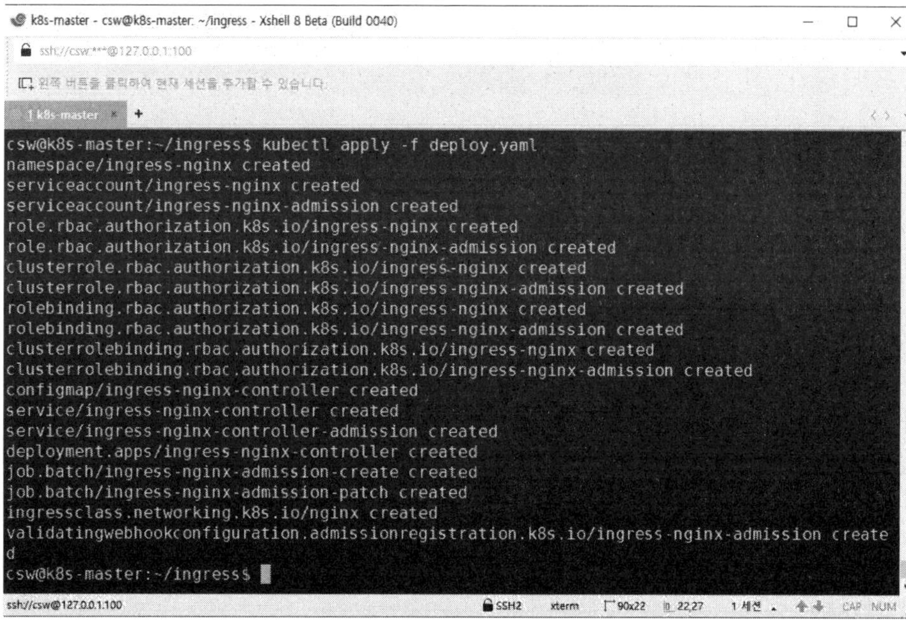
k8s-master - csw@k8s-master: ~/ingress - Xshell 8 Beta (Build 0040)
csw@k8s-master:~/ingress$ kubectl apply -f deploy.yaml
namespace/ingress-nginx created
serviceaccount/ingress-nginx created
serviceaccount/ingress-nginx-admission created
role.rbac.authorization.k8s.io/ingress-nginx created
role.rbac.authorization.k8s.io/ingress-nginx-admission created
clusterrole.rbac.authorization.k8s.io/ingress-nginx created
clusterrole.rbac.authorization.k8s.io/ingress-nginx-admission created
rolebinding.rbac.authorization.k8s.io/ingress-nginx created
rolebinding.rbac.authorization.k8s.io/ingress-nginx-admission created
clusterrolebinding.rbac.authorization.k8s.io/ingress-nginx created
clusterrolebinding.rbac.authorization.k8s.io/ingress-nginx-admission created
configmap/ingress-nginx-controller created
service/ingress-nginx-controller created
service/ingress-nginx-controller-admission created
deployment.apps/ingress-nginx-controller created
job.batch/ingress-nginx-admission-create created
job.batch/ingress-nginx-admission-patch created
ingressclass.networking.k8s.io/nginx created
validatingwebhookconfiguration.admissionregistration.k8s.io/ingress-nginx-admission create
d
csw@k8s-master:~/ingress$

  - 네임스페이스 ingress-nginx 생성
  - 서비스 ingress-nginx-controller 생성
- 인그레스 컨트롤로 리소스 확인

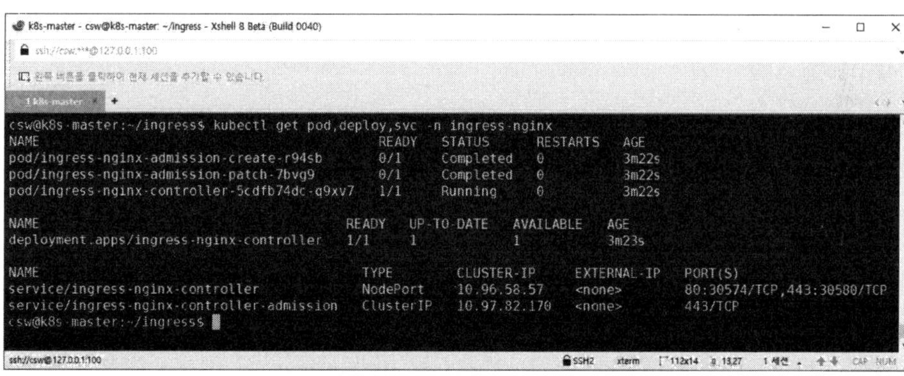
k8s-master - csw@k8s-master: ~/ingress - Xshell 8 Beta (Build 0040)
csw@k8s-master:~/ingress$ kubectl get pod,deploy,svc -n ingress-nginx
NAME READY STATUS RESTARTS AGE
pod/ingress-nginx-admission-create-r94sb 0/1 Completed 0 3m22s
pod/ingress-nginx-admission-patch-7bvg9 0/1 Completed 0 3m22s
pod/ingress-nginx-controller-5cdfb74dc-q9xv7 1/1 Running 0 3m22s
NAME READY UP-TO-DATE AVAILABLE AGE
deployment.apps/ingress-nginx-controller 1/1 1 1 3m23s
NAME TYPE CLUSTER-IP EXTERNAL-IP PORT(S)
service/ingress-nginx-controller NodePort 10.96.58.57 <none> 80:30574/TCP,443:30580/TCP
service/ingress-nginx-controller-admission ClusterIP 10.97.82.170 <none> 443/TCP
csw@k8s-master:~/ingress$

  - 파드 ingress-nginx-controller 생성
  - 디플로이 ingress-nginx-controller 생성
  - 서비스 ingress-nginx-controller 생성: 타입 노드포트(30574, 30580 할당)

- **인그레스 컨트롤러 리소스들 삭제**

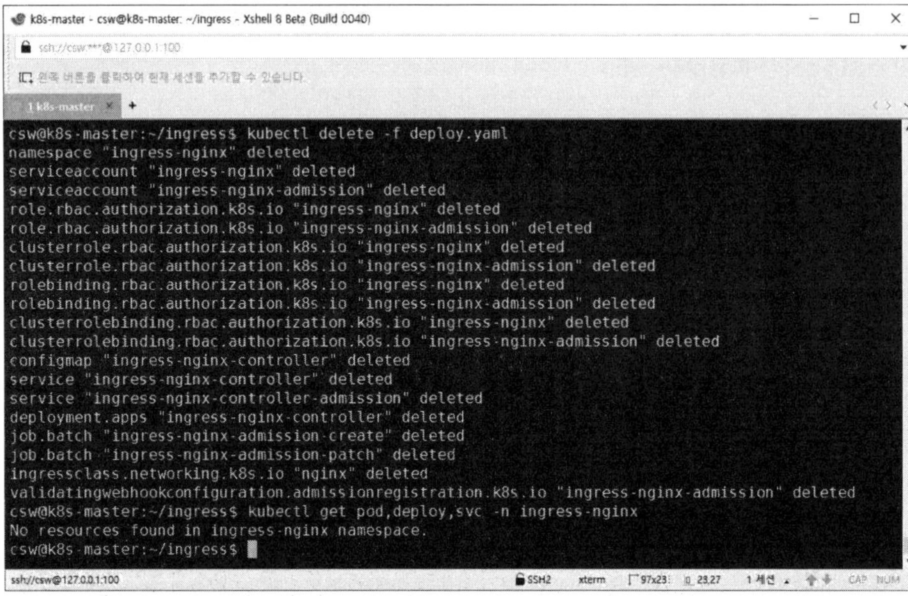
k8s-master - csw@k8s-master: ~/ingress - Xshell 8 Beta (Build 0040)
1 k8s-master
csw@k8s-master:~/ingress$ kubectl delete -f deploy.yaml
namespace "ingress-nginx" deleted
serviceaccount "ingress-nginx" deleted
serviceaccount "ingress-nginx-admission" deleted
role.rbac.authorization.k8s.io "ingress-nginx" deleted
role.rbac.authorization.k8s.io "ingress-nginx-admission" deleted
clusterrole.rbac.authorization.k8s.io "ingress-nginx" deleted
clusterrole.rbac.authorization.k8s.io "ingress-nginx-admission" deleted
rolebinding.rbac.authorization.k8s.io "ingress-nginx" deleted
rolebinding.rbac.authorization.k8s.io "ingress-nginx-admission" deleted
clusterrolebinding.rbac.authorization.k8s.io "ingress-nginx" deleted
clusterrolebinding.rbac.authorization.k8s.io "ingress-nginx-admission" deleted
configmap "ingress-nginx-controller" deleted
service "ingress-nginx-controller" deleted
service "ingress-nginx-controller-admission" deleted
deployment.apps "ingress-nginx-controller" deleted
job.batch "ingress-nginx-admission-create" deleted
job.batch "ingress-nginx-admission-patch" deleted
ingressclass.networking.k8s.io "nginx" deleted
validatingwebhookconfiguration.admissionregistration.k8s.io "ingress-nginx-admission" deleted
csw@k8s-master:~/ingress$ kubectl get pod,deploy,svc -n ingress-nginx
No resources found in ingress-nginx namespace.
csw@k8s-master:~/ingress$

19.3 엔진엑스 인그레스 사용

(1)정의 파일 작성

- 요구사항
  - 앱 및 블로그 서비스에 인그레스 통해 외부에서 접근

리소스	설정
인그레스 리소스	URL 기반하여 앱 및 블로그 서비스에 라우팅
앱 서비스	앱 디플로이 연결
앱 디플로이	엔진엑스 웹서버 최신버전 실행
블로그 서비스	엔진엑스 웹서버 최신버전 실행
블로그 디플로이	엔진엑스 웹서버 1.14 실행

- 인그레스 리소스 정의 파일(ingress-resource.yaml)

```
csw@k8s-master:~/ingress$ cat > ingress-resource.yaml
apiVersion: networking.k8s.io/v1
kind: Ingress
metadata:
  name: my-ingress
  annotations:
    spec.ingressClassName: nginx
spec:
  rules:
    - host: k8s-node1.exam.com
      http:
        paths:
          - path: /
            pathType: Prefix
            backend:
              service:
                name: my-app-svc
                port:
                  number: 80
    - host: k8s-node2.exam.com
      http:
        paths:
          - path: /
            pathType: Prefix
            backend:
              service:
                name: my-blog-svc
                port:
                  number: 80
csw@k8s-master:~/ingress$
```

- 파일 헤더
  - 'apiVersion: networking.k8s.io/v1': networking.k8s.io/v1 인그레스 사용
  - 'kind: Ingress': 리소스의 종류를 Ingress로 정의
- 메타데이터
  - name: 인그레스 리소스의 이름을 my-ingress로 설정
  - annotations: 인그레스 컨트롤러의 인그레스 리소스 처리 방식 지정
  - spec: 인그레스 리소스의 동작 방식 정의
  - ingressClassName: 인그레스 컨트롤러가 사용해야 하는 컨트롤러 클래스 이름
  - nginx: Nginx 인그레스 컨트롤러를 사용해야 한다는 것을 의미
- 스펙:
  - spec: 인그레스 리소스의 동작 방식 정의
- 규칙 (rules):
  - rules: 인그레스 리소스에 대한 규칙 목록 - 두 개 규칙 정의
  - host: 호스트 이름 정의
  - 첫 번째 규칙의 host는 k8s-node1.exam.com
  - 두 번째 규칙의 host는 k8s-node2.exam.com
  - http: 규칙이 HTTP 트래픽을 처리하도록 설정
- 경로 (paths): 각 규칙에서 매핑되는 경로 목록 정의
  - path: 매핑되는 경로를 기본 경로 / (루트 경로)로 설정 - 정의된 경로와 일치하지 않는 모든 URL 요청 처리
  - 'pathType: Prefix': 프리픽스 경로 매핑 방식 설정
  - 요청 URL의 시작 부분이 정의된 경로와 일치하는지 확인
- 백엔드 서비스 (backend)
  - backend: 경로에 매핑되는 백엔드 서비스 정의
  - service: 백엔드 서비스 이름 지정
  - 첫 번째 규칙의 backend.service.name은 my-app-svc
  - 두 번째 규칙의 backend.service.name은 my-blog-svc
  - port: 백엔드 서비스의 포트 지정
  - 'port.number: 80': 백엔드 서비스의 80번 포트를 사용하도록 설정
- 첫 번째 규칙
  - k8s-node1.exam.com 호스트로 들어오는 모든 HTTP 트래픽을 my-app-svc 서비스의 80번 포트로 라우팅
- 두 번째 규칙
  - k8s-node2.exam.com 호스트로 들어오는 모든 HTTP 트래픽을my-blog-svc 서비스의 80번 포트로 라우팅

- 앱 정의 파일(my-app-svc.yaml, my-app-deploy.yaml)

```
csw@k8s-master:~/ingress$ ls
deploy.yaml  ingress-resource.yaml
csw@k8s-master:~/ingress$ mkdir my-app
csw@k8s-master:~/ingress$ cd my-app
csw@k8s-master:~/ingress/my-app$ cat > my-app-svc.yaml
apiVersion: v1
kind: Service
metadata:
  name: my-app-svc
spec:
  selector:
    app: my-app
  ports:
  - protocol: TCP
    port: 80
    targetPort: 8080
csw@k8s-master:~/ingress/my-app$
```

```
csw@k8s-master:~/ingress/my-app$ cat > my-app-deploy.yaml
apiVersion: apps/v1
kind: Deployment
metadata:
  name: my-app
spec:
  replicas: 1
  selector:
    matchLabels:
      app: my-app
  template:
    metadata:
      labels:
        app: my-app
    spec:
      containers:
      - name: my-app
        image: nginx:latest
        ports:
        - containerPort: 8080
csw@k8s-master:~/ingress/my-app$
```

  - 'spec:replicas: 1': 앱 파드 한 개 실행

- 블로그 정의 파일(my-blog-svc.yaml, my-blog-deploy.yaml)

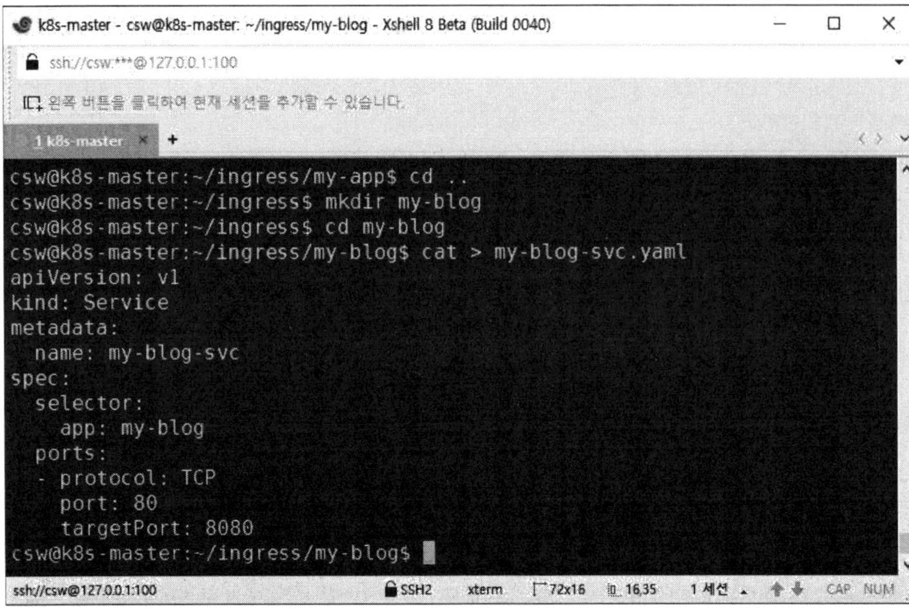
k8s-master - csw@k8s-master: ~/ingress/my-blog - Xshell 8 Beta (Build 0040)
csw@k8s-master:~/ingress/my-app$ cd ..
csw@k8s-master:~/ingress$ mkdir my-blog
csw@k8s-master:~/ingress$ cd my-blog
csw@k8s-master:~/ingress/my-blog$ cat > my-blog-svc.yaml
apiVersion: v1
kind: Service
metadata:
name: my-blog-svc
spec:
selector:
app: my-blog
ports:
- protocol: TCP
port: 80
targetPort: 8080
csw@k8s-master:~/ingress/my-blog$

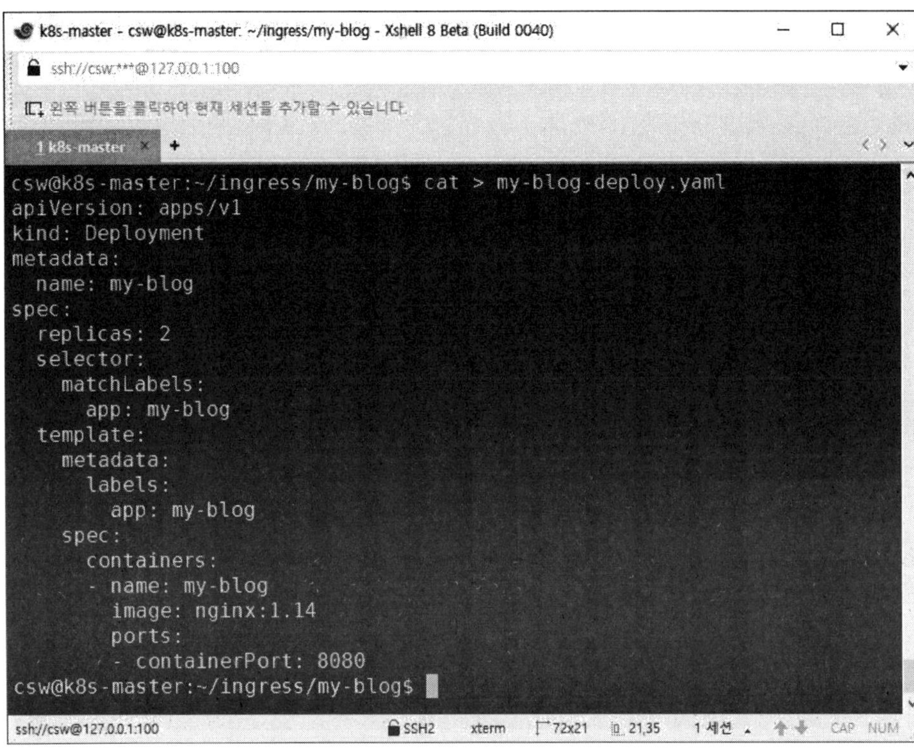
k8s-master - csw@k8s-master: ~/ingress/my-blog - Xshell 8 Beta (Build 0040)
csw@k8s-master:~/ingress/my-blog$ cat > my-blog-deploy.yaml
apiVersion: apps/v1
kind: Deployment
metadata:
name: my-blog
spec:
replicas: 2
selector:
matchLabels:
app: my-blog
template:
metadata:
labels:
app: my-blog
spec:
containers:
- name: my-blog
image: nginx:1.14
ports:
- containerPort: 8080
csw@k8s-master:~/ingress/my-blog$

- 'spec:replicas: 2': 블로그 파드 두 개 실행

(2)배포

- 기본 네임스페이스 변경
  - 새로운 ingress-admin@kubernetes 컨텍스트 등록

```
csw@k8s-master:~/ingress/my-blog$ cd ..
csw@k8s-master:~/ingress$ kubectl config set-context ingress-admin@kubernetes --cluster=kuberne
tes --user=kubernetes-admin --namespace=ingress-nginx
Context "ingress-admin@kubernetes" created.
csw@k8s-master:~/ingress$ kubectl config view
apiVersion: v1
clusters:
- cluster:
    certificate-authority-data: DATA+OMITTED
    server: https://10.100.10.100:6443
  name: kubernetes
contexts:
- context:
    cluster: kubernetes
    namespace: ingress-nginx
    user: kubernetes-admin
  name: ingress-admin@kubernetes
- context:
    cluster: kubernetes
    user: kubernetes-admin
  name: kubernetes-admin@kubernetes
```

  - 기본 컨텍스트를 ingress-admin@kubernetes로 변경

```
csw@k8s-master:~/ingress$ clear
csw@k8s-master:~/ingress$ kubectl config use-context ingress-admin@kubernetes
Switched to context "ingress-admin@kubernetes".
csw@k8s-master:~/ingress$ kubectl config current-context
ingress-admin@kubernetes
csw@k8s-master:~/ingress$
```

  - 이후 생성되는 모든 리소스는 ingress-nginx 네임스페이스에서 실행됨

· 앱 및 블로그 배포

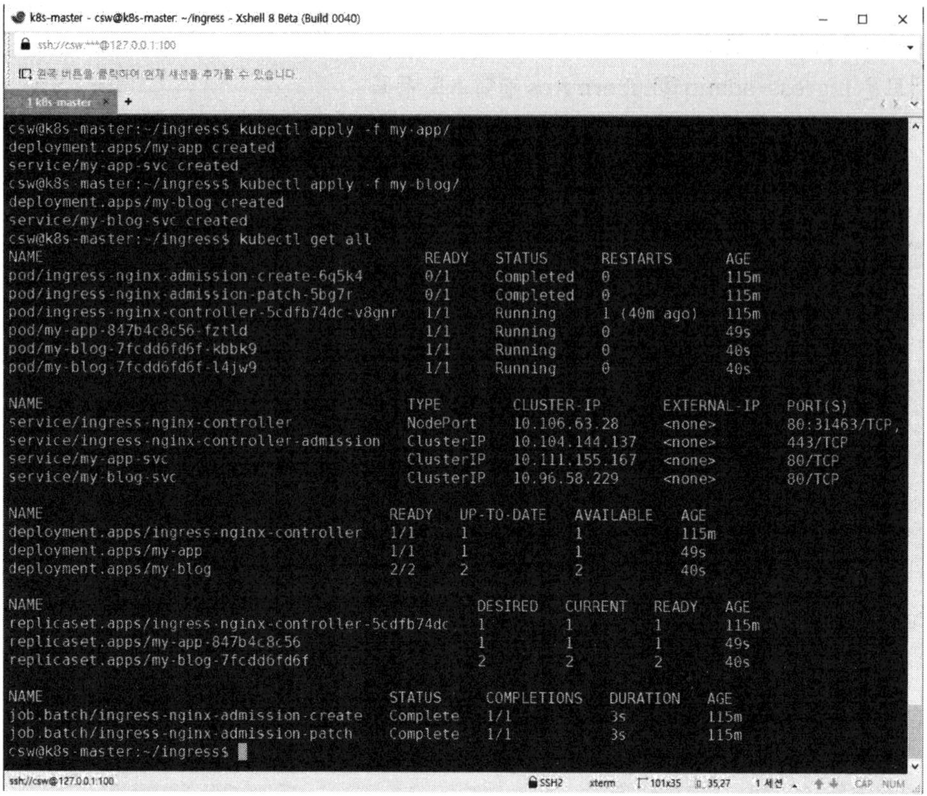

```
csw@k8s-master:~/ingress$ kubectl apply -f my-app/
deployment.apps/my-app created
service/my-app-svc created
csw@k8s-master:~/ingress$ kubectl apply -f my-blog/
deployment.apps/my-blog created
service/my-blog-svc created
csw@k8s-master:~/ingress$ kubectl get all
NAME                                            READY   STATUS      RESTARTS      AGE
pod/ingress-nginx-admission-create-6q5k4        0/1     Completed   0             115m
pod/ingress-nginx-admission-patch-5bg7r         0/1     Completed   0             115m
pod/ingress-nginx-controller-5cdfb74dc-v8gnr    1/1     Running     1 (40m ago)   115m
pod/my-app-847b4c8c56-fztld                     1/1     Running     0             49s
pod/my-blog-7fcdd6fd6f-kbbk9                    1/1     Running     0             40s
pod/my-blog-7fcdd6fd6f-l4jw9                    1/1     Running     0             40s

NAME                                         TYPE        CLUSTER-IP       EXTERNAL-IP   PORT(S)
service/ingress-nginx-controller             NodePort    10.106.63.28     <none>        80:31463/TCP,
service/ingress-nginx-controller-admission   ClusterIP   10.104.144.137   <none>        443/TCP
service/my-app-svc                           ClusterIP   10.111.155.167   <none>        80/TCP
service/my-blog-svc                          ClusterIP   10.96.58.229     <none>        80/TCP

NAME                                       READY   UP-TO-DATE   AVAILABLE   AGE
deployment.apps/ingress-nginx-controller   1/1     1            1           115m
deployment.apps/my-app                     1/1     1            1           49s
deployment.apps/my-blog                    2/2     2            2           40s

NAME                                                 DESIRED   CURRENT   READY   AGE
replicaset.apps/ingress-nginx-controller-5cdfb74dc   1         1         1       115m
replicaset.apps/my-app-847b4c8c56                    1         1         1       49s
replicaset.apps/my-blog-7fcdd6fd6f                   2         2         2       40s

NAME                                       STATUS     COMPLETIONS   DURATION   AGE
job.batch/ingress-nginx-admission-create   Complete   1/1           3s         115m
job.batch/ingress-nginx-admission-patch    Complete   1/1           3s         115m
csw@k8s-master:~/ingress$
```

- 앱 파드 1 개 및 블로그 파드 2 개 실행 중
- 인그레스 엔진엑스 컨트롤러가 노드포트 서비스 타입으로 실행 중
- 노드 포트 31463 노출: 인그레스는 외부 요청을 이 포트 통해 서비스에 라우팅
- 앱 컨테이너(my-app) 1 개 및 블로그 컨테이너(my-blog) 2개 실행 중
- 레플리카셋이 앱 파드 1 개 실행 중
- 레플리카셋이 블로그 파드 2개 실행 중

· 인그레스 컨트롤러 실행

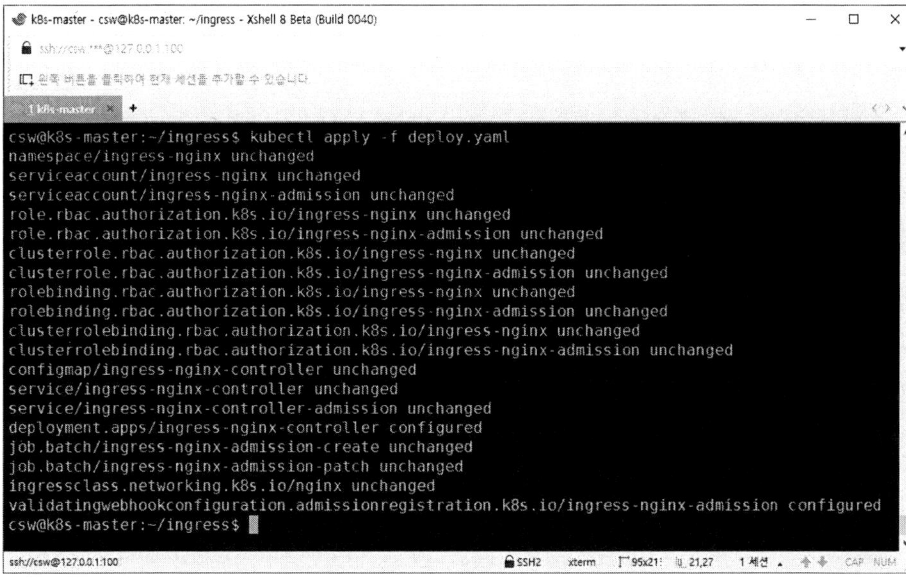

```
csw@k8s-master:~/ingress$ kubectl apply -f deploy.yaml
namespace/ingress-nginx unchanged
serviceaccount/ingress-nginx unchanged
serviceaccount/ingress-nginx-admission unchanged
role.rbac.authorization.k8s.io/ingress-nginx unchanged
role.rbac.authorization.k8s.io/ingress-nginx-admission unchanged
clusterrole.rbac.authorization.k8s.io/ingress-nginx unchanged
clusterrole.rbac.authorization.k8s.io/ingress-nginx-admission unchanged
rolebinding.rbac.authorization.k8s.io/ingress-nginx unchanged
rolebinding.rbac.authorization.k8s.io/ingress-nginx-admission unchanged
clusterrolebinding.rbac.authorization.k8s.io/ingress-nginx unchanged
clusterrolebinding.rbac.authorization.k8s.io/ingress-nginx-admission unchanged
configmap/ingress-nginx-controller unchanged
service/ingress-nginx-controller unchanged
service/ingress-nginx-controller-admission unchanged
deployment.apps/ingress-nginx-controller configured
job.batch/ingress-nginx-admission-create unchanged
job.batch/ingress-nginx-admission-patch unchanged
ingressclass.networking.k8s.io/nginx unchanged
validatingwebhookconfiguration.admissionregistration.k8s.io/ingress-nginx-admission configured
csw@k8s-master:~/ingress$
```

· 인그레스 리소스 적용

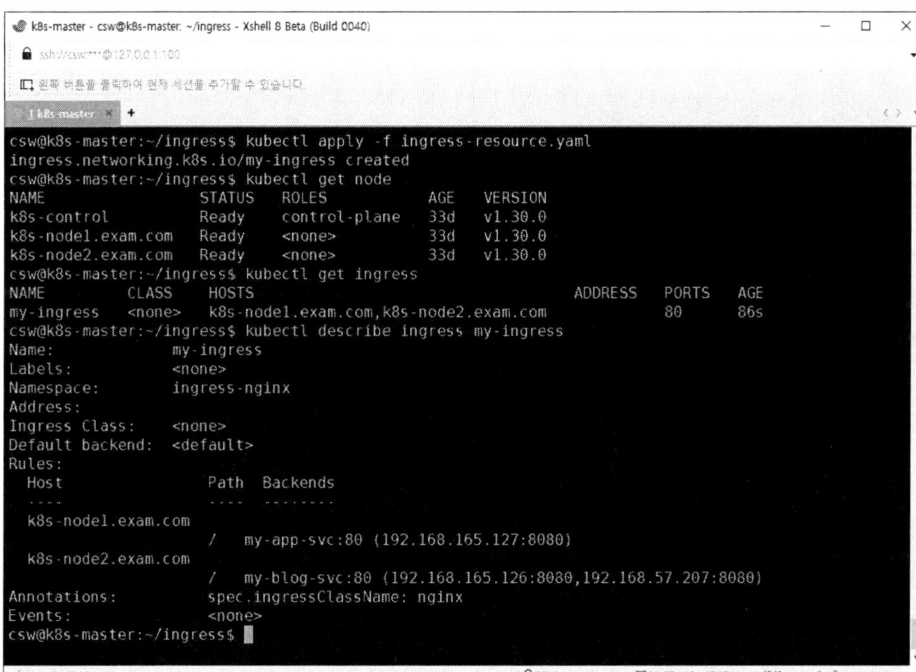

```
csw@k8s-master:~/ingress$ kubectl apply -f ingress-resource.yaml
ingress.networking.k8s.io/my-ingress created
csw@k8s-master:~/ingress$ kubectl get node
NAME                 STATUS   ROLES           AGE   VERSION
k8s-control          Ready    control-plane   33d   v1.30.0
k8s-node1.exam.com   Ready    <none>          33d   v1.30.0
k8s-node2.exam.com   Ready    <none>          33d   v1.30.0
csw@k8s-master:~/ingress$ kubectl get ingress
NAME         CLASS    HOSTS                                   ADDRESS   PORTS   AGE
my-ingress   <none>   k8s-node1.exam.com,k8s-node2.exam.com             80      86s
csw@k8s-master:~/ingress$ kubectl describe ingress my-ingress
Name:             my-ingress
Labels:           <none>
Namespace:        ingress-nginx
Address:
Ingress Class:    <none>
Default backend:  <default>
Rules:
  Host                Path  Backends
  ----                ----  --------
  k8s-node1.exam.com
                      /   my-app-svc:80 (192.168.165.127:8080)
  k8s-node2.exam.com
                      /   my-blog-svc:80 (192.168.165.126:8080,192.168.57.207:8080)
Annotations:          spec.ingressClassName: nginx
Events:               <none>
csw@k8s-master:~/ingress$
```

- 인그레스 my-ingress가 노드 node1에 오는 모든 요청을 앱 서비스로 라우팅
- 노드 node2에 오는 모든 요청을 블로그 서비스에 라우팅 중

- 앱 및 블로그 연결

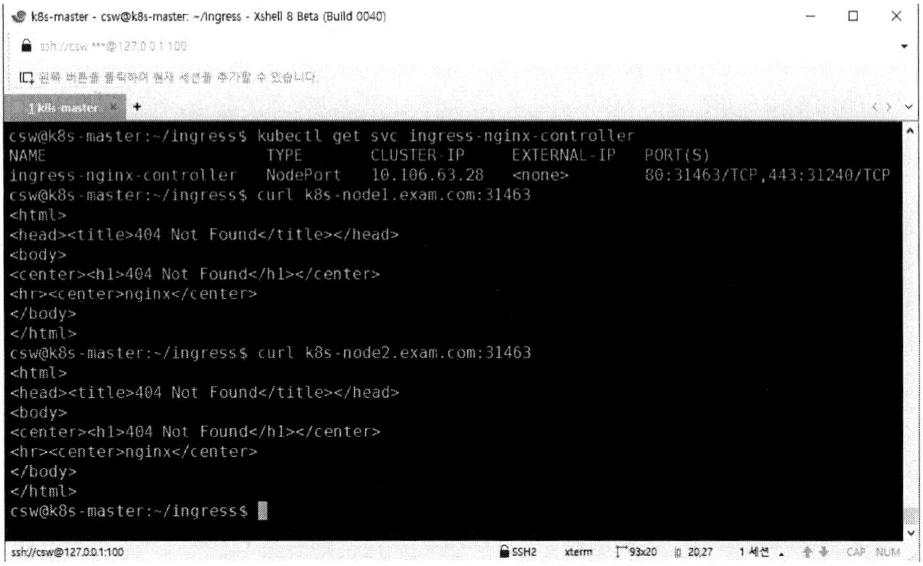
k8s-master - csw@k8s-master: ~/ingress - Xshell 8 Beta (Build 0040)
csw@k8s-master:~/ingress$ kubectl get svc ingress-nginx-controller
NAME TYPE CLUSTER-IP EXTERNAL-IP PORT(S)
ingress-nginx-controller NodePort 10.106.63.28 <none> 80:31463/TCP,443:31240/TCP
csw@k8s-master:~/ingress$ curl k8s-node1.exam.com:31463
<html>
<head><title>404 Not Found</title></head>
<body>
<center><h1>404 Not Found</h1></center>
<hr><center>nginx</center>
</body>
</html>
csw@k8s-master:~/ingress$ curl k8s-node2.exam.com:31463
<html>
<head><title>404 Not Found</title></head>
<body>
<center><h1>404 Not Found</h1></center>
<hr><center>nginx</center>
</body>
</html>
csw@k8s-master:~/ingress$

  - 인그레스 엔진엑스 컨트롤러 서비스가 노드 포트 31463 공개
  - 어떤 노드든지 이 포트로 들어오는 외부 요청을 컨트롤러가 my-ingress에 전달하여 해당 서비스로 라우팅

- 리소스 삭제

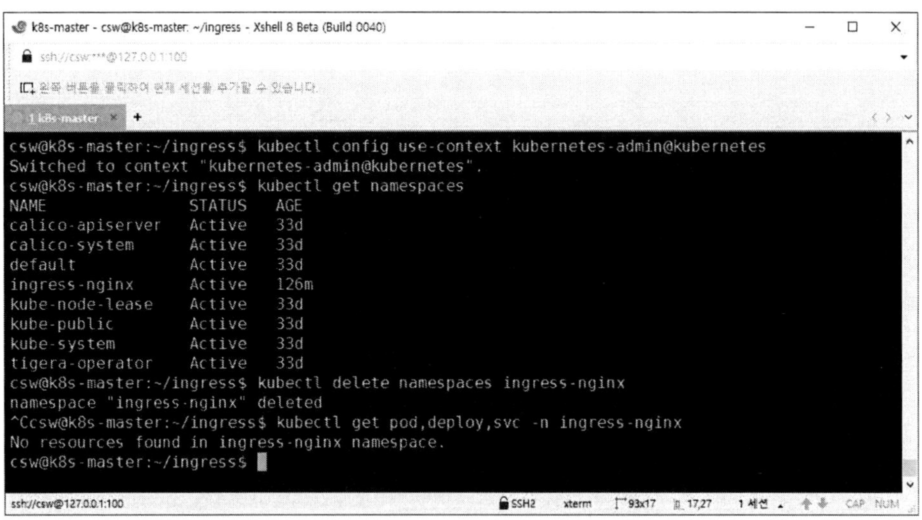
k8s-master - csw@k8s-master: ~/ingress - Xshell 8 Beta (Build 0040)
csw@k8s-master:~/ingress$ kubectl config use-context kubernetes-admin@kubernetes
Switched to context "kubernetes-admin@kubernetes".
csw@k8s-master:~/ingress$ kubectl get namespaces
NAME STATUS AGE
calico-apiserver Active 33d
calico-system Active 33d
default Active 33d
ingress-nginx Active 126m
kube-node-lease Active 33d
kube-public Active 33d
kube-system Active 33d
tigera-operator Active 33d
csw@k8s-master:~/ingress$ kubectl delete namespaces ingress-nginx
namespace "ingress-nginx" deleted
^Ccsw@k8s-master:~/ingress$ kubectl get pod,deploy,svc -n ingress-nginx
No resources found in ingress-nginx namespace.
csw@k8s-master:~/ingress$

  - 컨텍스트를 기본 컨텍스트로 변경: 디폴트 네임스페이스 사용
  - 네임스페이스 인그레스 엔진엑스 삭제하여 포함된 모든 리소스 삭제

컨피그맵(ConfigMap) 20

20.1 쿠버네티스 컨피그맵 개념

(1)컨피그맵 개념

- 컨피그맵 기능
  - 앱 설정 혹은 데이터 저장
  - 파드 내 컨테이너가 환경 변수 또는 볼륨 마운트로 액세스
  - 앱과 설정 분리
- 작동 방식
  - 컨피그맵: 키-값 쌍 형태로 데이터 저장
  - 파드: 컨테이너 볼륨에 컨피그맵 마운트
  - 컨테이너: 환경 변수, 커맨드라인 인수, 설정 파일로 컨피그맵 데이터 사용

(2)컨피그맵 사용

- 컨피그맵 정의
  - YAML 파일 작성: configmap.yaml
  - 컨피그맵 등록: kubectl apply -f configmap.yaml
- 파드에 컨피그맵 마운트
  - 파드 정의 YAML 파일에서 컨테이너 볼륨에 컨피그맵 마운트 내용 추가
  - 볼륨 마운트
- 컨테이너에서 컨피그맵 데이터 사용
  - 환경 변수: env에 설정된 환경 변수 통해 값 전달
  - 커맨드라인 인수: command: [“”, “”]로 값 전달
  - 설정 파일: volumeMounts에 마운트된 경로에 있는 설정 파일 연결

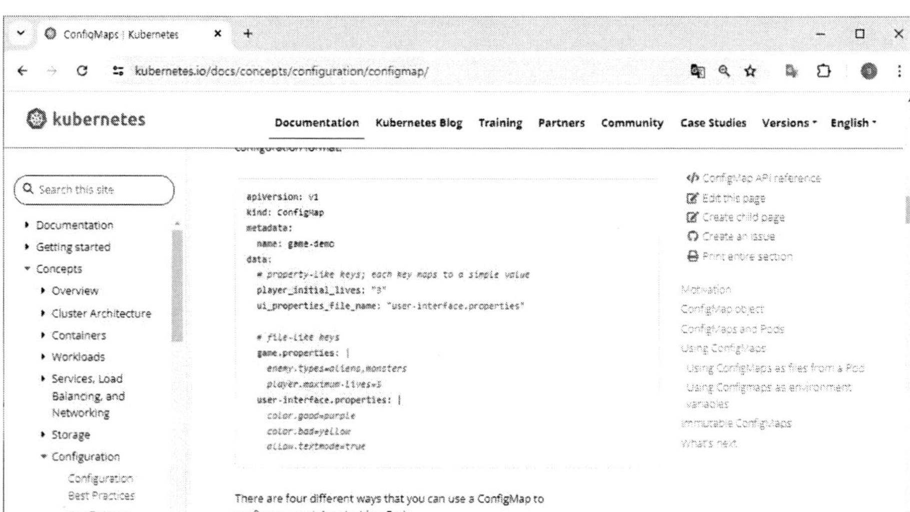

20.2 컨피그맵 활용

(1)컨피그맵 API 리소스 정의

- 요구사항
  - 앱에 노트 포트 서비스 통해 외부에서 접근

리소스	설정
컨피그맵	환경 변수 및 설정 파일 타입 데이터 저장
앱 서비스	노드 포트 통해 앱 디플로이 연결
앱 디플로이	환경 변수 및 볼륨 마운트로 컨피그맵 참조

- 컨피그맵 정의 파일(configmap.yaml)

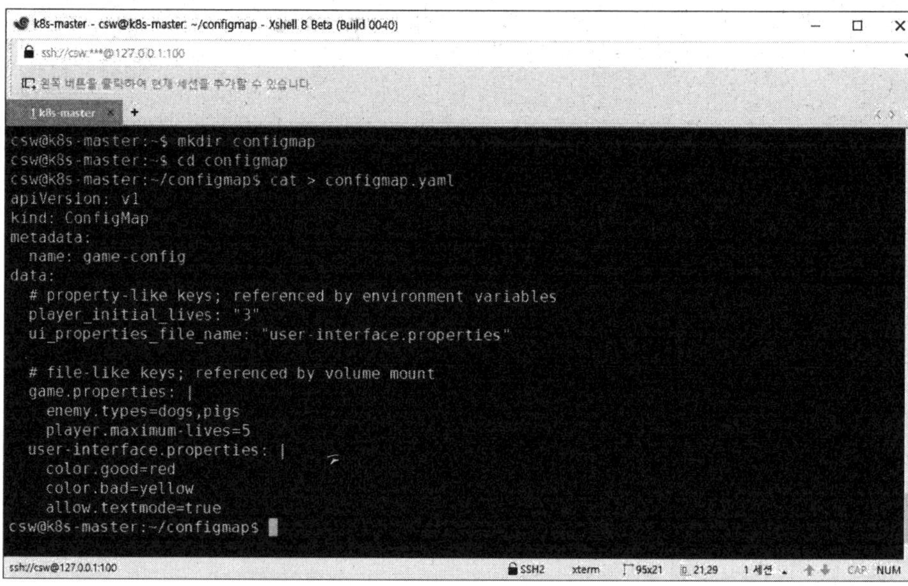
k8s-master - csw@k8s-master: ~/configmap - Xshell 8 Beta (Build 0040)
csw@k8s-master:~$ mkdir configmap
csw@k8s-master:~$ cd configmap
csw@k8s-master:~/configmap$ cat > configmap.yaml
apiVersion: v1
kind: ConfigMap
metadata:
  name: game-config
data:
  # property-like keys; referenced by environment variables
  player_initial_lives: "3"
  ui_properties_file_name: "user-interface.properties"
  # file-like keys; referenced by volume mount
  game.properties: |
    enemy.types=dogs,pigs
    player.maximum-lives=5
  user-interface.properties: |
    color.good=red
    color.bad=yellow
    allow.textmode=true
csw@k8s-master:~/configmap$

  - game-config: 컨피그맵 이름(클러스터 내에서 고유)
  - data: 컨피그맵에 포함될 데이터 정의, 각 항목은 키-값 쌍으로 구성
  - player_initial_lives와 ui_properties_file_name: 키-값 형식 데이터(키) 정의
  - 환경 변수 PLAYER_INITIAL_LIVES의 값을 3으로 설정,
  - UI_PROPERTIES_FILE_NAME의 값을 user-interface.properties로 설정
  - game.properties와 user-interface.properties: 파일 형식 데이터(키) 정의
  - game.properties: 여러 줄의 데이터를 | 표시로 시작하여 정의,
  - enemy.types와 player.maximum-lives 설정
  - user-interface.properties: color.good, color.bad, allow.textmode 설정

- 디플로이 정의 파일(game-deploy.yaml)

```
csw@k8s-master:~/configmap$ cat > game-deploy.yaml
apiVersion: apps/v1
kind: Deployment
metadata:
  name: game-deployment
spec:
  replicas: 2  # Set replica count to 2
  selector:
    matchLabels:
      app: configmap-game
  template:
    metadata:
      labels:
        app: configmap-game
    spec:
      containers:
      - name: game
        image: alpine
        command: ["sleep", "3600"]
        env:
          - name: PLAYER_INITIAL_LIVES
            valueFrom:
              configMapKeyRef:
                name: game-config
                key: player_initial_lives
          - name: UI_PROPERTIES_FILE_NAME
            valueFrom:
              configMapKeyRef:
                name: game-config
                key: ui_properties_file_name
        volumeMounts:
        - name: config
          mountPath: "/config"
          readOnly: true
      volumes:
      - name: config
        configMap:
          name: game-config
          items:
          - key: "game.properties"
            path: "game.properties"
          - key: "user-interface.properties"
            path: "user-interface.properties"
csw@k8s-master:~/configmap$
```

- 디플로이 game-deployment 정의
- 디플로이는 레클리카 수에 따라 복제본 파드 2개 생성
- 파드는 이미지 alpine 기반 컨테이너 game 생성
- 파드는 컨테이너에서 사용할 볼륨 config 생성
- command: 컨테이너 실행 시 명령 지정, 3600초 동안 컨테이너 실행
- env 항목: 컨피그맵의 값을 컨테이너 환경 변수로 앱에 전달
- 컨피그맵 game-config의 키 player_initial_lives에서 값을 읽어와,

- 컨테이너 환경 변수 PLAYER_INITIAL_LIVES에 할당
- volumeMounts 항목: 컨피그맵을 파일로서 컨테이너 경로에 마운트
- 컨테이너 특정 경로에 마운트할 파드 볼륨 설정
- 파드 볼륨 config를 컨테이너 /config 경로에 읽기 전용으로 마운트
- volumes 항목:
- 파드 볼륨 config 정의
- 볼륨 config는 컨피그맵 game-config 참조하여
- game.properties와 user-interface.properties의 키 값을
- 컨테이너 /config/game.properties와 /config/user-interface.properties 경로(파일)에 마운트(저장)

· 서비스 정의 파일(game-svc.yaml)

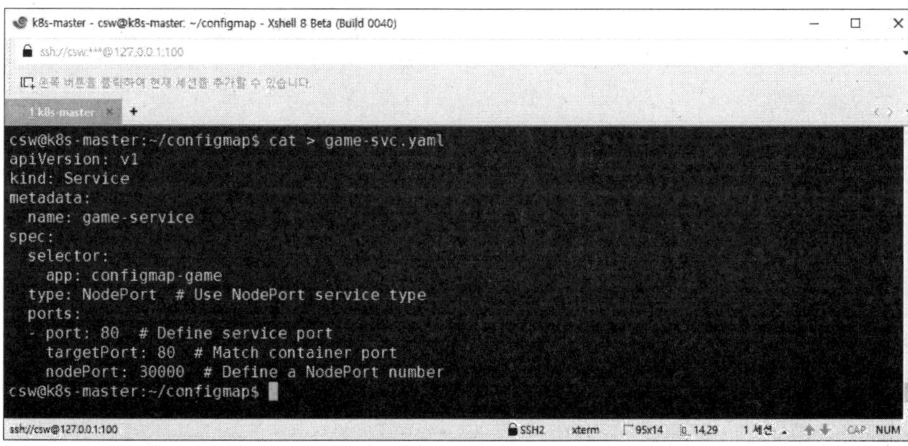
k8s-master - csw@k8s-master: ~/configmap - Xshell 8 Beta (Build 0040)
csw@k8s-master:~/configmap$ cat > game-svc.yaml
apiVersion: v1
kind: Service
metadata:
  name: game-service
spec:
  selector:
    app: configmap-game
  type: NodePort # Use NodePort service type
  ports:
  - port: 80 # Define service port
    targetPort: 80 # Match container port
    nodePort: 30000 # Define a NodePort number
csw@k8s-master:~/configmap$

- 서비스 game-service 정의
- 파드 configmap-game 연결
- 서비스 타입: 노드포트
- 노드 포트 30000 공개

(2)컨피그맵 사용

- 컨피그맵 배포
  - kubectl apply -f configmap.yaml

```
csw@k8s-master:~/configmap$ ls
configmap.yaml  game-deploy.yaml  game-svc.yaml
csw@k8s-master:~/configmap$ kubectl apply -f configmap.yaml
configmap/game-config created
csw@k8s-master:~/configmap$ kubectl get configmap
NAME               DATA   AGE
game-config        4      17s
kube-root-ca.crt   1      34d
csw@k8s-master:~/configmap$ kubectl describe configmap game-config
Name:         game-config
Namespace:    default
Labels:       <none>
Annotations:  <none>

Data
====
game.properties:
----
enemy.types=dogs,pigs
player.maximum-lives=5

player_initial_lives:
----
3
ui_properties_file_name:
----
user-interface.properties
user-interface.properties:
----
color.good=red
color.bad=yellow
allow.textmode=true


BinaryData
====

Events:  <none>
csw@k8s-master:~/configmap$
```

  - 컨피그맵 game-config 배포됨
  - 해당 컨피그맵에 데이터 game.properties, player_initial_lives,
  - ui_properties_file_name, user-interface.properties 등 4 개 저장됨

- 디플로이 및 앱 배포
  - kubectl apply -f game-deploy.yaml -f game-svc.yaml

```
csw@k8s-master:~/configmap$ ls
configmap.yaml  game-deploy.yaml  game-svc.yaml
csw@k8s-master:~/configmap$ kubectl apply -f game-deploy.yaml -f game-svc.yaml
deployment.apps/game-deployment created
service/game-service created
csw@k8s-master:~/configmap$ kubectl get svc,deploy,pod
NAME                    TYPE        CLUSTER-IP       EXTERNAL-IP   PORT(S)        AGE
service/game-service    NodePort    10.105.138.253   <none>        80:30000/TCP   30s
service/kubernetes      ClusterIP   10.96.0.1        <none>        443/TCP        34d

NAME                              READY   UP-TO-DATE   AVAILABLE   AGE
deployment.apps/game-deployment   2/2     2            2           30s

NAME                                   READY   STATUS    RESTARTS   AGE
pod/game-deployment-8c9fbc58-lgzcc     1/1     Running   0          30s
pod/game-deployment-8c9fbc58-wfnfg     1/1     Running   0          30s
csw@k8s-master:~/configmap$
```

  - 노드포트 타입 서비스 game-service 실행 중: 모든 노드 포트 30000 공개
  - 레플리카스 설정에 따라 파드 2개 game-deployment-xxxx 실행 중
- 컨피그맵을 환경변수로 전달하여 참조
  - 첫 번째 파드에서 확인
  - kubectl exec -it game-deployment-xxxx -- /bin/sh
  - 상호작용 모드로 파드 내 컨테이너에서 /bin/sh 실행: 프롬프트 변경

```
NAME                                   READY   STATUS    RESTARTS   AGE
pod/game-deployment-8c9fbc58-lgzcc     1/1     Running   0          30s
pod/game-deployment-8c9fbc58-wfnfg     1/1     Running   0          30s
csw@k8s-master:~/configmap$ kubectl exec -it game-deployment -- /bin/sh
Error from server (NotFound): pods "game-deployment" not found
csw@k8s-master:~/configmap$ clear
csw@k8s-master:~/configmap$ kubectl exec -it game-deployment-8c9fbc58-lgzcc -- /bin/sh
/ # env | grep PLAYER_INITIAL_LIVES
PLAYER_INITIAL_LIVES=3
/ # env | grep UI_PROPERTIES_FILE_NAME
UI_PROPERTIES_FILE_NAME=user-interface.properties
/ # exit
csw@k8s-master:~/configmap$
```

  - 컨테이너 환경 변수 PLAYER_INITIAL_LIVES가
  - 컨피그맵 game-config의 키 player_initial_lives에서 값을 읽어옴
  - 앱에서 이 값 활용 가능
  - UI_PROPERTIES_FILE_NAME도 마찬가지 과정을 따름

- 컨피그맵을 볼륨으로 마운트하여 참조
  - 두 번째 파드에서 확인: 두 번째 파드에도 복제본 실행
  - kubectl exec -it game-deployment-yyyy -- /bin/sh

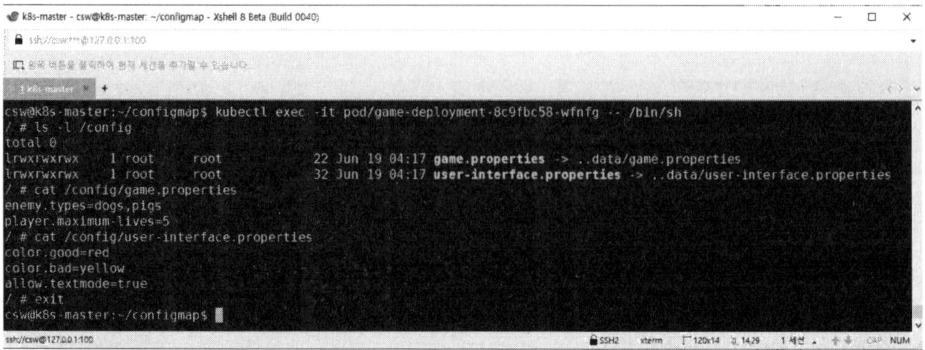
k8s-master - csw@k8s-master: ~/configmap - Xshell 8 Beta (Build 0040)
csw@k8s-master:~/configmap$ kubectl exec -it pod/game-deployment-8c9fbc58-wfnfg -- /bin/sh
/ # ls -l /config
total 0
lrwxrwxrwx 1 root root 22 Jun 19 04:17 game.properties -> ..data/game.properties
lrwxrwxrwx 1 root root 32 Jun 19 04:17 user-interface.properties -> ..data/user-interface.properties
/ # cat /config/game.properties
enemy.types=dogs,pigs
player.maximum-lives=5
/ # cat /config/user-interface.properties
color.good=red
color.bad=yellow
allow.textmode=true
/ # exit
csw@k8s-master:~/configmap$

  - 컨테이너 마운트 경로 확인: 두 개의 파일로 마운트되어 있음
  - 파일 확인: 파일에 저장된 데이터 확인
  - 앱에서 이 파일 활용 가능
- 리소스 삭제
  - kubectl delete -f configmap.yaml
  - kubectl delete -f game-deploy.yaml
  - kubectl delete -f game-svc.yaml

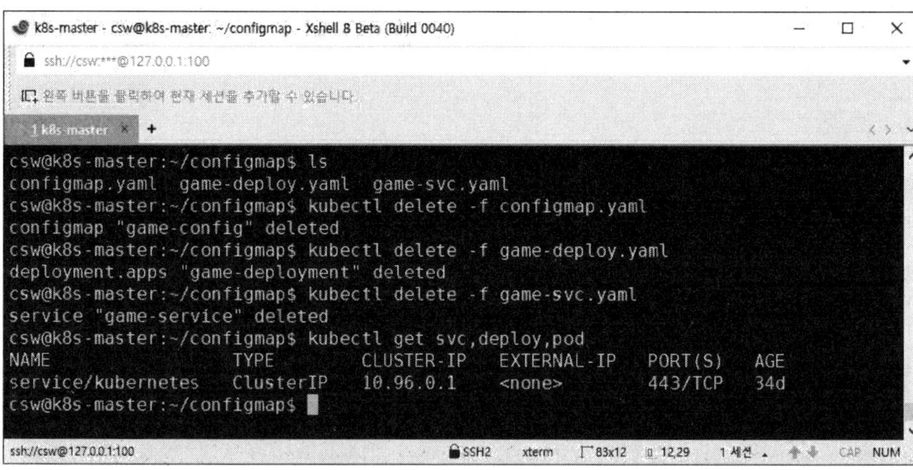
k8s-master - csw@k8s-master: ~/configmap - Xshell 8 Beta (Build 0040)
ssh://csw:***@127.0.0.1:100
csw@k8s-master:~/configmap$ ls
configmap.yaml game-deploy.yaml game-svc.yaml
csw@k8s-master:~/configmap$ kubectl delete -f configmap.yaml
configmap "game-config" deleted
csw@k8s-master:~/configmap$ kubectl delete -f game-deploy.yaml
deployment.apps "game-deployment" deleted
csw@k8s-master:~/configmap$ kubectl delete -f game-svc.yaml
service "game-service" deleted
csw@k8s-master:~/configmap$ kubectl get svc,deploy,pod
NAME TYPE CLUSTER-IP EXTERNAL-IP PORT(S) AGE
service/kubernetes ClusterIP 10.96.0.1 <none> 443/TCP 34d
csw@k8s-master:~/configmap$

21 영구볼륨(PersistentVolume)

21.1 쿠버네티스 영구볼륨 개념

(1)영구볼륨 개념

- PV 기능
  - 데이터 영구 저장
  - 파드에 스토리지 제공
  - 앱은 영구볼륨클레임(PVC)에 요청하여 영구볼륨(PV) 사용
- PV 접근 모드
  - ReadWriteOnce 모드: PV를 한 번에 한 노드에서만 읽기/쓰기 가능
  - ReadOnlyMany 모드: 여러 노드에서 읽기만 가능
  - ReadWriteMany: 여러 노드에서 읽기/쓰기 가능
- PV 복구 정책
  - Retain: PV가 삭제되어도 스토리지 유지
  - Delete: PV가 삭제되면 해당 스토리지 삭제

(2)영구볼륨 사용

- PV 정의
  - 클러스터에 영구적으로 저장될 스토리지 설정
- PVC 정의
  - PV와 연결하고 앱에서 PV를 사용할 수 있도록 설정
- 앱 정의
  - PVC를 통해 PV를 사용하여 앱 데이터 저장할 수 있도록 설정
- 서비스 정의
  - 앱 데이터를 서비스할 수 있도록 설정

21.2 영구볼륨 활용

(1)영구볼륨 API 리소스 정의

- 요구사항
  - 앱 데이터를 호스트 경로에 영구 저장

리소스	설정
영구볼륨(PV)	호스트 경로의 디스크를 사용하여 1GB 용량 PV 생성
영구볼륨클레임(PVC)	해당 PV에 1GB 스토리지 요청
앱 디플로이	해당 PVC의 볼륨을 파드 내 컨테이너 경로에 마운트
앱 서비스	공개 포트로 파드 연결

- 영구볼륨 정의(pv.yaml)

```
csw@k8s-master:~$ mkdir volume
csw@k8s-master:~$ cd volume
csw@k8s-master:~/volume$ cat > pv.yaml
apiVersion: v1
kind: PersistentVolume
metadata:
  name: my-pv
spec:
  capacity:
    storage: 1Gi
  volumeMode: Filesystem
  accessModes:
    - ReadWriteOnce
  persistentVolumeReclaimPolicy: Retain
  storageClassName: csw-storage
  hostPath:
    path: "/mnt/data"
csw@k8s-master:~/volume$
```

  - PV 리소스 정의
  - 파일시스템 타입의 스토리지 1GB 제공(/mnt/data)
  - storageClassName: PVC와 연결용 스토리지 클래스 이름 지정
  - hostPath.path: PV에 마운트시킬 호스트(노드) 스토리지 경로 설정
  - 해당 노드에 /mnt/data 디렉토리가 없는 경우 쿠버네티스가 PV의 요청을
  - 충족시키기 위해 자동으로 해당 경로에 디렉토리 생성

· 영구볼륨클레임 정의(pvc.yaml)

```
csw@k8s-master:~/volume$ cat > pvc.yaml
apiVersion: v1
kind: PersistentVolumeClaim
metadata:
  name: my-pvc
spec:
  accessModes:
    - ReadWriteOnce
  resources:
    requests:
      storage: 1Gi
  storageClassName: csw-storage
csw@k8s-master:~/volume$
```

- 접근 모드(accessModes): PV와 일치하는 접근 모드 지정(ReadWriteOnce)
- ~~~.requests.storage: PVC가 PV에 요청할 스토리지 용량 크기(1GB)
- spec.storageClassName: 사용할 스토리지 클래스 지정(해당 PV와 일치)

· 서비스 정의(svc.yaml)

```
csw@k8s-master:~/volume$ cat > svc.yaml
apiVersion: v1
kind: Service
metadata:
  name: my-app-service
spec:
  selector:
    app: my-app
  ports:
    - protocol: TCP
      port: 80
      targetPort: 80
  type: ClusterIP
csw@k8s-master:~/volume$
```

- 공개한 서비스 포트 80을 통해 my-app 파드의 타겟포트 80에 접근

· 앱 정의(app.yaml)

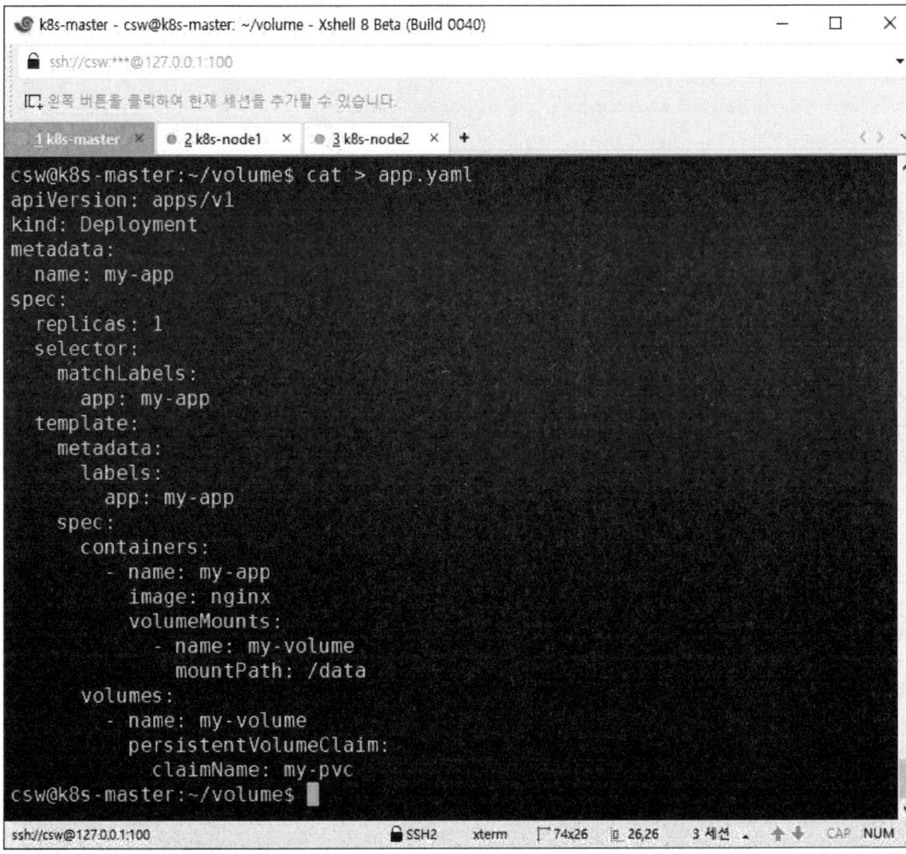
```
csw@k8s-master:~/volume$ cat > app.yaml
apiVersion: apps/v1
kind: Deployment
metadata:
  name: my-app
spec:
  replicas: 1
  selector:
    matchLabels:
      app: my-app
  template:
    metadata:
      labels:
        app: my-app
    spec:
      containers:
        - name: my-app
          image: nginx
          volumeMounts:
            - name: my-volume
              mountPath: /data
      volumes:
        - name: my-volume
          persistentVolumeClaim:
            claimName: my-pvc
csw@k8s-master:~/volume$
```

- 레플리카 수에 따라 1개 파드 생성
- 파드는 볼륨 my-volume을 정의하고 PVC my-pvc에 연결
- 컨테이너는 볼륨 my-volume을 컨테이너 내 /data 경로에 마운트
- 컨테이너는 /data 경로를 사용하여 PVC에서 제공하는 스토리지에 접근 가능

(2)볼륨 사용

- 노드(호스트) 경로 확인

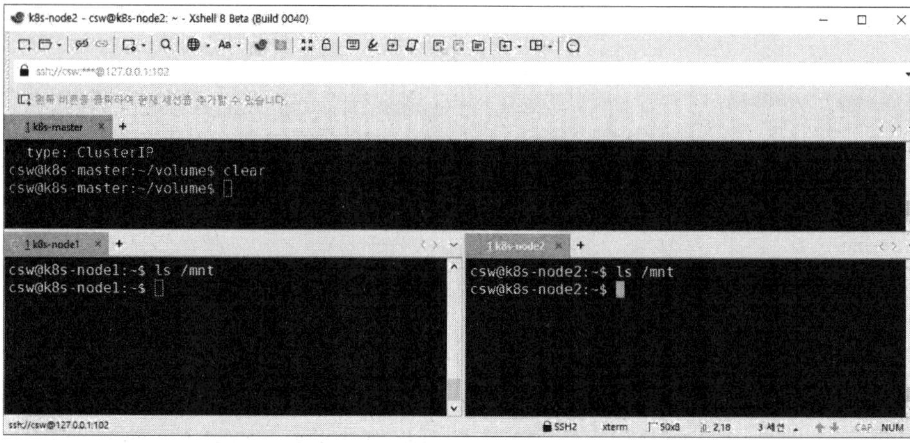
k8s-node2 - csw@k8s-node2: ~ - Xshell 8 Beta (Build 0040)
type: ClusterIP
csw@k8s-master:~/volumes$ clear
csw@k8s-master:~/volumes$
csw@k8s-node1:~$ ls /mnt
csw@k8s-node1:~$
csw@k8s-node2:~$ ls /mnt
csw@k8s-node2:~$

  - 앱 배포 전이라 노드들에 마운트된 호스트 경로 없음

- 앱 배포

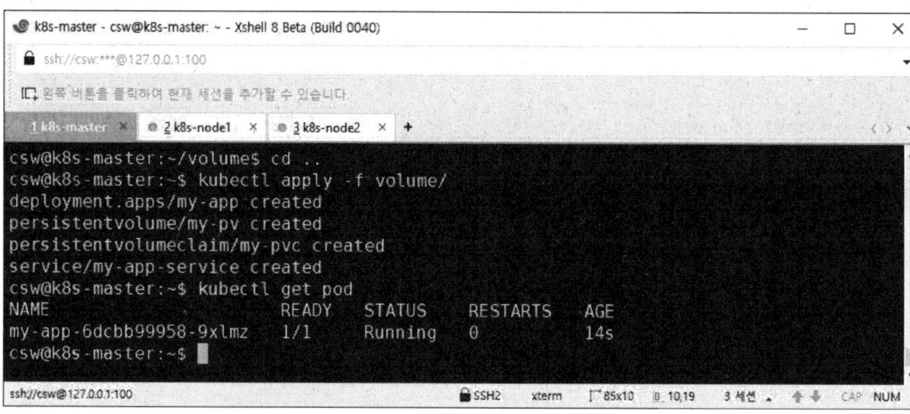
k8s-master - csw@k8s-master: ~ - Xshell 8 Beta (Build 0040)
csw@k8s-master:~/volumes$ cd ..
csw@k8s-master:~$ kubectl apply -f volume/
deployment.apps/my-app created
persistentvolume/my-pv created
persistentvolumeclaim/my-pvc created
service/my-app-service created
csw@k8s-master:~$ kubectl get pod
NAME READY STATUS RESTARTS AGE
my-app-6dcbb99958-9xlmz 1/1 Running 0 14s
csw@k8s-master:~$

  - 앱 배포 후 파드 1개 실행됨

- 앱 실행 노드 확인

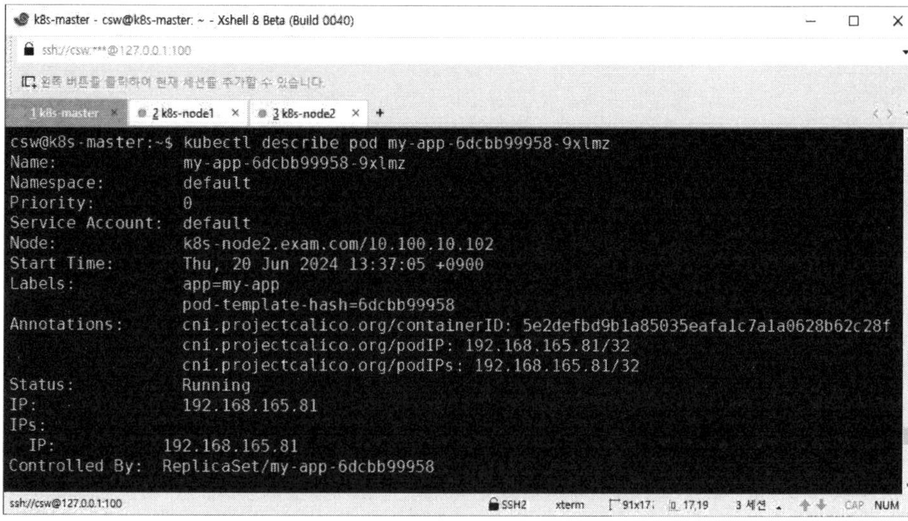
k8s-master - csw@k8s-master: ~ - Xshell 8 Beta (Build 0040)
ssh://csw:***@127.0.0.1:100
1 k8s-master
2 k8s-node1
3 k8s-node2
csw@k8s-master:~$ kubectl describe pod my-app-6dcbb99958-9xlmz
Name: my-app-6dcbb99958-9xlmz
Namespace: default
Priority: 0
Service Account: default
Node: k8s-node2.exam.com/10.100.10.102
Start Time: Thu, 20 Jun 2024 13:37:05 +0900
Labels: app=my-app
pod-template-hash=6dcbb99958
Annotations: cni.projectcalico.org/containerID: 5e2defbd9b1a85035eafa1c7a1a0628b62c28f
cni.projectcalico.org/podIP: 192.168.165.81/32
cni.projectcalico.org/podIPs: 192.168.165.81/32
Status: Running
IP: 192.168.165.81
IPs:
IP: 192.168.165.81
Controlled By: ReplicaSet/my-app-6dcbb99958
ssh://csw@127.0.0.1:100
SSH2
xterm
91x17
17,19
3 세션
CAP
NUM

  - 파드가 노드2에서 실행중 임

- 실행 노드(호스트) 경로 확인

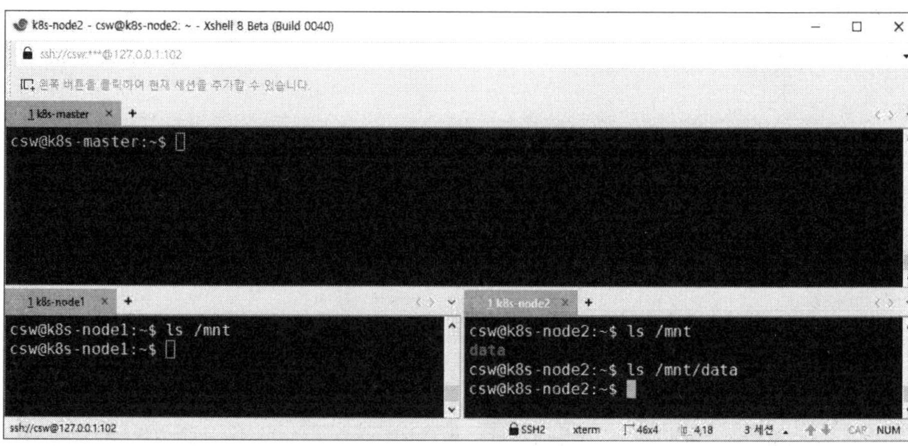
k8s-node2 - csw@k8s-node2: ~ - Xshell 8 Beta (Build 0040)
ssh://csw:***@127.0.0.1:102
1 k8s-master
csw@k8s-master:~$
1 k8s-node1
csw@k8s-node1:~$ ls /mnt
csw@k8s-node1:~$
1 k8s-node2
csw@k8s-node2:~$ ls /mnt
data
csw@k8s-node2:~$ ls /mnt/data
csw@k8s-node2:~$
ssh://csw@127.0.0.1:102
SSH2
xterm
46x4
4,18
3 세션
CAP
NUM

  - 노드2에 마운트된 호스트 경로 /mnt/data 생성됨
  - 쿠버네티스가 PV의 요청에 맞게 새로 생성함

- 앱에서 볼륨 사용
  - 데이터 생성

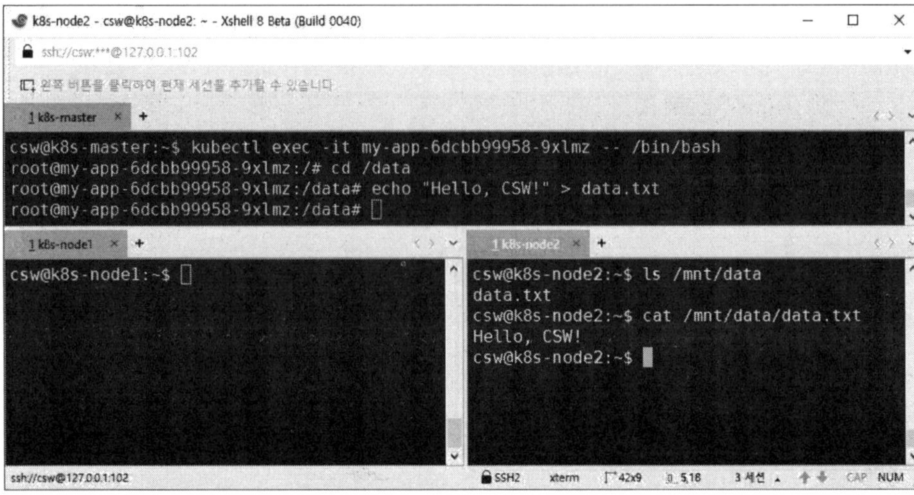
k8s-node2 - csw@k8s-node2: ~ - Xshell 8 Beta (Build 0040)
csw@k8s-master:~$ kubectl exec -it my-app-6dcbb99958-9xlmz -- /bin/bash
root@my-app-6dcbb99958-9xlmz:/# cd /data
root@my-app-6dcbb99958-9xlmz:/data# echo "Hello, CSW!" > data.txt
root@my-app-6dcbb99958-9xlmz:/data#
csw@k8s-node1:~$
csw@k8s-node2:~$ ls /mnt/data
data.txt
csw@k8s-node2:~$ cat /mnt/data/data.txt
Hello, CSW!
csw@k8s-node2:~$

  - 앱에서 /data 경로에 data.txt 파일 작성
  - 앱 실행 중인 노드2의 마운트 경로 /mnt/data에 data.txt 파일 저장
- 데이터 삭제

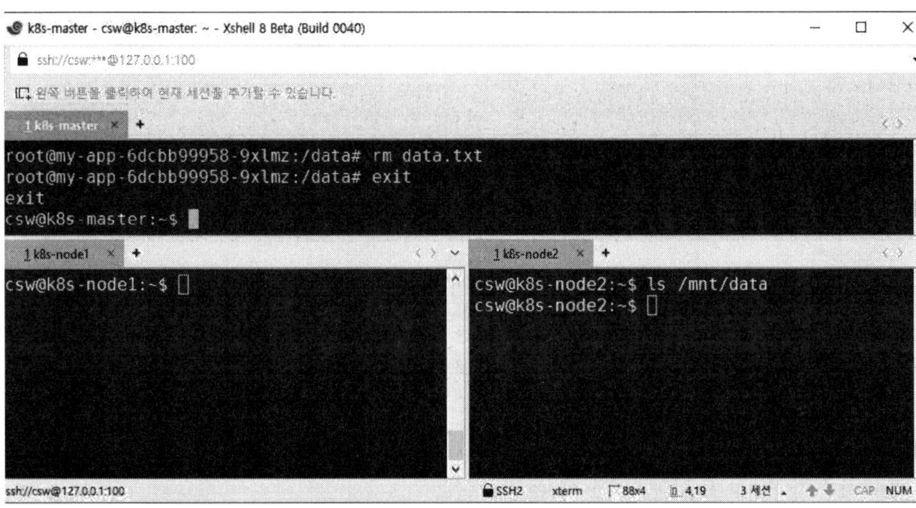
k8s-master - csw@k8s-master: ~ - Xshell 8 Beta (Build 0040)
root@my-app-6dcbb99958-9xlmz:/data# rm data.txt
root@my-app-6dcbb99958-9xlmz:/data# exit
exit
csw@k8s-master:~$
csw@k8s-node1:~$
csw@k8s-node2:~$ ls /mnt/data
csw@k8s-node2:~$

  - 앱에서 data.txt 삭제
  - 마운트 경로에도 반영되어 data.txt 삭제됨

- 리소스 삭제

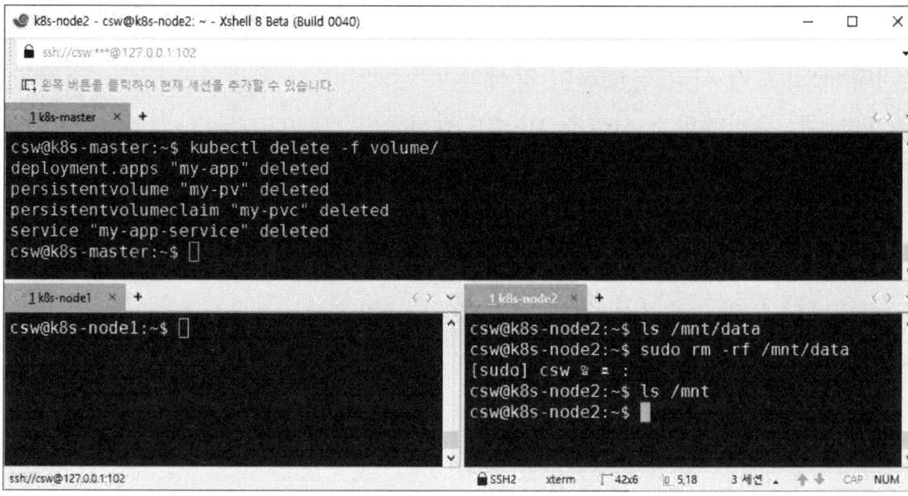
k8s-node2 - csw@k8s-node2: ~ - Xshell 8 Beta (Build 0040)
ssh://csw:***@127.0.0.1:102
1 k8s-master
csw@k8s-master:~$ kubectl delete -f volume/
deployment.apps "my-app" deleted
persistentvolume "my-pv" deleted
persistentvolumeclaim "my-pvc" deleted
service "my-app-service" deleted
csw@k8s-master:~$
1 k8s-node1
csw@k8s-node1:~$
1 k8s-node2
csw@k8s-node2:~$ ls /mnt/data
csw@k8s-node2:~$ sudo rm -rf /mnt/data
csw@k8s-node2:~$ ls /mnt
csw@k8s-node2:~$
ssh://csw@127.0.0.1:102
SSH2
xterm
42x6
5,18
CAP
NUM

  - PV 정의 시 영구볼륨리클레임정책을 Retain 복구모드로 설정
  - PV 삭제 후에도 스토리지 유지
  - 노드2에서 해당 스토리지 삭제

참고 자료

1. 유투부 [따배도] 도커 시리즈, 이성미 강사
2. 유투부 [따배쿠] 쿠버네티스 시리즈, 이성미 강사
3. 완벽한 IT 인프라 구축을 위한 Docker 2판, Asa Shiho 지음, 정보문화사
4. 완벽한 IT 인프라 구축을 위한 Kubernetes, Asa Shiho 지음, 정보문화사
5. 쿠버네티스 입문, 정원천, 공용준, 홍석용, 정경록 지음, 동양북스
6. 블로그 쿠버네티스 안내서, https://subicura.com/k8s/
7. https://docs.docker.com/
8. https://kubernetes.io/

저자와의
협의에 의해
인지 생략

온프레미스 환경에서

도커와 쿠버네티스

기초 학습

1판 1쇄 2024년 7월 30일

저 자 천상훈
발행인 송광헌
발행처 복두출판사
디자인 유민경
주 소 서울특별시 영등포구 경인로 82길 3-4
센터플러스 807호
(우) 07371
전 화 02-2164-2580
FAX 02-2164-2584
등 록 1993. 11. 22. 제 10-902 호

정가 : 26,000원

ISBN : 979-11-6675-527-9 93000

한국과학기술출판협회 회원사